# A morte de
# César

Barry Strauss

# A morte de César

Roma antiga e o assassinato mais famoso da História

tradução
Davi Emídio Rago

Copyright © 2015, Barry Strauss
Copyright do projeto © 2017, Editora Pensamento-Cultrix Ltda.
Texto de acordo com as novas regras ortográficas da língua portuguesa.
1ª edição 2017.
Todos os direitos reservados. Nenhuma parte deste livro pode ser reproduzida ou usada de qualquer forma ou por qualquer meio, eletrônico ou mecânico, inclusive fotocópias, gravações ou sistema de armazenamento em banco de dados, sem permissão por escrito, exceto nos casos de trechos curtos citados em resenhas críticas ou artigos de revistas.

A Editora Seoman não se responsabiliza por eventuais mudanças ocorridas nos endereços convencionais ou eletrônicos citados neste livro.

Coordenação editorial: Manoel Lauand
Capa e projeto gráfico: Gabriela Guenther
Editoração eletrônica: Estúdio Sambaqui

Dados Internacionais de Catalogação na Publicação (CIP)
(Câmara Brasileira do Livro, SP, Brasil)

Strauss, Barry
A morte de César : Roma antiga e o assassinato mais famoso da história / Barry Strauss ; tradução Davi Emídio Rago. -- 1. ed. -- São Paulo : Seoman, 2017.

Título original: The death of Caesar : the story of history's most famous assassination.
ISBN: 978-85-5503-055-0

1. Cesar, Julio, 101 A.C.-44 A.C. - Assassinato
I. Título.

17-06402 CDD-937

Índices para catálogo sistemático:
1. Roma antiga : História 937

Seoman é um selo editorial da Pensamento-Cultrix.
Direitos de tradução para o Brasil adquiridos com exclusividade pela
EDITORA PENSAMENTO-CULTRIX LTDA.
R. Dr. Mário Vicente, 368 – 04270-000 – São Paulo, SP
Fone: (11) 2066-9000 – Fax: (11) 2066-9008
E-mail: atendimento@editoraseoman.com.br
http://www.editoraseoman.com.br
Foi feito o depósito legal.

*Para Marcia*

# Índice

| | |
|---|---|
| Nota do Autor e Nota do Tradutor | 8 |
| Cronologia | 9 |
| Elenco dos Personagens | 11 |

## Parte Um
### RETORNO A ROMA

| | |
|---|---|
| 1. Cavalgando com César | 23 |
| 2. Os Melhores Homens | 34 |
| 3. Decisão em uma *Villa* | 47 |
| 4. O Último Triunfo de César | 65 |

## Parte Dois
### SANGUE SOBRE AS PEDRAS

| | |
|---|---|
| 5. O Nascimento de uma Conspiração | 85 |
| 6. Precisa-se de Assassinos | 104 |
| 7. César Deixa sua Casa | 124 |
| 8. Assassinato | 144 |
| 9. Uma República na Balança | 160 |
| 10. Um Funeral para Ser Lembrado | 183 |

## Parte Três
### O CAMINHO DE VOLTA

| | |
|---|---|
| 11. A Luta pela Itália | 207 |
| 12. Vingança | 230 |
| 13. Augusto | 250 |
| | |
| Agradecimentos | 259 |
| Uma Nota sobre as Fontes | 263 |
| Notas | 285 |

## Nota do Autor

A GRAFIA DOS NOMES ANTIGOS adota como padrão de referência *The Oxford Classical Dictionary*, 3.ª edição (Oxford: Oxford University Press, 1999).

As traduções de trechos em grego e latim são de minha autoria, exceto nos casos devidamente assinalados.

## Nota do Tradutor

EM VEZ DA LATINA, preferimos empregar a grafia portuguesa, já consagrada pelo uso, para os nomes próprios e topônimos mais conhecidos ("Júlio César", "Marco Antônio", "Milão", "Nápoles" etc.), mantendo a forma original dos demais.

## Cronologia

| | |
|---|---|
| 13 de julho de 100 a.C | Nascimento de Júlio César |
| 3 de outubro, *circa* 86 | Nascimento de Cássio |
| *circa* 85 | Nascimento de Brutus |
| 14 de janeiro, *circa* 83 | Nascimento de Marco Antônio |
| 82–80 | Ditadura de Sila |
| 21 de abril, *circa* 81 | Nascimento de Decimus |
| 23 de setembro de 63 | Nascimento de Otávio |
| 61 | César na Além-Hispânia |
| 60 | Primeiro Triunvirato |
| 59 | Primeiro consulado de César |
| 58–50 | César conquista a Gália |
| Verão de 57 | Batalha de Sabis |
| 55 | Dedicatória das obras de Pompeu |
| 53 | Batalha de Carres |
| Verão de 52 | Sítio de Alésia |
| 10 de janeiro de 49 | César atravessa o Rubicão |
| Primavera–Outono de 49 | Sítio de Massília |
| 9 de agosto de 48 | Batalha de Farsália |
| 28 de setembro de 48 | Morte de Pompeu |
| Outono de 48 | César conhece Cleópatra |
| Abril de 46 | Morte de Catão |
| 21 de setembro–2 de outubro de 46 | César celebra quatro triunfos |
| 26 de setembro de 46 | O Templo da Mãe Vênus é consagrado |
| 17 de março de 45 | Batalha de Munda |
| Agosto de 45 | César, Antônio, Decimus e Otávio viajam juntos |
| 13 de setembro de 45 | César reforma seu testamento favorecendo a Otávio |
| Outubro de 45 | Quinto triunfo de César |
| 31 de dezembro de 45 | César indica o consulado de um dia |

| | |
|---|---|
| 26 de janeiro de 44 | "Eu sou César, não *Rex*" |
| Janeiro–fevereiro de 44 | César se torna Ditador Perpétuo |
| 15 de fevereiro de 44 | Lupercália; César rejeita o diadema |
| 15 de março de 44 a.C | César é assassinado |
| 17 de março de 44 | Anistia para os assassinos; confirmação dos atos de César |
| 20 de março de 44 | Funeral de César |
| 7 de junho de 44 | Conferência de Antium |
| Agosto de 44 | Brutus e Cássio deixam a Itália |
| 14 de abril de 43 | Batalha do Forum Gallorum |
| 21 de abril de 43 | Batalha de Mutina |
| 19 de agosto de 43 | Primeiro consulado de Otávio |
| Setembro de 43 | Morte de Decimus |
| 27 de novembro de 43 | Estabelecimento do Segundo Triunvirato |
| 7 de dezembro de 43 | Morte de Cícero |
| 3 de outubro de 42 | Primeira batalha de Philippi; morte de Cássio |
| 23 de outubro de 42 | Segunda batalha de Philippi; morte de Brutus |
| 35 | Morte de Sextus Pompeu |
| 2 de setembro de 31 | Batalha de Actium |
| 1º de agosto de 30 | Antônio comete suicídio |
| 12 de agosto de 30 | Cleópatra comete suicídio |
| 30 | O Egito torna-se uma província romana |
| 18 de agosto de 29 | O Templo de Júlio Deificado é consagrado |
| 16 de janeiro de 27 | Otávio recebe o nome de Augusto |

# *Elenco dos Personagens*

## CÉSAR E OS SEUS HOMENS

CÉSAR (Gaius Julius Cæsar), 100–44 a.C. Político brilhante, general e escritor, tornou-se Ditador Perpétuo. A figura mais polarizadora da época, fez com que muitos romanos viessem a temer que ele pretendesse se tornar rei, o que prejudicaria os interesses dos primeiros; por isso decidiram assassiná-lo. Tinha 45 anos de idade no ano de 44 a.C., segundo se sabe.

OTÁVIO (Gaius Julius Cæsar Octavianus, nascido Gaius Octavius; mais tarde, Imperator Cæsar divi Filius e, finalmente, Augustus), 63 a.C.–14 d.C. O mais brilhante e impiedoso sobrinho-neto de César, de quem era herdeiro, navegou habilmente pelas perigosas águas da política do período para tornar-se Augustus, o primeiro imperador de Roma. Contava dezoito anos de idade nos idos* de março de 44 a.C.

MARCO ANTÔNIO (Marcus Antonius), *circa* 83–30 a.C. Um dos melhores generais de César, ele também era um político extremamente discreto e reservado, que derrotou os assassinos, tornou-se amante de Cleópatra e chegou a ser um dos dois homens mais poderosos do Império Romano — apenas para ser derrotado por Otávio. Estava com 39 anos de idade em 44 a.C.

LÉPIDO (Marcus Æmilius Lepidus), *circa* 89–12 a.C. General de César, a quem permaneceu leal. Ele comandava uma legião em Roma à época do assassinato de César. Foi sumo sacerdote e veio a se tornar um dos três triúnviros, mas terminou sendo esmagado por Antônio e Otávio. Contava 45 anos de idade em 44 a.C.

---

* Idos, no antigo calendário romano, era o 15º dia nos meses de março, maio, julho e outubro, e o 13º dia nos demais meses. (N.E.)

## OS PRINCIPAIS CONSPIRADORES

BRUTUS (Marcus Junius Brutus), *circa* 85-42 a.C. O nome de Brutus, sua eloquência e reputação por um comportamento ético fizeram dele o mais famoso dentre os assassinos, e o "rosto" dos conspiradores apresentado para a opinião pública. Pelo lado menos positivo, ele tinha uma propensão para a traição e extorquia dinheiro dos provincianos. Ele pretendia matar César sem fazer irromper uma revolução ou perturbar a paz — uma ambição impossível. Tinha quarenta anos de idade em 44 a.C.

CÁSSIO (Gaius Cassius Longinus), *circa* 86-42 a.C. Talvez o homem que tenha engendrado a conspiração, Cássio era um militar e um apoiador de Pompeu, que apenas relutantemente aceitara César, antes de se tornar um inimigo. Ele advogava a implementação de medidas mais severas do que seu cunhado, Brutus. Estava com 41 anos de idade em 44 a.C.

DECIMUS (Decimus Junius Brutus Albinus), *circa* 81-43 a.C. Frequentemente esquecido, Decimus foi o terceiro líder da conspiração contra César. Um brilhante jovem general, proveniente de uma família nobre, ele emergiu na Gália, sob o comando de César, antes de voltar-se contra ele — quer por princípios republicanos, ambições perversas ou ambas as coisas. Ele combateu Antônio na Itália e na Gália; foi traído e executado. Contava 37 anos de idade em 44 a.C.

TREBONIUS (Gaius Trebonius), *circa* 90-43 a.C. Um dos principais generais de César, desempenhou papel proeminente na conspiração movida contra este, tendo sido ele mesmo assassinado traiçoeiramente, mais tarde. Tinha 46 anos de idade em 44 a.C.

CASCA (Publius Servilius Casca), morto possivelmente em 42 a.C. Foi ele quem desferiu o primeiro golpe contra César, nos Idos de Março. Ele serviu como Tribuno do Povo em 43 a.C. antes de ir ao Oriente para lutar sob o comando de Brutus em Philippi, onde é provável que tenha morrido em batalha ou como resultado de um suicídio posterior ao evento.

GAIUS CASCA (Gaius Servilius Casca). Irmão de Publius, atingiu César entre as costelas, no que pode ter sido o golpe fatal.

CIMBER (Lucius Tillius Cimber), morto possivelmente em 42 a.C. César gostava de seu oficial Cimber, embora este fosse conhecido por ser um bravateador e um beberrão. Mas Cimber traiu César e foi quem deu o sinal para que o ataque se iniciasse nos Idos de Março, ao puxar a toga de sobre os ombros de César. Como governador da Bitínia, ele foi um apoiador de Brutus e de Cássio Combateu em Philippi, onde é provável que tenha morrido.

PONTIUS AQUILA, morto em 43 a.C. Tribuno do Povo que se recusou a ficar em pé diante do triunfo de César em 45 a.C., ofendendo assim ao ditador. Ele pode ter sido o mesmo Pontius Aquila cuja propriedade foi confiscada por César. Ele serviu sob o comando de Decimus em 43 a.C. e tombou em batalha.

## AS MULHERES

SERVÍLIA (Servilia Cæpio), nascida *circa* 100 a.C.–morta depois de 42 a.C. Mãe de Brutus, sogra de Cássio e Lépido, meia-irmã de Catão e amante de César, a nobre Servília era uma das mulheres mais bem relacionadas e poderosas de Roma. Poderia alguém viver um conflito maior quanto à conspiração que culminaria com o assassinato de César? Tinha por volta de 55 anos de idade em 44 a.C.

CLEÓPATRA (Cleopatra VII Philopator, Rainha do Egito) 69–30 a.C. A legendária rainha foi amante de dois dos romanos mais poderosos de sua época: primeiro, de Júlio César; depois, de Marco Antônio. Contava 25 anos de idade em 44 a.C.

JÚNIA TÉRTIA, morta em 22 d.C. Filha de Servília, esposa de Cássio e — segundo alguns — amante de César.

CALPÚRNIA (Calpurnia Pisonis). A terceira e última esposa de César era filha de uma família de nobres políticos. Ela tentou, em vão, impedir César de ir ao Senado nos Idos de Março. Estava com 33 anos de idade em 44 a.C.

FÚLVIA (Fulvia Flacca), *circa* 75–40 a.C. Tendo sido casada com os políticos Clodius, Curio e, finalmente, com Marco Antônio, ela foi uma das mulheres mais hábeis e capazes de sua época. Ela pode ter influenciado no papel de Antônio durante o funeral de César, e viria a arregimentar um exército em 41 a.C. Contava por volta de trinta anos de idade em 44 a.C.

PÓRCIA (também conhecida como Portia. Nome completo: Porcia Catonis), morta em 42 a.C. Filha de Catão, Pórcia casou-se com seu primo Brutus, após a morte de seu primeiro marido, o empedernido conservador Bibulus. Talvez ela tenha contribuído para fazer com que Brutus se voltasse contra César. Em todo caso, ele a manteve informada quanto aos segredos da conspiração. Tinha por volta de 35 anos de idade em 44 a.C.

ÁTIA, morta entre 43 e 42 a.C. Sobrinha de César e mãe de Otávio, o futuro Augustus. Foi ela quem informou ao seu filho, no exterior, sobre os terríveis acontecimentos dos Idos de Março.

SEMPRÔNIA (Sempronia Tuditana). Mãe de Decimus, Semprônia conquistou uma grande reputação por seu intelecto, sua beleza, seus adultérios e sua vocação para as políticas revolucionárias. Ela apoiou Catilina em 63 a.C. e recebeu aliados gauleses dele em sua casa.

PAULA (Paula Valeria), esposa de Decimus. As línguas agitaram-se quando, em 50 a.C., ela se divorciou de seu marido no mesmo dia em que este deveria estar de volta a casa deles, depois de haver prestado serviço militar no exterior, para se casar com Decimus, a quem ela permaneceu fiel até a morte deste.

## AMIGOS DOS CONSPIRADORES

CÍCERO (Marcus Tullius Cicero), 106–42 a.C. O maior orador e teórico político da época, Cícero apoiou Pompeu na Guerra Civil, mas manteve-se em bons termos com César. Depois, ele apoiou os assassinos, moveu céus e terra para combater Antônio, apostou em uma aliança com Otávio e perdeu, tendo sido executado em 42 a.C. Contava 62 anos de idade em 44 a.C.

DOLABELLA (Publius Cornelius Dolabella), 70–43 a.C. Um autêntico "vira-casaca", Dolabella apoiou Pompeu, mudou para o lado de César e, em seguida, defendeu os conspiradores, para, afinal, abandoná-los em favor de Antônio — em troca de um comando proeminente no Oriente. Depois de assassinar traiçoeiramente Trebonius, ele foi derrotado pelos exércitos de Cássio e cometeu suicídio.

CINA (Lucius Cornelius Cinna). Um pretor, em 44 a.C., e ex-cunhado de César, ele apoiou ostensivamente os assassinos, em público — o que enfureceu a muita gente.

## OUTROS (ELEMENTOS NEUTROS, PARTES NÃO DIRETAMENTE ENVOLVIDAS, DIFERENTES GERAÇÕES)

CATÃO, O JOVEM (Marcus Porcius Cato), 95-46 a.C. Um proeminente senador e seguidor da filosofia estoica, ele foi um arqui-inimigo de César. Preferiu cometer suicídio antes de se render a César — um ato que inflamou a oposição ao ditador.

POMPEU (Cnæus Pompeius Magnus), 106-48 a.C. Sucessor imediato de César como general e estadista romano, por volta da metade do século I a.C. ele mudou sua posição de aliado e genro de César para ser seu principal oponente — do que resultou a eclosão de uma guerra civil.

CNEU POMPEU (Cnæus Pompeius), *circa* 75-45 a.C. Filho mais velho de Pompeu, ele foi derrotado por César na Batalha de Munda.

SEXTUS POMPEU (Sextus Pompeius Magnus Pius), 67-35 a.C. Filho mais jovem de Pompeu, liderou a oposição naval a Otávio e Antônio.

LABIENUS (Titus Labienus), morto em 45 a.C. O "braço direito" de César na Gália, apoiou Pompeu na Guerra Civil e lutou contra César até seu amargo fim.

ATTICUS (Titus Pomponius Atticus), 110-32 a.C. Banqueiro e cavaleiro romano, amigo e correspondente de Cícero, e politicamente muito bem relacionado. Tinha 66 anos de idade em 44 a.C.

DEIOTARUS (Rei da Galátia), *circa* 107–*circa* 40 a.C. Este voluntarioso e violento sobrevivente político alternou seu apoio, por diversas vezes, dentre diferentes facções romanas. Ele foi acusado de tramar para o assassinato de César em 47 a.C. Contava por volta de 63 anos de idade em 44 a.C.

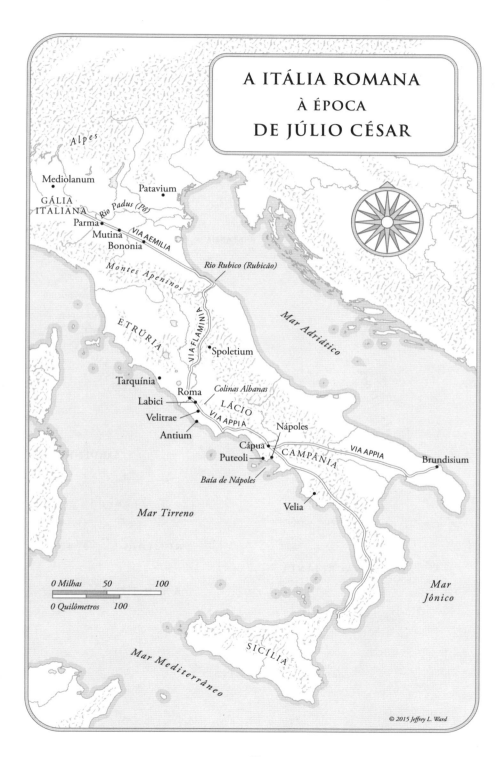

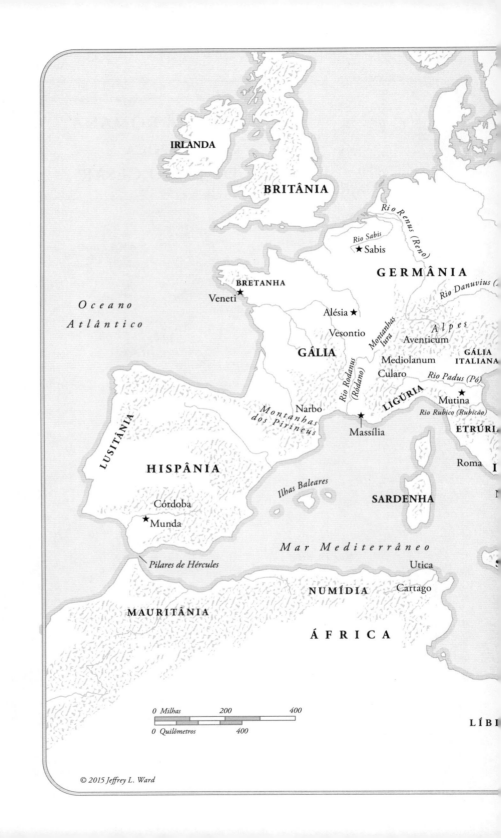

# O MUNDO ROMANO À ÉPOCA DE JÚLIO CÉSAR

★ Local de Batalha

CÍTIA

CRIMEIA

DÁCIA

Rio Danuvius (Danúbio)

Mar Negro

PONTO ★ Zela

ARMÊNIA

MACEDÔNIA   TRÁCIA
Philippi ★
Apolônia    Cárdia
            Troia
Brundisium  Farsália ★
Actium ★ GRÉCIA

BITÍNIA
GALÁTIA
ÁSIA
ANATÓLIA
Esmirna
Éfeso
CILÍCIA
Tarsus
★ Carres

Mar Egeu

Atenas
Cnidus
RODES   CHIPRE

CRETA

SÍRIA
Damasco
IMPÉRIO PARTA
JUDEIA
Jerusalém

Mar Mediterrâneo

Alexandria ★

EGITO

Rio Nilus (Nilo)

ARÁBIA

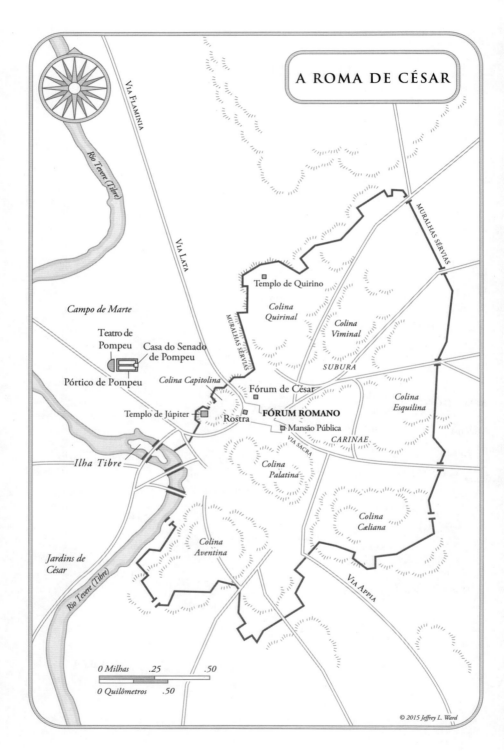

Parte Um

# RETORNO
## *a*
# ROMA

*1.*

# CAVALGANDO COM CÉSAR

Em agosto de 45 a.C.[1], sete meses antes dos Idos de Março, uma procissão entrou na cidade de Mediolanum[2] — a moderna Milão —, na planície quente e úmida do norte da Itália. Duas carruagens lideravam o cortejo. Na primeira delas postava-se, em pé, o Ditador Gaius Julius Cæsar, resplandecente com sua vitória sobre as forças insurgentes na Hispânia (aproximadamente a atual Espanha).

Ocupando um lugar de honra, ao lado de César, vinha a carruagem de Marcus Antonius — mais conhecido, hoje, como Marco Antônio. Ele era o candidato de César para o cargo de um dos dois cônsules de Roma no ano seguinte, o mais alto posto entre as autoridades públicas depois do ditador. Atrás deles vinha o protegido de César, Decimus, recém-saído de um mandato como governador da Gália (cujo território compreendia aproximadamente o da atual França). Ao lado deste último, vinha a carruagem de Gaius Octavius, melhor conhecido como Otávio. Aos dezessete anos de idade, Otávio, sobrinho-neto de César, já era um homem de importância que não se poderia ignorar ou mesmo subestimar.

Os quatro homens haviam-se encontrado no sul da Gália e viajado juntos[3], através dos Alpes. Eles tomaram a Via Domitia, uma estrada à qual se associavam maus presságios e que conduzira a vários destinos terríveis; aquela era a rota da invasão de Aníbal e, segundo o mito, a estrada que Hércules tomara para a Espanha.

Mas César rumava para Roma. Pela segunda vez em pouco mais de um ano, ele planejava entrar na cidade em triunfo, proclamando uma vitória militar e o fim da guerra civil iniciada quatro anos antes, no princípio do ano 49 a.C. Contudo, não fora fácil pôr fim à guerra, pois suas raízes eram profundas. Na verdade, aquela havia sido a segunda guerra civil a dilacerar

Roma durante a vida de César. Cada guerra refletia os insolúveis problemas que assolavam Roma: desde a miséria na Itália até a opressão nas províncias; da política cegamente egoísta e reacionária da velha nobreza ao encantamento por um ditador carismático que pretendia que as coisas fossem feitas à sua maneira. E, por trás de tudo isso, transparecia a desconfortável realidade de que o verdadeiro poder em Roma não estivesse nas mãos do Senado ou do povo, mas, sim, do exército.

Com olhos escuros, eloquentemente persuasivo, sensual e violento, César possuía uma suprema habilidade prática. Ele a empregou para mudar o mundo, arrebatado por seu amor a Roma e seu desejo de dominação. Os exércitos de César mataram e escravizaram milhões de pessoas, dentre as quais muitas mulheres e crianças. Apesar disso, depois desses banhos de sangue, ele perdoava seus inimigos, tanto no âmbito doméstico como em terras estrangeiras. Esses rompantes de boa vontade despertavam suspeitas: poderia ser o conquistador um conciliador? À maioria das pessoas, porém, não restava outra escolha além de aquiescer.

Dentre todos os romanos em sua comitiva, César escolhera àqueles três homens — Antônio, Decimus e Otávio — para ocuparem lugares de honra, ao seu lado, em sua reentrada na Itália. Por quê? E por que um deles viria a traí-lo dentro de sete meses? E por que, após a morte de César, aqueles três homens foram capazes de arregimentar exércitos para lutarem, uns contra os outros, em uma nova guerra que os faria volver a percorrer a mesma rota, do norte da Itália para o sul da Gália?

Analisemos, então, como cada um desses homens vieram a se tornar tão próximos de César nos anos anteriores a 45 a.C.

## A ASCENSÃO DE DECIMUS

Decimus Junius Brutus Albinus, para citarmos seu nome completo, era um amigo muito chegado de César[4]. Eles trabalhavam juntos havia ao menos uma década, desde 56 a.C. — ano em que Decimus, contando cerca de 25 anos de idade, causou profunda impressão como almirante de César, na Gália. Ele venceu a Batalha do Atlântico, que conquistou a Bretanha para Roma, abrindo-lhe as portas para a invasão da Inglaterra.

Primeiras impressões são importantes; e, neste caso, exatas. A guerra, a Gália e César eram as "marcas registradas" de Decimus. Ele era rápido, vigoroso, hábil e adorava lutar. Ele era orgulhoso, competitivo e ávido pela fama. Tal como outros homens ambiciosos de sua classe, ele conquistou um cargo eletivo em Roma, mas a capital e seus "corredores do poder" jamais o cativaram tanto quanto a fronteira gaulesa.

Decimus nasceu em 21 de abril, por volta do ano 81 a.C. Ele provinha de uma família nobre que afirmava descender do fundador da República Romana, Lucius Junius Brutus. O avô de Decimus fora um grande general e homem de Estado; mas seu pai jamais fora soldado, e sua mãe flertara com a revolução e o adultério — e, talvez, com César, que seduzira muitas mulheres casadas da nobreza romana. Um grande historiador sugeriu que Decimus tenha sido um filho ilegítimo de César[5]; mas, por mais intrigante que seja, esta teoria carece de embasamento.

De qualquer modo, o jovem Decimus encontrou seu caminho para o *staff* de César[6]. Ao "conduzir sua carruagem", sob o brilho da estrela de César, ele restaurou o bom nome de sua família com o poder das armas. Ele era um dos homens de César, tanto quanto qualquer romano o era.

Nada sabemos quanto à aparência física de Decimus; mas ele pode ter sido tão atraente quanto sua mãe, uma beldade bem conhecida, e tão alto quanto um dos gauleses por quem certa vez ele se fez passar. A dúzia de cartas de Decimus que sobreviveu ao tempo é escrita em um estilo que mistura a falta de refinamento da linguagem empregada em um acampamento militar com a polidez formal e a autoconfiança de um nobre romano. Por vezes elegante, sua prosa também inclui frases grosseiras, tais como: "apenas prenda o negócio entre os dentes e comece a falar". Talvez algo da rudeza de seus gladiadores — já que Decimus era proprietário de uma trupe — o tenha influenciado; mas, se isso de fato aconteceu, não o impediu de, habitualmente, trocar amabilidades com o maior orador de Roma, Marcus Tullius Cicero.

Na Gália, Decimus tomou parte da maior aventura militar de sua geração. Para César foram precisos apenas oito anos (entre 58 e 50 a.C.) para conquistar a grande, populosa e beligerante região a que os romanos chamavam de "Gália dos Cabelos Longos", devido às esvoaçantes tranças usadas por seu povo. Aquela era uma vastidão de terras que compreendia a maior parte da atual França, toda a Bélgica, parte da Holanda e uma estreita faixa do território da Alemanha. (A região da Provença Francesa já era, na época, uma província romana; e César também invadiria a Britânia.) Com seu ouro, sua produção agrícola e seus potenciais escravos, a Gália fez de César o homem mais rico de Roma. E ele compartilhou sua riqueza com alguns de seus oficiais, como Decimus.

Depois de sua vitória marítima, nas costas da Bretanha, em 56 a.C., Decimus ressurge em 52 a.C., quando uma grande revolta gaulesa quase pôs a perder o domínio de Roma. Decimus participou ativamente do dia mais dramático da guerra, durante o cerco a Alésia (na atual região francesa da Borgonha). Segundo a narração do próprio César sobre o episódio, Decimus iniciou o contra-ataque a uma ofensiva gaulesa, tendo sido seguido por César, envolto em sua chamativa capa vermelho-púrpura. O inimigo foi derrocado e a guerra finalizada, exceto por algumas operações de conclusão, no ano seguinte.

Em 50 a.C., Decimus estava de volta a Roma, para assumir seu primeiro cargo eletivo[7] — o de *quæstor*, ou magistrado encarregado de funções financeiras. Naquele mesmo ano, em abril, Decimus casou-se com Paula Valeria, que provinha de família nobre. Houve um certo escândalo, pois, para se casar com Decimus, ela divorciou-se de seu marido anterior, um homem proeminente[8], no mesmo dia em que este deveria estar de volta a casa deles, após ter prestado serviço militar em uma província estrangeira.

Um ano depois do casamento de Decimus e Paula, em 49 a.C., irrompeu a guerra civil entre César e seus oponentes oligárquicos. Estes últimos o consideravam um demagogo populista, sequioso de poder, que se configurava como uma ameaça ao estilo de vida deles. César os via como reacionários de mentalidade estreita, que insultavam sua honra — e ninguém dedicava mais atenção à honra do que um nobre romano.

Os principais oponentes de César eram Pompeu e Catão. Pompeu, o Grande — Cnæus Pompeius Magnus — não era nenhum ideólogo: na verdade, ele era um ex-aliado político de César, além de seu genro. Um conquistador cuja carreira o levara à Hispânia, à Ásia Romana (a moderna Turquia) e ao Levante, Pompeu fora o maior general romano vivo até a ascensão de César. Marcus Porcius Cato, também conhecido como Catão, o Jovem, era um proeminente senador, leal à antiga noção de um Estado livre, conduzido por uma elite esclarecida e rica. Rigidamente doutrinário, ele era ridicularizado por pensar que Roma fosse a República de Platão, enquanto outros a encaravam como a Cloaca de Rômulo[9]. Ele era um arqui-inimigo de César.

A maioria dos familiares de Decimus tendia a simpatizar com Pompeu e Catão, e os irmãos de sua esposa lutaram por eles. Quando já adulto, Decimus foi adotado pela família de Postumius Albinus, um clã patrício que afirmava possuir uma ancestralidade que se opusera aos reis de Roma. A família adotiva de Decimus também tinha pendores conservadores. Não obstante, ele permaneceu fiel a César; e é provável que tenha sido no início de 49 a.C. que Decimus tenha mandado cunhar moedas[10] que celebravam suas vitórias na Gália, sua lealdade, seu senso de dever e seu espírito unificador — todos esses, temas usados como armas de propaganda por César, durante a guerra civil.

Naquele mesmo ano, César nomeou Decimus como almirante para o cerco à cidade de Massilia (atual Marselha), um importante porto marítimo e base naval na costa mediterrânea da Gália, que apoiava os inimigos de César. Na batalha de seis meses que se seguiu, Decimus destruiu completamente a frota naval de Massilia. Ele recebeu os louvores de César por seu vigor, seu espírito, sua habilidade retórica, sua antevisão e sua velocidade em combate. Ele deu à causa de César um impulso propagandístico[11], pois, até então, Pompeu monopolizara as glórias navais.

César agora retornava à Itália e fazia uma guinada para o leste, para um encontro final com Pompeu. Ele deixou Decimus em Massilia, para servir como governador da Gália, até 45 a.C., como seu representante. Decimus, então, adquiriu ainda maior reconhecimento militar ao derrotar Bellovaci[12], tido como o maior dos guerreiros gauleses.

Decimus parecia ser tão "duro" quanto o país no qual passou grande parte de sua vida adulta. Ele era um daqueles romanos (que, embora raros, provavelmente fossem menos raros do que certas fontes admitem) capazes de assimilar os hábitos e os costumes dos bárbaros que combatia. Ele falava o idioma gaulês — coisa que poucos romanos faziam — e conhecia o país suficientemente bem para vestir-se com roupas gaulesas e passar-se por um habitante local.

Por volta de julho de 45 a.C., Decimus encontrou-se com César no sul da Gália, em seu caminho de volta para a Hispânia. Ali, Decimus prestou contas da província que governara durante a ausência do ditador. Fica evidente que César gostou muito da atuação de Decimus em vista da posição de honra que concedeu a este quando da ocasião de seu retorno à Itália.

Depois de mais de uma década a serviço de César, Decimus retornou para casa rico; um herói e um homem em ascensão. Ele assumiria a função de *prætor* (um oficial de alto escalão, que administrava a justiça) em Roma pelo restante do ano de 45 a.C. César o elegeu como governador-designado da Gália Italiana[13] (que corresponde, aproximadamente, a toda a região norte da atual Itália) no ano de 44 a.C. e indicou-o como cônsul para o ano de 42 a.C.

Em resumo, Decimus estava bem encaminhado na restauração do nome de sua família. Havia apenas um senão. O pai e o avô de Decimus haviam ocupado cargos governamentais tendo sido eleitos pelo povo romano, sob o comando do Senado, enquanto Decimus se limitara a aceitar todas as nomeações que César lhe atribuíra. Isto mal concordava com o muito prezado ideal de nobreza romana de *dignitas* — um termo de difícil tradução, pois, além de significar "dignidade", também abrange os significados de "valor", "prestígio" e "honra". Talvez a definição mais simples seja "status".

Para Decimus, a questão, agora, era se ele se contentaria em permanecer à sombra de César ou se iria optar por uma carreira solo, ambicionando um cargo mais alto.

## MARCO ANTÔNIO

Enquanto César adentrava Mediolanum em seu retorno para casa, Marco Antônio postava-se ao seu lado, em sua carruagem. Antônio parecia desempenhar o papel de um herói. Nascido em 14 de janeiro, por volta do ano 83 a.C., ele se encontrava na flor da idade. Ele era belo, forte, com um porte atlético e usava uma barba aparada à maneira da de Hércules, o semideus que sua família afirmava ter como um ancestral. Os romanos costumavam conectar Hércules com a Hispânia, o que dava uma significação simbólica à presença de Antônio. Sua personalidade evocava vigor. Ele era gregário, inteligente e autoconfiante. Ele bebia de maneira excessivamente permissiva e em público; e fazia-se querido por seus soldados por comer em companhia deles. Se a saúde de César houvesse declinado com o passar dos anos, como dizem alguns, a presença robusta de Antônio servia para afastar quaisquer dúvidas ou temores.

Antônio provinha de uma família senatorial: do lado paterno, seus familiares — os Antonii — tendiam a adotar uma posição política moderadamente conservadora; mas sua mãe, Julia, era prima em terceiro grau de Júlio César. Talvez isto tenha sido seu "bilhete de passagem" para o *staff* de César, que Antônio viria a integrar em 54 a.C.

Quando jovem, Antônio atraíra um bocado de atenção em Roma, onde se tornou famoso por suas bebedeiras, por manter relacionamentos sexuais com muitas mulheres, por acumular dívidas e andar sempre em más companhias. Pela metade da casa dos seus vinte anos de idade, Antônio já havia ultrapassado a fase mais "selvagem" de sua juventude. Ele havia estudado oratória na Grécia e distinguira-se como comandante de cavalaria no Oriente, entre 58 e 55 a.C. Já no primeiro confronto armado do qual participou, ele foi o primeiro homem a galgar uma muralha, durante um cerco; depois, tendo tomado parte em numerosas batalhas, pôde demonstrar claramente sua coragem e colecionar vitórias.

Não existem registros dos primeiros serviços prestados a César por Antônio na Gália, mas estes devem ter causado profundas impressões, pois César enviou-o de volta a Roma, em 53 a.C., para que se candidatasse a *quæstor* — numa eleição vencida por ele. Então, já como um dos generais de César, Antônio retornou à Gália; lugar que — tal como Decimus — ele deixaria com um registro promissor.

Também tal como Decimus, Antônio detinha um cargo eletivo em Roma, em 50 a.C., como um dos dez Tribunos do Povo, eleitos a cada ano para representar os interesses das pessoas comuns. Antônio desempenharia um papel-chave nas conflagrações entre César e seus oponentes no Senado, naquele fatídico ano. Liderado por Catão, o Senado destituiu César de seu governo da Gália e negou-lhe a oportunidade de concorrer a um segundo consulado. Se retornasse a Roma, César temia poder vir a ser julgado e injustamente condenado por seus inimigos. Antônio tentou deter as movimentações do Senado contra César, mas foi rechaçado e apressou-se a voltar para a segurança do acampamento militar de César.

Antônio emergiu durante a Guerra Civil contra Pompeu, como o melhor dos generais de César e um indispensável agente político. Ele foi incumbido de missões tão cruciais como organizar as defesas da Itália, conduzindo as legiões de César através do Mar Adriático infestado de inimigos para encontrar-se com o próprio César na Macedônia Romana. Antônio desempenhou o papel mais importante da Batalha de Farsália, na região central da Grécia, em 9 de agosto de 48 a.C., quando comandou todo o flanco esquerdo das forças de César no confronto decisivo com Pompeu. Quando os veteranos de César romperam as linhas de Pompeu, a cavalaria de Antônio acossou o inimigo que batia em retirada.

Aquela foi uma súbita e terrível derrota sofrida pelos inimigos de César, mas eles ainda tinham cartas com que jogar: centenas de navios de guerra, milhares de soldados, aliados importantes e muito dinheiro. Porém, diante da evidência dos milhares de soldados de Pompeu mortos ao final da Batalha de Farsália, era quase possível ouvir-se o som da mudança da maré política na Cloaca de Rômulo.

Enquanto passava o ano seguinte no Oriente, fazendo aliados, amealhando dinheiro, conquistando rebeldes e cortejando uma nova amante, César enviou Antônio de volta a Roma. Lá, Antônio arranjou para que César fosse mantido como ditador por um ano, e ele mesmo se tornasse o Mestre de Cavalaria — *Magister Equitum* —, como era chamado o segundo-em-comando de um ditador. Esta foi a segunda ditadura de César, para profunda consternação dos amantes da liberdade. Ao mesmo tempo, os tradicionalistas sentiam-se ofendidos pelo estilo de vida dissoluto e degenerado que Antônio reassumira, deleitosamente. Várias fontes referem-se a noites de selvageria, aparições "de ressaca" em público, vômitos em pleno Fórum e passeios em carruagens tracionadas por leões. Também era difícil deixar de notar o caso que ele manteve com uma atriz e ex-escrava, que adotava o "nome artístico" de Cíteris, ou "Garota de Vênus"¹⁴, uma vez que ela costumava transitar com Antônio, à vista do público, em uma liteira.

Tanto a política civil quanto a militar de Roma escaparam à autoridade de Antônio. Quando os manifestantes pelo perdão das dívidas e contra o controle dos preços dos aluguéis se tornaram violentos, Antônio enviou tropas ao Fórum, fazendo correr sangue: seus soldados assassinaram oitocentos homens. Enquanto isso, as legiões veteranas de César, agora de volta à Itália, amotinavam-se por seu pagamento e desmobilização.

A situação exigia a mão firme de César, e ele retornou para Roma no outono. Ele pôs fim aos motins e concordou com a redução dos aluguéis, mas se recusou a cancelar as dívidas. Quanto a Antônio, César sempre soube como usar as fraquezas das pessoas a seu favor. Depois de manifestar-se contra Antônio no Senado, César pareceu voltar atrás e confiou a ele uma nova missão.

Tratava-se de um trabalho que a maioria dos romanos teria recusado; mas não Antônio. Faltava-lhe a polidez política, e ele tampouco se importava de "sujar as mãos", mas, sobretudo, ele era leal. César incumbiu a Antônio de vender todos os bens e propriedades confiscadas de Pompeu a vários interessados particulares. Pompeu fora o segundo homem mais rico de Roma, superado apenas pelo próprio César; e Antônio, agora, seria um *sector*: literalmente, um "varejador" — alguém que adquire propriedade confiscada em um leilão público e a revende, de forma fracionada, para obter lucro. Os romanos consideravam esta uma atividade profissional ignóbil, não digna de um homem nascido em um berço como o de Antônio. Esse não apenas era um negócio sujo, como, também, perigoso — uma vez que, em 47 a.C., aliados e filhos de Pompeu ainda se encontravam armados e à solta. Um soldado como Antônio teria, certamente, preferido conquistar a glória em campanhas na África e na Espanha; mas, em vez disso, ele permaneceu em Roma, até o início de 45 a.C., amealhando, com suas vendas, o dinheiro de que César necessitava para financiar suas tropas. O próprio Antônio estava sempre necessitado de dinheiro, e, sem dúvida, César permitia que ele ganhasse algum para si mesmo, em suas transações.

Então, Antônio "endireitou" sua vida, mais uma vez, ao se casar novamente após um divórcio, desta vez escolhendo uma mulher da nobreza, duas vezes enviuvada: Fúlvia. Dentre todas as mulheres poderosas de sua época, Fúlvia pertencia a uma classe própria. Ela, sozinha, certa vez empunhara uma espada e arregimentara um exército¹⁵ — o que lhe garantiu o "cumprimento" de ter seu nome inscrito nos petardos lançados pelas catapultas de seus inimigos¹⁶, juntamente com referências rudes a certas partes de sua anatomia. Porém, ela fazia ainda melhor quando duelava com palavras. Uma perfeita populista, Fúlvia se casou com três políticos: o demagogo e "valentão" Clodius; Curio, um Tribuno do Povo que apoiava César; e, finalmente, selando seu destino, com Antônio. Os inimigos de Antônio afirmavam que Fúlvia o controlava — o que não era verdade; mas é muito provável que essa mulher de personalidade forte lhe tenha "enrijecido a espinha", e é quase certo que ela compartilhou com Antônio todas as habilidades políticas que aprendera com seus dois maridos anteriores.

Quando se juntou a César em seu retorno à Itália, em 45 a.C., Antônio já tornara a gozar das boas graças do ditador. Postado ao lado de César ao entrar em Mediolanum, regozijando-se com a aclamação popular, Antônio deve ter antevisto um futuro glorioso. Contudo, obstáculos encontravam-se adiante, em seu caminho.

## OTÁVIO

O terceiro homem na comitiva de César era Otávio. Ele nascera em 23 de setembro de 63 a.C., tendo, portanto, uns bons vinte anos a menos que Antônio ou Decimus, mas projetando uma aura de autoridade para muito além dos seus anos de vida. Se Antônio era Hércules, Otávio era um Apolo, ainda que de baixa estatura[17]: muito belo, com olhos brilhantes e cabelos loiros, suavemente ondulados. Somente o mau estado de seus dentes e sua indiferença para com o desalinho de seu penteado traíam a realidade de um homem que desdenhava as aparências e ia diretamente ao cerne das questões. Era uma força interior que compensava seu físico não tão hercúleo.

Nem Antônio, nem Decimus haviam estado com César na Hispânia, mas Otávio sim. Contudo, ele lá chegara demasiadamente tarde para participar das lutas, devido a uma grave enfermidade que o obrigara a permanecer acamado. Otávio jamais foi o mais saudável dos homens. Quando se recuperou, ele e seus companheiros alcançaram César na Hispânia, após um naufrágio e uma perigosa jornada através de território hostil, o que granjeou a admiração do ditador — que só fazia aumentar, à medida que ele passava mais tempo na companhia do inteligente e talentoso jovem. César, agora, concedia ao seu sobrinho-neto a honra de compartilhar sua carruagem[18] na Hispânia. Esta não era a primeira vez que César demonstrava sua estima por Otávio, mas havia muito que o jovem se revelara promissor.

Em 51 a.C., quando contava apenas doze anos de idade, Otávio fez a prece fúnebre para sua avó, Julia — irmã de César —, no Parlatório, em Roma. Pouco depois de completar quinze anos, em 48 a.C., ele foi eleito como um dos mais elevados sacerdotes de Roma. Uma de suas responsabilidades era a de servir, temporariamente, como magistrado supremo, e, com idade tão tenra, ele fazia uma figura impressionante ao presidir o tribunal, no Fórum, e ditar julgamentos. Em 46 a.C., César retornou a Roma e celebrou uma série de triunfos por suas vitórias na Gália e na guerra civil. Em uma dessas celebrações, ele permitiu que Otávio o seguisse imediatamente atrás de sua carruagem triunfal (provavelmente a cavalo) usando uma insígnia de oficial, ainda que Otávio[19] sequer tivesse participado da campanha. Uma vez que tal honraria geralmente fosse concedida apenas aos filhos dos generais triunfantes, a atitude sugere que César considerasse seu sobrinho-neto, de dezessete anos de idade, praticamente como seu filho. Esta era uma escolha interessante.

Diferentemente de Antônio, de Decimus e do próprio César, Otávio não era um produto puro da antiga nobreza romana. Otávio tinha ascendência nobre apenas pelo lado materno de sua família. Sua mãe, Atia, era filha da irmã de César, Julia. O pai de Otávio, Gaius Octavius, provinha de uma linhagem abastada, mas não exatamente nobre: uma família de cavaleiros romanos; ou seja, de uma classe social de romanos que eram suficientemente ricos, mas não senadores. Gaius Octavius foi o primeiro senador de sua família. Os Octavii eram originários de Velitræ (a moderna cidade de Velletri), um lugarejo insignificante aos pés das Colinas Albanas, nos arredores de Roma — uma origem que proporcionava muitas razões para que os esnobes a contemplassem de cima para baixo. Gaius Octavius teve uma bem-sucedida carreira militar e política, abreviada por sua morte, em 59 a.C., quando contava cerca de quarenta anos de idade.

Contudo, o jovem Otávio tinha algo de especial. Ele era parente consanguíneo de César, mas havia outras qualidades que recomendavam Otávio a César. Os primos de Otávio, Quintus Pedius e Lucius Pinarius, também descendiam de Julia, a irmã de César, mas não lhe inspiravam a mesma estima. Sem dúvidas, o jovem Otávio já demonstrara os sinais da inteligência, da ambição, do tato para a política, da visão estratégica e da impetuosidade — em uma só palavra, do gênio — que acabariam por conduzi-lo à esfera mais elevada do poder.

## OS QUATRO CAVALEIROS

Os quatro homens que entravam em Mediolanum em suas carruagens não eram unidos. Três deles desejavam o favorecimento de César, mas apenas um poderia ser seu favorito. Antônio estava prestes a se tornar cônsul, com as bênçãos de César. Decimus se tornaria *prætor* em Roma, e contava com o beneplácito de César para assumir outro governo importante, logo em seguida — e, dois anos mais tarde, o consulado. Mas Otávio muito rapidamente obteria um cargo oficial igualmente importante, contando com um acesso ainda melhor às fontes do poder.

Como reagiram Antônio e Decimus à súbita ascensão de um rival tão jovem? Podemos apenas conjecturar. Os romanos demonstravam pouco apreço e respeito pela juventude, e ainda menos por um berço de origem relativamente tão baixa; talvez por isso o tenham subestimado. Contudo, homens experientes como Antônio e Decimus certamente notaram o lugar ocupado por Otávio na comitiva de César. Otávio podia ser encantador, mas Decimus certamente poderia haver reconhecido o sangue-frio e a ambição calculada de seu companheiro de carruagem. Decimus afirmava descender do fundador da República, mas o neto de um político de Velitræ o estava afastando dos olhos do homem que governava Roma. Inveja ou ciúme podem ser termos demasiadamente fortes, mas Decimus era um romano; e a honra importava muito a ele.

Cícero alega que Antônio estava por trás de uma tentativa de assassinato contra César em 46 a.C.[20] Isto soa mais como a costumeira maledicência de um orador romano, mas um acontecimento que teve lugar em 45 a.C. é muito plausível. De acordo com Cícero[21], quando Antônio foi ao sul da Gália para se encontrar com César, naquele verão de 45 a.C., teria ouvido à cautelosa sugestão de um colega quanto ao assassinato do ditador. Antônio não demonstrou interesse, mas tampouco alertou César quanto ao perigo, tal como faria um amigo fiel. Em vez disso, Antônio guardou a informação para si mesmo.

Quando a parada vitoriosa adentrou Mediolanum, os homens projetavam uma imagem de união; mas, por baixo do verniz, todos estavam envolvidos em uma renhida disputa pelo poder. O ditador não poderia se dar ao luxo de ignorar isso, mas assim ele fez. Naquele momento, ele tinha de lidar com dúzias de homens; romanos proeminentes que haviam viajado apressadamente ao norte para saudá-lo. Dentre estes, nenhum era mais paradoxalmente importante que Marcus Junius Brutus (que não deve ser confundido com Decimus Brutus). Em poucos anos, Brutus mudara de um inimigo de César para seu amigo e representante; e sempre nos bastidores encontrava-se a figura que os unia: Servília, a mãe de Brutus e ex-amante de César.

*2.*

## OS MELHORES HOMENS

### BRUTUS

EM AGOSTO DE 45 A.C., César encontrou-se na cidade de Mediolanum com Marcus Junius Brutus[1], seu escolhido para ser o governador da Gália Italiana[2] pelo ano anterior. Em 45 a.C., o governo havia passado, em sistema de rodízio, às mãos de outro homem e Brutus retornara a Roma; mas agora ele refizera seus passos em uma jornada de volta ao norte da Itália para reportar-se ao seu chefe.

Submeter-se a uma inspeção do ditador só poderia representar uma perspectiva intimidadora, ainda que, aos 55 anos de idade, César estivesse começando a evidenciar os sinais de sua idade. Ele era propenso a acessos de tonturas e vertigens, possivelmente um sintoma da epilepsia[3] cujos ataques o acometiam esporadicamente. Ele estava ficando calvo e, depois de quase quinze anos de guerras, seu rosto era sulcado por rugas profundas e suas faces se encovavam. Contudo, César ainda era astuto e perigoso. Ele personificava o talento, a estratégia, a memória[4], a literatura, a prudência, a meticulosidade, o raciocínio lógico e o trabalho árduo, tal como disse um contemporâneo seu.

Mesmo assim, Brutus não se deixava abater facilmente. Aos quarenta anos de idade, ele estava em pleno vigor da sua vitalidade. Ele era orgulhoso, talentoso, sóbrio, observador de rígidos princípios morais e, provavelmente, um tanto vaidoso. Porém, ao menos Brutus possuía a aparência de um líder[5]. Uma moeda e um busto de mármore, identificados como retratos de Brutus, denotam a inteligência de que era dotado, sua personalidade forte e seus traços fisionômicos regularmente clássicos. Ele parece um homem vigoroso, determinado e maduro, ostentando uma densa cabeleira encaracolada, com um cenho pronunciado, olhos fundos, um nariz reto, lábios grossos, um queixo protuberante e um pescoço musculoso. Brutus deve ter se sentido um tanto desconfortável diante de César porque, diferentemente de Antônio, Decimus ou Otávio, ele não era um dos apoiadores de longa data do ditador, mas, sim, um de seus inimigos reabilitados. Brutus era um exemplo da política de clemência de César, que perdoava seus oponentes e, às vezes, os recompensava com cargos públicos.

Ao confiar a Gália Italiana a Brutus, César demonstrou a confiança que depositava no homem. Aquela era uma província estratégica: o mesmo lugar onde César iniciara sua marcha sobre Roma em 49 a.C., durante a Guerra Civil; e a responsabilidade de seu governador incluía o comando de duas legiões. Era essencial que o governo não fosse concedido a um homem ambicioso; mas tampouco poderia ser passado às mãos de um incompetente ou de um rapinador. Os habitantes da província eram apoiadores de César, pois muitos deles deviam-lhe sua recém-adquirida cidadania romana — quando a maioria dos outros italianos já era constituída de cidadãos romanos —, e, por isso, tinham de ser bem tratados. Um administrador capaz e não ameaçador era necessário; e Brutus era a solução.

Diferentemente de Antônio, Decimus e do próprio César, Brutus não era um general; e embora fosse absolutamente civil, ele obedecia às normas constitucionais romanas. Roma não contava com uma constituição escrita, mas esta se evidenciava através de suas maneiras de exercer o governo — maneiras que significavam tudo para um homem como Brutus, mas muito menos para aqueles que não se incluíam no círculo encantado dos privilégios. Ainda que Brutus fosse um filósofo, ele também era um homem do mundo. Ele acreditava na República, na liberdade, no arranjo de favores para os amigos e em tocar a vida adiante. César poderia fazer negócios com um homem assim. Brutus revelou-se um excelente governador: um dos raros romanos que não escorchavam os habitantes locais. Por isso, em sinal de gratidão, estes haviam erigido uma estátua dele em Mediolanum[6].

É provável que Brutus não tenha se sentido muito entusiasmado com sua indicação. Como governador-substituto (*quæstor*) da Cilícia (no sul da atual Turquia), em 53 a.C., ele extorquira os habitantes locais e locupletara sua bolsa. Na Gália Italiana, ele tivera suas "asas cortadas". Uma vez que César tivesse adotado uma política de fazer alianças com as elites provinciais, tornava-se mais difícil roubar destas. Além disso, César contava com homens incumbidos de manterem os governadores sob estrita vigilância, especialmente em lugares tão importantes quanto a Gália Italiana. Não havia mais como Brutus saquear os nativos. César tinha outras maneiras de recompensar àqueles que o servissem bem; mas estas dependiam exclusivamente da boa disposição de César, e não da independência tão prezada por um nobre romano.

César e Brutus viajaram juntos através da Gália Italiana[7], possivelmente conferenciando sobre quais terras da próspera província seriam concedidas aos veteranos de César. O ditador elogiou Brutus pelo trabalho bem-feito e prometeu-lhe um futuro brilhante. César disse que faria de Brutus um *prætor* urbano (um juiz supremo de Roma) para o ano de 44 a.C., e um dos dois cônsules para o ano de 41 a.C. Afora o ditador, os cônsules eram as mais altas autoridades de Roma. Político que era, César talvez lhe tenha prometido outras coisas, também. Durante os anos da Guerra Civil, César havia arrebanhado todos os poderes para si mesmo, e, agora que a paz fora restabelecida, os otimistas esperavam que ele os devolvesse ao Senado e ao povo de Roma. A César não custava nada encorajar tais esperanças — o que talvez explique por que Brutus diria, mais tarde, que pensava que César tenderia a passar para o lado deles: o lado da elite que tradicionalmente governara Roma, baseada em uma visão estreita e conservadora do bem público: um grupo que se chamava a si mesmo de *optimates*, ou os "Melhores Homens".

Em Roma não havia partidos políticos, mas seus políticos costumavam dividir-se em dois grupos: a alternativa aos *optimates*, ou "Melhores Homens", era representada pelos *populares*, ou "Populistas"[8]. Ambos os grupos eram liderados por elites e cortejavam a gente comum por seus votos, frequentemente oferecendo-lhe benefícios sociais.

Os Melhores Homens representavam os privilégios herdados. Eles acreditavam que uma pequena elite, centrada na nobreza romana, deveria continuar a governar o império e seus cinquenta milhões de súditos, tal como governara a cidade de Roma por séculos. Segundo seu ponto de vista, somente alguns poucos homens possuiriam o berço, a criação, a riqueza e a virtude necessários para manter Roma grande e livre. Estes tinham pouco interesse em compartilhar seus privilégios mesmo com as classes mais altas da Itália ou do império; muito menos com as massas.

Os Populistas se alinhavam pela mudança. Eles propugnavam pelos pobres, os sem-terra, os estrangeiros, os não cidadãos, os nobres pressionados por dívidas e pelos homens de toda a Itália que fossem suficientemente ricos mas não nobres — um grupo conhecido como cavaleiros romanos, ou "equestres" —, que ansiavam por sua admissão ao Senado.

O Senado era um clube exclusivo. Seus membros o serviam por toda a vida e zelavam diligentemente pelos privilégios de que gozavam. A maioria deles provinha de algumas poucas famílias proeminentes, e cada um deles já havia servido em algum dos mais altos postos políticos de Roma. Quase todos haviam cumprido um mandato de um ano nesses cargos, às vezes seguido pela prestação de algum serviço no exterior, que os conduzia para uma carreira vitalícia no Senado. Embora os Melhores Homens dominassem o Senado, os Populistas também se encontravam lá representados.

César não era um dos Melhores Homens. Ao contrário, ele era o maior Populista de Roma, e foi capaz de arregimentar uma nova coalizão que chegaria ao poder com o consentimento popular e defendida pelas espadas de seus legionários.

Os romanos chamavam o sistema político deles de "República" (*res publica*), que é a expressão latina equivalente a "riqueza comum". Porém, se o sistema ainda seria uma República quando César tivesse concluído seus intentos era a "questão do dia" para os Melhores Homens.

## CÍCERO

Se a República teve uma voz, em 45 a.C., esta foi a de Cícero. Contudo, esta foi uma voz abafada, uma vez que pouquíssima gente ousava se opor a César em público. Um ex-cônsul e líder dos Melhores Homens, Cícero apoiou a Pompeu durante a Guerra Civil, em 49 a.C., e, depois, fez as pazes com César. Agora, aos sessenta anos de idade, Cícero já havia se retirado — em grande parte — da vida pública, dedicando-se principalmente à filosofia. Antigos bustos que o retratam revelam um homem idoso e enrugado, mas ainda vigoroso, com um queixo protuberante, um nariz aquilino e cabelos que rareavam.

Cícero não confiava em César. Em conversas privadas, ele se referia a César como a um rei[9]. Além disso, Cícero achava ridículo o otimismo de Brutus com relação a César e aos Melhores Homens.

"Onde ele os encontraria?"[10], indagava Cícero, retoricamente. "Ele teria de enforcar-se a si mesmo", uma vez que poucos dentre os Melhores Homens ainda permaneciam vivos após o banho de sangue da Guerra Civil. Brutus era um deles; ou assim pensava Cícero. Mas Brutus o desapontaria: "Quanto a Brutus", acrescentou Cícero, "ele sabe muito bem sobre qual lado de seu pão foi passada manteiga."[11]

Para Cícero era fácil mostrar-se cético quanto a César enquanto este se encontrasse a várias centenas de quilômetros de distância. Mas era muito difícil resistir a César se este se encontrasse sentado no mesmo aposento, tal como Brutus tinha de fazê-lo. Cícero, que sabia disso, desdenhava de César em particular, mas o louvava em público. César era um dos oradores mais poderosos de Roma, além de um rematado sedutor. Quando Cícero escreveu que César "fala um latim mais eloquente do que quase todos os oradores"[12], César retribuiu-lhe o cumprimento ao referir-se a Cícero como "quase o pioneiro e o inventor da eloquência"[13], e foi além, dizendo que Cícero "haver feito avançarem as fronteiras do gênio romano é algo maior do que ele ter feito avançar[14] as fronteiras do império romano". César não teria se referido de maneira igualmente calorosa ao pensamento político de Cícero, mas a política era mais cara ao coração de Cícero.

Em um rompante de produção de escritos filosóficos, produzidos entre 46 e 44 a.C., Cícero oferece uma brilhante descrição dos ideais republicanos. Cícero lamentava-se pela República, mas achava que ela não deveria sobreviver; afinal de contas, os romanos eram um povo pragmático. Em 46 a.C., ele escreveu a um correspondente que a República estava em ruínas, à mercê da força em vez da justiça. "A Liberdade", escreveu Cícero, "foi perdida."[15] Porém, mais tarde, naquele mesmo ano, Cícero escreveria a um amigo que, esperançosamente, via sinais de que César estaria tentando implantar "alguma espécie de sistema constitucional"[16] em Roma. E Cícero simpatizava com Brutus pelo fato deste cortejar a César. "O que mais ele pode fazer?"[17], perguntava Cícero.

Quer gostasse ou não de Brutus, Cícero reconhecia nele seu talento e sua eminência. Em sua obra *Brutus* (46 a.C.), Cícero rende ao personagem-título o que considerava a mais elevada forma de cumprimento. Ele disse que Brutus fazia tais progressos em sua breve carreira que poderia almejar vir a se tornar um grande orador no Fórum. Em outras palavras, Brutus poderia vir a se tornar um Cícero, em seus melhores dias. Cícero escreveu isso "com todas as letras", ainda que intimamente alimentasse dúvidas quanto à oratória de Brutus. Quanto à verdadeira razão pela qual Brutus jamais chegou a ser um grande orador, a resposta é simples: César produzia um efeito "congelante" sobre a livre expressão. A adulação substituía a franqueza, tal como, por exemplo, em um discurso proferido pelo próprio Cícero, em 46 a.C. O orador dera o melhor de si mesmo para louvar a "fama imortal" de César, conquistada por sua "bravura divina"[18]. Depois, Cícero escreveria a um amigo, dizendo que aquele dia lhe parecera tão belo ao ponto de fazê-lo pensar ter tido um vislumbre de uma revivescência da República[19].

Mas era difícil permanecer otimista na nova Roma. Cícero resmungava sombriamente a respeito da História grega e seu rico cabedal de exemplos sobre a maneira como os homens sábios compreendiam as noções de *regna* (ou, no singular, *regnum*)[20], "monarquia", e *rex*, "rei". Estes eram termos abusivos em Roma. Aos olhos romanos, a monarquia trazia consigo uma sugestão[21] de poder arbitrário, de tirania e até mesmo de escravidão. Um rei era um inimigo de um governo livre e constitucional.

Os ancestrais de Brutus eram famosos por haverem destronado o último rei de Roma, muito tempo antes; mas em vez de enfrentar a César, Brutus parecia acreditar verdadeiramente na arenga do ditador. Por isso, Cícero se lamentava[22]; mas, àquela altura, ele deveria saber bem que Brutus tinha o seu modo de acreditar no que lhe fosse conveniente. Ao longo de uma vida de mudanças de posição, Brutus evidenciara possuir uma assombrosa flexibilidade. Talvez a criação de Brutus explique a sua inconsistência.

## SERVÍLIA

A mãe de Brutus, Servília, foi uma das mulheres mais poderosas de Roma. Ela era uma filha talentosa, atraente e ambiciosa de um proeminente clã patrício. Ela já nascera com conexões importantes, mas fez da aquisição de algumas novas a sua profissão. Ninguém importava mais a ela do que seu filho e seu amante.

Em 77 a.C., aos oito anos de idade, Brutus perdia seu pai. Aquele homem, também chamado Marcus Junius Brutus, fora um dos líderes da revolta contra Pompeu. Depois de haver resistido quanto podia, sob sítio, o pai de Brutus, afinal, rendeu-se — apenas para ser ardilosamente assassinado. Ou o próprio Pompeu teria dado ordens para isso, ou nada fizera para impedir que acontecesse. Em todo caso, a família do homem morto culpava e desprezava a Pompeu.

A educação do jovem Brutus recaiu sobre as mãos de Servília. As mulheres romanas costumavam se casar ainda muito jovens, e Servília era pouco mais que uma adolescente quando teve Brutus, por volta de 85 a.C. Ela ainda vivia no início da casa dos vinte anos de idade quando seu marido foi morto. Servília, então, casou-se com outro político importante; mas este jamais conquistou-lhe o coração.

Muitíssimo habilidosa na arte de atrair homens poderosos, ela guardou para si mesma o mais poderoso de todos: César. Tal como nas palavras de um escritor:

"Antes de todas as outras mulheres[23], César amou a Servília, a mãe de Marcus Brutus, para quem, durante seu primeiro consulado (em 59 a.C.), ele adquiriu uma pérola ao custo de seis milhões de sestércios (ou seja, quase sete mil vezes o salário anual de um dos legionários de César; ou o equivalente a centenas de milhões de dólares, em termos atuais[24])."

Servília serviu como confidente de César e, às vezes, como sua agente, em delicadas negociações políticas — tanto quanto atuou como seus olhos e ouvidos em Roma, enquanto o conquistador esteve em terras estrangeiras. Mais tarde, César teria outras amantes; mas Servília possuía um talento natural para inserir-se em situações importantes, das quais ela fazia o melhor possível para assumir o comando. Ela cultivava conexões com financistas e agentes políticos[25].

Uma mulher formidável em uma era de mulheres formidáveis, Servília manipulava o poder político por trás das cenas. Esta "muito bem informada e cuidadosa senhora"[26], como Cícero a descreveu, por vezes sentia-se totalmente à vontade quando cercada por homens eminentes[27], que a procuravam em busca de aconselhamento. Ela poderia influenciar a redação de legislações, e ninguém parecia achar isso algo incomum.

Seus principais interesses, contudo, eram seus filhos. Ela casou suas três filhas com políticos em ascensão ou já em pleno curso de carreiras bem-sucedidas. Quanto ao seu filho Brutus, "todos os cuidados começam e terminam com você"[28], disse um correspondente ao próprio Brutus, quando este já era um homem adulto. Isto certamente fora verdade, desde a infância dele. Servília dedicou-se inteiramente à carreira dele, a começar por fazer com que fosse adotado por sua própria família. O principal modelo masculino na vida do jovem Brutus foi seu tio e meio-irmão de sua mãe, Catão: um homem que também era o arqui-inimigo de César.

Brutus, ao que parece, viveu metade de sua vida em função das inflexíveis expectativas de Catão, e passou a outra metade negando-as. Então, um ano antes que Brutus se encontrasse com César, em 45 a.C., Catão havia-se ido. Mas o fantasma de Catão parecia se tornar mais palpável a cada dia, com seu olhar reprovador pairando sobre Roma e focalizando-se sobre o "coração mole" de Brutus: um tio morto, que, agora, falava mais alto em seu benefício do que jamais o fizera enquanto vivo.

## CATÃO

Brilhante, eloquente, ambicioso, um patriota e um excêntrico obsessivo, Catão era um homem original. Ele era um elitista que desdenhava as massas. Não obstante, Catão também defendia a liberdade de expressão, os procedimentos constitucionais, o dever do serviço cívico, a honestidade na administração e a busca esclarecida pelo interesse público.

Tal como César, Catão causava profunda impressão em seus contemporâneos por sua altivez e seu poder de persuasão. Mas, diferentemente de César, ele era austero. Um seguidor da filosofia estoica, Catão demonstrava seu desprezo pelos luxos e comodidades viajando a pé, em vez de a bordo de liteiras, o meio de transporte favorito das pessoas de sua classe social. Às vezes, Catão andava descalço pelas ruas de Roma, pavimentadas com cascalho. Um busto remanescente o retrata com uma expressão séria, pensativa e com um olhar distante[29].

Catão acreditava em uma república que fosse severa, virtuosa e livre. Seus servidores públicos buscariam por orientação no Senado, um lugar para debates abertos entre os mais nobres, mais sábios e mais experientes homens de Roma. Catão acreditava que César se importasse somente com o poder e a glória, e que destruiria a liberdade republicana em favor do progresso de sua carreira. Um enfurecido Catão, certa vez, chamou César de bêbado contumaz; embora conhecesse a verdade. "César", disse Catão, mais tarde, "é o único homem capaz de derrubar a República estando sóbrio."[30] Sua perseguição a César voltou-se contra ele próprio, em certa oportunidade, deixando Catão muito embaraçado durante uma tensa reunião no Senado. Alguém passou uma carta às mãos de César, e Catão, farejando uma suposta conspiração, exigiu lê-la. Revelou-se, afinal, que se tratava de um bilhete apaixonado, enviado por sua meia-irmã Servília[31].

Brutus partilhava da hostilidade de Catão para com qualquer homem que monopolizasse o poder político. A liberdade, acreditavam eles, requeria o compartilhamento do poder. Tal como seu primo distante, Decimus, Brutus afirmava descender de Lucius Junius Brutus, que expulsara o último rei de Roma, em 509 a.C., e fundara a República. Pelo lado materno, o ancestral de Brutus era Gaius Servilius Ahala, que matara um aspirante a tirano em 439 a.C. Para alardear sua linhagem, Brutus exibia uma árvore genealógica na sala de recepção (*tablinum*) de sua casa, como complemento às máscaras feitas com cera de abelha de seus ancestrais, que todas as famílias nobres de Roma mantinham em casa, em um lugar especialmente dedicado para isso.

Ao contrário dos intelectualmente incultos Antônio ou Decimus, Brutus alimentava a mesma paixão que seu tio pela filosofia; e talvez também compartilhasse da desconfiança deste para com o amante de Servília, César. Brutus mal poderia haver ignorado os rumores de que fosse, ele mesmo, um filho ilegítimo de César; mas isto é, quase certamente, uma inverdade, uma vez que César contasse apenas quinze anos de idade quando do nascimento de Brutus, em 85 a.C. Ironicamente, este teria sido um rumor útil para auxiliar um jovem a progredir, mesmo que Brutus reagisse furiosamente ante a noção de ilegitimidade.

Tendo aprendido a se conduzir entre Catão e Servília, Brutus desenvolveu um pendor pelo comprometimento; mas, também, conforme revelou-se, um talento para a traição.

## FACÇÕES MUTÁVEIS

A carreira do jovem Brutus prosseguia bem. Como governador-substituto, em 53 a.C., ele emprestava dinheiro às pessoas de uma cidade em Chipre à elevadíssima taxa de 48% de juros ao ano. Quando elas se recusavam a lhe pagar, os oficiais de Brutus, apoiados por cavaleiros armados, faziam trancafiar os conselheiros municipais em sua casa de conselho até que cinco deles morressem de inanição. Quando soube disso, Cícero ficou chocado.

Uma guerra civil irrompeu quatro anos depois, em 49 a.C. Catão liderou os renitentes que insistiam que César se consistia de uma ameaça tão perigosa à República que nenhum comprometimento seria possível. Embora Brutus incriminasse Pompeu pela morte de seu pai, juntou-se ao lado dele, seguindo tanto aos seus princípios republicanos quanto a Catão. Durante a campanha militar que se seguiu, Brutus tomou parte da Batalha de Farsália, em 48 a.C., o grande e definitivo confronto com César. Pompeu conseguiu escapar ileso de Farsália; assim como — pode-se dizer — o fez Brutus. Segundo um relato, Brutus evadiu-se de um acampamento militar de Pompeu, sitiado após a derrota, abrindo caminho através de terreno pantanoso até a cidade mais próxima. De lá, ele escreveu a César.

É provável que Brutus soubesse que César havia decretado uma política de clemência. Ele perdoava seus inimigos em uma desconcertante reversão da política do ditador romano anterior, Lucius Cornelius Sulla, mais conhecido como Sila. Sob as brutais regras de Sila (que governou Roma entre 82 e 80 a.C.), os inimigos do ditador eram executados e tinham suas propriedades confiscadas. César, agora, demonstrava que não era Sila; mas Brutus desejava mais do que um perdão: ele desejava prosperar. E conseguiu.

Em Farsália, circularam histórias sobre César ter ordenado que Brutus fosse poupado; e que ele agira assim como se fizesse um favor a Servília[32]. Mas César não era um homem sentimental; por isso, se a história for verdadeira, aquele deve ter sido um movimento político. A poderosa Servília era, afinal, uma excelente amiga e uma inimiga perigosa. Também havia referências ao suposto temor de César de que Brutus fosse seu filho[33]. Isso era certamente falso, mas César certamente sabia dos rumores e não pretendia suscitar sequer a suspeita de haver matado ao seu próprio filho.

Por fim, havia a opinião de César quanto a Brutus. Cícero ouvira, anos antes, de um dos amigos mais chegados a César, que este costumava dizer de Brutus: "O que quer que esse homem deseje, se constituirá de um grande problema[34]; mas o que quer que ele deseje, desejará intensamente." Assim, César captava a personalidade de um homem importante e determinado, mas igualmente difícil de ser mantido sob controle.

Para César, o grande valor de Brutus era o de um símbolo. Sobrinho de Catão e um homem muito popular em Roma, onde gozava de grande reputação por sua honestidade, Brutus foi o primeiro grande nome da nobreza romana a se juntar a César. É possível que Brutus tenha raciocinado que, uma vez tendo cumprido seu dever e combatido em Farsália, diante da vitória de César talvez fosse tempo de aceitar a realidade. Ele não era nem um pouco renitente.

César deu a Brutus calorosas boas-vindas. Plutarco afirma que os dois homens saíram a caminhar juntos. Quando se encontraram sozinhos, César perguntou para onde Pompeu se dirigia. Brutus afirmou não saber, mas cogitou que o Egito provavelmente fosse o destino de Pompeu, pois este contava com aliados lá. César convenceu-se disso, diz Plutarco, e, por isso, abandonou tudo e rumou para o Egito[35].

César conta uma história diferente, em seus *Comentários*[36] sobre a Guerra Civil, sua versão clássica dos acontecimentos, que combina História e propaganda. Ele tinha de "pisar mansinho" quanto aos impalatáveis fatos do conflito, no qual matou compatriotas romanos. César afirma haver rumado para leste, para Éfeso (na moderna Turquia) antes de ter tido notícias de que Pompeu fora visto em Chipre, o que o fez concluir que o destino de Pompeu seria o Egito. Somente então César teria rumado para o Egito; mas César não menciona Brutus em seus *Comentários*. Talvez César tenha decidido evitar chamar atenção para a história da traição de Brutus a Pompeu; ou, talvez, César tenha considerado a informação de Brutus demasiadamente duvidosa, para fazê-lo apressar-se rumo ao Egito.

Cícero também fizera suas pazes com César, mas muitos dentre os grandes nomes do Senado continuavam a combatê-lo. Eles ainda contavam com homens, dinheiro e com a frota mais poderosa do Mediterrâneo. Os líderes deslocaram-se para a província romana da África (a atual Tunísia), onde podiam contar com o apoio de aliados. Pompeu, de fato, rumou para o Egito, mas foi morto assim que pisou em terra firme.

A César custou mais um ano antes que pudesse lidar a contento com seus inimigos na África Romana; mas, quando afinal conseguiu fazê-lo, aniquilou-os em batalha. César, então, marchou para Utica (a oeste da moderna Túnis), um porto marítimo e a capital da província. A cidade se encontrava sob o comando de Catão, sendo seu último bastião de resistência no norte da África. César regozijou-se com a grande vitória simbólica que obteria com a rendição de Catão. Ele desejava que Catão aceitasse sua clemência.

Mas Catão recusou-a, pois considerava César um tirano[37]. A misericórdia por ele, disse Catão, seria mais difícil de suportar do que a morte. Catão decidiu cometer suicídio. Ele disse ao seu filho que havia crescido em liberdade[38] para viver e para expressar-se, e, agora, estaria velho demais para aprender a viver sob escravidão. À noite, sozinho, Catão apanhou uma adaga[39] e eviscerou-se. Seus apoiadores o surpreenderam em pleno ato e trouxeram um médico para que lhe suturasse a ferida. Depois de submetido a esse procedimento, porém, Catão arrancou as suturas e morreu.

Quando soube do acontecido, supostamente César teria dito: "Ó, Catão, eu lhe soneguei a sua morte[40]; e você sonegou-me a oportunidade de poupar-lhe a sua vida." O suicídio de Catão aviltou a história de César. Contudo um meio simples e eficiente de controlar os danos permanecia disponível: o silêncio. Hoje em dia, costumamos pensar nos romanos como um povo que admirava os suicídios nobres, mas isto só viria a ser assim muito mais tarde. Em 46 a.C. o suicídio era mal visto: até mesmo Brutus reprovou o ato de seu tio[41], taxando-o como ímpio e desumano. Mas César daria um passo em falso ainda maior.

Quando retornou a Roma, no verão de 46 a.C., César obteve a permissão do Senado para celebrar quatro triunfos em sequência. Isto fez com que ele superasse a Pompeu, que era famoso por haver celebrado três triunfos, em três anos diferentes. O último triunfo de Pompeu, celebrado em 61 a.C., por suas vitórias no Oriente, fora especialmente grandioso. Os de César, claro, seriam muito mais majestosos.

Mas uma vez que celebrar a morte de cidadãos romanos fosse impróprio, César teve de ofuscar a Guerra Civil em meio aos seus triunfos. Em vez disso, ele ressaltou suas vitórias sobre os gauleses e outros inimigos estrangeiros. A multidão apreciou esses momentos não propriamente planejados, enquanto seus soldados cantavam, sarcasticamente, "Romanos, vigiem suas mulheres, vejam que o adúltero careca está novamente em casa."[42]

As paradas triunfais incluíam a exibição de painéis com inscrições. César cuidou para que deles não constassem os nomes de quaisquer cidadãos romanos. Porém, César permitiu que, durante as paradas, fossem exibidas pinturas que retratavam os suicídios de três dos maiores generais romanos, depois das derrotas que haviam sofrido na África. Uma delas mostrava Catão "estripando-se a si mesmo como um animal selvagem"[43]. A multidão resmungou de forma reprovadora em resposta. Ao criticar a morte de Catão, César deu à memória de seu arqui-inimigo uma nova vida.

Isso foi apenas o começo. Os meses seguintes testemunharam uma guerra panfletária sobre Catão. Brutus contratou a Cícero para que escrevesse *Catão*, uma pequena obra em louvor de seu falecido tio. Embora consciente de que isto ofenderia a César e seus amigos, Cícero aceitou a incumbência. Ele considerava Catão um grande homem[44], que predissera o futuro com notável clareza. Ainda que a obra não tenha sobrevivido ao tempo, é evidente que ela exaltasse Catão, a quem Cícero referiu-se como "o primeiro em coragem varonil dentre os homens de todos os povos"[45]. A opinião das elites concordou com a dele[46]. Por algum motivo, Brutus não ficou feliz com o trabalho de Cícero, por isso ele também escreveu um breve tributo intitulado *Catão*. César retorquiu com seu *Anti-Catão*, no qual atacava o personagem-título como um ser ganancioso, beberrão e ofensivamente obsceno.

Todavia, enquanto seu tio e mentor preferira matar-se com uma adaga no norte da África a render-se a César, Brutus desfrutava das benesses advindas da clemência do ditador nas cidades da planície setentrional da Itália. Futuramente, Brutus teria de confrontar-se com as contradições de seu próprio comportamento.

## PÓRCIA

O verão de 45 a.C. foi uma época de provações para a mãe de Brutus, Servília, ainda que ela tivesse uma nova propriedade nas proximidades de Nápoles para desfrutar[47]. Esta havia sido confiscada de um apoiador de Pompeu e terminou passando às suas mãos como um presente, ou sendo adquirida por um preço muito vantajoso. Evidentemente, Servília ainda tinha um lugar no coração de César — ou, pelo menos, sua estima e consideração. Em todo caso, ela não se sentia nem um pouco desconfortável por lucrar às custas de um dos inimigos dele.

Mas Servília tinha uma nova nora com quem lidar. Brutus se divorciara de sua esposa, Claudia e estava noivo de Pórcia. Ela era prima dele e filha de seu falecido tio, Catão. Ela também era viúva de Bibulus, um empedernido inimigo de César que morrera dois anos antes.

Pórcia era uma mulher a ser combatida. Quando era jovem, um famoso orador pretendeu tomá-la de Bibulus para que gerasse um filho seu. O orador era um homem idoso; mas também era um admirador de Catão e estava ansioso para procriar com a melhor genealogia possível. Ele se comprometeu até mesmo a restituir Pórcia a Bibulus, depois que esta lhe desse um herdeiro, caso Bibulus ainda a amasse. Mas Catão, que exercia sua autoridade sobre a questão, recusou. Em vez disso, ele deu ao orador sua própria esposa!

Pórcia, contudo, era tão formidável quanto desejável. Se a história for verdadeira, Pórcia certa vez apunhalou-se profundamente em uma das coxas[48], apenas para provar seu valor a Brutus. Ao que parece, ela era realmente uma filha de Catão. Pórcia era exatamente o tipo de mulher que se revelaria irresistivelmente atraente para o filho da forte Servília.

Tampouco é difícil compreender o desgosto de Servília. No verão de 45 a.C., Servília e Pórcia não conviviam nada bem[49], ainda que Brutus tentasse contentar a ambas. O motivo pelo qual as duas mulheres viviam às turras não é registrado, mas a aliança de Brutus com César certamente era uma questão. Não há razão para duvidar que o casamento de Brutus e Pórcia tenha sido uma união motivada por amor, mas muitos romanos interpretaram o casamento de Brutus como uma ofensa pessoal a César. Uma coisa é certa: o filho de Servília podia ter-se deixado envolver pela "fala macia" de César, mas a filha de Catão jamais se deixaria envolver por ela.

*3.*

## DECISÃO EM UMA *VILLA*

César retornou à Itália, vindo da Hispânia, em agosto de 45 a.C.; mas ele não se apressou para chegar a Roma. Ele não entraria na cidade senão em outubro[1], quando celebrou um triunfo. Nesse intervalo, ele permaneceu em sua *villa*, a pouco mais de trinta quilômetros ao sul da cidade, nas proximidades de Labici[2]. Ali ele podia despertar em um dormitório cujo piso se consistia de um mosaico, delicado como um tapete, de lajotas de vidro opaco decoradas com motivos de plantas, que formavam a figura de um vaso cheio de flores — tudo encimado por uma cornija esculpida em volutas. Ele podia fazer seus negócios enquanto atravessava pórticos sombreados, passeando em meio a uma luxuriante profusão de mármores amarelados.

Situada em uma região de fértil solo vulcânico, Labici era famosa na Antiguidade por sua produção de frutas e legumes, bem como por suas safras de vinhos. César apreciava o frescor e a tranquilidade das Colinas Albanas, as mesmas colinas nas quais, ainda hoje em dia, as pessoas vão buscar refúgio do calor abrasador dos verões de Roma. Contudo, se os contrariados e preocupados políticos da capital representassem para César um motivo adicional para postergar seu retorno, seria compreensível.

Roma estava apinhada de gente exigindo que César restaurasse o sistema político para tal como era antes da Guerra Civil, mas César tinha outras ideias. As pessoas pensavam em termos da cidade, enquanto ele pensava em termos do império. Tal como ele escreveu, certa vez, assim que a Guerra Civil estivesse terminada, as pessoas poderiam aspirar pela tranquilidade da Itália[3], a paz nas províncias e a segurança do império. César olhava para muito além das paredes da Casa do Senado ou das esquinas do Fórum Romano. Na verdade, ele estava fazendo construir uma nova Casa do Senado e um novo Fórum. Ele expressava tal desprezo pela República que muitos de seus contemporâneos consideravam sagrado. E, finalmente, César alimentava um sincero desejo pelo poder. Ele já era Ditador por Dez Anos, título que lhe fora concedido pelo Senado em 46 a.C., e detinha uma variedade de outras honrarias. Não é possível reconstruir precisamente o que ele tinha em mente para o futuro, pois César jamais expressou isso claramente. Talvez, na época, seus planos ainda estivessem sendo desenvolvidos. Uma coisa, porém, é certa: a visão de César para o futuro de Roma era incompatível com o passado da República Romana. Ou César ou a República poderiam sobreviver; mas não ambos.

## UM CONFLITO DE PONTOS DE VISTA

Agora que a Guerra Civil estava terminada, os senadores de Roma estavam prontos para retomar o poder que acreditavam ser seu por direito. Da maneira como eles viam as coisas, depois de cinco anos de guerra, dezenas de milhares de homens mortos, cidades saqueadas, bibliotecas incineradas e riquezas empenhadas na carnificina, chegara o momento dos homens que usavam longas vestes. Os senadores já haviam visto generais "cuspindo fogo" antes, exigindo sua primazia ou pretendendo impor ditaduras, e, às vezes, fazendo rolar algumas cabeças. Eles já haviam visto tudo isso e estavam confiantes de que nada significava.

A nobreza romana impressionava-se tanto com sua própria autoridade coletiva que não podia imaginar que ninguém fosse além dela. Ela confiava em sua habilidade para cooptar até mesmo a mais ferrenha oposição e transformá-la em parte da República. Ela havia "domado" Pompeu e tinha certeza de poder fazer o mesmo com César. Mesmo agora, a despeito de tudo, a nobreza dizia a si mesma que César não desejava nada além da República. Em cartas ditadas a escravos, em festins alcoólicos ou em passeios pelos jardins, com o murmúrio da água nas fontes ao fundo, todos chegavam à mesma confiante conclusão. Mas César os enganou.

César não tinha a menor intenção de jogar o jogo dos senadores. Catão compreendera isso, e Cícero, às vezes, também parecia haver compreendido; mas a maioria das pessoas o negava. O encanto de César mascarava a verdade. Ele perdoava seus inimigos, e até mesmo os indicava para que ocupassem os mais altos cargos em Roma. Ele tinha sempre um sorriso, para quase todo mundo. Ele escrevia cartas pessoais, mesmo durante campanhas militares. Ele distribuía presentes caríssimos. Ele era muito bom ao representar esse papel, mas tratava-se apenas disso: uma representação.

César crescera para além da cidade de Roma e suas querelas domésticas. Ele podia se dar ao luxo de indicar seus inimigos como pretores e cônsules porque esses cargos não tinham mais qualquer importância. O poder real agora concentrava-se no círculo de amizades de César. Ele não se importava mais com o Senado; mas seu maior desafio era não fazer com que isso transparecesse de maneira evidente.

Um ano antes, em 46 a.C., ao retornar do norte da África para Roma, César teve de demonstrar tato. Agora, em 45 a.C., depois de uma luta renhida na Hispânia, César estava menos disposto a comprometer-se. A guerra havia chegado a uma questão de vida ou morte na Batalha de Munda (nas proximidades da atual cidade de Sevilha), em 17 de março de 45 a.C., tendo o inimigo quase saído vitorioso. César tivera de fazer um apelo emocionado aos seus homens para que fizessem sua parte, e sua própria vida estivera em grande perigo, a certa altura. No final, o exército venceu, forçando uma debandada do inimigo; mas, antes que isso acontecesse, por pouco a situação não se invertera.

A experiência deve ter abalado César; ou apenas confirmado seus mais soturnos pensamentos. Em qualquer um dos casos, a Hispânia pareceu ter feito dele um homem mais concentrado e menos paciente; mais sensível ante a fragilidade da vida e menos propenso a consultar-se com gente alheia aos seus negócios.

Em princípio, a Guerra Civil estava terminada; mas ainda havia conflagrações militares nas fronteiras do império e agitações políticas em Roma. A Síria estava em revolta.

De imediato, Sextus Pompeu — o mais jovem dos dois filhos de Pompeu, que sobrevivera à derrota — poderia descer as montanhas e ressurgir como uma ameaça militar na Hispânia. Enquanto isso, de volta a Roma, nem os senadores nem os cidadãos comuns aceitavam a ideia de uma ditadura de longo prazo. Eles ainda esperavam que César lhes restituísse a República, mesmo com ele em uma posição dominante.

A maior parte da elite de Roma ainda adorava a sua República. Cícero dissera que nada no mundo era comparável a ela[4]. Salustiano, um grande historiador, aconselhara César, por volta de 46 a.C., a "fortalecer a República para o futuro[5], não apenas com armamentos e contra os inimigos, mas também com as belas artes da paz — uma tarefa muito, muito mais espinhosa."

Mesmo as plebes urbanas (tal como os romanos se referiam aos habitantes comuns da cidade de Roma) encontravam algo a que adorar na República. A população pobre não detinha cargos públicos, mas podia votar. As eleições traziam a ela as atenções e presentes dos candidatos, que costumavam ser ricos. Uma eleição calorosamente disputada frequentemente rendia benefícios sociais aos pobres.

César discordava disso. O homem dotado de um senso de humor inteligente e graça suficiente para fazer "virar" tantas cabeças casadas em Roma, o janota a quem Cícero se recusara a levar a sério devido à excessiva atenção que dedicava ao seu penteado[6], era o mesmo César que podia ser, às vezes, tão direto quanto uma punhalada. Diz-se que ele teria se referido à Republica como "um nada; um mero nome, sem forma ou substância"[7]. O comentário consta de um panfleto, de autoria de um inimigo de César[8], e pode ser fictício; mas é consonante com o ferino senso de humor de César.

A "velha guarda" dizia desejar que Roma tivesse um governo regido por leis, não por homens. César não preferia a nenhuma das duas alternativas, e considerava a "velha guarda" fraudulenta, iludida ou ambas as coisas. Ele acreditava que somente a sua genialidade proporcionaria paz e prosperidade ao povo do império. Para que compreendamos por que ele chegara a essa conclusão, é preciso que conheçamos a César.

## TORNANDO-SE JÚLIO CÉSAR

César trilhara um longo caminho. Ele viera de uma infância nas habitações miseráveis de Subura, na periferia de Roma, para a Residência Real, nos arredores do Fórum, onde vivia como o sumo sacerdote de Roma, tendo vencido a eleição para este elevado posto ainda muito jovem. Desde correr e esconder-se pelas colinas da Itália central e combater a malária e uma sentença de morte do ditador Sila, até mover uma campanha contra o inimigo hereditário de Roam e vencer uma batalha nas colinas da Anatólia, de maneira tão assombrosa, que César somente pôde descrevê-la com sua célebre frase, *VENI VIDI VICI* — "vim, vi e venci"[9]. Desde conquistar, aos vinte anos de idade, a segunda mais alta honraria militar de Roma e o direito de ser ovacionado de pé pelos senadores quando quer que adentrasse o recinto do Senado, até assenhorear-se do rebelde chefe gaulês derrotado Vercingetorix, prostrado aos seus pés. Desde haver-se casado três vezes e mantido incontáveis casos amorosos com as esposas dos principais líderes políticos de Roma, até alimentar um romance com uma rainha, descendente de um dos generais de Alexandre, o Grande. Em seus primeiros anos, César fora um cônsul reformador, que combatera — e vencera — o Senado: um político arrivista, que não se considerava entre iguais, senão quando ao lado do então maior general de Roma, Pompeu, e do então homem mais rico de Roma, Marcus Licinius Crassus. Em 45 a.C., César já excedera a ambos, tendo-se tornado conquistador de três continentes e escrito comentários militares destinados a permanecer como clássicos por dois mil anos. César era tanto um gênio quanto um demônio, demonstrando sua excelência na política, na guerra e na escrita: uma tríplice coroa, jamais usada tão bem por alguém.

César viveu em uma sociedade na qual a modéstia não era uma virtude. Ele foi a quem Aristóteles se referiu como "um homem de alma grandiosa"[10]: alguém com ambições muito elevadas e uma opinião nada pequena sobre si mesmo. Ele acreditava em sua inteligência, versatilidade e eficiência. A ele não faltavam coragem e ousadia; e seu apetite pela autopromoção era ilimitado. Do modo como via, ele era um "virtuose" político, com uma pitada de senso comum. Ele era o homem que fazia de tudo, em meio a uma crise em batalha, salvando seu exército, por várias vezes seguidas. Ele era tenaz, justo e prudente para com o inimigo, e infinitamente misericordioso para com o povo de Roma. Ele confirmava, em tom de aprovação, a crença de que "o *imperator* Gaius Julius bem merecia o melhor da República[11], depois de todas as suas conquistas".

Toda a sua experiência de vida — sem dúvida obtida sobre os joelhos de sua mãe[12] — ensinou a César que ele merecia ser o primeiro homem de Roma[13]. Ele era confiante quanto a poder liderar o povo e tinha pouca consideração pelo Senado. A este último, ele considerava um obstáculo à sua visão de uma nova e ainda maior Roma, uma cidade reconstruída, digna de um império: mas um império reimaginado, que trataria seus habitantes como cidadãos em vez de súditos; um Estado reformado que considerasse as massas como contribuintes para o bem público, em vez de como empecilhos que estorvassem o caminho da elite nobre.

Como cônsul, em 59 a.C., César sobrepujou as objeções do Senado e fez passar duas leis relativas à propriedade de terras que proporcionaram alívio aos pobres. Ele também fez passar as primeiras leis que protegiam o povo dos abusos dos governadores provinciais. O Senado se opôs a César, mas ele apenas o contornou, fazendo com que suas leis fossem aprovadas pelo povo em suas assembleias legislativas. Isto era legal, ainda que contrário a todos os costumes.

César tinha pouca paciência para com os costumes ou para com o Senado. Ele representava um refúgio para os pobres[14] e orgulhava-se disso; e ele desprezava a absoluta recusa do Senado em fazer a menor concessão às necessidades deles. Ele promoveu homens que horrorizavam os esnobes do Senado: cavaleiros romanos, italianos, novos cidadãos da Gália ou da

Hispânia e até mesmo escravos emancipados, para não mencionar jovens membros da nobreza que tinham débitos ou haviam cometido crimes. Ele não pedia desculpas: na verdade, certa vez ele disse que se necessitasse de bandidos e assassinos[15] para defender sua *dignitas* (ou seja, a sua honra), ele os recompensaria, de bom grado, com os mais altos cargos públicos. Tampouco César hesitava em usar a força bruta contra seus inimigos da elite. Ele fez com que Catão fosse atirado para fora do Senado e enviado à prisão, após um debate acalorado, e providenciou para que ele e um amigo cônsul — um dos Melhores Homens — fossem atacados em público, depois de haverem tentado impedir a promulgação de uma de suas leis relativas à propriedade de terras.

Durante toda a sua vida, César adorou correr riscos e abraçou a violência. Houve uma vez em que ele empreendeu uma perigosa travessia pelo Adriático em um pequeno barco[16], acompanhado de alguns poucos amigos e escravos, armado apenas com uma adaga militar atada à sua perna, sob a túnica, para usá-la caso encontrasse piratas — tudo porque o jovem César tinha muita pressa de voltar a Roma. Ou como na ocasião em que ele fez seu exército marchar diretamente para uma armadilha, no Rio Sabis[17], na Gália, sem haver tomado as devidas precauções e quase viu suas forças serem dizimadas por um inimigo bem preparado. De todo modo, César venceu a escaramuça ao espalhar desordenadamente seus homens pelo campo de batalha, indo ele mesmo para a linha de frente dos combates e depositando toda a sua confiança em um soberbo segundo-em-comando, Titus Labienus. Ele descreveu o quase desastre como uma famosa vitória em seus *Comentários*, ainda que tenha minimizado a contribuição de seu "Número Dois".

César assumiria um risco ainda maior e mais célebre em 49 a.C., ao cruzar o Rubicão. Este pequeno rio delimitava a fronteira entre a Gália Italiana e a Itália, propriamente dita. Era ilegal que um general trouxesse seu exército para dentro do território italiano sem a aprovação do Senado. Porém, César fez exatamente isso, em uma noite de janeiro, em 49 a.C. (ou em novembro de 50 a.C., segundo nosso calendário atual).

Hoje em dia, "cruzar o Rubicão" significa tomar uma decisão difícil, para a qual não haverá reversão possível. Ele desafiou o Senado e infringiu a lei. Isto deu início a cinco anos de guerra civil. Liderados por Catão e Pompeu, os inimigos de César no Senado exigiram que ele abdicasse do comando e retornasse a Roma, como um cidadão comum. Percebendo que isso determinaria o fim de sua carreira política — senão da sua vida —, César recusou-se a fazê-lo. Dirigindo-se aos seus soldados, ele disse que seus inimigos dominavam o Senado[18], ameaçando tanto a liberdade do povo romano quanto a sua própria *dignitas*. Os homens reiteraram seu juramento de lealdade ao seu comandante, e César decidiu arriscar tudo em uma guerra civil. Ele cruzou o Rubicão e marchou para Roma.

Nenhum político poderia deter a César, nem qualquer exército poderia derrotá-lo. Por quase uma década, o povo da Gália o trataria como a um rei. Um pequeno exemplo disto foi a rendição de Vercingetorix, em Alésia[19], quando o líder gaulês prostrou-se e depôs o seu melhor armamento aos pés de César, enquanto este cavalgava em círculos, ao redor dele. Havendo experimentado uma dominação tão duramente conquistada, César não tinha qualquer interesse em entregar seu produto à amarga mesquinharia dos políticos de Roma, que, tal como ele via, haviam-no forçado a travar uma guerra civil a despeito de todos os serviços que prestara ao seu país.

Todavia, qualquer pessoa com o mínimo pendor para o romance não poderá deixar de pensar que a maior influência sobre os movimentos de César para conquistar ainda mais poder tenha sido exercida por sua amante, a rainha do Egito.

## CLEÓPATRA

César conheceu Cleópatra em 48 a.C., quando foi ao Egito em perseguição a Pompeu. Pompeu foi assassinado assim que pisou em terra, traído por seu suposto amigo e rei do Egito, Ptolemeu XIII. Para César, Ptolemeu não tinha qualquer utilidade. Ele usurpara de César a honra da rendição de Pompeu, e, além disso, se recusara a financiar as tropas de César. Porém, César encontrou uma voluntariosa aliada na irmã de Ptolemeu, Cleópatra. De bom grado, ela se ofereceu a pagar pelo exército de César em troca do apoio dele à demanda, dela própria, para que viesse a ocupar o trono.

Ela foi "contrabandeada" para o interior do palácio, em Alexandria, envolta — segundo uma história — em lençóis de cama, os quais despiu diante de César. Cleópatra era possuidora de uma grande presença física.[20] Ela era pequena e vigorosa; sabia cavalgar e caçar. Se julgarmos pelas moedas que ela fez cunhar, não se tratava de uma mulher convencionalmente bonita: ela tinha um queixo proeminente, uma boca grande demais, e um nariz assimétrico. Mas suas moedas podem ter exagerado seus traços mais fisicamente masculinos para fazê-la parecer mais "majestosa". Certamente, Cleópatra era inteligente, astuciosa e sedutora. Ela representava o *glamour*: ela era o Egito; uma terra de antiguidade e elegância. Ela era a glória, porque descendia de Ptolemeu I, um marechal de Alexandre, o Grande. Ela era jovem —

contando apenas 21 anos de idade, enquanto César tinha 52. Dentro de um mês depois de haverem se conhecido, ela engravidaria.

Quando César e Cleópatra estivessem juntos, havia festas, que frequentemente se estendiam até as primeiras luzes dos dias. Eles navegavam pelo Nilo, a bordo da barca real dela. Acompanhados por mais de quatrocentas outras embarcações, eles rumaram para o sul, até a Etiópia, passando por templos majestosos, experimentando o exotismo da flora e da fauna, em uma viagem de exploração, tanto quanto de aventura e romance.

Na primavera de 47 a.C., depois de árduas lutas em Alexandria e no delta do Nilo, César era o senhor do Egito. E Cleópatra era a amante de César — segundo as lendas. Eles eram dois políticos poderosos; não meramente dois apaixonados, loucos de amor. A fria racionalização política fez com que César preferisse Cleópatra a Ptolemeu: ela era mais fraca. Ptolemeu contava com um forte apoio popular, em Alexandria; Cleópatra precisava de Roma. Ela seria uma cliente leal, como legisladora do Egito.

Não obstante, a jovem e brilhante rainha deve ter exercido algum impacto sobre César. O que ela teria em mente, quando perguntou a ele — por exemplo — por que ele não era um deus? Ela, afinal, era uma deusa; e todos os reis e rainhas do Egito eram divinos. Alexandre, o Grande fora um deus, tal como outros regentes do Oriente Grego. Por que não César? E, por falar nisso, por que ele não era um rei? Ao louvar sua impositiva presença em Alexandria, Cleópatra deve ter impulsionado o desejo de César de livrar-se dos "grandes" do Senado e suas trivialidades constitucionais, detrás das quais se protegiam a si mesmos e aos seus privilégios. A conexão dela com Alexandre pode ter relembrado a César de que haveria novos mundos a conquistar, no Oriente.

No verão de 47 a.C., depois da partida de César do Egito, Cleópatra teve um filho. Ela o chamou Ptolemeu XV César, mas ele se tornou conhecido como "Cesário" (*Cæsarion*), ou "Pequeno César". Ela afirmava que César era seu pai. É difícil saber como César teria reagido a isso — se é que reagiu —, pois o assunto é incrustado com relatos propagandísticos de batalhas posteriores. Uma fonte romana atesta que "certos autores gregos"[21] afirmavam que Cesário se parecia e caminhava como César.

É provável que César não fosse um pai muito afetuoso, mas é fácil imaginar o menino provocando alguma agitação em seu espírito. Vinte anos antes, quando contava 33 anos de idade, César lamentou o fato de que Alexandre, o Grande[22] já estivesse morto com a mesma idade, enquanto César ainda não havia realizado nenhuma conquista digna de nota. Agora, ele era um grande conquistador; e Cesário o conectava geneticamente com um dos generais de

Alexandre. Contudo, mesmo que César viesse a reconhecer o menino como um filho seu, certamente jamais cogitaria em fazer de um mestiço egípcio, nascido fora dos vínculos matrimoniais, seu herdeiro em Roma.

Estaremos raciocinando sobre bases mais sólidas se imaginarmos que Alexandria tenha causado uma profunda impressão sobre César. A grande cidade teria impressionado a qualquer pessoa, sendo quase tão populosa quanto Roma e imensamente grandiosa. Fundada por Alexandre, o Grande, aquele foi o lugar que assistiu ao início da dinastia ptolemaica. A começar por seu famoso farol, que se erguia a uma altura superior a cem metros, em uma ilha ao norte da cidade, a arquitetura de Alexandria encantava por seu brilhantismo e esmero. O Distrito do Palácio, os pórticos, as colunatas, o Museu, a grande Biblioteca, as tumbas dos Ptolemeus e de Alexandre, o Grande, as largas avenidas traçadas sobre um padrão geométrico regular, a exuberância de mármores e granitos — tudo cativava o olhar dos visitantes. Alexandria ofuscava Roma; por isso não é de admirar que César, depois de havê-la conhecido, tenha enfatizado tanto a construção de uma nova Roma, maior e melhor.

César não esqueceu Cleópatra quando deixou Alexandria, em 47 a.C. No ano seguinte, de volta a Roma, ele incluiu uma estátua da rainha, banhada a ouro, como parte da decoração de seu novo fórum. A escultura se constituía de um "tapa na cara" dos tradicionalistas romanos.

Mas César não se preocupava com eles. Ele sabia que a maioria do Senado e quase todos os ex-cônsules (ou *consulares*, como eram chamados) haviam-se oposto a ele durante a Guerra Civil. Quem importava a César eram os poucos homens confiáveis que lhe permaneceram leais, bem como seus aliados nas novas elites da Itália e das províncias, as plebes urbanas e, sobretudo, o exército. Os Melhores Homens que resmungassem à vontade, a despeito de tudo o que ele fizera para se conciliar com eles. Os homens de César o tratariam tal como ele merecia, sendo a melhor esperança para o país deles.

## OS HOMENS DE CÉSAR

A guerra na Gália fizera de César não apenas um dos maiores conquistadores da História: elas também lhe permitiram instituir um Estado dentro do Estado. Para isso ele contara, primeira e principalmente, com o seu exército.

Antes de César, outros generais romanos já haviam usado a lealdade de seus homens como um instrumento político, mas ninguém jamais fez isso melhor do que ele. Isto era claro à época e ainda transparece nas páginas dos *Comentários* de César. O "coração" ou o esteio emocional desse trabalho não era representado pelos oficiais mais antigos, mas, sim, pelos centuriões, os equivalentes romanos aos modernos capitães das forças armadas. César descreve orgulhosamente a bravura, o autossacrifício e o profissionalismo deles. Eles o recompensaram em Roma tornando-se seus aliados políticos, e algo mais do que apenas isso. Seus centuriões até mesmo emprestaram a César seu próprio dinheiro, antes que ele cruzasse o Rubicão e iniciasse a Guerra Civil, em 49 a.C.

Os centuriões não eram pobres. É provável que eles fossem provenientes da classe média alta; e, se não, eles eram suficientemente bem pagos para terminar pertencendo a esta. Em contraste, os soldados rasos eram muito pobres, mas simplesmente adoravam seu líder. Não que César respondesse sentimentalmente a isso. O poder, disse ele, certa vez, dependia de apenas duas coisas[23]: soldados e dinheiro. César pagava bem aos seus homens, tanto quanto exercia um verdadeiro fascínio sobre eles. Ele cultivava uma reputação de ser tenazmente persistente e de compartilhar os sacrifícios de seus soldados. Ele também corria os mesmos riscos a que seus homens eram submetidos. Pouco antes do engajamento em uma batalha, por exemplo, ele ordenou que os cavalos de todos os seus oficiais fossem mandados para longe[24] dali, para tornar claro que se tratava de um caso de vida ou morte e ninguém poderia bater em retirada. Primeiro, porém, ele fez com que seu próprio cavalo fosse mandado para longe.

Quer fosse por pequenas coisas, tal como deixar que seus cabelos e sua barba crescessem[25] em sinal de luto por pesadas baixas sofridas, ou por coisas grandes, tal como distribuir gratificações em dinheiro, partilhar saques ou conceder terras conquistadas, César assumia a responsabilidade por tudo. O objetivo final era deixar os homens de César "absolutamente ligados a ele e resolutamente leais"[26]. O que se dizia do legendário fundador de Roma, Rômulo, também poderia ser dito sobre César:

*"Ele era mais agradável às massas do que ao Senado[27], mas nos corações dos soldados que ele era, de longe, o mais popular."*

Quando marchavam durante os triunfos de César, em 46 a.C., seus soldados — trajando seus melhores uniformes militares e ostentando orgulhosamente suas condecorações — exultavam de pura alegria enquanto entoavam canções maliciosas sobre as façanhas sexuais de César. Eles também gritavam, em uníssono: "Se fizer tudo certo, você será punido[28]; mas se fizer tudo errado, você será rei." O que isto significava, evidentemente, era que César infringira a lei enquanto cônsul e desencadeara uma guerra civil, contudo soubera evitar a punição e terminara "por cima". Diz-se que César ficou radiante ao saber que ele e seus homens se compreendiam tão bem mutuamente. Mas ele não permitia que sua demonstração de compreensão se limitasse a meras palavras.

César deu aos seus soldados grandes prêmios em dinheiro durante os triunfos. Cada um dos seus veteranos recebeu a vultosa soma de seis mil *denarii* — os seja, mais do que 25 vezes o salário anual de um legionário, que remontava a algo em torno de 225 *denarii*. Os centuriões recebiam o dobro dessa quantia, enquanto os tribunos militares (equivalentes aos modernos coronéis) e os comandantes de cavalaria recebiam quatro vezes isso — gratificações estupendas, tornadas possíveis somente graças à enorme riqueza de César, adquirida na forma de espólios de guerra.

Isso se consistia de uma amostra do que ainda estava por vir. Os soldados eram o verdadeiro poder em Roma; fato que, em menos de três anos, se tornaria óbvio para qualquer um. Mas, por enquanto, ainda era possível acreditar que os soldados baixassem suas cabeças em sinal de respeito diante das autoridades políticas.

César contava com o apoio das plebes urbanas, às quais também pagava. Os soldados, porém, não tinham qualquer interesse em compartilhar sua riqueza, e, por isso, rebelaram-se, em sinal de protesto. Por seu turno, a rebelião da soldadesca foi logo debelada por César. Fora decretado que mais de um quarto de milhão de cidadãos do sexo masculino preenchia os devidos requisitos para receberem, cada um, a soma de cem *denarii*. Então, foram concedidos descontos nos aluguéis, tanto em Roma quanto no restante da Itália — o que representava um grande benefício para os pobres. César ainda não estava preparado para concordar com o que, séculos mais tarde, o imperador romano Septimus Severius diria aos seus filhos, em seu leito de morte: "Façam com que os soldados se tornem ricos[29] e não deem atenção a mais ninguém." César sabia que não poderia governar, de modo algum, sem o apoio de suas legiões; mas sem o apoio do povo, ele não poderia governar em paz. Assim, ele fez com que três dos soldados revoltosos fossem mortos — dois deles em execuções rituais — e tivessem suas cabeças expostas do lado de fora de seus aposentos oficiais.

Além de seus soldados e das plebes urbanas, César fez constituir uma nova elite. Começando ainda na Gália, ele reuniu uma equipe de conselheiros que incluía políticos, administradores, advogados, propagandistas, poderosos influenciadores e banqueiros. Estes serviam para ele como guardas pessoais, solucionadores de problemas, espiões e encarregados de tarefas desagradáveis. Quase nenhum deles provinha da nobreza de Roma: alguns sequer eram cidadãos romanos de nascimento, e a maioria pertencia às classes mais altas da Itália — que embora fossem cidadãos romanos tinham suas presenças totalmente excluídas das esferas mais elevadas.

As duas figuras mais importantes da nova elite de César eram Gaius Oppius, um cavaleiro romano, e Lucius Cornelius Balbus, um civil proveniente da Hispânia. Com o conhecimento de todos, mas com determinada reticência[30], eles trabalhavam pelos bastidores, servindo como os olhos e ouvidos de César. Balbus e Oppius eram uma combinação de chefes de gabinetes, ministros das comunicações e secretários do tesouro. Eles "mexiam muitos pauzinhos" em Roma. Cícero reclamava que Balbus estaria emitindo decretos[31] e os assinando com o nome de Cícero, sem sequer consultá-lo. Nos velhos tempos, lamentava-se Cícero, ele fora, virtualmente, o timoneiro da República[32]; mas, agora, mal detinha uma posição em meio à tripulação.

Era praticamente impossível ver César pessoalmente sem passar por eles, tal como constatou Cícero, para seu grande desprazer. Todo o processo não apenas era muito desgastante como constituía uma afronta à *dignitas* de alguém. Pensar que ele precisasse se misturar aos que lhe eram socialmente inferiores! Ao que parece, o próprio César se deu conta de como os seus "guarda-costas" o tornavam impopular. Supostamente, César teria dito que se um homem como Cícero era obrigado a esperar para vê-lo[33], então todo mundo — inclusive Cícero — deveria realmente odiá-lo. Evidentemente, César considerou que por mais desafortunadas que fossem essas circunstâncias, não havia alternativa a elas.

## AS REFORMAS DE CÉSAR

Enquanto permanecia em sua *villa*, em Labici, aguardando para adentrar a capital, César deve ter considerado quanto ele já modificara Roma. No ano anterior ele fizera passar uma impressionante série de leis que contribuíra para o avanço do país em todos os aspectos: desde o fornecimento de grãos até o calendário, e das áreas rurais até as novas colônias no estrangeiro.

Às plebes urbanas ele presenteou com somas em dinheiro, entretenimento e certo alívio nas dívidas — mas não suficiente para desagradar aos ricos. Aos seus apoiadores nas províncias ele concedeu a cidadania romana. Aos principais cavaleiros romanos ele proporcionou cargos públicos e assentos no Senado, cujo número ele expandiria de seiscentos para novecentos. Alguns poucos dos novos senadores de César eram cidadãos originários da Gália Italiana, e é provável que houvesse até mesmo alguns da Gália para além dos Alpes. Aos antigos apoiadores de Pompeu ofereceu perdões e promoções. Ele usou sua imensa riqueza para comprar novos amigos, inclusive senadores, que junto a ele obtinham empréstimos a juros baixos ou mesmo isentos de juros, bem como escravos emancipados ou não, desde que gozassem de alguma influência junto aos seus antigos senhores.

César ofertou terras aos seus veteranos e grãos aos pobres urbanos, ainda que sob certas condições: ele reduziu o número dos que se beneficiariam com o recebimento de grãos ao mesmo tempo que iniciou planos para que grandes massas de pobres da cidade fossem enviadas às colônias no exterior. Oitenta mil colonos já haviam sido assentados à época de sua morte. Ele auxiliou os devedores ao decretar que o preço das terras deveria retornar aos valores anteriores à Guerra Civil, embora tenha-se recusado a perdoar completamente as dívidas do povo, o que tranquilizou os credores. Simultaneamente a isso, ele encorajou a imigração de médicos e professores estrangeiros para Roma.

César limitou a duração dos mandatos dos governadores provinciais a dois anos, pois não pretendia permitir que alguém usasse uma de suas províncias como trampolim para alcançar o poder supremo, tal como ele mesmo usara a Gália. Ele fez aumentar o número de agentes públicos, que tanto deveriam responder às pressões populares quanto gozariam de autonomia para empregar aos seus próprios amigos. Contudo, a reforma administrativa mais importante implementada por ele foi a do calendário. O calendário lunar de Roma, baseado em um ano de 354 dias, se encontrava fora de sincronia com as estações do ano. César, então, fez valer uma reforma que, literalmente, iria "marcar época", ao implementar o calendário solar, com anos de 365 dias mais um ano bissexto a cada quatro passados — o mesmo calendário que é vigente ainda hoje na maior parte do mundo, exceto por alguns ligeiros ajustes datados do século XVIII da era atual. O novo calendário teve início em 1.º de janeiro de 45 a.C.

Quanto à capital, César substituiu a austeridade republicana pela pompa imperial, chancelando tudo com um selo dinástico. No centro de tudo isso, como ditador e quase um semideus, estava César.

## A CIDADE DE MÁRMORE

César deu prosseguimento aos seus triunfos em Roma, em setembro de 46 a.C., com uma série de espetaculares banquetes públicos e torneios desportivos, incluindo jogos entre gladiadores, dedicados à sua filha, Júlia, nove anos após a morte desta. Isto constituiu-se no patrocínio do primeiro evento deste tipo em homenagem a uma filha. Ainda mais inusitada foi a combinação dos jogos com as celebrações pela inauguração de um novo templo, o Templo de *Venus Genetrix*, ou "Mãe Vênus", deusa à qual o templo era dedicado, em 26 de setembro. Este foi um evento grandioso, e, na verdade, marcou nada menos que o início de uma reconstrução monumental do coração de Roma. Tal como relativamente a outros aspectos, César estava seguindo as pegadas de Pompeu.

Pompeu construíra um majestoso novo complexo como um memorial de seu triunfo de 61 a.C. e do sucesso que obtivera no Oriente. Pompeu concedera a liberdade aos piratas do mar, derrotara um terrível monarca rebelado, o Rei Mitrídates de Ponto, e conquistara para a República novas e reluzentes províncias e protetorados. O novo complexo se consistia de duas partes interconectadas: o Pórtico de Pompeu e o Teatro de Pompeu. Os romanos às vezes referiam-se a todo o conjunto como as "Obras de Pompeu". Embora seus contornos ainda possam ser percebidos no traçado das ruas atuais — e mesmo nas fundações de algumas construções —, pouco de sua estrutura original sobreviveu. Não obstante, o Complexo foi tão emblemático no apogeu de seus dias quanto o Coliseu viria a ser, posteriormente.

As Obras de Pompeu incluíam o primeiro teatro permanente de Roma — que, efetivamente, se constituía do primeiro parque público da cidade —, um templo dedicado a "Vênus Vitoriosa" (a deusa da Vitória pessoal de Pompeu), galerias de arte, lojas, edifícios governamentais e uma nova Casa do Senado, que abrigava uma estátua de Pompeu. Todo o conjunto era um gigantesco monumento a um general desagradavelmente opressor, que ameaçava sufocar a liberdade da República com seu ego e sua ambição.

Desde sua consagração, em 55 a.C., as Obras de Pompeu foram sempre imensamente populares. Um ano depois, César inaugurou um novo grande projeto de sua autoria, o *Forum Julium*, ou Fórum de César. Tal como o Pórtico de Pompeu, ele compreenderia uma área retangular, cercada por colunatas e contendo um templo dedicado a Vênus — embora César tenha dedicado seu templo à "Mãe Vênus", pois esta seria tanto a "fundadora" da família de César quanto a progenitora do povo romano; desta maneira, a mudança de "Vitoriosa" para "Mãe" cumpria uma dupla função.

Diante do templo da Mãe Vênus havia uma estátua de César montado sobre um cavalo, em uma pose tornada célebre por retratar a Alexandre, o Grande. Adjacente ao Fórum havia a nova Casa do Senado (*Curia Julia*), assim chamada em homenagem à família de Júlio César, os Julii.

Diferentemente das Obras de Pompeu, o Fórum de César não incluía um teatro; mas César planejava construir um, relativamente próximo do conjunto (que viria a se tornar o Teatro de Marcellus, concluído sob a regência de Augustus, que ainda hoje se encontra parcialmente em pé). Tampouco havia um parque, mas, como veremos, César tinha planos para superar Pompeu nesse particular. Mas o melhor de tudo — e também diferentemente de Pompeu — era que o Fórum de César se situava em uma localização central em Roma, adjacente ao Fórum Romano. As Obras de Pompeu localizavam-se no Campo de Marte, a quase um quilômetro de distância, nos baixios existentes entre as muralhas da cidade republicana e a curva do Rio Tibre. César "cravou sua bandeira" praticamente no centro do poder romano. Somente o valor imobiliário do terreno custava uma fortuna[34], quase suficiente para financiar os exércitos romanos por uma geração.

O Templo abrigava uma estátua de Vênus esculpida por Arcesilaus, um proeminente artista grego radicado em Roma. Outros elementos decorativos do templo — todos sendo oferendas à deusa — incluíam pinturas de valor incalculável, gemas preciosas com gravações em relevo, e uma armadura peitoral engastada com pérolas britânicas. Para finalizar, havia a estátua banhada a ouro de Cleópatra.

Os novos Fórum de César e a Casa do Senado foram apenas o começo. Ele ordenou uma reforma completa da mais importante propriedade política de Roma, o Local da Assembleia, bem diante da Casa do Senado. Haveria, então, um novo espaço para assembleias, um novo Parlatório e, apenas a uma curta distância a leste, um novo complexo judiciário, o Edifício da Corte Juliana, também assim nomeado em honra da família de César. Ele arranjou para que fosse construída uma enorme colunata de mármore no Campo de Marte, para ser utilizada por ocasião de eleições, chamada de Clausura Juliana. Tudo isso representava um inamistoso assenhoreamento da parcela mais reverenciada do solo da República por uma família. Ironicamente, embora César expandisse os espaços públicos para discursos e eleições, ele tornava essas coisas irrelevantes. Nos bastidores, o ditador "mexia os pauzinhos" e decidia, sozinho, quem ocuparia ou não quaisquer cargos públicos.

E houve mais. César planejou a construção de um grande e novo Templo de Marte, o deus da guerra, e de uma biblioteca que rivalizaria com a famosa

Biblioteca de Alexandria. Para pôr fim ao problema das frequentes enchentes na cidade, ele ordenou que o Rio Tibre tivesse seu curso desviado para longe do centro de Roma. Ele também projetou um grande porto na foz do Tibre, em Ostia, localizado a cerca de 32 quilômetros a sudoeste de Roma.

É tentador imaginar César e Cleópatra planejando juntos tais projetos, como uma maneira de trazer para Roma a grandiosidade de Alexandria; ou de fazer a cidade tornar-se digna de César. Sem dúvidas, os projetos de obras públicas representavam empregos para os pobres e contratos a serem fechados estrategicamente — e ambas as coisas eram meios para que César fizesse aumentar o apoio que tinha.

## O QUE CÉSAR DESEJAVA

Mesmo como Ditador por Dez Anos, mesmo com um Senado expandido, um Fórum remodelado, um silêncio assustador nas praças públicas e uma gigantesca flutuação da população, a César ainda faltava legitimidade. A maioria dos romanos esperava que a República continuasse a ser, em grande parte, o que era antes. Porém, as ações de César falavam mais alto do que quaisquer palavras. Elas tornavam claro que o ditador desejava que o poder fluísse para ele e seus amigos, e para longe das tradicionais instituições do Senado e do povo.

César poderia justificar suas ações ao apontar para a necessidade das reformas e a inflexível rigidez da velha guarda, mas tais palavras recairiam em ouvidos surdos para elas. Nem o Senado nem o povo se mostravam dispostos a abrir mão de suas antigas liberdades. César não poderia os convencer; ele meramente poderia fazer com que se acostumassem às mudanças, à medida que estas se acumulassem. Uma vez que Roma ainda era uma república, ele jamais poderia obter a apreciação que considerava estar à altura de sua *dignitas* e de suas conquistas.

Seria preciso mais tempo do que a duração de uma vida inteira para mudar Roma; e César deve ter cogitado quanto tempo ainda restaria à sua própria vida.

Há quem ache que ele estivesse deprimido. "Eu vivi por um tempo suficientemente longo para a natureza ou para a glória"[35], dizia César, repetidamente, em 46 a.C. Alguns de seus amigos acreditavam[36] que ele não teria mais desejo de viver porque sua saúde estava em condições piores do que jamais estivera. Existem relatos sobre desmaios e acessos de terrores noturnos[37] próximos do final de sua vida — talvez sintomas de sua epilepsia.

César era epiléptico[38], mas também era um político; por isso ele controlava cuidadosamente as informações sobre sua saúde. Ele teve alguns ataques ocasionais, possivelmente acompanhados por tonturas ou desmaios, mas alguns dos incidentes mencionados nas fontes históricas parecem suspeitos, ou apenas desculpas para encobrir eventuais passos em falso no Senado ou lapsos em campos de batalha. De modo geral, a saúde de César era boa; tanto que ele planejava outra grande campanha militar.

Contudo, mesmo César tinha consciência de que era mortal. Ele também sabia que não tinha um herdeiro legítimo; um filho que continuasse a conduzir seu legado em Roma.

## OTÁVIO

Em sua *villa* em Labici, César revisava seu testamento. Eram os Idos de Setembro — ou, mais precisamente, 13 de setembro de 45 a.C.[39] O ponto crucial do documento[40] era que, após a morte de César, ele adotaria a Gaius Octavius — Otávio (também chamado "Otaviano") — e daria ao rapaz o seu nome, César. Ele também faria de Otávio o herdeiro de três quartos de sua fortuna.

Anteriormente, naquele mesmo verão, César concedera a Antônio uma posição privilegiada durante o retorno à Itália, e dera a Decimus uma posição igual à de Otávio. Pode haver alguma verdade no rumor de que Antônio esperasse ser adotado por César.[41] Decimus sentava-se na segunda carruagem e já havia sido adotado (por outro homem); mas onde há uma vontade, há uma maneira, e ele também pode ter esperado receber a adoção de César. Mas César escolheu a Otávio.

Podemos refutar como mera atitude difamatória a acusação feita por Antônio de que Otávio teria vendido seu corpo a César[42]; mas isto ainda deixa sem resposta a indagação quanto ao motivo de César haver feito a escolha que fez. Talvez a velha raposa tenha percebido que Otávio tivesse mais sangue-frio do que Antônio; e, se assim fosse, César certamente teria aprovado. Tal como os eventos logo provariam, o jovem Otávio era brilhante, astuto, ambicioso, audacioso e totalmente impiedoso — e, assim sendo, um homem com um coração como o do próprio César. Otávio sabia como e quando usar seus encantos, e isto certamente impressionou a César — talvez porque ele mesmo tivesse cedido ao fascínio do jovem. Além disso, Antônio, o homem que César designara para fazer o "trabalho sujo" relativamente às finanças, não era o homem certo para ser o herdeiro do grande César. Ou, talvez, tudo se reduzisse a uma questão de ser o sangue mais espesso do que a água? Antônio era um primo distante de César, mas Otávio era seu sobrinho-neto.

Quanto a Decimus, ele não guardava qualquer parentesco com César. Decimus era um heroico comandante nos campos de batalha, mas deixava muito a desejar como estrategista. Tanto Decimus quanto Antônio eram muito mais intimamente ligados à antiga nobreza do que Otávio, mas nenhum dos dois poderia se equiparar a ele em termos de astúcia. Antônio e Decimus eram homens maduros, que andavam pelo final da casa dos trinta anos de idade, enquanto Otávio ainda estava a um mês de completar seu décimo oitavo aniversário. Não obstante, aos olhos de César, Otávio era considerado um igual a eles — senão seu superior.

Depois da Hispânia, o assunto de um filho pode muito bem ter ocorrido a César. Pompeu morrera havia três anos, mas ainda fazia guerra contra César através de seus filhos. César não tinha nenhum herdeiro, exceto, talvez, o menino de Cleópatra, o ilegítimo Cesário. Adotar Otávio era, portanto, a solução.

Tanto legalmente quanto politicamente, isto seria complicado. Em Roma, adotar um adulto era prática comum; mas adotar alguém através de um testamento, não. Otávio não havia sido consultado quanto à sua própria vontade. Na verdade, César deixou em aberto a possibilidade da rejeição de Otávio à adoção, tendo nomeado uma série de eventuais "herdeiros substitutos". Afinal, César andava apenas pela metade da casa dos cinquenta anos de idade e poderia esperar viver ainda por mais duas décadas, quando Otávio já seria um homem maduro. César também admitia a possibilidade de vir a ser pai de um filho legítimo, que teria precedência sobre Otávio. A despeito de tudo, o documento era um notável voto de confiança depositado no jovem sobrinho-neto de César.

O testamento foi confiado ao chefe do templo da Virgens Vestais para que fosse seguramente guardado. Aparentemente, mesmo em Roma, onde pouco ou nada era sagrado, isto significava que o conteúdo do documento seria mantido em segredo. Contudo, temos de imaginar se qualquer um dos três homens que viajavam em carruagens de retorno à Itália em 45 a.C. — Antônio, Decimus ou o próprio Otávio — suspeitasse quanto à funesta escolha de César.

## 4.

# O ÚLTIMO TRIUNFO DE CÉSAR

No início de outubro de 45 a.C., depois de uma longa estada em sua *villa* em Labici, César finalmente entrou em Roma. Aquele era o seu quinto triunfo; o que marcava sua vitória na Hispânia, cujo tema era a prata, o próprio símbolo da famosa riqueza mineral da Hispânia. Então, era ainda mais difícil do que fora em 46 a.C. ocultar o fato de que a guerra em curso era uma guerra civil — uma luta empreendida contra romanos, em vez de inimigos estrangeiros. Por isso, a celebração de um triunfo era ofensiva, se não ilegal. Contudo, César estava determinado a marcar a ocasião, embora isso não acontecesse sem alguns incidentes.

Quando o ditador passou diante dos assentos dos Tribunos do Povo, a bordo de sua carruagem triunfal, nove deles levantaram-se para saudá-lo, mas um permaneceu sentado. Dez Tribunos do Povo eram eleitos a cada ano — em princípio para que representassem as pessoas comuns; mas havia alguns deles, às vezes, que provinham dos Melhores Homens. O tribuno que se mantivera sentado era Lucius Pontius Aquila, que apoiara a Pompeu na Guerra Civil e possivelmente tenha sido o Pontius referido como um amigo de Cícero. Também é possível que ele se tratasse do mesmo Pontius que perdera a propriedade que possuía nas cercanias de Nápoles[1] (que passou a ser propriedade de Servília). Se realmente se tratasse do mesmo homem, ele teria um ressentimento pessoal contra César.

César enfureceu-se. "Peça-me para que eu restitua a República, Tribuno Aquila!"[2], gritou ele para a assistência. Mas isto não foi tudo. Por vários dias, quando quer que prometesse alguma coisa em público, César acrescentava, sarcasticamente: "Isto é, se Pontius Aquila me permitir fazer isso."[3] Naturalmente, nem todo mundo apreciava a piada. Os romanos comuns consideravam os Tribunos do Povo como seus heroicos defensores.

César coroou seu triunfo espanhol com um banquete público, oferecido a todo o povo de Roma. Em seguida, apenas quatro dias depois, ele ofereceu um segundo festim, sem precedentes. Ele declarou que pretendera somente "aparar as arestas" com a primeira refeição. César era um político, e deve ter sentido que despertara a ira do público quanto ao modo como tratara o Tribuno do Povo; por isso, quis oferecer uma compensação. Tendo matado romanos na Hispânia, agora ele alimentava a outros romanos.

César abriu as portas de sua nova propriedade ao público, para que desfrutasse dos banquetes. Esta não deve ser confundida com a *villa* de César em Labici, situada a pouco mais de trinta quilômetros ao sul de Roma. A propriedade para a qual o povo foi convidado era conhecida como *horti Cæsaris* — ou os Jardins de César. Os Jardins eram localizados a cerca de um quilômetro e meio a sudeste da Ilha Tibre, no alto das colinas que contemplavam a margem ocidental do rio, próximo de Roma, mas fora dos limites da cidade. Tratava-se de um daqueles "palácios recreativos" que os nobres de Roma costumavam construir no topo das colinas que margeavam a cidade: propriedades que recebiam brisas frescas no verão e afastavam as emanações fétidas dos pântanos, nos quais os mosquitos transmissores de malária proliferavam. Os Jardins de César compreendiam grandes salões e extensas colunatas, bem como um parque — tudo adornado com as mais belas esculturas e pinturas. Ali pode ter havido, também, um templo dedicado a Dionísio, que, naqueles dias, era um dos deuses favoritos do Egito. Certamente era possível ter-se uma vista deslumbrante da grande cidade do outro lado do rio, assim como acesso a um atracadouro exclusivo para os visitantes da propriedade.

Mas os Jardins de César eram mais do que uma residência imponente em meio a um grande terreno. César planejava usar a colunata como um "pano de fundo" para um teatro político. Seu plano parecia tão adequado que, na verdade, foi um "tiro pela culatra", durante um dos festins pós-triunfais. César postou-se em um espaço aberto entre as colunas e recebeu a saudação da multidão. Infelizmente, um homem conhecido como Herophilus[4] (ou Amatius) posicionou-se praticamente ao lado dele, no espaço vazio adjacente, e recebeu uma saudação quase igualmente entusiástica. Herophilus afirmava ser neto do grande Marius, o que fazia dele um favorito dos pobres. Gaius Marius (*circa* 157–86 a.C.), o arquirrival de Sila, fora um grande general e um Populista. Ele fora casado com uma tia de César, a irmã de seu pai, Júlia. Seguidores de Marius ou seus supostos descendentes apareciam frequentemente em Roma.

Nada restou dos Jardins de César, hoje em dia, e tudo quanto podemos ter é uma noção genérica de sua localização. Duas estátuas encontradas em Roma podem, muito provavelmente, serem provenientes de lá. Ambas as peças são cópias romanas de esculturas gregas originais, e ilustram os temas clássicos do poder dos deuses e da mutabilidade do destino.

As duas são esculpidas em mármore da mais alta qualidade — mármore pentélico —, proveniente dos arredores de Atenas. Uma das obras retrata o deus Apolo[5], sentado sobre uma rocha em seu templo em Delfos, no ponto em que os gregos acreditavam marcar o centro do mundo. A peça fragmentada evidencia o corpo impressionante do deus, voltado para o observador. Em seu estado original, possivelmente ele empunhasse um cetro em sua mão direita. A segunda estátua retrata um filho de Niobe[6]. O garoto curva-se sobre o solo em uma pose dramática, com o corpo voltado para o observador e sua cabeça voltada para cima e para o lado, com uma expressão de temor e emoção. Segundo o mito, Niobe teve catorze filhos, todos saudáveis; mas ela se gabava deles e, por isso, terminou por insultar aos deuses. Em retaliação, os deuses enviaram Apolo e sua irmã, Artemisa (ou Diana, para os romanos), que atingiram mortalmente a todas as crianças em questão de minutos. Niobe e seu marido morreriam logo depois disso, pesarosos e enfurecidos.

As estátuas lembrariam a César que ele, também, era apenas humano, apesar do que diziam seus aduladores? Ou seriam elas somente mais dois belos troféus?

## DE DITADOR A DEUS

César passou seis meses em Roma, desde o início de outubro de 45 a.C. até meados de março de 44 a.C. Aquela foi sua estada mais longa na cidade em quinze anos, mas tratou-se menos de um retorno do que da busca por um refúgio. Ele já se decidira ir ao Oriente no início da primavera, para mover a guerra contra a Pártia, tal como fora, um ano antes, para o Ocidente e comandar a guerra na Hispânia. Qual seria, então, o propósito de sua estada em Roma? Acertar as coisas, segundo escreveu Cícero: "Dizem que ele (César) não se lançará contra os partas[7] a menos que tenha acertado as coisas em Roma." O significado exato do termo "acertar as coisas" não é muito claro, mas pelo final de 45 a.C. ninguém confundiria César com um amigo da República.

Já era suficientemente irregular que ele fosse o único cônsul, em lugar dos dois cônsules habituais; mas, mesmo assim, ele avançou ainda mais em setembro. Ele permanecia ditador por dez anos, e, de fato, o Senado reafirmara essa posição. Contudo, César insistiu em que dois de seus generais mais leais — Gaius Trebonius e Gaius Fabius — fossem indicados como cônsules suplentes (isto é, suplementares) pelo restante do ano. Ele sequer se preocupou com a realização de uma eleição. Mais tarde, o povo vaiaria Fabius quando este entrasse no teatro, pois a ele faltava a legitimidade de um oficial eleito. Sua própria presença demonstrava ao povo como César havia-lhes retirado o poder enquanto eleitores.

A "gota d'água" pareceu cair no dia 31 de dezembro de 45 a.C. — véspera de Ano Novo. Fabius morreu repentinamente, e César fez de seu velho camarada de armas, Gaius Caninius Rebilus, cônsul suplente pelo restante do ano — ou seja, por menos de 24 horas. César se apressava a dispor os espólios da Guerra Civil, tal como o historiador Tácito escreveu, muitos anos depois.[8] À época, Cícero pilheriou que Caninius era tão vigilante que jamais fechara os olhos enquanto fora cônsul; mas isto é apenas o humor amargo produzido pela pena de um conservador. Cícero também escreveu que era difícil conter as lágrimas.[9] Havia, segundo ele, inumeráveis coisas desse tipo acontecendo naqueles dias.

Tudo isso, todavia, não foi mais do que um prólogo. O ato principal desenrolou-se no final de janeiro ou no início de fevereiro de 44 a.C., quando o Senado nomeou César *Dictator in Perpetuo*[10], ou seja, Ditador Perpétuo. O novo título era importante tanto pelo que era quanto pelo que não era.

A questão não era o poder, pois César já detinha poderes imensos. Ninguém jamais ocupou um cargo elevado sem sua aprovação, mesmo se tecnicamente ele apenas se abstivesse de vetar algum nome. Ele controlava o exército e o tesouro. Ele podia ser cônsul, se quisesse.

A questão tampouco se referia à monarquia formal. César afirmava e reafirmava que não era um rei. Parece suficientemente crível que ele não aspirasse ao título de *rex*, tal como ele mesmo disse. Ele detestava esse título, que trazia consigo mais problemas do que algum valor. Mas um ditador pelo resto da vida era, virtualmente, um rei, tal como o povo entendia esse conceito na Antiguidade. Pouco depois dos Idos de Março, Cícero escreveu: "Nós deveríamos nos referir como Rei a um homem que, de fato, tivemos como rei."[11] Asinius Pollio[12], um apoiador de César que, mais tarde, viria a ser um grande historiador, escreveu, em 43 a.C., que amava a César, mas sabia que com ele Roma sofreria sob regras irrestritas, onde tudo estaria sujeito ao poder de um único homem.

A questão era o futuro. Uma vez que César fosse feito Ditador Perpétuo, não haveria retorno. Nem mesmo Sila ostentara tal título. Ao contrário, Sila abdicou de sua posição e terminou seus dias alijado do poder. César permitia que as pessoas soubessem o que ele pensava quanto a isso, quando proferia a frase: "Sila não sabia o ABC quando estabeleceu sua ditadura"[13], querendo significar que Sila não conheceria as regras básicas da política. É verdade que a fonte dessa citação era um declarado inimigo de César, o que deve ser levado em conta; mas a frase traz a marca da aguda inteligência de César.

Outro sinal de que a ditadura de César viera para ficar foi o juramento pelo qual o Senado votou e aprovou. Cada um dos senadores prometia manter a segurança de César[14] e a considerá-lo sacrossanto — ou seja, de ameaçar com a pena de morte a quem quer que o incomodasse.

Reis têm herdeiros. O público não sabia que César escolhera ao seu sobrinho-neto, Otávio, como seu herdeiro; mas todos sabiam que César o nomeara formalmente como "segundo-em-comando" do ditador[15], seu Mestre de Cavalaria, pela maior parte do ano seguinte. A indicação teria início em 18 de março de 44 a.C., quando tanto César quanto Marcus Æmilius Lepidus, um dos generais de César e, então, seu Mestre de Cavalaria, deveriam deixar Roma, partindo em suas respectivas campanhas militares pelo restante do ano de 44 a.C. Aquela era uma honraria espantosa para alguém que contasse apenas dezoito anos de idade, especialmente considerando-se a desconfiança dos romanos para com a juventude. Combine-se a isso as providências explicitadas por César em seu testamento e se tornará claro o que o Ditador Perpétuo tinha em mente para seu sucessor. Também seria possível fazer dobrarem os sinos de Roma, pela morte da República.

A cascata de novas honrarias, ainda que estas fossem meros detalhes, evidencia até que ponto os romanos estariam dispostos a se curvar diante das novas realidades do poder.

O Senado não perdeu tempo ao adular César tão logo as notícias sobre a vitória em Munda chegaram a Roma, em 20 de abril de 45 a.C. Os senadores imediatamente decretaram cinquenta dias de "ação de graças" — dez dias a mais do que haviam decretado no ano anterior, pela vitória de César no norte da África. Eles fizeram do dia 21 de abril uma data comemorativa anual, com corridas a serem disputadas no *circus*. Eles nomearam César como *Pater Patriæ*, ou "Pai da Pátria"[16]. Eles concederam a César o título de *liberator*, e autorizaram a construção de um Templo da Liberdade. Eles também permitiram que ele ostentasse o título de *imperator* permanentemente, enquanto generais anteriores puderam usá-lo apenas em caráter temporário. *Imperator*, ou "comandante", era um título concedido a um general pelas próprias tropas que comandasse, após uma vitória especialmente retumbante. O Senado também permitiu que César usasse a púrpura e o ouro relativos a um triunfo em todas as ocasiões formais, bem como uma coroa de louros — símbolo do rei dos deuses, Júpiter. As pessoas faziam piadas quanto a ser esta a honraria favorita de César[17], pois ela lhe permitiria esconder a calvície que avançava; e ele era muito vaidoso quanto aos seus cabelos (ou, melhor, a ausência deles).

O Senado de Catão e homens como ele jamais desceria a nível tão baixo, mas todos aqueles homens já se haviam ido: a Guerra Civil os matara. Cícero era o último "leão" do Senado; e ele já estava semiaposentado. Além do mais, ele não parecia propenso a rugir ameaçadoramente para César. Aparentemente, não havia restado mais nenhum "grande felino" senatorial.

Então, a "bolsa de apostas" da adulação conhecia uma escalada vertiginosa com a encomenda de novas estátuas. Tal como, por exemplo, a de Quirinus — apenas mais um dos muitos deuses obscuros reverenciados pelos romanos. Talvez originalmente apenas uma divindade local, nos dias de César, Quirinus e sua imagem foram "adotados" para representar o herói Rômulo, o legendário fundador de Roma, depois de Rômulo haver se tornado um deus. Assim, foi decidido que seria erigida uma estátua de César no Templo de Quirinus, na Colina Quirinal, com a inscrição "Ao deus jamais vencido". Em termos simbólicos, isto fazia de César quase o segundo fundador de Roma. Cícero registrou um protesto particular ao escrever jocosamente a um amigo, que seria melhor ter César partilhando um templo com o deus[18] Quirinus do que com a deusa Salvação. Por quê? Se César fosse tal como Quirinus, haveria uma esperança de livrar-se dele, uma vez que a tradição afirmava que haviam sido os senadores que mataram[19] o Quirinus original — ou Rômulo — para impedir que ele viesse a se tornar um tirano.

Outra estátua de César foi posicionada na Colina Capitolina, próxima das estátuas dos sete reis de Roma e de uma oitava, representando o homem que destronara o último rei e estabelecera a República Romana, quando da data de sua fundação tradicional, em 509 a.C. Este "oitavo homem" era Lucius Junius Brutus, de quem tanto Brutus quanto Decimus afirmavam ser descendentes. Ainda uma outra estátua de César foi transportada durante a procissão que marcou a abertura dos jogos comemorativos ao sucesso obtido em Munda, em julho de 45 a.C., seguindo atrás de uma estátua da Vitória. Esta terceira estátua de César era esculpida em marfim, uma honra geralmente reservada aos deuses.

O posicionamento, a utilização ritualística e o material com que eram confeccionadas as estátuas — sendo ao menos uma delas feita de marfim

— chegavam perto de chamar César de um deus. A inscrição na estátua no Templo de Quirinus não usava meias palavras para isso. Pode-se imaginar se César não a tenha rasurado, como rasurara a inscrição que se referia a ele como a um "semideus"[20], no ano anterior. Todavia, algumas pessoas objetaram. De acordo com Cícero, ninguém aplaudiu a passagem da estátua de César durante a procissão no verão — a procissão "odiosa", como ele a chamou[21].

Não importa. No início de 44 a.C., o Senado deu os últimos passos: os senadores fizeram de César o deus oficial do Estado romano. Ele viria a ter seu próprio templo, seu sacerdote, um reposteiro consagrado para a sua imagem e um nome: *Divus Julius*, ou "Júlio Deificado". No entanto, nada disso foi levado a efeito enquanto César esteve vivo.

Não é claro quais dessas honrarias — se alguma delas — veio a ser concedida por iniciativa de César. Ao fazer de César um deus, possivelmente o Senado estivesse tentando conquistar o apoio dos muitos habitantes de Roma que provinham do Oriente Grego, que poderiam apreciar o gesto.

## CLEÓPATRA EM ROMA

Não muito depois de ter aberto ao público seus jardins, na outra margem do Tibre, César tornou a fechá-los; desta vez para que fossem de uso exclusivo de Cleópatra. Aquela era a segunda visita de Cleópatra a Roma, cidade que ela já visitara no ano anterior. Não era incomum que líderes estrangeiros viessem à cidade, para tratar de negócios diplomáticos. O pai de Cleópatra, Ptolemeu XII, assim o fizera, em seus dias. Mas, quer fosse uma diplomata quer não, Cleópatra também era a amante de César; e ela contava com o incentivo adicional de haver gerado um outro filho dele.

Como uma muito atarefada chefe de Estado, Cleópatra certamente passara muito de seu tempo em Roma cumprindo as atividades tradicionais de reis e rainhas visitantes: ou seja, estabelecendo uma rede de contatos com pessoas importantes. Essas pessoas se presenteavam mutuamente. Cleópatra trazia braceletes do Egito, enquanto os romanos ofereciam-lhe, em retribuição, informação e acesso.

Marco Antônio veio vê-la. Talvez tenha sido isso que acendeu a centelha que, mais tarde, provocaria o "incêndio" de um dos casos amorosos mais tórridos da História. Cícero também foi vê-la, mas não tinha amor em mente — aliás, nada mais distante disso. Dela ele recebeu a promessa de alguns livros escolhidos, provenientes da famosa coleção real, mas jamais os recebeu.

"Eu odeio a Rainha"[22], escreveu Cícero na primavera de 44 a.C. É provável que ele não fosse o único a alimentar tal sentimento. Os romanos desconfiavam de estrangeiros; especialmente de gregos e de mulheres poderosas. A majestosa presença dela serviu apenas como combustível para os rumores de que César desejasse ser, ele mesmo, um rei; ou de que planejasse mudar-se definitivamente de Roma para Alexandria, a cidade de sua amante, ou para Tróia, a cidade de seu mítico ancestral Æneas. Também se dizia que ele levaria consigo todas as riquezas[23] do império, drenaria a Itália de sua mão de obra e deixaria a cidade de Roma nas mãos de seus amigos.

## CÉSAR RUMA PARA O ORIENTE

César pretendia resolver as coisas em Roma antes[24] de embarcar para a Pártia. Ele dizia estar preocupado quanto às leis que decretara virem a ser ignoradas[25]. Mas César passou um tempo demasiadamente curto em Roma para que pensássemos que ele estivesse seriamente preocupado quanto a isso. Mais provavelmente ele achasse a política em Roma frustrante e obtusa quando comparada à sua arena de atuação preferida, a guerra. E talvez César pensasse que, se lhes fosse concedido algum "espaço para respirar", os romanos se acostumariam à sua maneira de governar. Na verdade, se os homens que deixava atrás de si falhassem ao alcançar os padrões estabelecidos por ele[26], o povo poderia até ansiar pelo seu retorno.

Ele estava arregimentando um exército imenso; tão grande que os planos para sua concretização já estavam em curso desde o outono de 45 a.C., ao menos. Aquela seria a maior força militar que César comandaria: dezesseis legiões, ou oitenta mil homens de infantaria e, se completamente equipada, dez mil homens de cavalaria. Seis dessas legiões, juntamente com tropas auxiliares, deveriam passar o inverno nas proximidades de Apolônia (na atual Albânia), na extremidade ocidental da Via Egnatia, a estrada romana que levava ao Oriente, até o Helesponto. César planejava deixar Roma rumo à sua nova guerra no dia 18 de março de 44 a.C. — data que costumava marcar o início primaveril da temporada de campanha, e um ano mais um dia desde a sua vitória em Munda.

À primeira vista, a Expedição Parta de César assemelhava-se mais a um assunto relativo a segurança nacional; mas sob uma ótica mais minuciosa, ela teve consequências explosivas na política doméstica. A argumentação relativa a segurança nacional concentrava-se na defesa da fronteira oriental de Roma contra um império rival, que já havia invadido a Síria Romana. A poderosa Pártia estendia-se por todo o leste do Irã até o que atualmente são as porções orientais dos territórios da Turquia e do Curdistão*. A Pártia era o único Estado fronteiriço a se constituir em uma ameaça para Roma. Conquistar a Pártia poria fim a essa ameaça, embora as opiniões dos romanos se dividissem quanto a essa guerra. Os Populistas agiam como falcões, e os Melhores Homens como pombos.

Crasso, com o encorajamento de César, já havia atacado a Pártia, em 53 a.C., e perdido. Para César, a Pártia representava outra grande campanha militar — desta vez, tal como na Gália, movida contra estrangeiros, em vez de contra concidadãos romanos, como na Guerra Civil. A vitória na Gália fizera de César o Ditador Perpétuo; a vitória na Pártia poderia fazer dele o rei. Ninguém que ainda acreditasse na República poderia encarar essa nova guerra com naturalidade.

Mas possivelmente a guerra fosse popular entre os jovens e ambiciosos homens romanos, tanto os provenientes das elites quanto das massas, por razões opostas. Haver combatido na Gália tornara dezenas de milhares de homens ricos e poderosos. A Guerra Parta oferecia aos ambiciosos uma nova oportunidade para o mesmo sucesso; e é provável que eles tenham aproveitado a chance.

Um jovem romano em particular teria mais a ganhar com a guerra do que qualquer outra pessoa: Otávio. Em dezembro de 45 a.C., César enviou-o a Apolônia, uma das mais importantes bases militares romanas, para que passasse o inverno em companhia das legiões e de um tutor militar. O tutor o ensinaria a arte da guerra, enquanto as legiões permitiriam que Otávio praticasse suas habilidades políticas. Esta era uma maneira de apresentar o herdeiro escolhido por César a seus soldados. Porém, para qualquer um que olhasse mais atentamente, este era outro motivo para temer a Guerra Parta.

Na República, a oposição à guerra seria propalada abertamente no Senado. Teria havido um debate sem restrições, discursos tão bem estruturados quanto inflamados, acusações, bravatas, dissensões, votações e repercussões. No entanto, agora o ditador já se decidira.

César afirmava que já detinha glória suficiente[27], mas talvez não. Talvez ele desejasse encerrar sua carreira militar combatendo estrangeiros, e não em uma guerra civil. Por haver encorajado Crasso a atacar a Pártia em 53 a.C., César pode ter sentido que sua *dignitas* exigia uma satisfação pela perda. Ele poderia desejar vingar a outros que também haviam tombado na

---

* Território que abrange partes do sudeste da Turquia e do norte do Iraque e reivindica autonomia nacional. Ali vive o povo curdo, alegadamente distinto, em termos étnicos e culturais, das populações de nacionalidades turca e iraquiana. [N.T.]

Batalha de Carres — tal como o filho de Crasso, Publius, que combatera por César como oficial na Gália, bem como toda uma unidade de cavaleiros gauleses. Ele poderia pretender eliminar a possibilidade de que a Pártia oferecesse apoio a Sextus, filho de Pompeu, que ainda se encontrava à solta.

Em seu caminho para a Pártia, César teria de lidar com a situação na província romana da Síria. Um homem hábil e perigoso, Quintus Cæcilius Bassus, havia assumido o controle ali, em 46 a.C. Ele era um apoiador de Pompeu e prontamente arranjara para que o primo de César, Sextus Cæsar, fosse assassinado. Quando César enviou um novo governador, no ano seguinte, Bassus o derrotou. Agora, César decidira lidar pessoalmente com Bassus.

## COMÉDIA EM UMA *VILLA*

Quem quer que fosse "alguém" em Roma possuiria uma *villa* rural. Na verdade, eles costumavam possuir várias. Cícero, por exemplo, possuía três dessas propriedades na Baía de Nápoles e outra em Tusculum, nas Colinas Albanas. A elite romana adorava esses lugares. Cícero era dono de uma adorável *villa* napolitana nos arredores de Puteoli (a moderna cidade de Pozzuoli, próxima de Nápoles), nas terras altas da margem oriental do Lago Lucrinus, que proporcionava uma vista para o mar.

Ele criticava acerbamente seu vizinho rico e apático, Lucius Marcius Philippus[28], cuja imensa propriedade incluía lagos pesqueiros artificiais — que, para Cícero, constituíam-se de um símbolo da riqueza ociosa e irresponsável. Um ex-cônsul, Philippus era um conchavador, que, embora relacionado a César conseguira passar pela Guerra Civil sem comprometer-se com a causa de nenhum dos lados. Ele recebeu a aprovação de César ao término da guerra. Philippus era casado com Atia, uma sobrinha de César, e padrasto do filho desta, Otaviano. Ele era, em resumo, um homem muito bem relacionado.

Não é de surpreender que, na noite de 18 de dezembro de 45 a.C., Philippus tenha recebido uma visita de César. Aquela era a segunda noite da Saturnália, a festividade romana pelo inverno. O ditador não era um convidado cuja recepção fosse simples, pois ele viajava acompanhado por dois mil soldados, além de seu *staff* pessoal, segundo afirma Cícero. É possível que esta afirmação seja exagerada, mas César certamente fazia-se acompanhar por um grande número de homens, e a soldadesca apinhou a propriedade. Cícero prestou especial atenção nisso, pois no dia seguinte todos rumariam para a sua casa. Para preparar-se, Cícero tomou guardas de empréstimo a um amigo e delimitou uma área para que os soldados acampassem. Cícero descreve todo o episódio em uma carta afogueada[29], que ele fez expedir no mesmo dia para o seu amigo Atticus, cheia de atalhos verbais e palavras em grego, como se ele não pudesse esperar para contar a história, mas quisesse manter a beleza da narrativa.

É provável que Cícero tenha se sentido feliz por receber a atenção de César, após um longo ano. Em fevereiro, Tullia, a adorada filha de Cícero, morrera depois de ter dado à luz. O filho sobreviveu, bem como seu pai e ex-marido de Tullia, Publius Cornelius Dolabella. O casal havia se divorciado poucos meses antes, ao término de um casamento infeliz. Cícero estava inconsolável, embora muitos amigos e colegas lhe tivessem enviado condolências. César escrevera a ele, da Hispânia[30]. Um amigo escreveu, provocativamente[31], que Tullia não vivera para além da República.

Em maio, Cícero escrevera o rascunho de uma carta destinada a César, enviando, antes, cópias a Balbus e Oppius. Ambos lhe pediram que fizesse tantas mudanças que Cícero pensou melhor e desistiu de seu intento[32]. Agora, ele afinal poderia falar diretamente ao grande homem.

No dia 19 de dezembro de 45 a.C., depois de haver passado a manhã trabalhando e dando uma caminhada pela praia, César chegou à casa de Cícero. A isto seguiu-se um banho, que sem dúvida incluía uma sessão de massagem e uma esfoliação da pele, seguida de uma unção com óleos perfumados. Afinal, César sentou-se à mesa para uma refeição suntuosa, da qual ele desfrutou livremente. Depois, César dedicou-se ao costumeiro ato de vomitar após o jantar. Tal como muitos outros romanos da elite, César seguia a prescrição de tomar uma variedade de eméticos para manter baixo o seu peso, enquanto se permitia exagerar na gastronomia.

Tudo era muito jovial e muito disciplinado. Cícero sentiu-se satisfeito por haver causado uma boa impressão, depois de um esforço diligente, mas não esmagador. César parecia agradado. Contudo, Cícero notou que a expressão no semblante de César não mudara mesmo ao ouvir más notícias referentes a um apoiador. Por trás do rosto sorridente de César estava o homem que tomara o poder político e a influência de Cícero. Por trás da lisonja e da gratidão de Cícero estava o homem que se ressentia intensamente disso.

Não houve conversas sobre quaisquer assuntos sérios, disse Cícero, mas muita conversa sobre literatura. Como se sentira o ex-cônsul a esse respeito? "Não se trata de um convidado a quem se diz 'Adoraria que você voltasse para me ver, aqui.' Uma só vez bastaria.[33]" Após deixar a *villa* de Cícero, a próxima parada de César seria a propriedade de Dolabella. Um demagogo que certa vez tentara "cobrir o lance" de César para obter apoio popular,

Dolabella combatera por César na África e na Hispânia. O ditador planejava fazer uso dele, no futuro. Agora, a caravana de César passava pelas proximidades da *villa* de Dolabella. Enquanto César montava seu cavalo, toda a força de homens armados alinhava-se de ambos os lados dele, em uma saudação a Dolabella.

Cícero conclui sua carta com esta imagem quase cinematográfica da realidade do poder romano. O orador que outrora conduzira o destino de nações a partir do centro do Senado reduzia-se a reportar os movimentos de um homem a cavalo. A questão era: alguém derrubaria o cavaleiro?

## AS TRÊS ÚLTIMAS GOTAS D'ÁGUA*

Titus Livius era um adolescente quando dos Idos de Março. Como um cidadão de Patavium (a moderna Pádua), no norte da Itália, ele viu-se levado pelas guerras civis da época. Mas Lívio — como ele é mais conhecido — conseguiu manter-se vivo, e escreveu uma das mais importantes e significativas histórias da Roma antiga. Grande parte de seus escritos sobreviveu, até hoje; mas, infelizmente, podemos dispor apenas de uma espécie de "cápsula do tempo", na forma de esboços de capítulos, no tocante a Júlio César: uma espécie de resumo, escrito mais tarde, durante os dias do Império Romano. Não obstante, esse resumo contém uma análise importante. Esta evidencia o enorme desafio de "relações públicas" com que César se defrontaria quando estava para assumir um novo papel. Ao longo de toda a sua vida César fora um mestre na manipulação e na "direção de cena". O papel de Ditador Perpétuo, contudo, requeria um novo roteiro. Nenhum "redator" romano, não importando quanto fosse habilidoso, poderia dizer isso sem despertar reações adversas, ao menos em parte de seu público.

O Senado concedera a César as mais altas honrarias, mas, por seu turno, também gerou o pior pesadelo de um político romano: a *invidia*, ou má vontade. Tal como atesta Lívio, três incidentes[34], ocorridos em dezembro de 45 a.C., em janeiro de 44 a.C. e em fevereiro de 44 a.C. fizeram com que a "balança" de

---

* *The Three Last Straws* ("As Três Últimas Palhas"), no original. A expressão deriva do provérbio popular "a última palha quebra o lombo do camelo [carregado]" (*the last straw breaks the [laden] camel's back*), empregado para referir-se a uma pequena dificuldade advinda depois de uma série de adversidades longamente suportadas, que pode tornar uma situação insustentável. Com o mesmo sentido usamos, mais frequentemente, em português, "a gota d'água que faz transbordar o copo"; por isso optamos por assim traduzir o ditado. [N.T.]

um segmento crucial da opinião pública pesasse em desfavor de César. Aquelas foram, ao que parece, as três últimas gotas d'água para alguns romanos.

É provável que o primeiro incidente tenha acontecido em dezembro de 45 a.C. ou no início de 44 a.C. O Senado votava honrarias e mais honrarias para o ditador. Há quem diga que seus inimigos "juntaram-se em uma caravana" para embaraçar César com uma sobrecarga de distinções. Somente alguns poucos senadores votaram contrariamente a isso, e o Senado decidiu apresentar formalmente as honras a César. Eles marcharam em bloco para o Fórum de César. Os cônsules e pretores lideravam o grupo, sendo seguidos por outros oficiais e o restante dos senadores. Tipicamente a frequência às reuniões do Senado era baixa, mas eles devem ter formado um grupo entre cem e duzentas pessoas, dentre os oitocentos ou novecentos integrantes do corpo de senadores. Eles vestiam suas túnicas oficiais e sem dúvida proporcionavam um espetáculo impressionante. Uma grande multidão de pessoas do povo os seguia.

César sentava-se diante do Templo da Mãe Vênus. A etiqueta exigia que César se pusesse em pé para saudar aos senadores, mas ele não se levantou. Não apenas isso, mas ele também fez uma piada sobre as novidades que lhe eram trazidas[35], dizendo que suas honrarias deveriam ser cortadas em vez de aumentarem em número. Ao praticamente rejeitar um presente e recusar-se a reconhecer a hierarquia dos senadores, César os insultou — e segundo dizem alguns, insultou também o povo romano. Por que motivo um homem tão astuto quanto César teria agido assim não é claro; mas talvez ele pretendesse apenas testar os limites de seu poder.

As fontes são abundantes em comentários[36] sobre esse incidente. Há diversas explicações quanto aos motivos que César teria para insultar os senadores, mas ninguém sabe ao certo se o insulto fora intencional. Alguns dizem que esta foi a causa principal — e a mais mortífera — da má vontade devotada a César; outros dizem que esta apenas deu aos futuros conspiradores uma de suas motivações principais. Isto permitiu aos inimigos de César argumentarem que ele pretendia ser tratado como um rei.

Os romanos pensavam em seu governo como integrado "pelo Senado e pelo povo romano" — SENATUS POPULUSQUE ROMANUS, expresso com a famosa sigla SPQR. No incidente no Forum Julium, César passou a forte impressão de que não mais se importava com o Senado. Em seguida ele se voltaria contra o povo romano.

O segundo incidente colocaria César em conflito com dois dos Tribunos do Povo para o ano de 44 a.C. — Gaius Epidius Marullus e Lucius Cæsetius Flavus. Em um dia de janeiro de 44 a.C. eles encontraram um diadema sobre a cabeça da estátua de César no Parlatório, no Fórum Romano. Alguém

— ninguém soube quem — o havia colocado ali. Na Antiguidade grega, um diadema era o equivalente a uma coroa: muito mais simples, mas não obstante um símbolo de realeza. Tratava-se de uma fita de seda branca que terminava em um nó e duas extremidades franjadas. Marullus e Cæsetius removeram o diadema e disseram que, para seu crédito, César não precisava de tal coisa. Mesmo assim, César ficou furioso. Ele suspeitou de uma trama: os tribunos teriam arranjado para que o diadema aparecesse para que pudessem removê-lo e fazerem uma boa imagem de si mesmos. Enquanto isso, o povo suspeitaria que ele quisesse se tornar um rei. Então, pouco depois, em 26 de janeiro de 44 a.C., as coisas tomaram proporções perigosas.

César e sua comitiva viajavam pela Via Ápia, depois de haverem descido pelo caminho estreito que conduzia ao Templo de Júpiter Lattiaris, no Monte Albano (atualmente chamado Monte Cavo), que se elevava sobre as águas cristalinas do Lago Albanus, a sudeste de Roma. Ali eles celebravam a *Feriæ Latinæ*, o antigo festival anual dos povos latino-parlantes. Normalmente as festividades ocorriam na primavera, mas o ditador as havia antecipado para janeiro devido à sua partida planejada para a Guerra Parta. Ao viajarem rumo ao norte, eles passaram pela cidade de Bovillæ, onde a família de César, os Julii, podiam retraçar suas origens a uma época anterior à própria fundação de Roma.

O Senado concedera a César o direito de adentrar Roma montado em seu cavalo, como se celebrasse um triunfo menor. Assim, o povo se aglomerava em torno do ditador cavaleiro à medida que ele chegava à Porta Ápia da cidade. De repente, alguém na multidão o saudou como a um rei — chamando-o de *rex*. Outras pessoas logo passaram a saudá-lo da mesma forma, ao que César respondeu: "Eu sou César, não Rex."[37] O que não deixava de ser engraçado, pois tal como a palavra *king*, em inglês (ou "reis", em português), Rex também era um sobrenome de família, tanto quanto um título de nobreza. Na verdade, entre os ancestrais de César incluíam-se alguns "Reis", pela família de Marcius Rex. O jogo de palavras de César sugeria que alguém apenas o tivesse chamado por um nome errado. Cínicos imaginaram que toda a cena fora ensaiada, apenas para proporcionar a César uma oportunidade para demonstrar em público seus supostos sentimentos republicanos.

Os tribunos Marullus e Cæsetius não acharam nada divertido, e fizeram com que o homem que primeiro gritara "Rex" fosse preso. Então César finalmente expressou sua fúria, acusando-os de incitar oposição contra ele. Eles, por seu turno, fizeram publicar uma declaração de que se sentiam ameaçados no exercício de seus mandatos. César convocou uma reunião no Senado.

Houve reivindicações para que a pena de morte fosse aplicada aos tribunos, mas César rejeitou-as. Ele falou mais em tristeza do que em fúria, segundo disse. Ele gostaria de conceder-lhes sua costumeira clemência[38], mas a questão, disse César, era a sua *dignitas*. Então ele insistiu para que os tribunos fossem afastados de seus cargos e destituídos de suas funções no Senado. Assim foi feito; e, como um último golpe, César exigiu que o pai do tribuno Cæsetius deserdasse seu filho[39], mas quando o homem se recusou a fazer isso César desistiu da questão.

A remoção dos tribunos deveria ter encerrado o assunto, mas algumas pessoas acusaram César de "culpar os mensageiros"[40]. Elas disseram que ele deveria ter se enfurecido com os que o chamaram de Rex, em vez de contra os tribunos. Pouco depois, eleições tiveram lugar para a escolha de novos cônsules, e algumas pessoas votaram em Marullus e Cæsetius. Isto sugeria ressentimento, tanto quanto a tendência de César para transformar as eleições em um jogo de cartas marcadas.

As plebes romanas levavam seus tribunos muito a sério, como se fossem paladinos da gente comum. César fizera o mesmo, certa vez. Em 49 a.C., ele disse que uma das principais razões[41] para que cruzasse o Rubicão seria proteger os Tribunos do Povo dos abusos do Senado. Agora ele se colocava do lado contrário da opinião pública. O resultado foi a geração de *invidia* — má vontade[42] — com base na argumentação de que César pretendia ser rei. E César se permitia desfrutar dos refinamentos dos antigos reis romanos[43], tal como botas altas de couro vermelho e coroas de louros dourados.

Isto nos leva ao terceiro incidente relatado por Lívio: a celebração do festival da Lupercália, em 15 de fevereiro de 44 a.C. O incidente no Fórum de César não fora planejado, enquanto o incidente na Porta Ápia ou não fora planejado ou fugira completamente ao controle. A Lupercália definitivamente era planejada, mas quem escrevia o "roteiro" e do que exatamente se tratava não é muito claro.

Segundo a História, a Lupercália era um festival anual associado com a fertilidade. Após um sacrifício ritual, os sacerdotes, vestindo apenas um pedaço de tecido atado em torno dos quadris, corriam pelo centro de Roma acertando os passantes, especialmente as mulheres, com tiras de couro de cabra. O festival era associado a Rômulo, o mítico fundador de Roma, que sem dúvida interessava a César ou a qualquer um que o visse como um segundo fundador de Roma. Antes de 15 de fevereiro, o Senado organizou uma associação especial de sacerdotes em honra de César e em conexão com o festival. Marco Antônio era o sacerdote supremo, por isso liderava os corredores.

A Lupercália era uma celebração anual, mas em 44 a.C. tratava-se de um festival como nenhum outro. O fascinante evento principal consistiu-se de César receber um diadema e recusá-lo ostensivamente. César sentava-se no Fórum Romano, no Parlatório, ou *Rostra*.

A plataforma do Parlatório era, em si mesma, um novo e impressionante monumento, parte do redesenho de César para o centro cívico de Roma. O antigo Parlatório fora utilizado por séculos antes de ser demolido. *Rostra* significa "bicos", um termo que se referia aos espigões ou bicos recobertos de bronze dos navios de guerra capturados com os quais eram decorados. A plataforma do Parlatório era o principal lugar a partir do qual se discursava ao povo romano, e, como era apropriado, o antigo Parlatório ocupava uma posição central. Quando César reconstruiu o espaço cívico de Roma, fez mudar a nova plataforma do Parlatório para um canto do Fórum Romano — um sinal do que o ditador pensava sobre quem discursasse em público.

A plataforma do Parlatório de César elevava-se a mais de três metros de altura e media cerca de treze metros de extensão. Ela possuía uma frente curva, provavelmente apoiada sobre suportes em uma plataforma retangular. Sete degraus levavam ao topo da plataforma a partir da traseira, enquanto a frente contemplava o espaço aberto do Fórum. Toda a estrutura era decorada com mármores e quatro estátuas adornavam a plataforma. César restaurou as esculturas de Sila e Pompeu, ambas estátuas equestres que o povo havia depredado anteriormente. Além dessas, duas estátuas de César haviam sido erigidas: uma delas ostentando sua famosa coroa de folhas de carvalho — a Medalha de Ouro ou Coroa Cívica — e outra com uma coroa de relva e flores silvestres, uma honraria militar ainda mais elevada. Uma das duas estátuas era equestre. Em resumo, as únicas imagens sobre a plataforma representavam dois ditadores e um general dominador e político que também era genro de César. Ali não havia representações de campeões da liberdade tal como o ancestral de Brutus, Lucius Junius Brutus.

Foi ali que César sentou-se no dia 15 de fevereiro, por ocasião da Lupercália. Ele vestia uma toga púrpura de general triunfante, bem como botas de cano alto e uma túnica de mangas compridas como as de um rei de outrora. Ele usava uma coroa de ouro e sentava-se em um trono dourado. Uma grande multidão havia-se reunido.

Depois de sua corrida, Marco Antônio subiu à plataforma do Parlatório e colocou um diadema sobre a cabeça de César, dizendo: "O Povo dá isto a você através de mim."[44] Algumas poucas pessoas aplaudiram, mas a maioria respondeu a isso com o silêncio. Lepidus, recentemente indicado como Mestre de Cavalaria, encontrava-se presente. Sua resposta foi um resmungo e um olhar sombrio[45]. César removeu o diadema e Antônio tentou recolocá-lo, apenas para obter o mesmo gesto como resposta. Finalmente César ordenou que o adorno fosse levado ao Templo Capitolino, dizendo as palavras: "Apenas Júpiter é o Rei dos romanos."[46] Esta fala recebeu uma resposta entusiástica.

Para comemorar o evento, César fez constar um registro no *fasti*, o calendário oficial do Estado romano, escrevendo que "o cônsul Marco Antônio ofereceu a Regência[47], segundo a vontade do povo, ao Ditador Perpétuo Gaius César, mas César recusou."

As fontes são abundantes em especulações[48] sobre quem estaria por trás desse acontecimento e por quê. Algumas atribuem a Antônio a iniciativa do gesto dizendo que ele teria surpreendido a César, tanto para adulá-lo quanto, possivelmente, para deixá-lo embaraçado. Mais tarde afirmou-se que Antônio[49] estaria apenas tentando trazer César de volta à sanidade e fazendo-o desistir de quaisquer pensamentos de reinado. Outras fontes atribuem aos inimigos de César um papel central. Nesta versão, dois oponentes de César[50] teriam subido à plataforma do Parlatório e tentado fazer com que ele aceitasse o diadema. Jamais conheceremos a verdadeira história da Lupercália, mas é bastante evidente que César tinha cercas a interpor entre si mesmo e um público que temia sua ambição.

César ainda contava com muitos apoiadores. Seu colega leal Aulus Hirtius, por exemplo, mais tarde insistiria que César fora um *vir clarissimus* — um homem de extraordinário brilhantismo[51] — que tornara a República mais forte. Ele e outros consideravam César um grande homem[52]. Apenas os nobres e aqueles "com ânsias de poder" achavam César "insuportável", dizia um antigo apoiador. A maioria das pessoas "glorificava-o em suas muitas vitórias" e "admirava alguém que pensavam ser algo mais que apenas um homem"[53]. Contudo, no inverno de 44 a.C., precisamente o que os romanos comuns achavam era discutível. César trouxe às plebes urbanas terras e paz, pondo fim a violentos conflitos com os nobres, enquanto lhes enriquecia as vidas com banquetes e espetáculos. Mesmo assim as plebes urbanas se ressentiam dos ataques de César aos Tribunos do Povo e sua sabotagem das eleições. É provável que eles também sentissem pouco respeito pelos novos senadores provenientes da Gália. Para alguns, César parecia estar perdendo a confiança do povo.

À época, muitos acreditavam que a rejeição de César à coroa na Lupercália fosse uma forma de experimentar se ele obteria apoio[54] para tornar-se rei. Eles acreditavam que ele realmente desejasse ser rei e o desprezavam por isso.

O ódio é um dos maiores perigos para um governante[55]; especialmente o ódio das pessoas comuns. O ódio engendra conspirações, enquanto o ódio recebido do povo faz com que conspiradores achem ser possível levar seus planos adiante. César estava prestes a pôr este princípio à prova.

Em três meses, César havia desrespeitado o Senado, desacreditado os Tribunos do Povo e flertado com a monarquia. Em fevereiro, a conspiração que derrubaria César estava nascendo. Na verdade, ela já podia estar bem viva.

Parte Dois

# SANGUE
## *sobre as*
# PEDRAS

## 5.
## O NASCIMENTO DE UMA CONSPIRAÇÃO

A conspiração para matar César teve início quando Gaius Cassius Longinus atravessou a cidade para visitar seu cunhado. Ele não falava com Marcus Junius Brutus havia meses, ainda que Cassius fosse casado com a irmã de Brutus, pois estava furioso por haver perdido um trabalho altamente desejável para este último. Agora, porém, Cassius precisava de Brutus. A conversa começou com uma interlocução amistosa e um acordo de reconciliação. Então, sobreveio uma longa e séria discussão. Ao final desta, Cassius envolveu Brutus em um abraço. E, com isto, a vida de Júlio César foi posta em risco. Era fevereiro de 44 a.C.

Ao menos é assim que a fonte mais bem conhecida conta a história[1]. Embora seja uma versão plausível, simplesmente não sabemos como a conspiração começou ou com quem. Shakespeare nos diz que Brutus e Cassius estavam no centro dos acontecimentos, mas o Bardo apenas se baseava em uma antiga tradição. Outras fontes afirmam que três homens — e não apenas dois — lideraram a conspiração; e que Decimus, na verdade, manteve-se ao lado de Brutus e Cassius como um dos líderes. A fonte mais antiga e aprofundada sobre a conspiração até mesmo cita primeiramente o nome de Decimus[2] entre o dos conspiradores.

Decimus não é um mero detalhe: ele é o personagem-chave. Brutus e Cassius haviam lutado por Pompeu e pela República, mas Decimus fora fiel a César por mais de dez anos. Por que ele teria mudado de opinião àquela altura? Embora Decimus tenha afirmado, mais tarde, que agira para salvar a República[3], ele era um homem realista e determinado que apenas se movia motivado pelo medo, pela honra ou por interesse próprio. E Decimus não estava sozinho: outros amigos de César também se juntaram à conspiração. Isto exigiu mais do que um erro de relações públicas da parte de César: foi preciso que se instaurasse uma crise de confiança. César abusou da amizade deles ao quebrar uma regra não escrita da vida romana, que pregava que a lealdade seria recompensada. Na verdade, ele convenceu a amigos importantes que estes estariam melhor sem ele.

Era previsível que a nobreza romana jamais viesse a aceitar um ditador perpétuo. Sempre zelosos de seus próprios privilégios, eles logo conspirariam para matá-lo em vez de submeter-se a ele — desde que tivessem uma chance de se manterem impunes pelo crime. No inverno de 44 a.C., sinais de descontentamento popular deram-lhes a confiança necessária. Eles podem haver hesitado, a princípio; mas a partida iminente de César para a frente de batalha na Pártia impulsionou-lhes as mãos.

Em 49 a.C., para alguns, César se parecia com um segundo Aníbal, o grande comandante que cavalgara desde o Ocidente e invadira a Itália. Em 44 a.C., César se assemelhava a um segundo Alexandre, o Grande — tal como Pompeu, ainda que mais perigoso —, às vésperas de travar uma grande guerra no Oriente, que o traria de volta em triunfo, como um rei. Os que cavalgavam junto a ele, como Otávio, colheriam as glórias e o poder. Os que haviam permanecido em casa temiam ser eclipsados, mesmo que lhe fossem leais. César deixou vários de seus generais mais experientes em casa. Não sabemos exatamente por que, mas ele tinha um histórico de dispensar apoiadores quando estes não lhe eram mais úteis ou se ameaçassem superá-lo.

Todas as esperanças de que ele viesse a restaurar a República haviam-se esgotado. César já era o Ditador Perpétuo, já fora declarado um deus, já desprezara tanto o Senado quanto o povo, e já fora acusado de protestar demasiadamente por não pretender ser *rex*. Agora parecia que ele pretendia se tornar Senhor da Ásia, tal como Alexandre. Julius Rex era uma lembrança distante do outrora procônsul da Gália. Os romanos temiam o homem que havia instalado a rainha do Egito e, talvez, o filho que ela afirmava ser dele em sua *villa* na outra margem do Tibre; o homem que planejara uma gigantesca expedição para conquistar o mesmo antigo Irã que Alexandre conquistara — eles temiam que ele substituísse a República por uma monarquia. Quem duvidaria que um homem que amasse tanto o sangue, a grandeza e o poder como César fosse capaz de fazer isso?

### FONTES DE EVIDÊNCIAS

Antes de nos dedicarmos aos conspiradores e ao crime, algumas palavras sobre as fontes de evidências se fazem necessárias. Se alguma vez houve um relatório contemporâneo completo sobre a investigação, já há muito que este desapareceu. A correspondência de Cícero inclui algumas dúzias de cartas preciosas[4] trocadas entre ele e cerca de meia dúzia dos conspiradores. Os escritos são fascinantes, mas proporcionam somente evidências limitadas sobre os motivos do feito em si. Vários dos conspiradores fizeram cunhar moedas que fornecem grandes pistas, e resquícios arqueológicos na cidade de Roma também acrescentam informações importantes sobre os eventos dos Idos de Março.

Muitos contemporâneos escreveram relatos sobre o assassinato. Asinius Pollio (76 a.C.-4 d.C.) escreveu a que provavelmente seja a melhor história dos anos entre 60 a.C. e 44 a.C. Este excelente historiador era um amigo de César, embora fosse bem consciente dos defeitos dele. Infelizmente, Pollio não se encontrava em Roma nos Idos de Março. Lívio (59 a.C.-17 d.C.) nascera em Patavium (a moderna Pádua) mas fora a Roma para completar sua educação. Se ele não esteve em Roma durante os Idos, lá chegou poucos anos depois, quando o caso ainda era recente. Ele incluiu a morte de César em sua monumental *História de Roma*. Strabo (*circa* 62 a.C.–*circa* 23 d.C.), o famoso geógrafo e historiador, nascera em Anatólia (Turquia) e foi viver na Roma de Augusto. Ele incluiu a morte de César em sua história dos anos *circa* 145-30 a.C. O colega de César, Oppius, escreveu um livro de memórias sobre César; e o filho adotivo de Brutus, Bibulus, escreveu um livro similar sobre Brutus. O amigo de Brutus, Empylus, escreveu um pequeno livro sobre a morte de César. Seria muito instrutivo poder ler estes livros hoje em dia, mas, infelizmente, nenhum deles sobreviveu na íntegra. Dentre o que restou dos escritos de Lívio há somente um breve sumário de seus capítulos sobre César. Felizmente, alguns escritores que se dedicaram ao assunto em anos posteriores puderam ler esses livros; e ainda mais afortunadamente, dois relatos contemporâneos ainda sobrevivem.

Cícero escreveu um desses relatos em 44 a.C.[5], possivelmente apenas algumas semanas depois dos Idos de Março, dos quais ele foi uma testemunha ocular. Infelizmente, porém, seu relato se resume a um breve parágrafo, que confirma certos detalhes constantes de versões posteriores, ainda que contenha muitos exageros.

Muito mais importante, embora um tanto posterior, há outro relato, mais detalhado, escrito por um contemporâneo, que pode ser encontrado na *Vida de César Augusto* — ou seja, a vida do imperador Augusto, que não era ninguém menos do que Otávio, depois de haver adotado um novo nome —, escrito por Nicolaus de Damasco (nascido em 64 a.C. e morto em data desconhecida, mas certamente bem depois de 4 a.C.). Este é um dos cinco antigos relatos detalhados sobre a conspiração, os Idos de Março e o desfecho de tudo: nossas mais importantes fontes de informação, atualmente. O relato de Nicolaus é, frequentemente, muito perceptivo, mas não isento de problemas. Embora já fosse um homem adulto em 44 a.C., Nicolaus não se encontrava em Roma, e sequer era um romano: ele era um grego, da Síria. Ele escreveu várias décadas depois dos eventos, embora não se saiba precisamente quando. E seus escritos eram suspeitos, tendo sido baseados, em parte, na autobiografia de Augusto, para quem, na verdade, ele trabalhou — sobrando-lhe, por isso, muitos motivos para difamar os conspiradores. Além disso, não dispomos do verdadeiro material produzido por Nicolaus, mas apenas de uma versão deste, escrita por um compilador, muitos anos depois. Não obstante, o material sobrevivente é fascinante. Mais do que qualquer outra fonte, o trabalho de Nicolaus lança a ideia de que ressentimentos particulares — muito mais do que um senso de dever cívico — moveram os conspiradores, com Brutus sendo a única exceção.

Plutarco, o famoso autor nascido na região central da Grécia (*circa* 45 d.C.–antes de 125 d.C.), narra a conspiração e o assassinato nas biografias que escreveu sobre três romanos ilustres: César, Brutus e Antônio. Embora ele as tenha escrito mais de um século depois, Plutarco era um distinto acadêmico e consultou as obras mais antigas. Ele também era um estudioso da filosofia grega, tal como Brutus, de quem ele faz seu herói. Brutus desempenhou um papel muitíssimo importante na conspiração contra César, mas é provável que Plutarco o tenha exagerado. Uma vez que Plutarco apoie-se tão confiantemente nas fontes, e uma vez que ele tenha sido a principal fonte em que Shakespeare baseou-se, é preciso que tenhamos isso em mente. Nicolaus, que não se havia deixado encantar por Brutus, nos oferece um "contrapeso".

Suetônio (*circa* 70 d.C.–bem depois de 128 d.C.) escreveu, em latim, a famosa obra *Vidas dos Doze Césares*, que inclui a vida de Júlio César. Alternadamente maledicente e astuto, admirador e crítico, o livro contém um relato detalhado da conspiração e do assassinato. Tal como Plutarco, Suetônio era profundamente versado nas antigas fontes. Ele admira César enormemente como general, mas o critica como político e como homem. Um escritor brilhante, Suetônio é sedutor, mas nem sempre tem razão.

Apiano (*circa* 90 d.C.–160 d.C.), um grego de Alexandria, no Egito, viveu quase toda a sua vida em Roma. Entres suas várias obras há uma história das guerras civis de Roma. Das cinco fontes disponíveis, a dele é a que oferece a mais longamente conectada narrativa histórica sobre o assassinato de César. Tal como Plutarco e Suetônio, é provável que ele também tenha consultado Asinius Pollio. Um escritor tão bom quanto os precedentes, Apiano vê César primeira e principalmente como um soldado.

Finalmente, há uma última fonte: Cassius Dio (*circa* 164 d.C.–após 229 d.C.), um senador grego que escreveu uma história de Roma em oito volumes. Ele leu vastamente as histórias antigas, mas demonstra independência e uma análise própria muito astuta. Infelizmente, ele também comete erros factuais. Um ferrenho defensor da monarquia, ele tem pouca simpatia pelos assassinos de César.

Para os padrões da história antiga, este não é um mau elenco; mas pelas medidas modernas é extremamente esquálido. As evidências são quase inteiramente baseadas em relatos de segunda mão e a maior parte delas foi redigida muito tempo depois dos fatos. Nenhuma delas é imparcial: cada autor tem seus pontos de vista pessoais para defender. Apoiadores dos imperadores romanos têm pouca consideração pelos conspiradores, enquanto os opositores dos imperadores encaram os conspiradores como modelos, senão como santos seculares.

Apesar disso, os cinco relatos basicamente concordam quanto à conspiração e o crime. Mas eles discordam quanto a certos detalhes importantes; e quando se depara com tais fontes, o historiador tem de exercitar sua imaginação, sua engenhosidade e sua cautela. Sobretudo, ele ou ela tem de sobrepesar as evidências a cada ponto. Assim municiados, dediquemo-nos aos homens que tinham fortes motivos para matar César.

## CASSIUS

Em janeiro de 45 a.C., Cassius aceitou a César como "um velho mestre, relaxado e tolerante"[6]. Pouco mais de um ano depois, em fevereiro de 44 a.C., Cassius decidiu-se por matá-lo. Brutus passou por uma conversão semelhante — talvez independentemente[7], ou talvez Cassius tenha sido a centelha[8] que incendiou o ânimo de Brutus.

É improvável que a conspiração pudesse ter acontecido antes de fevereiro. Um dos motivos para isso seria a falta de incentivo: César não depusera os tribunos nem rejeitara o diadema até fevereiro. Outro motivo seria o perigo: os vários conspiradores não poderiam ter guardado o necessário sigilo por muito tempo.

Gaius Cassius Longinus era um homem impressionante. Pouco mais velho do que Brutus (nascido em 3 de outubro, por volta de 86 a.C.), ele se orgulhava de ter tido vários cônsules na história de sua família — inclusive seu pai, um homem que fora derrotado em combate pelo gladiador rebelde Espártaco. O nome da mãe de Cassius não é conhecido, mas um político certa vez mencionou, em um discurso público, o aconselhamento que dela recebera, sugerindo que ela seria alguém cuja opinião deveria ser levada em conta.

Durante seus anos de adolescência, Cassius envolveu-se numa briga de socos, na escola, com o filho do falecido ditador Sila, quando o primeiro se vangloriou do poder de seu pai. Escritores posteriores interpretaram a luta como um sinal da hostilidade que Cassius devotaria, por toda a sua vida, aos tiranos. O episódio também evidencia que ele possuía um temperamento forte. Cícero uma vez o descreveu quando enfurecido, tendo assumido a aparência do deus da guerra, Marte, com os olhos chamejando de coragem. César dizia que Cassius era pálido e magro, características que ele também atribuía a Brutus. Shakespeare levou a descrição de Cassius ainda mais longe. Seu César diz:

> *Aquele Cassius tem uma aparência magra e faminta*[9],
> *Ele pensa demais; e homens assim são perigosos.*

Não há nada de famintoem um busto romano que foi plausivelmente identificado como uma representação de Cassius[10]. Embora seja a imagem de um homem magro, ela também transmite vigor e determinação. O busto de mármore retrata uma figura autoritária, de meia-idade. Ele tem cabelos cortados rente ao crânio, um nariz proeminente, maçãs do rosto angulosas, têmporas encovadas e um queixo pronunciado. Ele olha diretamente para a frente, com os lábios contraídos, sem sorrir.

Quanto à briga entre os garotos na escola, Pompeu interveio e pôs fim à querela, apontando para a futura amizade política que se desenvolveria entre ele e Cassius. Além de Pompeu, Cícero exerceu outra influência importante sobre o jovem Cassius, que sempre buscava pela companhia do homem de Estado. Cícero o descreveu como talentoso, industrioso e muito corajoso. Também como Cícero, Cassius estudava filosofia. Ele foi estudante em Rodes, onde tornou-se fluente em grego.

Contudo, Cassius se emocionava vivamente ao ouvir o som de trombetas. A guerra era o seu forte. Neste sentido ele era mais parecido com César do que com Brutus; e Cassius jamais sofreu de qualquer falta de interesse pela manutenção de sua própria *dignitas*. Cícero certa vez escreveu para Cassius, chamando-o de "o mais corajoso dos homens[11]; alguém que, desde a primeira vez em que pôs os pés no Fórum, não fez nada que não enchesse, até as bordas, com a mais abundante *dignitas*."

O homem viveu seu grande momento em 53 a.C., no Oriente Romano. Cassius serviu como governador-tenente e comandante substituto para Marcus Licinius Crassus (ou Crasso), o governador da Síria. Crasso estava ansioso por guerrear contra a Pártia e vencer com glória, mas acabou cometendo um erro desastroso e sofrendo uma derrota esmagadora nas proximidades de Carres (atualmente Harran, na Turquia). Suas forças de cerca de quarenta mil homens sofreram enormes baixas, e os partas adicionaram um insulto à injúria ao capturarem várias águias legionárias. Crasso foi assassinado durante uma conferência com os partas, após a batalha.

O único ponto brilhante na honra maculada de Roma pertenceu a Cassius. Em vão, ele insistiu em um procedimento cauteloso antes da batalha, mas desempenhou um papel-chave após o término desta, fazendo com que os sobreviventes marchassem em segurança até a Síria. Aproximadamente dez mil homens deveram suas vidas ao valoroso governador-tenente.

De 53 a.C. a 51 a.C., Cassius serviu como o virtual governador da Síria Romana. Em 51 a.C. ele emboscou um exército parta que rondava pela província e travou uma batalha na qual um veterano general parta sofreu um ferimento fatal. Como resultado disso, os partas se retiraram da Síria e Cassius pôde reivindicar para si a vitória. Ele escreveu para casa dizendo que a Guerra Parta estava terminada, e seu relatório foi lido no Senado.

Aquela foi sua vingança, pois, antes, os senadores o haviam ridicularizado. Quando Cassius escreveu a eles pela primeira vez sobre os partas terem invadido a Síria, a opinião geral foi a de que ele estaria fabricando uma história para justificar os saques que estaria promovendo ali. Aquela era uma guerra fictícia, diziam os senadores, com Cassius meramente permitindo que alguns árabes das redondezas adentrassem a província e afirmando que se tratariam de invasores partas. Em Roma, dizia-se que Cassius era ganancioso. Então, chegaram relatórios independentes de um aliado romano confirmando a investida parta, e as pessoas passaram a levar Cassius a sério.

Não obstante, os senadores tinham razão quanto à ganância de Cassius. Tal como a maioria dos governantes romanos, Cassius extorquia os provincianos. Os aristocratas romanos encaravam o comércio com desprezo, mas Cassius comprava e vendia mercadorias sírias com verdadeiro abandono, e, se confiarmos em uma fonte maledicente e posterior, conquistara para si mesmo a alcunha de "A Tâmara"[12], uma referência ao fruto de uma espécie local de palmeira. Aquilo não era um cumprimento. Nesse mesmo período, Cassius invadiu a Judeia e dizem que escravizou cerca de trinta mil judeus. O escravismo era um grande e muito lucrativo ramo de negócios, na época.

Quando adveio a guerra civil, Cassius apoiou Pompeu. Em 48 a.C., Cassius recebeu o comando de uma frota naval que ele empregou contra as forças de César, na Sicília e no sul da Itália. César descreve as duas campanhas[13] em sua obra *Guerra Civil*, elogiando Cassius por sua velocidade, agressividade, engenhosidade, flexibilidade, energia e eficiência, de modo geral. Ao escrever tão calorosamente, talvez César estivesse tentando atrair Cassius para o seu lado; ou talvez Cassius já tivesse se juntado a ele. Qualquer que fosse o caso, cerca de um ano após a vitória de César em Farsália, Cassius o desertaria.

A reconciliação dos dois teria lugar ao sul de Anatólia, facilitada pelo apoio do cunhado de Cassius, Brutus. Mais tarde, Cassius diria que quase assassinara César naquela ocasião, mas isto soa mais como um relato fantasioso.

A deserção de Cassius foi uma grave ofensa para os combatentes empedernidos e um insulto mortal para os filhos de Pompeu. Contudo, Cassius pôde dizer que continuara a servir fielmente à República ao promover a paz. César deu-lhe boas-vindas e fez dele um de seus generais. Não sabemos qual comando Cassius recebeu, mas parece improvável que César tenha confiado algum posto importante a quem tão recentemente fora um inimigo. A volta da paz encontrou Cassius subempregado. César promovera Brutus a governador, ainda que Cassius fosse mais qualificado, depois de sua experiência adquirida na Síria. Porém, César não confiaria o comando da Gália Italiana a um homem com o pendor militar de Cassius.

A despeito disso, Cassius não auxiliaria os filhos de Pompeu quando estes se revoltaram na Hispânia, em 46 a.C. Tendo desertado da causa de Pompeu, ele temia a vingança dos filhos deste, caso viessem a tomar Roma. Em janeiro de 45 a.C., Cassius escreveu a Cícero:

> "Morrerei de ansiedade[14] e preferirei ter um mestre velho e leniente do que tentar a sorte junto a um novo e cruel. Você sabe quão tolo Cnæus (Pompeu) é; você sabe que ele pensa que a crueldade é uma virtude; você sabe que ele sempre pensa ser menosprezado por nós. Temo que ele queira nos menosprezar à *son tour* ("por seu turno", ou "por sua vez"; Cícero emprega o idioma grego, aqui representado pelo francês), grosseiramente, com sua espada."

Então, César venceu e inverteu a equação. Após remover o perigo representado pelos filhos de Pompeu, ele também removeu a restrição de seus oponentes quanto a manter César vivo.

Tal como muitos outros romanos, Cassius estava chocado com o comportamento monárquico de César. Cícero afirmava que Cassius provinha de uma família que combatera não apenas o despotismo, mas até mesmo a mera concentração de poder[15]. Realmente, Cassius fora um dos poucos senadores que votaram, em fevereiro de 44 a.C., contra a concessão de uma longa lista de honrarias especiais a César[16]. O ato demonstra sua coragem e seu respeito pelos ideais da República. Se houve algum romano que levou a sério sua responsabilidade fundamental, como cidadão, de defender a República ao matar um homem que pretendia ser *rex*, este foi Cassius.

Contudo, motivações pessoais também moviam Cassius. Ele tinha seus olhos fixos em altos postos: primeiro, uma pretoria; depois, um consulado. Em particular, ele desejava ser um pretor urbano — um juiz, que mediaria causas disputadas entre cidadãos. Seu maior rival para ocupar essa posição era Brutus. Em dezembro de 45 a.C., Brutus ganhou o posto. Cassius foi indicado para alguma das outras pretorias; possivelmente para uma que mediasse disputas entre não cidadãos.

Supostamente, César teria dito aos seus amigos que Cassius seria um candidato mais forte[17]; mas ele escolheu Brutus, de todo modo. Nenhum dos pontos é devidamente esclarecido. Era verdade que Cassius fora excelente no desfecho de Carres e na defesa da Síria, mas Brutus brilhara como governador da Gália Italiana. Assim sendo, por que Cassius seria o candidato mais forte? E se, de fato, o fosse, por que não obtivera o cargo? Talvez a resposta — como disseram alguns, à época — residisse no fato de César pretender manter alguma distância entre Brutus e Cassius. Isto é plausível, uma vez que César prometera a Brutus o consulado para o ano de 41 a.C. Ele ignorara Cassius, a princípio; embora seja provável que, mais tarde, concedesse o outro consulado a ele, no mesmo ano de 41 a.C.

Se a política doméstica feria a *dignitas* de Cassius, talvez os assuntos estrangeiros também fizessem o mesmo. Cassius fora o general mais experiente e bem-sucedido de Roma combatendo contra os partas. É fácil imaginar seu desapontamento quando César não lhe concedeu um comando na nova guerra. Cassius viria a assumir o governo da Síria, que César lhe prometera para o ano de 43 a.C. Porém, a posição não era uma grande consolação, uma vez que Cassius já fora, na prática, o governador da Síria — ainda que não nominalmente.

Ainda havia o rumor de que César manteria um caso amoroso com a esposa de Cassius. Tertia era filha de Servília e meia-irmã de Brutus. Supostamente, Servília teria permitido que César a possuísse — uma história da qual Cícero fizera motivo de piadas[18]. Se a ligação de fato aconteceu, presumivelmente antedatou o casamento de Tertia; mas não podemos fazer ideia quanto à veracidade da história ou se Cassius sentiu-se ofendido com tais boatos.

Finalmente, houve os leões de Megara[19]. Nesta pequena cidade grega havia alguns leões enjaulados que Cassius estaria tratando de transportar para Roma, para exibi-los nos jogos — e, assim, conquistar algum capital político. Quando um general de César conquistou Megara, ele confiscou os leões. Plutarco afirma que isto contribuiu para aumentar a irritação de Cassius contra César, mas há quem ache que ele tenha confundido Gaius Cassius com seu irmão, Lucius Cassius, que apoiava César. Por isso, a história é inconclusiva, ainda que projete alguma luz sobre as motivações na política romana. (Os leões terminaram por escapar de suas jaulas em uma tentativa desastrada de usá-los para conter as tropas de César e atacaram civis inocentes pelas ruas.)

Cassius era "o mais romano dos romanos". Ele tinha princípios, mas os equilibrava com seu pragmatismo. Ele estudava filosofia grega, mas jamais fez disso sua "estrela guia". Houve uma teoria, certa vez, de que sua hostilidade contra César teria sido motivada pela filosofia epicurista — isto é, pela versão romana do epicurismo, que enfatizava a liberdade e a independência. Mas não é claro que Cassius dedicasse mais do que alguma atenção descompromissada ao epicurismo. Suas ambições corriam por um percurso cronometrado. Ele pretendia elevar-se no serviço público e se tornar um cônsul, como seus ancestrais. Ele era um tático militar de primeira linha. Um antigo escritor atesta que ele possuía a mentalidade extremamente concentrada de um gladiador[20].

Cassius era um homem educado. Ele temperava suas cartas com palavras em grego. Ele conhecia filosofia e sabia como produzir uma frase elegante. Ele podia ser bem-humorado ou ferinamente sarcástico, e possuía grandes vantagens sobre seus rivais. Ele era intenso. Tal como diria, mais tarde, o filósofo Sêneca, durante toda a sua vida Cassius bebeu apenas água[21], significando que ele era abstêmio. Na verdade, ele gostava de uma boa risada e era propenso a gozações e ridicularizações.

Cassius poderia administrar a conspiração, mas faltava-lhe a autoridade necessária para liderá-la. Ao pedir a homens que assassinassem César ele estaria lhes pedindo para que cometessem um crime. Eles haviam feito juramentos de considerarem César sacrossanto e de defendê-lo com suas próprias vidas. Cassius estaria lhes pedindo para que quebrassem seus juramentos. Mas não importa quão convincente fosse o plano de assassinato que Cassius pretendesse fazer avançar, os homens se recusariam a juntar-se à conspiração a menos que um homem indispensável se juntasse a ela, primeiro.

## BRUTUS SURGE

Brutus foi essencial para a conspiração contra Júlio César. Não fosse Brutus, não haveria assassinato. Os conspiradores insistiam em sua presença. O princípio deles era que seria preciso um rei para matar a um rei; ou ao menos um príncipe — e Brutus era, praticamente, um príncipe republicano. Ele possuía a autoridade e as conexões que os romanos admiravam. Filho de um Populista, sobrinho de um dos líderes dos Melhores Homens, inimigo e depois apoiador de Pompeu e de César — cada um a seu turno —, filho da amante de César e objeto de rumores quanto a ser, ele mesmo, filho de César. Brutus era todas as coisas, para toda gente. Supostamente ele provinha de uma das mais antigas famílias da República: aquela que destronara reis. E ele tinha o assassino de um tirano proeminente em sua árvore genealógica. Ele contava com um registro público de mais de uma década de defesa da liberdade e oposição à ditadura. Em algum tempo, durante os anos 50 a.C., Brutus fizera cunhar moedas[22] celebrando tanto a Libertas, a deusa da liberdade, quanto aos seus ancestrais que se opuseram a reis e tiranos. Em 54 a.C. ele se pronunciou contra uma proposta de concessão de uma ditadura a Pompeu[23]. Dois anos mais tarde, ele argumentaria que um homem que cometesse um assassinato pelo bem da República deveria ser considerado inocente[24].

Ele era admirado como um pensador e orador. Nicolaus de Damasco afirma, concisa porém ceticamente: "Marcus Brutus [...] foi respeitado[25] durante toda a sua vida pela clareza de sua mente, pela fama de seus ancestrais e por seu caráter supostamente razoável."

O amor de Brutus pela filosofia grega exige uma abordagem equilibrada. A filosofia acrescentava-lhe profundidade e conquistava-lhe respeito. Ela permitia que ele discorresse sobre ideais consagrados pelo tempo e posasse de maneira impressionante. Brutus aprendera a reconhecer a tirania, a desprezá-la e a levantar-se contra ela[26]. Mas o interesse romano pela cultura grega raramente era muito substancial. Os assassinos de César eram homens práticos. Sua exigência por Brutus tinha pouco a ver com a habilidade que ele demonstrava possuir para citar Platão.

Os conspiradores diziam estar lutando pela República, sobre a qual eles não se referiam apenas quanto à mera concepção, mas também ao poder que a acompanhava. Para os romanos — tal como para a maioria das pessoas — os princípios e os lucros são inseparáveis. A política em Roma era um caminho para a honra, o dinheiro e o poder. César ameaçara tomar muito de tudo isso apenas para si. Brutus apontou para uma maneira de retomar o que César havia usurpado, ao mesmo tempo que realentava os ideais da República.

Acima de tudo, os conspiradores desejavam um líder que conseguisse mantê-los vivos. Brutus lhes daria a credibilidade necessária durante a tempestade que certamente sobreviria depois do assassinato. Se um homem com seu *pedigree* e seus princípios chamasse César de tirano, o público acreditaria nele. Ao contrário, se Brutus se mantivesse leal a César "cortaria as pernas" dos conspiradores.

Também importava muito o fato de Brutus gozar do favorecimento de César. César fizera de Brutus um governador, um pretor urbano e um cônsul. Ao arriscar tudo para matar César, Brutus demonstraria sua coragem e seus princípios. Na verdade, ele demonstraria igualmente a sua ingratidão; mas a importância disto empalidecia quando comparada à sobrevivência da República. Brutus era, em resumo, o melhor endosso para a conspiração e a melhor "rede de segurança" para os conspiradores.

A questão é: o que ele ganharia com isso? Tão recentemente quanto em agosto de 45 a.C., a resposta pareceria ser: nada. Brutus escreveu a um cético Cícero dizendo acreditar que César estivesse pronto para juntar-se aos Melhores Homens. Sete meses mais tarde, Brutus adentrou a Casa do Senado com uma adaga pronta para ser usada. O que mudara?

Poucos personagens na História antiga surgem tão detalhadamente delineados quanto Marcus Brutus. Quase nos é possível reconstruir seus pensamentos neste ponto de mutação crucial. Sua personalidade, seus princípios, suas excentricidades e seus relacionamentos-chave (com sua esposa, sua mãe e seu cunhado), tudo deixa uma marca nas evidências. No final, entretanto, os fatos são tão frustrantemente incompletos que temos de recorrer, como de costume, às especulações informadas.

Brutus também é um dos personagens mais mal compreendidos da História. Por isso devemos agradecer a Shakespeare. As fontes antigas retratam Brutus como um homem corajoso, dotado de espírito público, calculista e ingrato. Shakespeare, em vez disso, faz dele um modelo de comportamento ético. Em sua *Tragédia de Júlio César* ele faz Brutus agonizar diante da perspectiva de matar a um amigo que ele ama. Os antigos nada dizem sobre isso. O Brutus retratado por Plutarco se preocupa com os riscos de matar César; não com as implicações morais disso.

O que faz de Brutus um adversário valoroso é que, tal como César, ele era multifacetado e icônico. Brutus agitava as pessoas com sua mentalidade filosófica, sua linhagem, sua coragem, seus princípios e seu amor pela liberdade; mas ele também era um oportunista e um extorsionário. Em César, o egoísmo, a ambição, o talento, a rudeza, a visão, o populismo e a revolução vinham juntos, de uma maneira que ainda hoje é melhor resumida em seu próprio nome: César. César atravessou rios de sangue na Gália, enquanto Brutus empunhou a adaga mais ensanguentada da História romana. No entanto, ambos ainda irradiam um grande encanto pessoal.

Quatro coisas mudaram entre agosto de 45 a.C. e meados de fevereiro de 44 a.C.: César, a opinião pública, Cassius e a esposa de Brutus. Durante esses sete meses críticos, César amedrontou grande parte da opinião pública romana levando-a a acreditar que substituiria a República por uma ditadura perpétua ou, possivelmente, um reinado, no qual tanto o Senado quanto o povo seriam subordinados a ele. Nem mesmo o prêmio de um consulado poderia fazer com que Brutus continuasse a acreditar que César pretendesse se unir aos Melhores Homens.

O que a ditadura perpétua de César significava para Brutus? Plutarco interpretou um comentário de César como se este dissesse que Brutus seria seu sucessor mais adequado. "O que, então? Vocês não acham que Brutus esperará por este pedaço de carne?"[27], teria dito César, tocando seu próprio corpo. Ele estava respondendo às pessoas que acusavam Brutus de estar tramando contra ele. A frase, contudo, não revela as expectativas de César. César não adotara Brutus postumamente, como fizera com Otávio; e o nome de Brutus tampouco era mencionado no testamento de César, como os de outras pessoas. César promovera Brutus aos mais altos cargos da República. Mesmo assim, sob o poder de César, toda a influência fluía das altas câmaras na direção de César e seus amigos. Plutarco acrescenta que Brutus podia dizer[28] ser o homem mais poderoso de Roma após a morte de César, mas esta não era uma expectativa razoável, mesmo com a concorrência que ele enfrentaria.

Quer tenha sido espontaneamente ou por meio de um esforço orquestrado, uma campanha de relações-públicas emergiu para persuadir Brutus a agir. *Graffiti* surgiram, tanto no tribunal que ele costumava presidir como pretor urbano quanto sobre a estátua de seu suposto ancestral, Lucius Junius Brutus, que destronara reis, na Colina Capitolina. Foram escritas frases tais como "Se ao menos agora você agisse como Brutus", "Se ao menos Brutus estivesse vivo", "Brutus, desperte!" e "Você não é realmente Brutus!"[29] Alguns pensaram que essas palavras, mais do que qualquer outra coisa, moveram Brutus. Ele já havia apostado sua reputação ao apoiar-se no famoso amor que sua família nutria pela liberdade; agora teria de bancar a aposta.

Cícero pode ter aludido a esses famosos ancestrais quando escreveu em seu Brutus, em 46 a.C., que ele desejava para Brutus "aquela República na qual você poderá não apenas renovar[30] a fama de suas duas famílias tão distintas como acrescentar algo a ela." Essas eram palavras provocativas, mas certamente não ao ponto de fazerem Brutus tomar de uma adaga. Cícero ainda esperava que César viesse a restaurar a República.

Quanto a Cassius, ele empregou suas consideráveis habilidades estratégicas para convencer Brutus a se juntar a ele contra César. Na visita que fez à casa de Brutus, que descrevemos no início deste capítulo, Cassius não apenas pôs fim à querela relativa à pretoria urbana, mas também perguntou a Brutus, diretamente, o que ele faria na próxima reunião no Senado. Cassius comentou sobre um boato de que os amigos de César proporiam que ele fosse feito rei. Brutus disse que permaneceria em sua casa, mas Cassius insistiu: e se eles fossem convocados a comparecer, como agentes públicos? Neste caso, supostamente teria dito Brutus, ele cumpriria seu dever de defender seu país e morreria em nome da liberdade, se necessário. Diz-se que Cassius mencionou os *graffiti* em resposta, assegurando a Brutus que os autores seriam membros da elite romana e não meros artesãos ou mercadores — uma demonstração de esnobismo perfeitamente condizente com os preconceitos romanos documentados. Aqueles homens não desejavam que Brutus morresse, disse Cassius[31], mas que os liderasse! Então, com um abraço e um beijo, uma conspiração nascera. Ao menos assim diz a História.

Não havia contagem de votos na Roma antiga, nem qualquer método científico de medição da opinião pública. Brutus não dispunha de meios de saber se os *graffiti* realmente representavam a opinião pública. Ele não podia ter certeza de que os autores fossem pessoas da qualidade e influência que Cassius dissera. Mas os *graffiti* o fizeram ter esperança de que podia contar com o apoio popular de que a conspiração necessitava para que fosse bem-sucedida.

E então havia Pórcia, a nova esposa de Brutus. Ela era uma mulher forte. É difícil não suspeitar que ela tenha dado um "empurrãozinho" para que Brutus tomasse um novo rumo. Para Brutus, uma coisa era voltar as costas para o legado de Catão quando estivesse longe dos domínios de Catão; mas uma coisa muito diferente era voltar para sua própria casa, todas as noites, para os braços da filha de Catão. Não é de admirar que se diga que Pórcia tenha sido a única mulher[32] a conhecer o segredo da conspiração. E, por fim, havia Servília. Não há evidências de que ela soubesse da conspiração; muito menos que se opusesse a César. A hostilidade dela para com Pórcia sugere exatamente o contrário. Além do mais, não haveria créditos a serem obtidos por Servília por tramar a morte de seu ex-amante. Nos anos posteriores, Antônio sempre a tratou com cortesia — coisa que ele não faria se soubesse que Servília teria tomado parte na conspiração. Mesmo assim, as fontes indagam o que qualquer um poderia pensar[33]: se um fervoroso ressentimento quanto ao seu caso amoroso com César não teria contribuído para que Brutus se juntasse à conspiração. Ele não acreditava nos rumores que diziam ser César o seu pai, porque nenhum romano jamais consideraria o crime de matar ao próprio pai. Acreditar e ouvir são duas coisas diferentes; embora talvez Brutus alimentasse uma mágoa que agora aflorava.

Foi o interesse próprio de Brutus que o afastou de César. Suas convicções filosóficas não tolerariam um tirano. Nenhum nobre romano ignoraria a honra e a reputação de sua família, muito menos Brutus, que escrevera sobre o tema dos deveres para com a própria família[34]. Ele tinha de viver à altura da reputação de um Junius Brutus e de uma Servília Ahala. Ele tinha de estar à altura do legado de seu falecido tio, Catão, que agora era não apenas seu mentor, mas, também, postumamente, seu sogro. Ele tinha sua esposa, Pórcia. Ele tinha seu cunhado, Cassius. E talvez ele também tivesse uma sombra de vergonha que eliminar com respeito à sua mãe, Servília, e o insulto da ilegitimidade através do amante dela, César. Brutus acreditava em ideais que eram maiores do que ele mesmo: na filosofia, na República e em sua família. E, assim, mais uma vez, Brutus traiu a um homem mais velho que confiara nele, tal como fizera anteriormente com Pompeu e, depois, com Catão.

## DECIMUS

Na versão de Plutarco, Brutus e Cassius agora recrutavam Decimus para a conspiração[35]. Não seria de surpreender se a verdade fosse exatamente o contrário e Decimus tivesse instado ambos a participarem. Uma coisa é certa: Decimus desempenhou um papel central. Se Brutus foi o coração da conspiração e Cassius foi a cabeça, Decimus foi seus olhos e ouvidos. Ele era um elemento interno. De todos os conspiradores, somente Decimus poderia ser considerado como "um amigo íntimo de César"[36]. E se alguém que tenha participado da conspiração pode haver agonizado por trair a um amigo, este também foi Decimus. Mas não há sequer um indício de remorso em quaisquer das dúzias de cartas que sobreviveram, escritas por Decimus após o assassinato.

Os leitores de Shakespeare podem imaginar a razão pela qual jamais tenham ouvido falar em Decimus. Seu nome é grafado erroneamente em *Júlio César* como "Decius". Exceto por uma cena na casa de César, na manhã dos Idos de Março, "Decius" desempenha um papel muito pequeno no drama. Isto não é surpreendente quando consideramos que Shakespeare baseou seu relato nas traduções inglesas de Plutarco e Apiano. Decimus tem alguma importância em Apiano, mas Plutarco o despreza como insignificante. O autor antigo que enfatiza o papel de Decimus na conspiração contra César é Nicolaus de Damasco, ao qual Shakespeare jamais leu. Ele tampouco leu Cassius Dio ou as cartas de Cícero, outras fontes que atribuem importância a Decimus.

Foi Decimus quem César escolheu para acompanhá-lo ao jantar na noite de 14 de março. Ele era o "ás" dos conspiradores. Decimus era a melhor fonte de informação quanto aos pensamentos e planos do ditador e a melhor esperança de mover César para qualquer direção que fosse necessária. Quem melhor que ele para confirmar que César não suspeitasse de nada?

Decimus é amplamente reconhecido pelas fontes antigas como um dos principais agentes da conspiração. Tanto Nicolaus de Damasco quanto Suetônio o colocam em pé de igualdade com Brutus e Cassius entre os líderes da conspiração. Nicolaus, na verdade, cita o nome de Decimus primeiro[37]. Apiano o coloca em seguida aos nomes de Brutus e Cassius[38]. Velleius Paterculus, um soldado e homem de Estado romano[39] que escreveu uma história por volta de 30 d.C., fala de Decimus como um líder da conspiração juntamente com Brutus e Cassius. Outras fontes citam Decimus[40] como um dos quatro conspiradores mais importantes. Plutarco não se deixa impressionar muito por Decimus, a quem ele injustamente se refere como "nem ativo, nem desafiador"[41], embora ele reconheça a importância de Decimus na conspiração.

Aos trinta e sete anos de idade, Decimus tinha um registro brilhante. Um nobre de *pedigree* impecável e um dos confidentes de César[42], Decimus se mantinha muito próximo dos píncaros do poder. Tendo demonstrado um desempenho excelente como comandante na Gália — tanto na Guerra Gaulesa quanto na Guerra Civil —, Decimus governou a província para César, entre 48 a.C. e 45 a.C., e acrescentou outra vitória militar ao seu registro, derrotando o temível Bellovaci. É provável que ele tenha sido pretor em Roma, em 45 a.C.; mas certamente foi governador-designado da Gália Italiana, em 44 a.C., e cônsul indicado para o ano de 42 a.C. Quer Decimus soubesse disso ou não, César, em seu testamento, o havia nomeado como seu herdeiro em segundo grau[43], na (improvável) eventualidade de que um de seus três herdeiros em primeiro grau — Otávio e seus primos, Quintus Pedius e Lucius Pinarius — não estivessem disponíveis. Ele também nomeou Decimus como um dos guardiões de seu filho adotivo, Otaviano. Inadvertidamente, César nomeou outros conspiradores como guardiões[44], embora seus nomes não sejam conhecidos por nós.

Decimus trouxe duas coisas essenciais para a conspiração. Ele tinha a confiança de César e era proprietário de uma trupe de gladiadores. Sem a confiança que depositava em Decimus, César jamais teria ido ao Senado nos Idos de Março. Sem os gladiadores, talvez os próprios conspiradores não teriam sobrevivido àquele dia. Olhando para o futuro, havia um terceiro ponto. Decimus estava prestes a iniciar um mandato — concedido a ele por César — como governador da Gália Italiana. Aquela era uma posição estratégica: próxima de Roma e contando com duas legiões. Um homem como ele, portanto, poderia ser enormemente útil depois dos Idos.

Decimus devia a César ainda mais do que Brutus. César fizera toda a carreira de Decimus, e, até os Idos, ele parecia havê-lo retribuído por isso com seu apoio fiel. Nos anos futuros, ninguém mereceria maior desprezo dos que permaneceram leais a César do que Decimus, por sua ingratidão. As fontes não revelam seus motivos, por isso dispomos apenas das especulações informadas.

Tal como Brutus e Cassius, Decimus deve ter sentido que sua lealdade se devia primeiramente à República. Quando escreveu a Decimus, em 43 a.C., Cícero o retratou como parte de uma causa[45]. Por todo seu apoio a César, pelo flerte de sua mãe com a revolução, Decimus provinha de uma família de Melhores Homens e afirmava descender do fundador da República[46]. Tanto o pai quanto o avô de Decimus[47] haviam massacrado Populistas na cidade de Roma, em nome do que eles consideravam a defesa da República. Agora era a vez de Decimus.

Porém, diferentemente de Brutus ou de Cassius, Decimus não era um filósofo, nem seus sentimentos republicanos eram muito profundos. Nas onze cartas de sua autoria que sobreviveram[48] — todas escritas em 44 a.C. ou 43 a.C.; dez das quais endereçadas a Cícero —, Decimus refere-se apenas uma vez a "libertar a República"[49]; ele era muito mais interessado em assuntos militares e políticos. Ainda que fosse admiravelmente conciso enquanto escritor[50] e embora estivesse conduzindo uma campanha militar, seu silêncio acerca do motivo pelo qual lutou é assombroso. Contrastando com isso, dentre as treze cartas de Cícero para Decimus sobreviventes[51] — todas do mesmo período —, encontram-se em cinco delas menções a liberdade, tirania, ao assassinato de César ou à República[52].

Quando se trata do assassinato de César, o interesse particular sugere, por si mesmo, qual era a motivação de Decimus — um homem ambicioso, competitivo, orgulhoso e violento[53]. Ele cuidava muito zelosamente de sua *dignitas* — um tema que aparece frequentemente em sua correspondência[54] trocada com Cícero. Se Cícero tiver sido um bom julgador de caráter — coisa que ele quase sempre era —, então Decimus almejava fama e grandeza[55]. César sendo César, é fácil imaginá-lo dizendo a Decimus que não haveria limites para as suas ambições. Contudo, César era astuto demais para acreditar nisso: ele podia notar as limitações de Decimus.

Decimus seria o homem certo para conquistar ou governar a Gália, mas não para governar Roma. Decimus era um tático; não um estrategista. Ele levava as coisas para o lado pessoal, o que tornava difícil para ele postergar uma vingança — algo que um bom líder precisa ser capaz de fazer. Decimus era astuto e capaz de trair, mas, tal como os gauleses entre os quais viveu tanto tempo, ele era passional. Por toda a sua juventude, a agudeza da inteligência e o senso de julgamento de Otávio fizeram dele alguém muito mais apto para suceder a César. Decimus era um soldado, enquanto Otávio era um político, até a medula.

Decimus não era o tipo de pessoa que desdenharia a ascensão de um rival. Ele subira até o topo por servir a César no campo de batalha, na Gália e na Guerra Civil. Agora, outros teriam a oportunidade de fazer o mesmo na Pártia, enquanto Decimus ficaria para trás. Em particular, o novo homem que serviria na Pártia era Otávio. Após uma longa cavalgada em companhia dele, desde a Gália até a Itália, Decimus tivera ao menos uma ligeira percepção da rude determinação de Otávio. Se Decimus jamais tivesse sonhado em ser o herdeiro de César, seria com Otávio que ele deveria se preocupar. Quanto mais Decimus valorizava os sinais de afeição dispensados a ele por César — o lugar na segunda carruagem, a companhia no divã de jantar na casa de Lepidus —, mais ele deve ter se ressentido com a ascensão de Otávio.

Ter sido governador da Gália Italiana e, depois, cônsul, fora muito bom; mas Decimus sabia onde se encontrava o verdadeiro poder no mundo de César: junto ao exército. E o exército era algo muito mais afeito ao coração de Decimus. O exército poderia granjear-lhe suas metas mais cobiçadas: ser aclamado *imperator*, celebrar um triunfo e tornar-se um dos homens mais importantes de Roma. Pelo final de 45 a.C., Otávio já havia se juntado às forças que combateriam a Pártia, enquanto Decimus ainda permanecia em Roma. Decimus deve ter raciocinado que se César, Otávio e uma trupe de novos heróis voltassem para Roma em triunfo, ele seria afastado para um lado. Seria melhor livrar-se de César agora e arrebatar o poder, enquanto isto ainda lhe era possível.

Talvez o estilo também tenha desempenhado um papel importante. Decimus era um homem muito corajoso[56] e empedernido, e deve ter se arrepiado diante das afetações corteses com que César era cumulado. O esnobismo pode ter desempenhado um papel. Tal como Antônio, Decimus poderia desdenhar Otávio[57], o herdeiro de um escravo emancipado e um cambista monetário. Como um membro da velha elite romana, Decimus talvez não gostasse de ser forçado a se aproximar dos novos senadores de César, homens que acreditava serem inferiores a ele. Talvez com algumas poucas exceções eles não fossem todos bárbaros ou ex-legionários, mas, em vez disso, ricos cidadãos do norte da Itália e do sul da Gália, descendentes de famílias romanas emigradas para a Espanha e centuriões da elite urbana de toda a Itália, e não apenas de Roma. Contudo, isto deveria bastar para desagradar a outros senadores que podiam retraçar suas genealogias até os primórdios de Roma. Conhecemos o nome de apenas um centurião que César elevou ao Senado, mas ele é digno de nota: Gaius Fuficius Fango[58*]. O dele era, sem dúvida, um nome do qual podia se orgulhar em sua cidade natal de Acerræ, um vilarejo próximo de Nápoles; porém, para um elitista romano o nome soava como algo proveniente do esgoto.

Então, havia Paula Valeria[59], a esposa de Decimus. Ela pertencia à elite romana e vivia em estreito contato com Cícero. Seu irmão é plausivelmente identificado como Valerius Triarius, um homem que lutou com Pompeu em Farsália e morreu em batalha, ou, de todo modo, antes do término da Guerra Civil, e Cícero tornou-se guardião de seus filhos. Talvez Paula, tal como Pórcia, achasse que tinha sangue familiar a ser vingado e, por isso, encorajara seu marido a romper com César. Paula — lembremo-nos — havia se divorciado de seu primeiro marido no mesmo dia em que este retornara a Roma do serviço militar, de modo a poder se casar com Decimus. Uma mulher assim não hesitaria em aconselhar uma mudança de lealdade.

As fontes não mencionam sequer algum traço de mágoa pessoal de Paula contra César, mas nos fornecem abundantes evidências de outras mágoas pessoais alimentadas por Decimus. A traição, praticada a sangue-frio, de Decimus contra seu chefe, torna-se mais facilmente compreensível se emoções como medo, repulsa e ressentimento entram em cena. E, assim, ele se voltou contra César.

---

* Em italiano moderno, a palavra *fango* significa "lama", "lodo", "pântano"; ou, figurativamente, "vício". [N.T.]

6.

## PRECISA-SE DE ASSASSINOS

Brutus, Cassius e Decimus agora mobilizavam seguidores. Eles tinham de decidir como matariam César, onde e quando; mas antes precisavam recrutar uma equipe. Eles tinham de agir rápida e cautelosamente. Embora César tivesse indicado muitos — senão a maioria — dos oitocentos ou novecentos senadores, alguns poucos dentre estes haviam perdido a fé no homem que parecia querer tornar-se rei. Contudo, poucos pareciam dispostos a cometer um assassinato, mesmo que em nome da República; e um menor número deles se disporia a colocar as próprias vidas em risco. Menos ainda dentre todos eles eram homens confiáveis. Segredos não duravam muito em Roma. Além disso, César estava planejando viajar rumo à Guerra Parta no dia 18 de março — o que lhes deixava uma "janela" de cerca de um mês.

Os líderes da conspiração pretendiam arranjar apenas o número exato de seguidores. Eles precisariam de homens suficientes para cercar César e dar combate aos seus apoiadores, mas não tantos homens para que se arriscassem a ser descobertos. Eles prefeririam amigos confiáveis a conhecidos recentes. Eles não queriam jovens impetuosos, nem velhos adoentados. Eles procuravam por homens que estivessem em pleno vigor da maturidade, tal como eles mesmos. Ao final das contas, eles focalizaram suas atenções em homens que contassem cerca de quarenta anos de idade — a mesma idade de Brutus, Cassius e Decimus. Eles sondaram potenciais candidatos fazendo-lhes perguntas engenhosamente formuladas, que, em um primeiro momento, pareceriam inocentes.

# OS MAIS IMPIEDOSOS APUNHALADORES: OS AMIGOS DE CÉSAR

Para César, uma coisa seria perder o apoio de Brutus e Cassius. Eles lhe deviam muita coisa, mas não eram realmente seus homens, já tendo lutado por Pompeu. Porém, para César seria uma coisa diferente perder o apoio de outros, como Decimus: homens que o haviam seguido por anos, desde a Gália até a Guerra Civil e além. No entanto, foi exatamente isto o que aconteceu. Escrevendo cerca de oitenta anos depois, Sêneca, o pensador e homem de Estado, afirmou que a conspiração contava com mais amigos de César do que seus inimigos[1]. É tentador acreditar que Sêneca estivesse certo.

Segundo Nicolaus de Damasco, entre os "amigos conspiradores" incluíam-se companheiros civis de César, seus oficiais e seus soldados. Nicolaus admite que alguns deles se juntaram à conspiração porque sentiam-se perturbados por verem o poder passar da República para as mãos de um único homem. Eles também se impressionaram com a qualidade dos homens que lideravam a conspiração, especialmente pela família de Brutus. Contudo, Nicolaus enfatiza as motivações baixas e egoístas deles. Eles achavam que César não os havia recompensado suficientemente, ou que cedera demasiadamente aos antigos apoiadores de Pompeu. Nicolaus se detém a analisar particularmente alguns dos soldados de César, tanto oficiais quanto os de patentes mais baixas, por pensarem dessa maneira. Quanto aos políticos, alguns desejavam substituir a César como o homem (ou seus homens) que liderasse Roma. E, então, havia a famosa política de César de conceder perdão ou simplesmente esquecer as ofensas de seus oponentes na Guerra Civil. Tal política pode haver-lhe rendido alguma gratidão, mas também acirrou alguns ânimos[2].

Nicolaus aponta a política de clemência de César como a causa central do descontentamento[3] dos conspiradores. Por um lado, a clemência de César enfurecera alguns de seus apoiadores de longa data, que gostariam de ver seus antigos inimigos humilhados, em vez de alçados a uma condição de igualdade com eles mesmos. Por outro lado, o que incomodava aos antigos apoiadores de Pompeu[4] — diz Nicolaus — era ter de aceitar como um favor algo que eles deveriam ter conquistado por si mesmos. Catão objetava a arrogância de César[5] ao reivindicar seu direito de "perdoar" seus inimigos. Escrevendo segundo a mesma linha de raciocínio, outro antigo escritor resume a questão contra César: "Seu próprio poder para conceder favores[6] recaiu pesadamente sobre as pessoas livres."

Para Nicolaus, a conspiração devia-se mais a intrigas palacianas[7] e ciúmes mesquinhos[8] do que à liberdade e à República. Isto pode refletir bem sua própria experiência de vida. Antes de chegar à corte de Augusto, o primeiro imperador romano, Nicolaus, servira na corte do infame Rei Herodes, na Judeia — lugar que não sofria por escassez de conspirações. Ele também serviu como tutor dos filhos de Antônio e Cleópatra — igualmente um trabalho que não promovia a inocência política. A visão que Nicolaus apresenta da conspiração também reflete a situação de seus últimos anos de vida, quando era um apoiador do regime de Augusto, uma monarquia que desprezava os conspiradores como bandidos comuns.

O ciúme é uma emoção primitiva, facilmente discernível nas crianças e nos animais. Contudo, mesmo os romanos mais sofisticados devem ter se ressentido de César. Tanto talento, tamanha boa sorte, tanto poder para um só homem! Apenas por si mesmo, o ciúme certamente não é suficiente para fazer nascer uma conspiração; mas pode haver provido a coragem e a confiança de que os conspiradores necessitavam.

Nicolaus omite uma motivação egoísta da parte dos conspiradores: o temor pela estrela ascendente de Otávio. Porém, uma vez que ele trabalhou para Otávio, o Augusto, dificilmente poderia haver incluído essa motivação. Muita gente subestimava Otávio à época, porque ele era jovem e encantador; mas ao menos algumas dessas pessoas certamente se sentiram ameaçadas pelo jovem favorito, especialmente quando ele se juntou ao exército para fazer a Guerra Parta.

Se os amigos de César agora se voltavam contra ele, esta não seria a primeira vez. Em 49 a.C., ao irromper a Guerra Civil, César perdera o homem que fora seu "braço direito" na Gália, Titus Labienus. Os dois haviam sido aliados políticos, desde muito antes, e, em 50 a.C., César se oferecera para apoiar a candidatura de Labienus a cônsul. Contudo, Labienus escolheu o lado de Pompeu na Guerra Civil. Por quê?

Depois de assistir a César de muito perto na Gália, por oito anos, Labienus sabia bem como seu comandante operava. Ele sabia que o verdadeiro poder na Roma de César passaria às mãos dos militares e conselheiros privados, e não dos senadores e agentes públicos. Para dizer ao certo, o consulado que César lhe oferecera era importante, mas um consulado na Roma de César não era mais o que uma vez fora. O sucesso de César na Gália devia muito mais a Labienus do que César estaria disposto a admitir. Se César viesse a tornar-se o primeiro homem de Roma, por quanto tempo mais ele desejaria ter Labienus por perto, como um lembrete? Não é de admirar que Labienus tenha escolhido Pompeu — especialmente se houver alguma verdade nos relatos de que Labienus teria começado a insistir que César o tratasse como a um igual[9], coisa que César não faria. Labienus lutou contra César até o fim, tendo morrido no campo de batalha de Munda, em março de 45 a.C.

Os conspiradores podem haver considerado o destino de Labienus e concluído que coisas ruins aconteciam a homens que uma vez tivessem sido próximos de César.

Não conhecemos a ordem pela qual cada um dos outros conspiradores foi recrutado; mas é provável que Gaius Trebonius, que fora tenente de César por um longo tempo, tenha sido um dos primeiros convertidos. Ele não apenas era imensamente importante, mas também já havia pensado em matar César. Ele era o único ex-cônsul entre os conspiradores.

Trebonius nascera por volta de 90 a.C., fazendo com que ele contasse cerca de 46 anos de idade em 44 a.C. Um comandante-chave na Gália e na Guerra Civil, Trebonius também atuara como um capataz para César, sendo um pretor urbano em Roma, em 48 a.C., e como governador da Hispânia Próxima, em 46 a.C. César recompensou Trebonius nomeando-o como sufeta, uma espécie de cônsul substituto, em 45 a.C., e escolhendo-o como governador da província da Ásia (atualmente, a Turquia ocidental) para o ano de 43 a.C. Contudo, talvez César tenha insultado Trebonius quando indicou um substituto por um dia para o colega consular de Trebonius, que morrera durante o mandato em 31 de dezembro de 45 a.C. Isto sugeria quão pouca consideração César tinha pela, assim chamada, alta honraria concedida a Trebonius.

Um grande soldado sob o comando de César, Trebonius tivera uma carreira política própria antes da Gália, quando foi *quæstor*, em 60 a.C., e Tribuno do Povo, em 55 a.C. Quando exercia este último mandato, ele propôs a lei que deu a Pompeu e a Crasso cinco anos de comandos especiais. Trebonius também era muito próximo de Cícero. Os dois trocaram cartas e Trebonius auxiliou o orador em seu retorno do exílio para a Itália, em 57 a.C. Cícero se referia ao pai de Trebonius como "um ardoroso patriota"[10], o que sugere que este apoiava os Melhores Homens. Trebonius era um literato, um homem encantador e muito ambicioso. Certa vez, ele escreveu um poema baseado em uma afirmação de Cícero, por exemplo, e enviou-o ao orador como "um pequeno presente"[11]. Assim, Trebonius manteve-se em contato estreito com o maior defensor da República.

Em resumo, Trebonius não era um mero homem leal a César: ele sabia pensar por si mesmo. Depois dos Idos de Março, Cícero disse que a República tinha uma dívida de gratidão para com Trebonius[12] por haver preferido a liberdade do Povo Romano à amizade de um homem, e por haver escolhido afastar-se do despotismo em vez de partilhar dele. Na verdade, ninguém que gozasse da amizade de César dispensaria isso tão facilmente.

Aparentemente, Trebonius já decidira matar o ditador antes que César retornasse da Hispânia, em 45 a.C. Ao menos foi isso que Cícero afirmou em um discurso proferido após os Idos de Março. Trebonius foi o homem que, segundo Cícero[13], aproximou-se de Marco Antônio em Narbo (a atual cidade de Narbonne, na França), no verão de 45 a.C., tentando recrutá-lo para um complô contra César. Nada resultou disso, à época; mas quando a conspiração começou a tomar forma definida, em fevereiro e março de 44 a.C., Trebonius juntou-se a ela. Depois, ele expressaria orgulho pelo papel que desempenhara nos Idos[14] e por sua esperança de que Roma iria, afinal, gozar de liberdade, paz e tranquilidade.

Os dois irmãos Servilius Casca, Publius e Gaius, também se juntaram à conspiração. Ambos eram senadores, mas nada se sabe sobre a carreira de Gaius. Publius fora eleito Tribuno do Povo para o ano de 43 a.C. — o que significa que ele contava com o apoio de César. Há uma insinuação em uma das fontes de que Publius estaria com problemas financeiros, enquanto Cícero o trata como a um verdadeiro amante da República. Não podemos ter certeza quanto às motivações de ambos os irmãos[15].

Dois dos comandantes de César menos bem-sucedidos na Gália também se juntaram à conspiração: Servius Sulpicius Galba e Minucius Basilus. Ambos tinham razões para suas mágoas. As parcas habilidades de Galba como general quase custou as vidas de toda a sua legião na Gália Oriental (a atual Suíça), no inverno de 57-56 a.C., tal como afirma César em seus *Comentários*.[16] Galba, sem dúvida, via as coisas de maneira diferente. César apoiou o nome de seu antigo oficial para o consulado em 49 a.C., mas Galba perdeu a eleição. Isto foi suficiente, segundo uma antiga teoria, para levar Galba[17] a participar da conspiração. Então, Galba também teria tido uma querela com César quando este insistiu para que Galba honrasse uma dívida antiga. Quando Pompeu era cônsul, em 52 a.C., Galba garantiu um empréstimo feito por Pompeu, o qual César insistia para que Galba pagasse, mesmo depois de haver confiscado propriedades de Pompeu. Galba objetou a isso em público[18] e César recuou; mas Galba ainda devia o dinheiro até janeiro de 45 a.C., ao menos.

A julgar por sua única carta que sobreviveu[19], Galba era um homem de ação. Sua escrita é eficiente e vai diretamente ao assunto. Ele se coloca no centro dos acontecimentos e sai dali revitalizado, corajoso e importante. Em resumo, ele cuidava de sua reputação. César falhou com ele na eleição, "beliscou" sua bolsa e o embaraçou, nos *Comentários*.

Minucius Basilus teve seu grande momento na Floresta das Ardenas[20], no norte da França, em 53 a.C., quando lançou-se sobre o rebelde Ambiorix. Ele conseguiu deter um inimigo perigoso, mas deixou que o próprio Ambiorix escapasse. Um César frustrado atribuiu tudo à má sorte e nada mais. Durante a Guerra Civil, um certo Basilus comandou uma legião para César em uma campanha na Ilíria e foi derrotado; talvez se tratasse do mesmo homem[21]. Contudo, César fez de Minucius Basilus um dos pretores para o ano de 45 a.C., mas não deu a ele o que todo pretor desejava no ano seguinte ao exercício de seu cargo: o governo de uma província. Em vez disso, César o afastou, pagando-lhe uma indenização em dinheiro.[22] Isto foi um desapontamento, pois na governança romana o dinheiro de verdade era ganho com a exploração dos provincianos. A compensação monetária também era considerada como algo próximo de um insulto. Os romanos consideravam um cargo público como uma honra: um mandato ao qual eles não se candidatariam por nenhuma soma em dinheiro. Minucius Basilus, que provinha de uma família senatorial, esperara por algo mais. Foi isso, segundo somos informados, que fez com que ele se juntasse[23] aos conspiradores. Com efeito, César dera a Minucius Basilus um "aperto de mão" que valia ouro; e Minucius Basilus retribuiu-lhe com uma punhalada.

Por último, mas não menos importante, havia Lucius Tillius Cimber. Sabemos que ele tinha uma conexão muito estreita com César, mas a natureza dessa conexão não sobreviveu. Isto não é de surpreender, pois se todas as conexões de César tivessem de ser registradas o processo consumiria todo o papiro de Roma. Uma fonte posterior refere-se a Cimber como um dos "soldados companheiros"[24] de César; assim, talvez ele tenha servido na Gália ou na Guerra Civil, ou em ambas. Ele foi pretor em 45 a.C., por isso deveria contar ao menos quarenta anos de idade, então (a idade mínima requerida para o trabalho, embora César nem sempre respeitasse as regras). César designou-o para as ricas e importantes províncias de Bitínia e Ponto (na atual Turquia), para o ano de 44 a.C. — o que revela o favorecimento de que Cimber gozava aos olhos do ditador. Cícero posteriormente diria que Cimber[25] era profundamente grato a César, por sua bondade pessoal; mas, para seu crédito, Cimber preferia sua própria pátria. Na verdade, Cimber parece mais ter tido em mente sua família; ou, mais especificamente, seu irmão, que lutara por Pompeu. Ele não aceitou nada bem o fato de César não permitir que seu irmão retornasse do exílio.

Cimber tinha a reputação de ser um fanfarrão e um bebedor pesado. Para o filósofo Sêneca, o papel desempenhado por Cimber na conspiração prova que mesmo aos beberrões pode ser confiado um segredo. Supostamente, Cimber teria até mesmo feito uma piada sobre sua posição com relação a César: "Poderia eu, que sequer consigo tolerar meu vinho[26], tolerar a qualquer um como meu senhor?"

## A VINGANÇA DE POMPEU

Os nomes de vinte conspiradores sobreviveram, mas eles não podem ser encontrados em alguma abrangente lista antiga: simplesmente porque não existe uma. Em vez disso, os vinte nomes podem ser agrupados depois de haverem sido compilados de várias fontes. Não poderíamos esperar que nenhuma destas incluísse os nomes de todos os conspiradores. Na verdade, as fontes fazem referência a um total de mais de sessenta, ou mesmo mais de oitenta[27] conspiradores — ainda que seja mais provável que este último número se deva ao erro de algum escriba. Tal como veremos, bem menos de sessenta homens atacaram César nos Idos de Março. Não obstante, tal como os eventos demonstraram, sessenta seria um número plausível para o total de conspiradores.

Mas sessenta não é um número pequeno, e isto aumentava o perigo de pôr em risco a segurança da empreitada. Contudo, uma comitiva costumava acompanhar César; por isso uma força de ataque considerável seria necessária. Não menos importante, quanto mais homens se juntassem à conspiração, mais apoiadores haveria, no final, para trazer a opinião pública para o lado deles.

Os apoiadores de Pompeu compartilhavam com os apoiadores de César uma oposição comum ao pendor para a monarquia. Mas eles tinham motivações adicionais: se, por um lado, César os havia perdoado, por outro lado era uma humilhação ser perdoado. O resultado, disse Nicolaus de Damasco, foi que "muitas pessoas estavam furiosas com ele porque haviam sido salvas por ele."[28]

Embora alguns dos apoiadores de Pompeu, como Brutus e Cassius, tivessem se dado esplendidamente bem sob o comando de César, outros haviam sofrido. Entre esses havia homens como Quintus Ligarius, que fora forçado a viver no exílio no norte da África até que Cícero tivesse sucesso ao apelar por seu caso[29] diante de César, em 46 a.C. Seus irmãos tiveram de suportar a indignidade de comparecer diante do ditador de joelhos. Embora César pessoalmente não gostasse de Ligarius[30], a despeito dos conselhos para que agisse com cautela quanto a quem perdoava[31], ele decidiu permitir que Ligarius voltasse para casa. Agora, Ligarius estava tão sedento de vingança[32] que se juntara à conspiração, mesmo confinado ao seu leito de convalescença.

Outro apoiador de Pompeu a juntar-se à conspiração foi Pontius Aquila, o Tribuno do Povo que se recusara a ficar em pé durante o triunfo espanhol de César, em 45 a.C. Ele sofrera uma humilhação por obra do ditador e, possivelmente, algum confisco de suas propriedades, também. É provável que alguns dos aliados de Pompeu que tomaram parte na conspiração tenham perdido algumas propriedades sob o domínio de César — ou que conhecessem amigos ou familiares que as tivessem perdido —, o que lhes proporcionava motivos adicionais para desejar assassiná-lo.

É difícil dizer com exatidão quanta propriedade César confiscou. Em princípio, ele perdoava seus inimigos e permitia que continuassem de posse de suas propriedades; mas, na prática, ele envolveu-se em algum confisco. Uma vez que os inimigos de César costumassem ser ricos ou milionários, isto representava, potencialmente, uma enorme transferência de riqueza[33]. Mas não apenas os inimigos de César perderam suas posses, tal como Brutus, mais tarde, se queixaria amargamente[34]; alguns "elementos neutros" também foram alvos dele. César prometia pagar-lhes alguma compensação, mas é duvidoso que estas tenham sido adequadas — se é que foram pagas. Além disso, para muitos fazendeiros, nada poderia compensar a perda de suas terras.

Os outros apoiadores de Pompeu a figurarem entre os conspiradores[35] não são mais do que nomes, para nós, atualmente. Os nomes desses outros conspiradores que sobreviveram não podem ser conectados a nenhum dos grupos que ficaram de um lado ou de outro durante a Guerra Civil. Talvez eles tenham permanecido neutros, tal como fizeram alguns romanos; ou talvez apenas não tenhamos como saber de que lado eles se posicionaram. Entre esses nomes incluem-se os de Gaius Cassius de Parma[36] e Decimus Turullius — ambos, mais tarde, tornados almirantes —, e o de Pacuvius Antistius Labeo. Cassius de Parma também foi um poeta, que não hesitou em pôr sua pena a serviço da política.

Labeo era um amigo de Brutus. Ele estava presente quando Brutus, cautelosamente, descartou dois outros possíveis conspiradores — ambos políticos, com um interesse particular pela filosofia. Sem revelar suas intenções, Brutus sondou-os sobre teorias políticas. Um deles, Marcus Favonius, era um admirador do falecido tio de Brutus, Catão. Um virulento inimigo de César, Favonius havia lutado por Pompeu, mas não tinha muitas boas palavras para dizer a respeito dele. Favonius recebera um perdão de César, após a morte de Pompeu. Agora ele dizia a Brutus que pensava ser uma guerra civil ainda pior[37] do que uma monarquia que desrespeitasse abertamente as leis.

Durante a mesma conversa, Brutus dirigiu-se a um certo Statilius[38], outro apoiador de Catão, mas, diferentemente dele, um epicurista — e, portanto, avesso à política. Statilius disse que não achava apropriado para uma pessoa sábia e inteligente envolver-se em riscos e preocupações por causa de gente má e tola. Labeo discordou, mas Brutus, diplomaticamente, disse tratar-se aquela de uma decisão difícil. Em seguida, ele trouxe Labeo para a conspiração, mas não envolveu a Favonius, nem a Statilius.

## CÍCERO E ANTÔNIO

Os conspiradores recusaram dois dos mais importantes homens do período: Cícero e Antônio.

Já foi sugerido que Cícero seria o verdadeiro "espírito-guia" da conspiração. Ele refutou a acusação.[39] Cícero adulava César, servia como seu anfitrião e fazia negócios com ele. Seus registros escritos são confusos, mas pode-se imaginar as coisas que ele dizia em particular. Por mais que Cícero pranteasse a morte da República, idealizasse sua liberdade perdida e, privadamente, chamasse a César de rei, ele certamente conseguia agitar as almas dos homens. Certa vez Cícero disse que César não o temia[40], embora César soubesse que Cícero se referisse a ele como *rex*; isto porque César sabia que Cícero não tinha nenhuma coragem. Por implicação, um homem que tivesse coragem suficiente e compartilhasse das crenças de Cícero seria uma ameaça.

Também é verdade que Cícero era tido em alta conta, por confiança e boa-fé, tanto por Brutus quanto por Cassius[41] — ainda que eles o deixassem de fora. No julgamento de ambos, a Cícero faltava ousadia.[42] Ele era velho demais, e muito mais propenso a colocar a segurança antes da velocidade que seria necessária. Comparado aos principais conspiradores, Cícero era, de fato, velho. Ele contava mais de sessenta anos de idade, enquanto Brutus, Cassius, Decimus e Trebonius andavam por volta dos quarenta anos. Quando tudo terminou, Cícero aplaudiu o assassinato dos Idos de Março, mas considerou a operação como um trabalho malfeito. O velho insistia que *ele* teria feito melhor.

Antônio, outro homem que contava cerca de quarenta anos de idade, é um caso mais interessante. No final das contas, Antônio provou ser um inimigo mortal dos conspiradores. Mesmo assim, seu nome apareceu entre os deles — e por um bom motivo. Apesar de todo apoio que prestava a César, Antônio não tinha intenção de sepultar a República. Ele não pretendia entregar exclusivamente ao ditador a responsabilidade pela escolha dos oficiais de mais alto escalão de Roma. O comportamento de Antônio para com Dolabella prova isto. Dolabella era um demagogo ambíguo que atraíra a atenção de César. César estava determinado a promovê-lo a cônsul, ainda que, aos 36 anos, Dolabella não tivesse a idade mínima requerida, nem jamais tivesse assumido uma pretoria. Antônio, então, empenhou-se para impedir que isso acontecesse. Ele odiava Dolabella por este haver cometido adultério com sua esposa — de quem Antônio prontamente se divorciara. Ele se opôs violentamente à política radical de Dolabella e enviou tropas ao Fórum Romano quando este último assumiu como substituto de César, em 47 a.C., causando a morte de oitocentos apoiadores de Dolabella. Desde então, César havia-se reconciliado com Dolabella e queria que ele fosse indicado para cônsul adjunto de Antônio, quando partisse para a guerra na Pártia, em 18 de março. Mas Antônio permaneceu irredutível. Ele era membro do sacerdócio dos augúrios, os homens que interpretavam a vontade dos deuses ao observarem o voo dos pássaros. Como um augurante, Antônio tinha o direito de bloquear a indicação de Dolabella.

Constituindo-se, ele mesmo, de material promissor para um conspirador — e, segundo Plutarco —, todos queriam abordar Antônio, até que Trebonius falou. Ele relatou sua tentativa frustrada de cooptar Antônio para um complô contra César em Narbo, no verão anterior. A esta altura — ainda segundo Plutarco —, os conspiradores deram uma guinada de 180 graus: agora eles pretendiam matar Antônio juntamente com César. Antônio, disseram eles, era um apoiador da monarquia[43], um homem arrogante, forte, devido à fácil convivência que tinha com os soldados, e poderoso, graças à sua posição como cônsul.

Tal como Decimus, Antônio talvez temesse ser eclipsado por Otávio, mas as semelhanças entre os dois terminavam aí. Antônio pode haver ponderado que, caso César fosse assassinado, a porta estaria aberta para o retorno a Roma do filho sobrevivente de Pompeu, Sextus. Sendo ele o homem que havia leiloado as antigas propriedades de Pompeu, Antônio não poderia ansiar por isso. Também não haveria laços de parentesco entre eles, tal como Antônio os tinha para com César, sendo ambos primos distantes. Além disso, a esposa de Antônio, a poderosa Fúlvia, com quem ele se casara em 47 a.C., era uma Populista ferrenha. Talvez tenha sido ela a encorajar seu marido para que continuasse a apoiar César. Finalmente, havia o puro talento de Antônio. Dentre todos os nobres romanos, ele era o único a possuir uma versatilidade em grau comparável à de César: uma combinação de astúcia política, oratória inflamada e uma confiança inabalável de que viria a substituí-lo, um dia. Assim, Antônio permaneceu leal.

Mas, o que os conspiradores fariam com relação a ele?

## O PLANO

Os conspiradores tinham de trabalhar sob as limitações do tempo, dos números e da política. Eles teriam de atacar César antes que ele deixasse Roma para juntar-se ao exército, em 18 de março — depois do que, ele contaria com a proteção da segurança militar. Os conspiradores formavam uma coalizão frouxa, em vez de uma célula revolucionária coesa. Um misto de Melhores Homens e Populistas, eles não limitavam a si mesmos à consecução de metas com as quais todos concordassem. Eles não poderiam permitir que ninguém abandonasse o grupo sem incorrerem no risco de serem traídos.

A segurança era uma preocupação constante. Os conspiradores nunca se reuniam abertamente, mas organizavam encontros secretos, em pequenos grupos, nas casas uns dos outros. Eles jamais faziam juramentos[44] ou promessas solenes diante de animais sacrificados ritualmente, tal como em algumas conspirações, mas mantinham o segredo. Talvez fosse devido à experiência militar de homens como Cassius, Decimus e Trebonius o que lhes permitia agir de maneira tão confiante; talvez fosse devido a uma espécie de "honra entre ladrões" às avessas. Segundo Nicolaus, cada conspirador revelava seus próprios ressentimentos[45] contra César ao juntar-se à conspiração, e o temor de vir a ser exposto fazia com que cada um, por seu turno, se abstivesse de falar mais. Também é possível que uma orgulhosa hostilidade a juramentos mantivesse seus lábios selados. Somente os tiranos obrigavam os homens a fazerem juramentos: os antigos romanos jamais fizeram isso. Ao menos consta que Brutus tenha dito isso, depois. Ao se negarem ostensivamente a fazer qualquer tipo de juramento, os conspiradores quase faziam dessa atitude uma espécie de juramento, como se dissessem: "Eu declaro apoiar a conspiração contra um tirano, mas não vou jurar isto; não da maneira como os tiranos obrigam os homens a fazer!"

Os Melhores Homens pretendiam fazer voltar as coisas tal como eram antes de César. Fazer isso requeria matar não apenas a César, mas a todos os homens que vivam à volta dele; a começar por Antônio. Mas os apoiadores de César entre os conspiradores provavelmente não concordariam com um expurgo. Eles haviam apoiado as reformas de César e não teriam intenção de devolver as propriedades confiscadas aos apoiadores de Pompeu. Contudo, mesmo eles concordavam quanto a matar Antônio, a quem consideravam muito forte e muito perigoso. Talvez Decimus se lembrasse como, durante o retorno para a Itália, naquele verão, Antônio compartilhara a carruagem de César, enquanto ele mesmo fora relegado à segunda carruagem.

Brutus discordava. Ele objetava que os conspiradores estariam agindo em nome da lei e da justiça, e seria claramente injusto matar Antônio. Matar a César lhes renderia a glória de tiranicidas: assassinos de tiranos. Se matassem a Antônio ou a outros amigos de César, as pessoas considerariam o fato como uma querela pessoal e um trabalho nos moldes da antiga facção de Pompeu. Além disso, Brutus esperava que uma mudança ocorresse no coração de Antônio.[46] Ele tinha uma opinião muito elevada quanto a Antônio, que, tal como ele mesmo, provinha de uma antiga e nobre família. Brutus via Antônio como um homem inteligente e ambicioso, além de apaixonado pela glória. Ele acreditava que, uma vez que César estivesse fora do caminho, Antônio seguiria o exemplo deles e lutaria pela libertação da pátria.

Brutus acreditava que as pessoas se opusessem a César, o *rex*; não a César, o reformador. Desse modo, para ele a melhor estratégia seria remover César, mas manter intacto seu programa. Brutus acreditava que uma vez decapitada, a facção de César desmoronaria. Homens ambiciosos como Antônio aceitariam a nova realidade e mudariam de lado. Além disso, seria absurdo pensar em restaurar a República matando um cônsul, como Antônio. Um Ditador Perpétuo era uma monstruosidade e deveria ser exterminado; mas ser um cônsul era um ofício sagrado em Roma.

No entanto, o que seria das plebes urbanas? E quanto aos soldados de César? Brutus acreditava ser possível manter o apoio de todos conservando as ações de César intactas. Brutus se recusava a dar aos Melhores Homens o que eles queriam. Não haveria nenhuma restituição das propriedades confiscadas aos apoiadores de Pompeu; nenhuma revogação dos atos de César, e nenhum expurgo. Aqueles cujas propriedades tivessem sido confiscadas receberiam uma compensação dos fundos públicos, mas os novos proprietários manteriam a posse de suas terras. Brutus era um assassino cuja meta não era a revolução, mas a paz. Assim, ele sozinho entre todos os conspiradores se opôs ao assassinato de Antônio[47] — e fez valer sua opinião. Por isso Brutus era indispensável ao plano.

A história romana, aliás, não proporcionava apoio a este plano. Em vez disso, ela demonstrava que, para deter um movimento político doméstico pela violência, seria necessário matar ou, de algum modo, livrar-se permanentemente dos seguidores, bem como do líder. Mesmo o fundador da República Romana, o suposto ancestral de Marcus Brutus, Lucius Junius Brutus fizera mais do que livrar-se do rei.[48] Ele também se livrou da esposa e dos filhos do rei — inclusive dos filhos adultos. Lucius Brutus também se assegurou de contar com seguidores armados que pudessem garantir o apoio do exército romano.

O que, então, estaria Brutus pensando em 44 a.C.? Por que ele imaginava que o assassinato de um único homem seria suficiente para salvar a República romana? Sendo um romano, ele sabia perfeitamente bem que os seguidores de César iriam querer vingar sua morte. A maioria dos romanos admirava o que Sila dissera: "Nenhum amigo jamais me fez algum bem e nenhum inimigo jamais me fez algum mal[49] que eu não retribuísse integralmente."

Brutus sabia disso, mas ele esperava vencer mesmo assim. Ele acreditava que tanto o Senado quanto o povo agradeceriam aos conspiradores por matarem a um tirano. Antecipando que homens armados poderiam ameaçar uma vingança, os conspiradores prepararam uma fortaleza no coração de Roma, com sua própria força de homens armados para defendê-la. Contudo, eles achavam que não precisariam dela por muito tempo. Eles não acreditavam que nenhum dos tenentes de César fosse capaz de reagrupar homens para que continuassem a lutar tão prontamente como César fazia. Sem um líder forte, o exército se dissiparia; especialmente porque Brutus satisfaria as expectativas e demandas dos soldados.

Os conspiradores também achavam que a questão de como e onde atacariam César faria alguma diferença. Uma coisa seria emboscá-lo com bandidos a soldo na Via Ápia, tal como o demagogo Clodius fora assassinado, em 52 a.C. Outra coisa seria matar César pelas próprias mãos deles, em um lugar público, no centro de Roma. O próprio ato poderia informar e mudar a opinião pública.

Eles consideraram outros lugares para o assassinato.[50] Uma possibilidade seria atacar enquanto César estivesse caminhando nas proximidades de sua casa, na Via Sacra, que era a mais antiga e a mais importante via pública nas vizinhanças do Fórum. Outro plano seria atacá-lo durante as eleições para os novos cônsules, enquanto ele estivesse cruzando a ponte que os eleitores cruzavam em Roma para cumprirem o procedimento formal (e primitivo) da votação. Outros pretendiam atacá-lo no momento dos jogos dos gladiadores, quando ninguém suspeitaria da presença de homens armados. Em vez disso, eles decidiram por um roteiro diferente. A seu modo, o plano era muito parecido com os métodos de César: seu sucesso dependeria da velocidade e da surpresa. Era arriscado. Era espetacular. Com alguma sorte, ele atrairia a simpatia da opinião pública, deixando o restante a cargo do prestígio e da moderação de Brutus. Todavia, se isso não fosse suficiente, eles ainda teriam um "ás na manga". Ou, ao menos, assim devemos imaginar.

Os conspiradores devem ter imaginado que desta vez as coisas seriam diferentes — e pelo mesmo motivo que César havia citado: ninguém queria um retorno à guerra civil. Eles devem haver acreditado que a opinião pública, inflamada pela oratória de Brutus, insistiria que fosse assumido um compromisso entre os apoiadores de César e os homens que o teriam matado. Eles conheciam os apoiadores de César, e estavam confiantes de que poderiam negociar com a maioria deles.

Era um risco, mas Brutus apostou que a República ainda poderia ser salva. Tal como César, ele queria que os dados fossem lançados bem alto.

## DISPENSANDO OS GUARDA-COSTAS

Naturalmente, considerações sobre a segurança também desempenharam um papel. Seria melhor atacar quando o ditador estivesse vulnerável, mas aparentemente César estava sempre vulnerável, pois ele não tinha guarda-costas. César, porém, não estava desprotegido.

Em algum momento, depois de haver retornado a Roma em 45 a.C., César dispensara formalmente o corpo de guarda-costas espanhóis[51] que o protegia no campo de batalha. A princípio, ele confiara unicamente na proteção informal proporcionada pelos senadores e cavaleiros.[52] Diante dessa constatação nos deparamos com algo realmente notável. Se a história romana ensinou alguma coisa é que se poderia matar a qualquer pessoa. O assassinato não era a regra geral em Roma, mas tampouco era um acontecimento raro.

É verdade que outros complôs tramados contra César nunca haviam chegado a tal ponto. Cassius supostamente conspirara contra ele em 47 a.C. Em 46 a.C., Cícero manifestou publicamente sua preocupação sobre complôs de assassinato contra César.[53] Em 45 a.C., Trebonius tentara cooptar Antônio para uma conspiração. O destino de um antigo inimigo de César, Marcus Claudis Marcellus, naquele mesmo ano — tendo sido esfaqueado até a morte por um amigo enfurecidamente insatisfeito —, servira como um alerta. Enquanto isso, o escravo de César, Filemon, seu secretário, prometera a inimigos de César que envenenaria seu senhor. Quando a trama foi descoberta, César demonstrou clemência ao poupar Filemon da tortura[54], fazendo com que ele fosse sumariamente executado. Somente o complô mais recente era certamente real. Todo o restante deve ter sido somente conversa. Contudo, consideremos o caso de Deiotarus.

Em novembro de 45 a.C., Deiotarus, monarca do reino de Galátia, na região central da Anatólia, foi o assunto de uma audiência em Roma. Um ex-apoiador de Pompeu, por quem ele pegou em armas pessoalmente, em Farsália, Deiotarus fora acusado de tramar o assassinato de César quando o ditador o visitou, durante a campanha de César na Anatólia, em 47 a.C. Cícero, que defendeu Deiotarus[55], deu a todo o episódio um tom de ópera cômica — coisa nada difícil de fazer, visto que o acusador era ninguém menos que o neto de Deiotarus, Castor; e a principal testemunha da acusação era o médico de Deiotarus. Menos engraçado foi o local onde aconteceu a audiência: a Mansão Pública, ou seja, a casa de César e residência do Sumo-Sacerdote. Muito tempo antes, os reis de Roma gozavam do direito de fazerem transcorrer audiências em seus palácios e, agora, César insistia em fazer nada menos do que o mesmo.

Outra coisa nada engraçada era a possibilidade de a acusação ser verdadeira. Brutus era um dos amigos de Deiotarus em Roma, e podemos apenas imaginar se os dois não tivessem se comunicado sobre o assunto do planejado assassinato de César. Em todo caso, César não deu seu veredicto sobre o assunto; e certamente não o interpretou como um motivo para reforçar sua própria segurança.

Mais do que conspirações de assassinatos, era a má imagem na "imprensa" que atormentava César, tal como na forma dos versos humilhantemente depreciativos de um certo Pitholaus. César não suprimiu a circulação dos versos, mas externou seu desprazer com eles. Em outro caso, durante a Guerra Civil, Aulus Cæcina publicou um panfleto[56] que criticava César tão ofensivamente que, então, ele se recusara a conceder seu perdão ao autor, a despeito das súplicas de Cícero.

Fontes de César em Roma denunciavam conspirações[57] e reuniões secretas durante a noite. César nada fez, além de anunciar que sabia de tudo o que estaria acontecendo. Cassius Dio faz a estarrecedora afirmação de que César se recusava a ouvir informações sobre conspirações[58] e que punia severamente a quem lhe trouxesse notícias dessa espécie. Toda a conversa sobre complôs nunca chegava a ser de muita importância, e isto pode haver gerado certa complacência por parte de César. "Deixe que eles falem sobre assassinatos", ele teria dito, pensando que o ato de falar faria "aliviar a pressão da caldeira". Além disso, ele confiava sobretudo em seu senso de julgamento. No campo de batalha, às vezes ele assim agia na ausência de um serviço de inteligência confiável.[59] Ele fazia julgamentos rápidos e lidava com estereótipos e probabilidades. Ele assumia correr riscos diante dos quais a maioria dos comandantes se encolheria de medo.

A inteligência militar funcionava bem e era boa, assim parecia confirmar a carreira de César; mas ela não era páreo para o seu próprio gênio. Isto era ainda mais verdadeiro no caso de boatos e rumores, que eram a própria matéria-prima da inteligência política doméstica. É provável que o problema de

César não se devesse à escassez de informações, mas ao excesso delas. Pode-se imaginar que, em meio a um fluxo incessante de rumores e palpites sobre possíveis ameaças, a maior dificuldade fosse a de separar os fatos da ficção.

César ouvira acusações de que Brutus, Antônio e Dolabella estariam, cada um deles, tramando revoluções. Ele suspeitava de Brutus e de Cassius, e fez um memorável comentário jocoso sobre os supostos conspiradores: "Eu não temo muito a esses sujeitos gordos, de cabelos compridos"[60] — Antônio e Dolabella —, "mas sim aos pálidos e magros" — referindo-se a Brutus e Cassius. O que ele queria dizer era que Antônio e Dolabella eram lentos, acomodados e afetados, enquanto Brutus e Cassius eram intelectuais; e, portanto, perigosos.

Contudo, César recusou-se a levar o risco a sério. Ele depositava muita confiança no caráter de Brutus[61], e, sem Brutus, Cassius poderia fazer muito pouco. César queixava-se de Cassius aos seus amigos[62], mas nada fez de concreto. Quanto aos acusadores de Brutus, eles os considerava como piadistas.[63]

Por que César dispensou seus guarda-costas? Não estaria ele fazendo um convite para ser atacado? Autores antigos fazem estas mesmas perguntas. Uma escola de pensamento diz que o ditador era arrogante: ele sabia do perigo, mas convenceu-se de que nada poderia acontecer a ele. Ele ponderava que os senadores haviam jurado protegê-lo com suas próprias vidas. Ele depositava demasiada confiança nesse juramento[64], diziam alguns; enquanto outros diziam que seus inimigos haviam prestado o juramento justamente para levar César a dispensar seus guarda-costas. Como foi mencionado, César demitira seus guarda-costas espanhóis tão logo chegara a Roma.

Há os que argumentam que César sabia que matá-lo somente levaria Roma de volta a uma guerra civil e a todos os horrores decorrentes dela. Ele é citado ao dizer que sua segurança não era tanto de seu próprio interesse quanto do interesse da República.[65] César achava que ninguém ousaria assassiná-lo. Tal como acontece frequentemente, a vítima se deixa envolver no que uma acadêmica chama de "o prazer do engano"[66]. Ele enganara a si mesmo ao superestimar quanto ele e seus adversários teriam em comum.

Uma antiga teoria diz que César se encontraria tão deprimido[67] que não se importaria de viver ou morrer. Mas, então, por que ele se preparava para comandar uma grande campanha militar em terras estrangeiras? Três outros fatores podem explicar melhor o desejo deliberado de César de flertar com a morte: Sila, atuar como um soldado e a sobriedade.

César estava constantemente olhando por sobre o ombro para Sila, o ditador que o precedera. Onde Sila fora brutal, César era condescendente. Por exemplo, César substituíra as execuções de Sila por perdões. Para a mentalidade romana, um guarda-costas na cidade de Roma "cheirava" a *regnum* — monarquia. Longe de andar acompanhado por um guarda-costas, esperava-se que um senador romano fosse alguém de quem todos pudessem se aproximar facilmente[68], pois a acessibilidade era a marca de uma sociedade livre. Até mesmo Sila honrava este código. Quando deixou de ser ditador, ele dispensou seus guarda-costas e caminhava pelas ruas de Roma intocado, protegido — supostamente — apenas pela sua reputação. Isto apesar dele ainda ter muitíssimos inimigos e a despeito de, uma vez, anos antes, haver sido atacado em Roma por homens que portavam adagas ocultas.[69] César, podemos concluir, queria ser melhor do que Sila, por isso abriu mão de seus guarda-costas enquanto ainda era ditador.[70]

César era um soldado. Ele se orgulhava de sua coragem pessoal e crescia vigorosamente ao correr riscos. Ele havia conquistado sua coroa cívica por haver escalado as muralhas de uma cidade grega rebelada aos vinte anos de idade, e por haver sobrevivido a um quase desastre no Rio Sabis, na Gália, aos 43; e, agora, aos 55 anos, não iria "baixar a cabeça" nas ruas de Roma. Para um homem tão orgulhoso como César, o perigo de andar sem guarda-costas não era um argumento em favor de fazer isso, mas, sim, em favor de não o fazer.

A coragem podia servir muito bem no campo de batalha, mas a política e a vida em Roma requeriam astúcia. César já demonstrara possuir grande astúcia, mas talvez estivesse um tanto "enferrujado". Nicolaus diz que os conspiradores enganaram facilmente a César porque ele era "direto por natureza[71] e desacostumado aos estratagemas políticos devido às suas campanhas militares no estrangeiro." Esta é uma exageração, especialmente no tocante a ele ser "direto"; no entanto, contém alguma verdade. O mago da política dos anos 60 a.C. estava destreinado. Mais do que isso, ele não mais gostava da política romana. Ele estava acostumado a dar ordens, não a desvendar conspirações. Ele havia deixado claro que mal podia esperar para voltar ao campo de batalha.

Se César estava imerso em um processo de negação da política, e avaliou o valor de um guarda-costas com fria sobriedade. Ele sabia que nenhum guarda-costas poderia lhe proporcionar proteção total. Na verdade, haviam sido precisamente os guarda-costas que assassinaram alguns dos grandes homens do passado, tais como o Rei Filipe II da Macedônia — o fundador de um império, tal como César — ou Viriathus, o Lusitano, um nativo rebelado contra Roma, da mesma parte da Espanha onde César combatera. E, finalmente, havia Sertorius, um apoiador de Marius, tal como o próprio César.

Além disso, algo muito importante deveria ser levado em conta: não ter um guarda-costas não significava estar completamente desprotegido. Como ditador, César era acompanhado, em público, por vinte e quatro *lictors*. Estes eram homens fortes, que portavam, cada um deles, um feixe de varas de lenha com um machado de carrasco atado sobre a parte externa. Eles serviam como guardas, abrindo caminho em meio a multidões e executando prisões e açoitamentos. Eles não seriam inúteis no caso de um ataque.

Acrescentando-se a isso, havia sempre uma pequena multidão de amigos e servidores que cercava César. Isto se tornara mais verdadeiro do que nunca depois do caso envolvendo os tribunos, em janeiro e fevereiro de 44 a.C., quando César mostrou-se preocupado quanto à possibilidade de haver se comportado de maneira excessivamente desconsiderada. Ele pediu aos seus amigos que o protegessem quando estivesse em público. Mas quando eles, por sua vez, pediram-lhe que restabelecesse seu corpo de guarda-costas[72], César se recusou.

Podemos suspeitar que alguns desses amigos que o acompanhavam em público tivessem sido cuidadosamente escolhidos. Homens impositivos, de aparência ameaçadora, bem como, digamos, veteranos, gladiadores e um ou outro criminoso violento seriam provavelmente recrutados. Isto é evidenciado por um antigo escritor ao afirmar que os conspiradores devotavam um temor reverente a César. Eles temiam que "apesar dele não ter guarda-costas[73], um dos homens que o acompanhavam constantemente poderia matá-los" se tentassem atacar a César. Finalmente, como veremos, a iminente partida de César para a frente de batalha dava-lhe uma vantagem adicional, se se tratasse de conter um ataque.

Os conspiradores estavam bem conscientes de tudo isso. Cassius, Trebonius e Decimus contavam-se entre as melhores mentes militares de Roma. Eles compreendiam a sóbria verdade que a Casa do Senado seria o lugar mais seguro para atacar César. Uma vez que somente senadores tinham acesso permitido ao recinto durante as reuniões, o ditador não contaria com uma comitiva de "amigos" para protegê-lo ali. É verdade que alguns dos senadores — especialmente os novos senadores de César — provavelmente fossem sujeitos "durões", e embora não fosse permitido portar armas no Senado, alguns deles poderiam haver contrabandeado armas lá para dentro. Qualquer ajuda só poderia chegar a César vinda do lado de fora. Assim, Cassius, Trebonius e Decimus traçaram seus planos de acordo com a situação. Depois de haver armado uma emboscada para os partas na Síria em 51 a.C., por exemplo, para Cassius seria uma "brincadeira de criança" emboscar César no Senado. Escapar de seus soldados sedentos de vingança, depois, seria algo mais desafiador.

## JANTAR NA CASA DE LEPIDUS

Em 14 de março de 44 a.C., o dia anterior aos Idos de Março, o ditador foi jantar em companhia de seu Mestre de Cavalaria.[74] Marcus Æmilius Lepidus era um amigo leal de César, que separara Lepidus de seus dois cunhados, Brutus e Cassius. Tal como Cassius, Lepidus era casado com uma irmã de Brutus; e tal como Brutus, Lepidus provinha de uma proeminente família nobre. Tal como Decimus, Lepidus crescera sob o domínio de César; mas ele era um diplomata, e algo mais parecido com um garoto de entregas do que com um grande general. César permitira que Lepidus celebrasse um triunfo, em 46 a.C., por haver negociado um assentamento depois de alguns problemas na Hispânia; mas, afora isto, suas conquistas militares haviam sido mínimas. César fizera de Lepidus seu cônsul adjunto, em 46 a.C., e seu Mestre de Cavalaria, em 45 a.C. e no início de 44 a.C. Um homem assim jamais romperia com seu patrono, e os conspiradores, acertadamente, jamais abordaram Lepidus.

Além de César e Lepidus, Decimus também estava presente ao jantar — tendo sido trazido por César, segundo Apiano. Decimus deve haver aproveitado a oportunidade para ruminar raivosamente sobre as honras que Lepidus possuía, mas que ele, Decimus, realmente merecia. Evidentemente, Decimus era muito mais merecedor de um triunfo.

Uma sala para jantares formais romana teria espaço para nove convivas, sobre três divãs. Considerando o *status* de César, Lepidus certamente teria providenciado os convivas complementares. Os divãs eram costumeiramente dispostos em formato de U ao redor da mesa, e os convivas comiam em posição reclinada, três sobre cada divã. Como convidado de honra, César se acomodaria a uma das extremidades do divã do meio. Ao seu lado, na extremidade do assim chamado "divã mais baixo", Lepidus, o anfitrião, se recostaria.

Recostado, César acrescentava saudações pessoais[75] ao pé de documentos escritos por um secretário. Este era um hábito dele, tanto em jantares quanto durante jogos. Era ofensivo para algumas pessoas, mas César era um homem ocupado demais para preocupar-se com isso.

Um banquete romano seria constituído por ao menos três pratos, podendo chegar a sete; e Lepidus deve ter oferecido uma longa refeição. Um banquete romano teria início à tarde, seguido por uma sessão de ingestão de bebidas que, frequentemente, avançava pela noite. As fontes concordam que o tópico de discussão naquela noite fora quanto à melhor forma de morte. Apiano diz que foi César quem trouxe o assunto à baila. E qual seria a melhor forma de morte? A resposta de César, segundo Plutarco, seria uma morte inesperada.[76] Uma morte súbita, diz Apiano.[77] Súbita e inesperada, diz Suetônio.[78] Se pudéssemos colocar César sobre oi divã de um psicanalista, diríamos que, subconscientemente, ele estaria dando boas-vindas ao seu assassinato. Contudo, ele estava partindo para uma batalha — o que é uma explicação muito mais simples para o seu comentário. É compreensível que ele tenha pensado em uma morte súbita como a morte de um guerreiro.

Suetônio acrescenta que César já teria discutido sobre o assunto[79] em outra ocasião. O literato ditador lera, na obra clássica de Xenofonte, *A Educação de Ciro*, sobre como o Rei Ciro da Pérsia dera orientações para o seu funeral, à medida que sua saúde declinava. É espantoso que César tenha-se comparado a um rei — e não a qualquer rei, mas a um rei guerreiro, um dos maiores conquistadores da História. Ciro também fora um monarca absolutista, rei de um país que César agora estava prestes a invadir. Em todo caso, César disse que o plano de Ciro não servia para ele: ele desejava morrer rápida e subitamente.

Ao menos um dos convivas naquela noite sabia que o ditador logo teria seu desejo atendido.

# 7.

## *CÉSAR DEIXA SUA CASA*

Não muito depois das cinco horas da manhã[1] do dia 15 de março de 44 a.C., as primeiras luzes da aurora podiam ser vistas no céu a leste de Roma. Os romanos eram madrugadores, por isso é provável que Calpúrnia, esposa de Júlio César, já tivesse despertado, depois de uma noite de sono intranquilo. Ela estivera na cama ao lado de César naquela noite, quando, repentinamente, todas as portas e janelas[2] do aposento abriram-se ao mesmo tempo, despertando a ambos.

O ruído despertou Calpúrnia de um sonho ruim. Segundo uma versão, ela sonhou que amparava a César assassinado em seus braços[3], enquanto o pranteava. Outras versões atestam que Calpúrnia sonhara com o desabamento do frontão da casa em que viviam[4], com a presença do cadáver de César ora perceptível, ora apenas sugerida. Em uma das versões, do corpo dele manava sangue.[5] O Senado havia concedido a César o direito de instalar o frontão[6] sobre a fachada, para fazer com que a casa se assemelhasse a um templo — pois, afinal, ele era um deus.

Calpúrnia tinha motivos de sobra para inquietar-se. Filha de uma proeminente família nobre, ela era a terceira esposa de César (a primeira morrera, e da segunda ele se divorciara devido a um caso de adultério). Seu pai, Piso, era um ex-cônsul e um destacado patrono da filosofia. Ele e César haviam negociado os termos para o casamento em 59 a.C., quando Calpúrnia vivia o final de sua adolescência. Agora, quinze anos depois, ela era uma mulher madura. O casamento não gerou uma prole. Embora César estivesse ausente de Roma por quase toda a duração do casamento, ela tivera muito tempo — vivendo no centro da cidade — para aprofundar seus conhecimentos relativos à política romana e seus caminhos traiçoeiros.

Rumores sobre conspirações para assassinar a César eram muito difundidos. Profecias desfavoráveis se acumulavam; desde o comportamento ameaçador dos pássaros e estranhas luzes que surgiam no céu, até a descoberta de uma inscrição enterrada com uma mensagem aterrorizante, armamento que colapsava de maneira estranha e homens que pareciam pegar fogo espontaneamente. Até mesmo os cavalos que César utilizara para cruzar o Rubicão[7] — agora consagrados aos deuses — supostamente deixaram de se alimentar e passaram a derramar lágrimas. Mas se Calpúrnia tivesse de se deixar influenciar por profecias, a mais perturbadora de todas seria a previsão de Spurinna. Um mês antes, Spurinna dissera que César enfrentaria grande perigo pelos trinta dias seguintes. Aquela era a manhã do trigésimo e último dia do prazo. Eram os Idos de Março, ou, aproximadamente, a data que marcava a metade do mês.

## SPURINNA

Spurinna era originário da Etrúria (que corresponde aproximadamente à moderna região da Toscana), possivelmente da cidade de Tarquínia, onde seu nome era proeminente. Aos olhos dos romanos, aquela era uma cidade de reis mortos e videntes vivos. Os últimos reis de Roma provinham de Tarquínia. Spurinna era um vidente — ou seja, ele previa o futuro ao examinar os órgãos internos de animais sacrificados ou ao interpretar raios e outros elementos proféticos. Sendo um etrusco, Spurinna era um cidadão romano, embora também descendesse de uma cultura orgulhosa e diferenciada. Os romanos tinham os videntes etruscos em alta conta, e alguns dos líderes políticos mais conceituados mantinham seus próprios videntes.

Spurinna servira como o vidente de César no infame episódio da Lupercália, em 15 de fevereiro, dia em que César sacrificou um touro. Foi Spurinna quem fez o arrepiante anúncio de que o animal não tinha um coração. Talvez o órgão se tivesse atrofiado ou deslocado no interior da cavidade torácica; ou, talvez, sua ausência se devesse a um truque do feiticeiro. César permaneceu inabalável, justificando sua fama de não se deixar impressionar por profecias. Spurinna, contudo, afirmou que ele se sentira temeroso. Os antigos acreditavam que o coração fosse a sede do pensamento, tanto quanto da própria vida; por isso, Spurinna disse que temeu não apenas pelos planos de César mas que também sua vida rumasse para uma conclusão ruim. Então, outro sinal de mau agouro surgiu, quando, em um sacrifício realizado no dia seguinte, revelou-se que faltava o lóbulo ao fígado da vítima.

A evidência era mais sugestiva do que conclusiva, mas uma interpretação moderna e razoável desses eventos é a seguinte: Spurinna tentava aconselhar a César para que não fosse longe demais[8] e se fizesse rei. Spurinna era um amigo de César; e César pusera ao menos um vidente no Senado — que embora não saibamos exatamente quem tenha sido, Spurinna parece ser o principal candidato. Porém, tal como outros recompensados por César, Spurinna tinha princípios. Aparentemente Spurinna descendia de uma família etrusca aristocrática que se opunha aos reis do mesmo modo que Brutus, Cassius e Decimus o faziam.

É provável que o dia 15 de fevereiro tenha sido, também, a ocasião em que Spurinna preveniu César de que sua vida estaria em perigo[9] pelos próximos trinta dias — período que terminaria nos Idos de Março. Há uma diferença sutil entre isto e a famosa advertência de Shakespeare: "Tem cuidado com os Idos de Março."[10] O aviso de Spurinna referia-se a um mês, em vez de a um dia específico. Ele não poderia saber que os conspiradores atacariam no dia 15 de março. Ele não era um dos conspiradores; e, além disso, esses últimos ainda não haviam prefixado a data. O que Spurinna sabia era que César planejava deixar Roma em meados de março, para ir à Guerra Parta. Ele também conhecia os rumores sobre conspirações para assassinar César — qualquer romano bem-informado os conhecia. "Trinta dias" era o prazo convencionalmente aceitável para que uma profecia se cumprisse. O resultado era um período de sobreaviso, que, para César, se expiraria nos Idos de Março.

Calpúrnia sem dúvida sabia da advertência de Spurinna, o que torna mais fácil a compreensão de seu sono agitado na noite de 14 de março. Ao alvorecer da manhã seguinte, por volta das cinco horas ou não muito mais tarde, ela implorou para que César não fosse à reunião no Senado[11], ou ao menos para que antes praticasse novos sacrifícios e conferisse as profecias.

Quanto a César, uma fonte afirma que ele também tivera um sonho ruim[12], no qual ele voava sobre as nuvens e trocava um aperto de mão de Júpiter, o rei dos deuses. Contudo, um sonho ruim deve ter sido o menor dos problemas de César. Ao retornar para casa depois do jantar de Lepidus, na noite de 14 de março, a refeição não lhe caíra bem e ele sentira o corpo entorpecido.[13] Na manhã seguinte, ele sentiu-se mal[14]; e diz-se, particularmente, que ele sofrera de vertigens.[15] Teriam sido estes os sintomas de um ataque epiléptico não-detectado[16]?

Mesmo hoje em dia, tonturas são, com muita frequência, descritas erroneamente como efeitos ulteriores de um ataque não-detectado (ou, possivelmente, sintomas de um pequeno ataque em si mesmo, embora isso seja menos provável). Uma fonte atesta que César se tornara propenso a desmaios e terrores noturnos[17] à medida que se aproximava do final de sua vida — que podem ser vistos retrospectivamente como sinais de um ataque. Se César de fato sofreu um ataque durante a noite de 14 para 15 de março, isto deve ter comprometido seu senso de julgamento na manhã seguinte, ainda que ele aparentasse normalidade. É possível que ele sequer tenha tido consciência de haver sofrido um ataque.

É necessário cautela, contudo; não apenas porque o diagnóstico seja difícil, baseado nos detalhes fragmentados, analisados dois mil anos depois do fato. Nós não podemos sequer termos certeza de que César tenha realmente apresentado os sintomas em questão. Algumas vozes do mundo antigo diziam que César estaria apenas fingindo[18] estar doente nos Idos de Março, para encobrir sua verdadeira motivação para adiar a reunião no Senado: as profecias o haviam perturbado. Também podemos imaginar que após o assassinato de César certas pessoas tenham inventado o detalhe de sua doença nos Idos de Março como forma de explicar a cegueira do grande homem para os perigos daquele dia fatídico.

Assim, quer ele tivesse seu senso de julgamento afetado após um ataque, fosse orgulhoso demais para admitir sua fraqueza ou estivesse, de fato, perfeitamente saudável, César saiu para uma caminhada naquela manhã, bem cedo. Sua intenção era a de fazer uma visita protocolar e um rotineiro sacrifício para o deus Júpiter, a apenas cerca de trezentos metros[19] da Mansão Pública. O local para isso seria a residência de Cnæus Domitius Calvinus — o escolhido do imperador para Mestre de Cavalaria, em 43 a.C.

Aconteceu, porém, de Spurinna também encontrar-se na casa de Calvinus. Ali, então, foi travado o célebre diálogo[20] entre o ditador e o vidente. "Os Idos de Março chegaram"[21], disse César. "Sim, chegaram; mas ainda não se foram", retorquiu o vidente em uma das mais memoráveis réplicas da História.

Apesar de sua bravata, César levou a sério as palavras de Spurinna, assim que voltou à Mansão Pública. De acordo com algumas fontes, ele ordenou novos sacrifícios[22] — tal como Calpúrnia lhe pedira que fizesse —, e as profecias resultaram más. César hesitou por um longo tempo até decidir-se, enfim, a permanecer em casa. Ele não era um homem supersticioso, mas sabia que tanto Spurinna quanto Calpúrnia podiam influir sobre a direção para a qual os ventos da política soprariam. Talvez ele tenha decidido que seria melhor agir com cautela diante de todos os rumores sobre conspirações, afinal de contas. Talvez César respeitasse a capacidade de Calpúrnia para farejar problemas, ou talvez ele apenas desejasse um pouco de paz doméstica. Talvez ele se sentisse mais aturdido do que nunca depois do esforço despendido em sua visita à casa de Calvinus.

César decidiu enviar o cônsul, Antônio, para que dispensasse o Senado[23], pois lá ele não poderia comparecer. Não se sabe ao certo se Antônio estava em companhia de César, na Mansão Pública, ou se foi comunicado por um mensageiro em algum outro lugar.

César teria faltado à reunião previamente marcada no Senado[24] não fosse pela intervenção de Decimus, que chegou mais tarde à Mansão Pública, naquela manhã. Àquela altura, muita coisa já estava acontecendo na cidade.

## UMA ASSEMBLEIA DE TOGAS

Roma estava plena de expectativas. Era sempre assim em março, a menos de uma semana do primeiro dia da primavera. A famosa primavera romana era a estação de Vênus, a deusa padroeira de César — que também era a deusa da primavera. O poeta, contemporâneo de César, Lucrécio (*circa* 99 a.C.–55 a.C.) expressou belamente a atitude romana diante da primavera em seu poema *Sobre a Natureza das Coisas*, um verdadeiro hino dedicado a Vênus:

> *Mãe de Æneas[25] e de seus descendentes, os romanos,*
> *A alegria dos homens e dos deuses é a dadivosa Vênus,*
> *[...]*
> *Pois tão logo trazeis a visão de um dia primaveril*
> *Do oeste sopra livremente a frutuosa brisa através do anil,*
> *E com seus corações agitados, nos ares a passarada*
> *Dá os primeiros sinais, ó, deusa, da vossa chegada.*
> *O gado selvagem que vagueia por seus campos joviais*
> *Cruza as velozes corredeiras. E assim, tomadas pelo gozo,*
> *Todas as criaturas vos seguem, para onde quer que as conduzais.*

Os "idos" de todos os meses eram consagrados a Júpiter, mas os Idos de Março eram especiais porque neles transcorria anualmente o festival de Anna Perenna. Ela era uma divindade menor e um tanto obscura, mas muito devotamente cultuada. No dia de sua festividade, as pessoas faziam sacrifícios para que tivessem um ano bom. Não se tratava de um dia sombrio, mas, ao contrário, era uma ocasião para que pessoas de ambos os sexos bebessem e interagissem livremente, no interior de tendas e cabanas feitas de palha. As festividades convergiam para uma fonte sagrada em meio a um bosque ao norte da cidade, à altura do primeiro marco da Via Flaminia, a pouco menos de cinco quilômetros do Fórum Romano. Com tantas pessoas participando do festival — entre as quais contavam-se alguns dos apoiadores naturais de César —, a maior parte da população trabalhadora de Roma estaria distante do centro da cidade quando os assassinos atacassem.

Os conspiradores também iniciaram o dia com ânimo festivo. Enquanto ainda estava escuro lá fora[26], alguns deles se reuniram na casa de Cassius. Outros, como veremos, reuniram-se em outro lugar. Os primeiros, então, ao romper da aurora, acompanharam Cassius e seu filho em uma procissão ao Fórum Romano. Era a ocasião da cerimônia de ingresso na maioridade do jovem, quando ele seria vestido com a *toga virilis*, ou "Toga da Hombridade", um momento crucial na vida de uma família romana. Todos os homens vestiam togas, igualmente; e Brutus, que era tio do rapaz, por certo estava presente.

A toga era a vestimenta usada em cerimônias públicas por um cidadão romano do sexo masculino. Tratava-se de uma longa faixa de tecido de lã branqueada, dignificante embora pesada e desajeitada. A toga envolvia o corpo sendo passada por sobre o ombro esquerdo, sob o braço direito, sobre o braço esquerdo e presa por uma extremidade à outra sobre o ombro esquerdo. Para tanto, ela tinha de ser dobrada, enrolada e presa sobre o corpo de uma maneira elaborada, sem auxílio de alfinetes. Fazer isso era uma tarefa difícil, ainda que não impossível; mas, para realizá-la, quem pudesse apelaria ao auxílio de um escravo. Os agentes públicos de graus mais elevados exibiam uma barra vermelho-púrpura em suas togas.

Sob a toga, um homem usaria uma túnica — um simples pedaço de tecido enrolado em torno da cintura, chegando a cobrir-lhe os joelhos, mantido no lugar por um cinto. Na Roma de hoje em dia, em meados de março, a temperatura costuma variar entre 6° e 16°C[27]; por isso, é provável que os homens usassem túnicas de inverno, mais pesadas e tecidas com lã, em vez das túnicas leves de verão, tecidas com linho. Os cavaleiros e os senadores tinham direito de usar túnicas com listras verticais vermelho-púrpura, sendo as listras das túnicas dos cavaleiros mais estreitas do que as dos senadores.

Antes de sair de casa, Brutus acondicionou uma adaga em seu cinto, sob a toga. A maioria dos outros conspiradores — senão todos — provavelmente fez a mesma coisa; mas Brutus foi o único a partilhar esse segredo com sua esposa. Calpúrnia apenas temia o que aquele dia pudesse trazer, mas Pórcia sabia.

Como parte do ritual da Toga da Hombridade, um jovem romano dificilmente poderia evitar de ouvir ao menos a uma "palestra moral" sobre como utilizar sabiamente sua nova liberdade. Naquela ocasião, muitos anos depois de haverem passado por suas próprias cerimônias, os conspiradores postavam-se circunspectos para o uso mais dramático de suas liberdades, ao longo de suas vidas inteiras. Quanto à sabedoria, tratava-se de outro assunto.

## À SOMBRA DE POMPEU

Após a cerimônia no Fórum, os conspiradores presentes — todos vestindo togas — se encaminharam para a reunião do Senado. Era ali que eles planejavam matar a César. Depois de haverem rejeitado a possibilidade de perpetrar o ato em qualquer outro lugar, eles decidiram atacar durante uma reunião no Senado, quando César estaria desprovido de seus guarda-costas, sem suspeitar de nada e quando muitos dos conspiradores que também eram senadores estariam presentes, possivelmente portando adagas e punhais sob suas togas.[28] Foi ali, no lugar onde transcorreria a reunião do Senado[29], que os conspiradores que não haviam estado na casa de Cassius se reuniram ao alvorecer dos Idos de Março.

Um boato pode haver fornecido aos conspiradores uma razão adicional para que atacassem naquela oportunidade. César havia convocado a reunião no Senado, e diz-se que seu primo, Lucius Cotta, iria fazer um pronunciamento importante, como um dos sacerdotes encarregados dos sagrados Livros Sibilinos[30]. Uma vez que, tal como atestavam aqueles livros, somente um rei poderia derrotar os partas, os sacerdotes supostamente proporiam que César fosse declarado rei. Para amenizar o impacto do golpe, é possível que o título se destinasse a ser empregado apenas fora de Roma, pois em Roma ele permaneceria sendo o *dictator*. Contudo, autoridades não menos elevadas do que Cícero, que conhecia Cotta, afirmaram que o boato era falso. Na verdade, o propósito da reunião no Senado para César era levar Antônio a desistir de sua oposição ao nomear Dolabella como cônsul na ausência de César. A questão era: os conspiradores haviam dado algum crédito ao boato? E, caso o tivessem feito, isto os haveria encorajado minimamente?

De todo modo, eles decidiram atacar no Senado. Shakespeare escreve que César foi assassinado[31] na Casa do Senado, sobre o Capitólio — isto é, sobre a Colina Capitolina. O cenário dramático, no alto da colina, refletiria o orgulho de César e sua destruição — mas não corresponde à verdade. O Senado romano, de tempos em tempos, reunia-se na Colina Capitolina, embora o fizesse no Templo de Júpiter, e não na Casa do Senado, que se localizava em outro lugar. Além do mais, o Senado não se reuniu na Colina Capitolina nos Idos de Março.

Diferentemente dos senados modernos, o Senado romano contava com vários lugares diferentes para reunir-se. Todos esses lugares eram formalmente templos; inclusive a própria Casa do Senado, pois legalmente o Senado poderia produzir uma opinião formal somente em um espaço consagrado. Originalmente conhecida como *Curia Hostilia* — em homenagem ao terceiro rei de Roma, Tullus Hostilius —, a Casa do Senado foi demolida e reconstruída mais de uma vez. Em 44 a.C., ela se encontrava novamente em pleno processo de reconstrução pelo próprio César, que pretendia rebatizá-la com o nome de sua família: ela seria chamada de Casa do Senado Juliano (*Curia Julia*). Por isso, com a reconstrução ainda em progresso, o Senado costumava reunir-se em vários outros lugares. O lugar de reunião mais comumente utilizado nesse período era o Templo da Concórdia, no extremo oeste do Fórum.

Contudo, no dia 15 de março, o Senado reuniu-se no Pórtico de Pompeu. Para sermos precisos, a reunião teve lugar na Casa do Senado de Pompeu (*Curia Pompei* ou *Curia Pompeia*), uma construção localizada na extremidade leste do grande complexo a que se tinha acesso através da entrada pelo Pórtico, destinada a abrigar as reuniões do Senado. Havia jogos de gladiadores no Teatro de Pompeu transcorrendo naquele dia[32], e as reuniões do Senado eram transferidas para a Casa do Senado de Pompeu sempre que houvessem jogos ou apresentações no teatro.

A ironia de atacar César em uma edificação dedicada ao seu inimigo Pompeu era clara. "Parecia que um deus estivesse conduzindo o homem à justiça de Pompeu"[33], escreveu Plutarco. Mas o Pórtico de Pompeu era um monumento à vã ambição de Pompeu, não à sua lealdade para com a República. "Executem Pompeu" eram as palavras de ordem de uma facção, não a de homens que pusessem seu país acima de um partido político. Pior do que isso, a Casa do Senado de Pompeu era um espaço consagrado — o que fazia dos conspiradores não apenas assassinos, mas, também, violadores de um templo. Não obstante, os conspiradores planejavam impactar a opinião pública em uma posição de superioridade.

Eles planejavam não apenas um assassinato, mas um evento. Os conspiradores acreditavam que um assassinato em plena vista do Senado arrebataria a imaginação do público. Segundo escreveu Apiano, "Eles pensavam que o ato[34], precisamente por ter lugar no Senado, pareceria haver sido praticado não como um complô, mas em nome do país. [...] E a honra permaneceria sendo toda deles, pois o povo saberia bem que eles teriam principiado tudo."

Além disso, havia um grande simbolismo no assassinato no Senado. Era crença generalizada que senadores tivessem assassinado o legendário Rômulo[35], depois deste haver-se transformado de um rei em um tirano. Plutarco cita a história de que Rômulo fora assassinado em uma reunião do Senado[36], que tivera lugar em um templo — dentre todos os lugares; porém, os os assassinos ocultaram o cadáver e mantiveram seu ato em segredo. De acordo com Apiano, os conspiradores de 44 a.C.[37] acreditavam que a história de Rômulo repercutiria, caso eles assassinassem a César em uma reunião do Senado. Talvez eles também tivessem recordado uma versão alternativa da morte de Rômulo, na qual a nobreza romana havia assassinado Rômulo não durante uma reunião do Senado, mas em uma assembleia, da qual as atenções do povo foram desviadas por uma repentina e violenta tempestade chuvosa. Supostamente, tal assembleia teria tido lugar — como a reunião do Senado[38], nos Idos de Março — no Campo de Marte, onde se localizava o Pórtico de Pompeu.

Alternando o foco da política para o da segurança, o Pórtico de Pompeu era uma dádiva divina[39]. Os conspiradores teriam de enfrentar alguma oposição, tanto dentro quanto fora da Casa do Senado; mas a disposição arquitetônica do Pórtico os favorecia. A entrada para a Casa do Senado de Pompeu era localizada no Pórtico; e, se necessário, os conspiradores poderiam vedar o acesso ao complexo, pois dispunham dos "recursos humanos" para tanto, naquele dia.

## GLADIADORES E SOLDADOS

Um numeroso grupo de gladiadores reunia-se no Pórtico de Pompeu na manhã dos Idos de Março. Eles se constituíam de uma equipe — uma "família", tal como os romanos chamavam aos grupos de gladiadores, cujos verdadeiros nomes familiares eram, sem dúvida, os dos seus proprietários. É provável que estes fossem conhecidos como a FAMILIA GLADIATORIA D BRUTI ALBINI; ou seja, a "família" gladiadora de Decimus Brutus Albinus.

O imenso complexo do Pórtico — uma das maravilhas arquitetônicas de Roma — compreendia um teatro a uma extremidade e a Casa do Senado na outra, cercado por colunatas quadrangulares, com um parque em meio a estas. Alongando-se por uma área retangular, o Pórtico estendia-se para leste, a partir do Teatro, por mais de 180 metros, tendo quase 138 metros de largura. Os gladiadores encontravam-se posicionados em algum lugar entre as colunatas ou no parque. (Àquela hora do dia, é provável que ali não houvesse nenhuma das famosas prostitutas do parque para desviar-lhes as atenções.) Os homens estavam armados e preparados para uma luta; mas não uma luta do tipo comum.

Não por casualidade, os jogos de gladiadores transcorriam em teatros — lugares muito apropriados para eles —, mas os homens de Decimus não faziam parte do espetáculo. Em vez disso, sua missão era a de sequestrar um dos gladiadores que violara o contrato que tinha com Decimus, ao vender seus serviços para o organizador daqueles jogos. É possível que o organizador tenha sido um jovem oficial, desejoso de atrair as atenções de César para o investimento que fizera para o entretenimento do público. O gladiador era, evidentemente, um bom lutador — não do tipo de "posudos"[40] que desabam com um assoprão —, e Decimus, seu proprietário, exigia sua presença nos jogos que ele mesmo iria promover, proximamente. Esta é, ao menos, a versão da história contada unicamente por Nicolaus de Damasco.[41] Outros dizem que os gladiadores ali se encontravam para participar dos jogos[42], mas a versão de Nicolaus é mais plausível porque deixa os gladiadores livres para agirem de acordo com as circunstâncias de um acontecimento momentoso, ao qual eles não poderiam acorrer se estivessem competindo entre si. Em todos os casos, inúmeros volumes atestam o elevado nível de violência cotidiana na Roma Antiga para que o relato de Nicolaus pareça perfeitamente consoante.

Os romanos promoviam competições entre gladiadores tão seriamente quanto promovemos torneios de futebol, hoje em dia. Ao investir em uma "família" de gladiadores, um político como Decimus esperaria granjear a aclamação popular, tanto quanto fazer aumentar seu capital político. Os romanos chamavam a esses jogos de "dádivas" — ou seja, "dádivas" ao povo. Mas Decimus também investia em sua própria proteção, uma vez que os gladiadores também atuavam como sua força de segurança particular. Muitos membros da elite romana — cujos nomes compõem uma "lista de chamada" da glória republicana[43] (Catão, Sila, Cipião), cujas atividades profissionais oscilavam entre as de juízes, generais e colecionadores de obras de arte, empregavam — sem exceções — gladiadores, como guardas pessoais armados.

Como exemplo, tomemos o caso de Birria[44] e Eudamus, certamente os mais notórios guardas-gladiadores da época. Em 52 a.C., eles promoveram um tumulto na Via Ápia, perto de Roma, que culminou no assassinato do político Clodius. Clodius era um Populista e um demagogo, enquanto Birria e Eudamus trabalhavam para seu arqui-inimigo, o conservador Milo. Ao entardecer do dia 18 de janeiro, eles protegiam a retaguarda da comitiva em que viajavam Milo e sua esposa, Fausta, que seguia em uma liteira. Então, eles se depararam com Clodius e seus homens. Eudamus e Birria iniciaram uma discussão, ao notarem que Clodius os encarava de maneira ameaçadora. Em seguida, Birria feriu Clodius no ombro, com sua arma, uma *rhomphaia*[45].

Isto, por si só, não seria um fato digno de nota. A *rhomphaia* era uma lâmina de ferro, com fio duplo, engastada sobre uma haste de madeira. Em termos de "armas brancas", a *rhomphaia* pode ser comparada às alabardas usadas pelos exércitos suíços durante a Renascença*. A *rhomphaia* era uma arma tipicamente trácia — o que sugere que Birria fosse proveniente da Trácia**. Seu manuseio adequado requereria força e habilidade. Considerando que Clodius contasse com a vantagem de estar montado a cavalo, enquanto Birria se encontrava apeado, seu feito ganha dimensões ainda mais heroicas ao conseguir ferir Clodius. Apenas como exemplo, o que um gladiador seria capaz de fazer em combate era bastante para explicar a razão pela qual mesmo soldados romanos veteranos mostravam-se relutantes ao atacar gladiadores.

Os homens de Clodius terminaram por levá-lo à taverna mais próxima, para que se recuperasse, mas Milo ficou enfurecido. Milo, então, ordenou que seus homens arrastassem Clodius para fora de seu esconderijo e o executassem — o que eles fizeram. Contudo, o povo amava a Clodius, e o pranteou, sentidamente. Durante seu funeral, em Roma, houve um tumulto, que terminou com o incêndio da Casa do Senado e obrigou à República a um recesso. Quando Milo foi levado a julgamento, contou com os préstimos do melhor advogado que o dinheiro poderia comprar: Cícero. As autoridades fizeram com que a corte fosse cercada por soldados, na tentativa de intimidar aos jurados. As autoridades exigiam um veredicto de culpabilidade, para acalmar os ânimos do povo — e o obtiveram. Milo foi condenado ao exílio.

Não sabemos com quantos gladiadores Decimus podia contar[46], mas as fontes atestam que eram muitos. Devido ao papel que desempenharam ao proteger os conspiradores mais tarde, é difícil imaginar que contassem menos de cinquenta homens; contudo, cem, ou mais, não é um número fora de questão. Um número tão grande de gladiadores pode haver despertado alguma suspeita, mas Decimus era tão próximo de César que poucos homens teriam ousado desafiá-lo. Além do mais, Decimus era um mentiroso excelente. Sem dúvida, ele comentara com César sobre seus planos para recuperar seu voluntarioso gladiador, e, talvez, o ditador tivesse sorrido sarcastica-

---

* Ainda hoje pode-se ter uma noção da configuração de uma alabarda ao contemplarmos as lanças empunhadas pela "Guarda Suíça" que, supostamente, protege a todos os Papas da Igreja Católica. [N.T.]

** A Trácia é uma região histórica, situada no sudeste da Europa, atualmente dividida entre a Grécia, a Turquia e a Bulgária. [N.T.]

mente ao pensar nas lutas que ele mesmo instigara, no passado, pelas ruas de Roma. Também é possível que Decimus tivesse relembrado a César de que os gladiadores pudessem servir como guarda-costas, para ele mesmo.

O próprio César teria presenteado a Decimus com alguns desses gladiadores[47], como prova de amizade. César gostava muito dos gladiadores. "Ele esbanjava todo o poder de seu talento supremo", queixava-se Cícero, "em *levitas popularis*" — ou seja, em "leviandades popularescas"[48]. Ele era o maior "empresário" de gladiadores de Roma. Ele não apenas proporcionava a Roma seus mais portentosos jogos de gladiadores, como, também, conservava um interesse pessoal nesse mesmo esporte. No dia anterior ao cruzar o Rubicão, em janeiro de 49 a.C., ele passara muitas horas assistindo ao treinamento de gladiadores.[49] Naquele mesmo ano é registrada a sua aquisição de numerosos gladiadores em Cápua[50], o maior centro de treinamento de gladiadores de toda a Itália.

Os gladiadores de Decimus poderiam provar ser úteis em mais de um sentido. Caso irrompesse um tumulto, envolvendo lutas corporais, para proteger a César os gladiadores poderiam intervir. Caso os assassinos, de fato, matassem César e viessem, por isso, a ser atacados, os gladiadores os protegeriam. Se necessário, os gladiadores poderiam bloquear as entradas ao Pórtico, fazendo com que a Casa do Senado não mais pudesse ser acessível da rua, pois, para tanto, seria preciso passar pelo Pórtico. Contudo, a maior ameaça à ação dos gladiadores não se encontraria no Pórtico, mas a quase um quilômetro de distância.

Lá, na Ilha Tibre, uma legião romana havia armado suas tendas de couro. Se Cassius Dio estiver correto, eles haviam estado realizando manobras pelos subúrbios de Roma naquela manhã[51]. De todo modo, porém, à tarde, eles já estavam de volta ao acampamento, prontos para serem enviados a uma missão.

Os leitores ou espectadores de *Júlio César*, de Shakespeare, poderão ter a impressão de que Roma, nos Idos de Março, fosse uma cidade de civis. Nada poderia estar mais distante da realidade. Para além dos limites da "Sagrada Fronteira" — ou *pomerium*, o antigo "coração" de Roma —, a cidade fervilhava com soldados, tanto em serviço ativo, quanto desmobilizados. A presença de soldados armados não era permitida dentro dos limites da "Sagrada Fronteira" — uma regra nem sempre observada, embora César pareça havê-la obedecido.

As tropas aquarteladas na Ilha Tibre estavam sob o comando de Lepidus, um homem leal a César, que estava a ponto de terminar seu mandato como Mestre de Cavalaria, sendo, portanto, um potencial substituto do ditador. Dentro do período de quatro dias, Lepidus seria designado para deixar Roma e assumir um novo cargo, como governador de duas importantes províncias, a Gália Narbonesa (na região ao sul da França de hoje em dia) e a Hispânia Próxima (correspondente à região nordeste da atual Espanha) — sem dúvida, acompanhado por sua legião. Legião da qual, aliás, ele se encontrava acompanhado, na manhã dos Idos de Março.

Seu acampamento na Ilha Tibre fazia daqueles homens uma presença intimidadora em Roma, ainda que eles não dispusessem do máximo de suas forças. Em princípio, uma legião era composta de cinco mil homens; mas o efetivo das legiões era, frequentemente e de fato, muito menor — além de ser quase impossível que Lepidus pudesse manter cinco mil homens em uma ilha não muito maior do que um quarteirão de uma grande cidade atual.[52] Na Antiguidade, templos, capelas e altares — com seus terrenos circundantes — dominavam a ilha, deixando pouco espaço livre para qualquer espécie de ocupação.

Não sabemos muito quanto aos homens, mas, certamente, eles não eram recrutas inexperientes. É possível que alguns deles tivessem servido junto a Lepidus na Hispânia, durante a missão que ele lá cumprira. O frio profissionalismo que esses homens demonstrariam posteriormente atesta o fato de que fossem soldados bastante experientes. Talvez César considerasse os homens de Lepidus como uma "barreira" contra quaisquer possíveis assassinos —uma espécie de apólice de seguro feita "na sorte". Se assim fosse, da "apólice" deveria constar uma segunda cláusula: um segundo grupo de soldados em Roma.

Estes seriam os veteranos desmobilizados de César. Entre 47 e 44 a.C., cerca de quinze mil haviam sido assentados em terras da Itália[53], mas César ainda estava em processo de assentar aproximadamente quantidade igual. Alguns dos que já haviam recebido suas terras foram a Roma para escoltar seu velho comandante em sua trajetória até à frente de batalha na Pártia, no dia 18 de março.

Os veteranos hospedavam-se em templos e em vários outros lugares consagrados, ainda que fora dos limites das muralhas de Roma; mas, tal como os homens acampados na Ilha Tibre, estavam armados.[54] Eles planejavam marchar sobre novas terras ao antigo estilo romano: seguindo uma bandeira, em formação militar, liderados por uma comissão colonial. Presumivelmente, eles também partiriam para o combate no dia 18 de março tendo em vista seus novos lares na Itália. Cícero se referia a esses veteranos como "gente camponesa, mas homens muito valentes e excelentes cidadãos."[55] Esses cidadãos certamente seriam leais a César, mas seu comprometimento para com o Senado tratava-se de uma outra questão.

Nenhum grupo de gladiadores poderia proteger os conspiradores dos milhares de furiosos veteranos de César por muito tempo; mas eles podem haver dado aos conspiradores tempo suficiente para que persuadissem aos iracundos soldados de César de que Roma tinha novos líderes, que lhes proporcionariam termos ainda melhores para seus assentamentos. Assim, haveria apertos de mãos, em vez de uma guerra civil.

## GRITOS E SUSSURROS

As reuniões do Senado aconteciam logo no início da manhã. Em momentos emergenciais, as reuniões eram iniciadas ao romper da aurora, ou ainda mais cedo — embora, legalmente, um voto não pudesse ser considerado válido antes do nascer do sol em um novo dia[56]. No entanto, naquele dia, o Senado reuniu-se na que os romanos chamavam "a terceira hora", ou seja, entre as oito e as nove horas da manhã, quando as cortes costumavam iniciar seus dias de trabalho. A hora marcada, porém, passou; e não havia sinal da presença de César.

Enquanto esperavam pela chegada do ditador, os pretores davam curso às suas funções, desempenhando-as diante do Pórtico de Pompeu. Plutarco se maravilhava com a calma e a compostura com que Brutus e Cassius ouviam às petições, resolviam disputas, ou julgavam aos diversos casos. Ele chega mesmo a mencionar um litigante que prometera apelar a César contra um veredicto desfavorável de Brutus. Brutus a ele replicara, com a precisão de um filósofo, que nem mesmo César poderia impedi-lo de agir de acordo com as leis.[57]

Porém, à medida que o tempo passava e César não evidenciasse sua presença, as tensões se avolumavam. Tal como César, Brutus também passara por algumas noites de insônia[58], à medida que os Idos de Março se aproximavam. Várias historietas afirmam descrever fielmente uma cena tensa que transcorreu diante do Pórtico de Pompeu. Um homem aproximou-se do velho irmão de Casca e o repreendeu por haver mantido em segredo — segundo anunciou ele — algo que Brutus teria lhe revelado. Casca ficou desnecessariamente alarmado[59], uma vez que o homem estaria apenas disseminando um rumor quanto a uma suposta candidatura de Casca a um cargo público.

Então, um áugure e senador chamado Popilius Lænas[60] conduziu Brutus e Cassius a um canto para dizer-lhes que se unia a eles em suas preces para que obtivessem sucesso e os instar para que se apressassem. A pergunta óbvia seria "preces para que obtivessem sucesso em quê?"; mas Brutus e Cassius estavam demasiado aterrorizados para dizer qualquer coisa. Por fim, Brutus recebeu horríveis notícias de casa, informando-lhe que Pórcia estava morta. A notícia revelou-se como um falso boato, e ela apenas haveria sofrido um desmaio devido à ansiedade. Porém, Brutus ainda não sabia disso, afirmam as fontes, e perseverou em seu intento.[61]

Relatos de más profecias chegavam da casa de César, juntamente com outro rumor: o Senado poderia ser dispensado. Pensando que César não viesse a comparecer ali, um funcionário levou sua cadeira de ouro — um móvel especial, votado pelo Senado para que fosse utilizado por ele — para fora do recinto. Mais tarde, analisando o fato retrospectivamente, isso também pareceu ser uma má profecia[62]. Contudo, os conspiradores tinham de se preocupar com ações, não com profecias. Dio afirma que eles decidiram enviar Decimus à casa de César[63] para tentar convencê-lo a vir ao Senado, uma vez que ele fosse um amigo tão próximo[64] de César.

Decimus estava a ponto de entrar na casa de um homem para conduzi-o à sua morte. Aquele homem era alguém a quem Decimus servira por mais de uma década, e que, por sua vez, honrara e promovera a Decimus. É verdade que ele provavelmente tivesse feito com que Decimus se sentisse não plenamente valorizado e um tanto negligenciado; e também era verdade que ele ameaçasse destruir a República e os valores em que Decimus acreditava. Não obstante, muita gente rotularia o comportamento de Decimus como desastroso, ainda que admitam que era preciso muita coragem para haver agido assim.

Como Decimus pôde fazer isso? Aqueles que o conheciam diriam, depois de tudo, "Tal mãe, tal filho."[65] Sempronia sempre tivera uma reputação associada à inteligência, à beleza, ao adultério e às políticas revolucionárias, tendo mesmo sido acusada de "audácia masculina"[66]. Em 63 a.C., ela rompera com a política conservadora de seu marido e seu pai e passara a apoiar Catilina. Ele era um político fracassado que advogava uma rebelião para que fosse concedido um perdão às dívidas dos pobres e dos aristocratas sobretaxados, tal como Sempronia. Enquanto seu marido se encontrava ausente da cidade, ela abriu as portas de sua casa para os aliados gauleses de Catilina — os Allobroges[67], uma tribo famosa pela habilidade de seus lanceiros montados a cavalo. A rebelião de Catilina fracassou, mas Sempronia deve haver ensinado a Decimus uma ou duas coisas a respeito de traição.

Quer ele tenha ido à casa de César por vontade própria ou a pedido de outros, Decimus foi o pivô da conspiração. A menos que ele tivesse convencido a César para que comparecesse à reunião do Senado, não teria havido um ataque naquela manhã — e provavelmente em nenhuma outra ocasião.

Sim, César provavelmente remarcaria a reunião no Senado para o dia seguinte ou mesmo para o dia subsequente a este, antes de partir para a guerra. Porém, cada dia que passasse aumentaria o risco de que a conspiração fosse descoberta; por isso, tudo dependia de Decimus.

Assim, ele foi à casa de César. Os dois homens conversaram em meio aos mosaicos e mármores da Mansão Pública. Jamais poderemos conhecer os detalhes dessa conversa, pois um dos participantes contou a história da maneira que lhe era mais vantajosa, enquanto o outro foi permanentemente silenciado. Historiadores dos tempos antigos não hesitaram em inventar diálogos, relatando o que os interlocutores "devem" ter dito. Contudo, a maior parte do que eles afirmam sobre Decimus e César soa verdadeiro.

Segundo eles, Decimus argumentara que César não deveria arriscar-se a despontar o Senado, ou, pior ainda, parecer insultá-lo[68] ou menosprezá-lo[69]. O próprio César havia convocado aquela reunião[70], para decidir sobre um assunto que requeria *quorum*. A casa já se encontrava cheia e à sua espera, havia algum tempo. Caso César simplesmente enviasse alguém para dispensar a reunião por causa dos sonhos de Calpúrnia, os senadores o considerariam um tirano[71], ou um fraco. Algumas fontes acrescentam que Decimus ridicularizara os videntes[72]. Um escritor até mesmo diz que Decimus prometera um voto ao Senado para que César fosse declarado rei fora dos limites da Itália.[73]

Como filho de uma família nobre, Decimus conhecia muito bem a "pulsação" do Senado; e César sabia disso. Mas é de suspeitar que o elemento-chave tenha sido o fato de Decimus falar a ele como de um soldado para outro. Eles haviam sido camaradas em campos de batalha e César estava prestes a partir para uma outra guerra, talvez a maior campanha de sua carreira — mas, desta vez, sem a companhia de Decimus.

"O que você me diz, César?"[74], supostamente teria indagado Decimus. "Alguém da sua estatura daria atenção aos sonhos de uma mulher e às profecias de homens tolos?" Decimus, com efeito, apelou à hombridade de César; e entre dois soldados como Decimus e César, um argumento envolvendo a masculinidade era um "trunfo".

César decidiu-se a ir. Ele poderia postergar a reunião para um outro dia[75], mas faria isso pessoalmente, na Casa do Senado, demonstrando assim seu respeito pelos senadores. Talvez ele pensasse estar demonstrando algo mais com esta atitude: seu desprezo pelo medo. Que guerreiro poderia resistir a isso?

Com um aparente gesto de amizade, Decimus conduziu César para fora pela mão.[76] Enganar a Júlio César não era uma façanha menor, mesmo que César estivesse, de fato, sofrendo de alguma imperfeição em seu senso de julgamento devido a um ataque sofrido. Decimus era um mentiroso; um trapaceiro e uma serpente ardilosa e audaz. Em resumo, ele era muitíssimo parecido com César.

Júlio César, o mais bem-acabado comandante de seu próprio destino, pusera sua vida nas mãos de outra pessoa. Nenhum autor poderia resistir ao drama da decisão de César. As fontes nos apresentam um César volúvel[77], que deixou-se levar por um conspirador como Decimus — assim afirma Nicolaus de Damasco. Elas nos apresentam um César passivo[78], que é liderado em vez de liderar — afirma Plutarco. Elas nos apresentam um César que dá muita importância às aparências[79] — diz Apiano. Elas nos apresentam um César que é arrogante[80], pois ignora os avisos dos deuses — atesta Suetônio ou Dio. Contudo, havia um outro César: um homem que a assumia riscos[81] — sendo, na verdade, um "viciado" em correr riscos — e um jogador que não podia resistir a um último lançamento dos dados. Apiano, que retrata um César que almejava uma morte repentina, é quem melhor se aproxima desta faceta da personalidade do grande comandante. O homem que escalara muralhas como um jovem soldado no Oriente, que abrira caminho em meio a uma emboscada às margens do Rio Sabis, na Gália, e que detivera a marcha de mais de um inimigo ferrenho não poderia, mesmo, resistir ao chamado de um companheiro de armas para cumprir uma última missão.

César decidira ir à reunião no Senado não porque achasse que fosse seguro, como pode-se suspeitar; mas porque achava que isso fosse perigoso. A quinta hora quase findava[82] — ou seja, era pouco antes das onze horas da manhã — quando César se pôs a caminho.

## CÉSAR CHEGA

Uma liteira transportada por escravos[83] trazia César pelas ruas de Roma. Quer atravessasse em meio às festividades de Anna Perenna, quer não, César era acompanhado ao longo de todo o caminho[84] por seus vinte e quatro *lictors*, pela maioria dos agentes públicos de Roma, e por uma grande e diversificada multidão de cidadãos, estrangeiros e escravos, emancipados ou não. Sem dúvida a multidão incluiria gente sequiosa por favores, gente que lhe desejava seus melhores votos, aduladores e até mesmo alguns ousados vaiadores zombeteiros. Muitos passavam às mãos dele pequenos rolos de papiro, contendo petições ou cartas — que César imediatamente repassava aos seus atendentes. Pode ter levado cerca de 45 minutos até que a comitiva alcançasse o Pórtico de Pompeu, sendo, talvez, cerca de 11:30h da manhã quando ele lá chegou. Enquanto isso, a notícia de que o ditador estava a caminho já havia sido enviada aos senadores.

De acordo com as fontes, ainda teria havido tempo para que César descobrisse a conspiração. Mal ele havia saído pela porta de sua casa quando um escravo pertencente a outra pessoa tentou chegar até ele, mas foi impedido pela enorme aglomeração de pessoas em torno do ditador. O escravo, então, solicitou a Calpúrnia que o deixasse permanecer ali até o retorno de César, presumivelmente porque soubesse de que algo estivesse em curso, mas não que fosse levado a cabo naquele mesmo dia.

Então, um homem chamado Artemidorus de Cnidus[85] abriu caminho através da multidão e passou um pequeno rolo de pergaminho às mãos de César, dizendo-lhe para que o lesse pessoalmente e que fizesse isso sem demora. Artemidorus sabia da verdade sobre a conspiração. César tentou ler o pergaminho mais de uma vez, mas a agitação das pessoas ao seu redor o impedia de fazê-lo. Ele ainda segurava o rolo de pergaminho em sua mão, intacto, quando adentrou o Senado — ao menos assim diz uma versão. Em outro relato, Artemidorus não teria conseguido atravessar a multidão e chegar a César; mas alguém teria passado o rolo de pergaminho às suas mãos quando ele se dirigia para a reunião. Suetônio diz apenas que César recebera o pergaminho de alguém, mas afirma que César o portava juntamente a outros rolos em sua mão esquerda — a mão associada a más profecias pelos romanos, tal como podemos depreender pelo qualificativo latino que designa a esquerda: *sinister*.

Quem teria sido Artemidorus para haver atraído a atenção de César? Sua cidade natal, Cnidus, abrigava um importante porto no sudoeste da Anatólia (a atual Turquia). Seu pai, Theopompus, era conhecido como "um grande amigo do deificado César, e um homem de grande influência junto a ele."[86] Desde 54 a.C. — senão ainda antes disso — Theopompus servira a César como um diplomata. Como retribuição, o ditador concedera "liberdade" a Cnidus — isto é, uma certa autonomia dentro do império de Roma — e imunidade quanto à taxação direta. Tal como seu pai, Artemidorus era um "figurão" local. Plutarco diz que ele era um professor de filosofia grega[87], o que diminui sua importância, mas pode explicar como Artemidorus conhecera a Brutus: através de um interesse comum pela filosofia. Este é o único indício que possuímos sobre como Artemidorus pudesse saber da conspiração.

Afinal, César chegara ao Pórtico de Pompeu. Mal ele havia saído de sua liteira quando Popilius Lænas apressou-se para falar com ele[88] — o mesmo homem que atemorizara a Brutus e Cassius, anteriormente. Agora, enquanto ele falava diretamente com César, os conspiradores trocavam olhares preocupados entre si. Supostamente, Cassius e os outros apanharam as armas que traziam ocultas sob suas togas quando Brutus sorriu para eles. Ele não podia ouvir às palavras de Popilius, mas podia ver seu rosto; e foi com alívio que ele percebeu que este apenas pedia algum tipo de favor a César, e não que denunciasse a conspiração. Então, Brutus sinalizou aos outros de que tudo estava bem. Diz-se que Popilius beijou a mão de César ao despedir-se dele; mas, novamente, dispomos somente de fontes questionáveis que atestem esta história melodramática.

Antes que adentrasse o recinto, César teria de esperar pelos magistrados, para que conduzissem os costumeiros sacrifícios, e pelos videntes, para que interpretassem os auspícios. Mais uma vez, estes revelaram-se desfavoráveis. As fontes concordam que os sacerdotes tenham sacrificado várias vítimas, das quais os videntes examinaram as entranhas e não gostaram do que viram. A partir desta altura dos acontecimentos, as fontes nos oferecem duas versões para o que teria acontecido em seguida. Nicolaus pinta um quadro sombrio[89]. Os videntes teriam visto um espírito vingativo nas profecias, fazendo com que César ficasse furioso e virasse seu rosto na direção oeste — gesto que, em si mesmo, se consistia de uma profecia ainda pior, uma vez que o oeste simbolizasse o crepúsculo e a morte. Então, os amigos de César teriam tentado convencê-lo a adiar a reunião — podemos adivinhar — antes mesmo de adentrar a Casa do Senado.

O que teria feito César mudar de ideia? Nicolaus deposita toda a culpa sobre os ombros de Decimus, em cuja boca ele pôs uma frase memorável: "Faça de sua própria máscula excelência uma profecia auspiciosa."[90] Ele diz que Decimus troçou dos videntes e, assim, fez com que César mudasse de ideia. Enfim, Decimus tomou César pela mão e o conduziu para dentro da Casa do Senado, com César seguindo-o em silêncio. Se esta versão for verdadeira, Decimus se torna um ator ainda mais importante na história — ostentando ainda mais sangue-frio e mais falsidade. César, nesta versão, é quase passivo.

Contudo, nenhuma outra fonte corrobora essa versão, que talvez seja somente um relato "venenoso", inventado posteriormente aos fatos. O patrono de Nicolaus, Augustus, odiava e desprezava a Decimus. As outras fontes não se ocupam de Decimus e enfatizam o excessivo orgulho e a presunção de César.[91] Elas o retratam como insistente diante de profecias ruins, e isto soa como o César dos velhos tempos. Na verdade, Apiano diz que César fez recordar aos videntes[92] de uma má profecia semelhante que ouvira durante a campanha em que ele esmagou os exércitos de Pompeu na Hispânia.

Os *capsarii* já haviam adentrado a Casa do Senado muito antes. Estes eram escravos cuja função era carregar os *capsæ*, recipientes que continham rolos de pergaminho[93] que serviam como livros, em Roma. Cada *capsa* era confeccionada com madeira de faia, medindo cerca de trinta centímetros de altura, e podia conter até seis rolos de pergaminho. Naquele dia, porém, as *capsæ* continham, imperceptivelmente, algo mais que pergaminhos. Se os escravos notaram estar carregando algum peso adicional, nada disseram quanto a isso. Os escravos sabiam muito bem que não deveriam desafiar seus senhores.

    Os outros senadores também já haviam adentrado a câmara. Nada mais faltava exceto a presença de César. Era por volta do meio-dia.[94]

# 8.

# *ASSASSINATO*

Antes de César adentrar a Casa do Senado, por volta do meio-dia dos Idos de Março, ele riu[1]. Ele dispensou os videntes, afastando-os dali com suas más profecias. Assim diz Apiano. Este teria sido um gesto digno de um poeta, para com o qual, como bons historiadores, devemos ser altamente céticos. Contudo, César fazia suas próprias regras. Por isso, é mesmo possível que o gesto tenha sido verdadeiramente feito.

## A CÂMARA

Quando se trata dos detalhes da Casa do Senado de Pompeu[2], conjeturas — ainda que baseadas no que conhecemos — são o melhor que podemos fazer. Tudo quanto sobreviveu dele são resquícios de duas ou, possivelmente, três fundações de suas paredes e, talvez, alguns elementos decorativos de mármore. É evidente que a casa do Senado tenha sido a maior edificação do Pórtico. Poder-se-ia adentrar a Casa do Senado vindo do Pórtico ao se atravessar o jardim. O interior era, sem dúvida, inteiramente decorado com peças de mármore e concebivelmente ostentava grandes colunas, talvez representativas de dois estilos decorativos diferentes.

Quando César adentrou a Casa do Senado, ele pode ter contemplado, pendente de uma das paredes internas, a famosa pintura de um mestre grego que representava um guerreiro portando um escudo redondo. Porém, estaria o guerreiro representado em processo de reerguer-se ou de cair? Esta, segundo o acadêmico romano Plínio, o Velho, era uma questão em aberto.[3]

Caso César tivesse se voltado para trás, antes de passar pela entrada, teria avistado, para além da dupla fileira de plátanos — com seus ramos ainda desfolhados, na transição para a primavera — o Templo de Vênus, a Vitoriosa, de Pompeu, aninhado acima do Teatro de Pompeu, na extremidade mais distante do complexo.

Ao pisar no interior, César teria adentrado um ambiente bastante amplo, mas não imponente. Nós tendemos a imaginar que César tenha sido assassinado em um espaço grandioso. Esta impressão advém das grandes pinturas neoclássicas — sobretudo da obra icônica de Jean-Léon Gérôme intitulada *A Morte de César*, datada de 1867. Na verdade, a Casa do Senado de Pompeu era relativamente pequena: um tanto menor do que a Casa do Senado de César[4], cujo interior abrangia uma área pouco maior de 494m². É provável que a construção também não fosse mais alta do que a Casa do Senado de César, cujo teto se elevava à altura[5] de quase 32 metros.

As regras do procedimento senatorial ditavam a disposição do espaço interior da Casa do Senado de Pompeu. Os senadores votavam por divisões; ou seja, eles cruzariam um corredor central encaminhando-se para o lado do recinto em que o senador que propusesse uma moção se encontrasse sentado. Por este motivo, os assentos em uma casa senatorial romana eram dispostos ao longo de dois lados de uma edificação, com um amplo corredor central entre ambos os grupos. Também é possível que os assentos na Casa do Senado de Pompeu fossem dispostos sobre uma ampla escala, em três níveis diferentes, tal como na Casa do Senado de César.

Na extremidade mais distante da entrada do recinto haveria um tribunal, constituído por uma plataforma elevada engastada em uma área rebaixada do piso[6], para o presidente da sessão, que ocuparia o assento de oficial. Geralmente, um cônsul presidiria a uma sessão do Senado; mas no caso de César essa função cabia ao *dictator*. Na Casa do Senado de Pompeu é provável que uma estátua de Pompeu fosse localizada no tribunal, possivelmente em posição central, próxima da parede do fundo, tal como a famosa Estátua da Vitória era posicionada na Casa do Senado de César. Nenhum detalhe da estátua de Pompeu sobreviveu; por isso não sabemos se esta fosse esculpida em mármore ou moldada em terracota, nem se Pompeu fora representado de maneira tradicional, envergando uma toga, ou completamente nu, tal como um potentado grego, que, então, era a "última moda" para a representação de generais[7] e políticos romanos.

Provavelmente haveria lugares para trezentos senadores na Casa do Senado de Pompeu; e eles necessitariam de todo esse espaço para a reunião de 15 de março de 44 a.C. A frequência era, costumeiramente, esparsa às reuniões do Senado, mas um *quorum* era requerido[8] para decisões relativas a certos assuntos, tais como os que envolvessem consultas aos sacerdotes

— como o que estava programado para ser debatido naquele dia. Segundo atestam as fontes, o *quorum* foi atingido. César elevara o número de senadores de cerca de seiscentos para novecentos. O *quorum*, contudo, deve haver sido mantido em duzentos, tal como anteriormente, devido às dificuldades enfrentadas, de tempos em tempos, para alcançar o *quorum* mínimo de um terço dos senadores.

Portanto, havia ao menos duzentos senadores presentes à sessão de 15 de março de 44 a.C. Somando-se a estes os dez Tribunos do Povo e, digamos, cerca de uma dúzia de secretários, escravos e outros assistentes e o resultado seria de uma frequência mínima de 225 pessoas — talvez até trezentas — na Cúria de Pompeu, nos Idos de Março.

Porém, ao menos dois senadores que se encontravam no Pórtico de Pompeu naquele dia não estavam presentes no recinto. Os conspiradores estavam preocupados com Antônio. Graças a Brutus, eles não o matariam, mas insistiam em neutralizar suas possíveis ações. Eles se preocupavam com a possibilidade de Antônio trazer amigos à Casa do Senado para que acorressem em defesa de César. Se uma quantidade suficiente destes se reunisse, eles poderiam haver sobrepujado os conspiradores, tanto em força quanto em número — especialmente se alguns deles portassem adagas ocultas. Antônio era fisicamente forte e um líder magnífico; por isso poderia desempenhar um papel fundamental e até mesmo haver "virado o jogo". Portanto, era essencial mantê-lo à distância.

Para tanto, os conspiradores designaram Trebonius para a função de entreter Antônio em uma conversação mantendo-o fora do Senado. Trebonius não apenas era um oficial experiente, como percorrera um longo caminho ao lado de Antônio. Os dois haviam comandado setores adjacentes no sítio a Alésia, em 52 a.C., na Gália; e, em 45 a.C., Trebonius tentara recrutar Antônio para que se opusesse a César. Na ocasião em que se encontraram sob o Pórtico[9], fora da Casa do Senado de Pompeu, naquela manhã, os dois velhos camaradas tinham vários anos de histórias de guerra para rememorar.

Quando César adentrou o recinto, os senadores puseram-se em pé.[10] O ditador tinha uma aparência esplêndida: César usava uma toga especial, de general triunfante, tingida de vermelho-púrpura e bordada com fios de ouro. O Senado lhe concedera o direito de usá-la, o que ele fazia em ocasiões formais.

Entre os senadores ali presentes, naquele dia, que não tomavam parte na conspiração estavam Favonius, um amigo de Catão a quem Brutus rejeitara para a conspiração; Dolabella, que seria o futuro cônsul caso César prosseguisse em sua trajetória; e Cícero. O grande orador planejava atacar Antônio[11], por haver tentado negar a Dolabella seu consulado.

César tomou seu assento no tribunal — sobre sua cadeira de ouro, que havia sido recolocada em seu lugar. Os conspiradores estavam armados e preparados.

## AS ARMAS

Na *Morte de César* de Gérôme, os assassinos são representados ao saírem da Casa do Senado, brandindo triunfantemente suas espadas. Trata-se de uma imagem de grande impacto dramático e as espadas são muito bem representadas; mas os assassinos — com uma possível exceção — empregaram adagas, não espadas[12]. As fontes são claras quanto a este pormenor. Alguns, senão todos, conspiradores portavam adagas sob suas togas. E adagas haviam sido ocultas nas *capsæ*, recipientes para o acondicionamento de pergaminhos, que eram transportadas pelos escravos. Além disso, espadas seriam armas inadequadas para a ocasião: elas seriam muito desajeitadas para um enfrentamento corpo a corpo e grandes demais para serem ocultas.

Contudo, os romanos jamais deixaram de pensar em seus soldados e heróis das arenas como espadachins — ou, literalmente, "gladiadores"; termo derivado da palavra latina *gladius*, "espada". As adagas recebiam muito menos atenção na literatura e nas artes romanas, embora os soldados romanos fizessem uso extensivo delas. Para sermos precisos, eles usavam um tipo de adaga militar, ou *pugio* (*pugiones*, no plural). *Pugio*, em latim, é uma palavra relacionada a *pugnus*, "punho", e a *pugil*, que designa uma pessoa que combate usando os punhos, tal como um moderno boxeador. Os modernos termos "pugilismo" e "pugilista" são derivados de *pugilatus*, uma antiga modalidade de luta com os punhos. O *pugio*, ou adaga militar, era parte integrante do equipamento-padrão de um legionário romano desde o século primeiro a.C. até — provavelmente — a segunda metade do século primeiro d.C. Contudo, a reticência dos romanos para com as adagas não é de surpreender. Espadas possibilitam que se mantenha uma distância razoável do alvo a que se pretenda atingir, enquanto a ação com um punhal ou adaga tem de ser praticada a uma distância muito curta. Trata-se de um ato sanguinário e cruento, sobre o qual poucas pessoas se sentem confortáveis para comentar, e ainda menos para executá-lo.

Em sua confecção, uma adaga militar romana é um exemplo de eficiência. Sua lâmina era de ferro e, no período dos últimos dias da República, media entre quinze e vinte centímetros de comprimento por cinco centímetros de largura. Com fio duplo, a lâmina possuía o formato de uma folha de árvore, com uma nervura percorrendo todo o comprimento ao longo da metade da largura, terminando em uma ponta aguda. Tal arma era perfeitamente projetada para atravessar toda a profundidade de um tórax humano, que, em média, varia entre quinze e vinte centímetros.

A lâmina era afixada a um robusto cabo de bronze ou de madeira, terminando em uma larga empunhadura. Uma guarda transversal entre o alto da lâmina e o cabo protegia a mão do usuário. A adaga militar era acondicionada em uma bainha metálica, atada ao cinturão de um soldado por elos de uma corrente ou uma fivela.

Um artista marcial que trabalha com réplicas de armas romanas[13], hoje em dia, descreve a adaga militar romana como elegante, aerodeslizante e notavelmente leve. Ela pode ser portada confortavelmente sobre os quadris, por trás das costas ou sobre o estômago, e ser empunhada com muita rapidez e facilidade. Esta seria a arma certa para ser oculta sob uma toga.

Excepcionalmente, podemos conhecer a aparência exata das adagas de dois dos assassinos. Uma moeda feita cunhar por Brutus[14] — sobre a qual comentaremos mais, adiante — exibe as efígies de duas adagas militares usadas nos Idos de Março. Mas essas duas adagas não são idênticas; em vez disso, cada uma apresenta diferenças nos cabos e nas empunhaduras. O cabo da adaga da direita é decorado com dois discos planos, enquanto o cabo e a empunhadura da adaga da esquerda perfazem a forma de uma cruz. Estes podem parecer detalhes irrelevantes para nós, hoje em dia, mas não teriam passado despercebidos dos olhares contemporâneos — especialmente dos olhares dos soldados.

Uma vez que a mensagem gravada sobre a face da moeda deveria ser lida da esquerda para a direita (no mesmo sentido da inscrição ali constante), tendemos a acreditar que a primeira adaga — a da esquerda, com o cabo em formato de cruz — pertencesse a Brutus, cujo nome consta da face reversa da moeda. Neste caso, a adaga da direita — com dois discos engastados no cabo — seria a de Cassius. Arqueólogos já encontraram ambos esses tipos de adagas cujo uso datava do século primeiro a.C.; mas até agora, as adagas com cabos em formato de cruz são mais raramente encontradas, o que nos leva a crer que as adagas de Brutus fossem realmente distintivas de certas pessoas, àquela época.

A principal finalidade das adagas militares romanas era a de matar a curta distância. Sua utilização era perfeitamente adequada em contendas pessoais ou escaramuças militares e para o trabalho de segurança; mas ela também desempenhava um papel importante nos campos de batalha. Os combates deixariam muitos inimigos feridos que ainda ofereceriam perigo. A adaga militar romana, então, era uma arma eficiente para eliminá-los, com seu fio duplo (excelente para dilacerar gargantas) e ponta aguçada (usada para perfurar gargantas, olhos, peitos e virilhas). Seu emprego assegurava que o inimigo tivesse realmente morrido e não mais representasse uma ameaça. É provável que os soldados romanos preferissem, às vezes, utilizar suas adagas militares em vez de espadas para poupar o desgaste destas últimas, que eram mais caras e difíceis de substituir. Por exemplo, faria sentido empregar uma adaga em vez de uma espada para decepar o dedo de um homem morto para apossar-se de seu anel; ou de uma orelha, para obter um brinco.

Uma adaga também era suficientemente grande para ser utilizada fora dos campos de batalha, para cortar galhos para acender fogo ou construir cercas e paliçadas para propósitos defensivos; e pequena o bastante para cortar carne às refeições, ou quando se conseguisse caçar algum animal comestível. Contudo, muitos soldados costumavam portar também uma pequena faca, acondicionada em uma bainha, empregada para comer, barbear-se ou executar tarefas cotidianas. Assim, um soldado romano portaria uma espada — sua "ferramenta" principal, cara e, por isso mesmo, bem conservada, submetida a frequentes avaliações de suas condições; uma adaga, um implemento afiado para a utilização cotidiana, também empregado em combate como arma de apoio ou para execuções "misericordiosas"; e uma faca utilitária, mantida tão afiada quanto possível, usada para as tarefas domésticas mais refinadas e como utensílio para comer. Nos Idos de Março, a adaga militar provaria seu valor.

## O ATO

Ainda antes que César pudesse sentar-se, alguns dos conspiradores já haviam se posicionado detrás de sua cadeira, enquanto outros aglomeravam-se ao seu redor, como se pretendessem prestar-lhe seus respeitos ou chamar-lhe a atenção para algum assunto. Na verdade, eles estavam delimitando e cercando um perímetro. Sessenta homens não poderiam se aproximar de César sem levantar suspeitas; e, além disso, não havia espaço suficiente para sessenta homens no tribunal. Mais provavelmente, cerca de uma dúzia de conspiradores reuniu-se em torno do ditador sentado, enquanto outros se posicionavam para juntar-se a eles em uma segunda onda de ataque. Cassius estava ali desde o princípio e, supostamente, lançou um olhar para a estátua de Pompeu[15], como se buscasse o apoio de seu velho amigo e inimigo de César.

O ataque a César, como sabemos hoje, não foi casual nem improvisado. As cinco principais fontes antigas concordam, de maneira geral[16], quanto a isso; embora divirjam quanto a alguns detalhes. A história que elas narram indica um planejamento antecipado[17] e criterioso. Para ser bem-sucedido, o ataque a César teria de ser repentino e muito veloz, antes que seus apoiadores tivessem tempo de acorrer em seu auxílio. Centuriões[18], por exemplo, se encontravam entre os novos senadores de César. Eles estavam presentes no recinto e poderiam haver saltado para o tribunal para prestar assistência ao ditador. Porém, à conspiração também não faltavam mentes militares que tivessem pensado em todo o transcurso da operação.

Para retornar à cena na Casa do Senado, depois de César ter se sentado, Tillius Cimber liderou a fila para ser atendido. O irascível beberrão contava com o favorecimento de César, por isso era improvável que ele despertasse suspeitas. Ele dirigiu-se ao ditador e apresentou-lhe uma petição em favor de seu irmão exilado. Outros seguiram-se a ele, tomando entre as suas as mãos de César e beijando-lhe o peito e a cabeça.[19]

Essa movimentação nos proporciona outro sinal do meticuloso planejamento dos conspiradores, pois replicam uma tentativa de assassinato ocorrida anteriormente, em 47 a.C.[20] A vítima pretendida, então, era o despótico governador da Hispânia Remota. Os conspiradores aproximaram-se dele, em um edifício público em Corduba (a moderna cidade Córdoba, na Espanha), como se fossem apresentar-lhe uma petição. Então, um deles agarrou-o com a mão esquerda e o golpeou duas vezes com uma adaga militar. Eles conseguiram matar um dos atendentes, mas o governador sobreviveu. Ele era Quintus Cassius Longinus.

Podemos ter certeza de que os conspiradores de 44 a.C. tivessem conhecimento deste fato. Uma das razões para tanto era que o sucessor do governador da Hispânia Remota fora Trebonius; e outra era porque Quintus Cassius Longinus provavelmente fosse irmão do conspirador Cassius. Assim, ao aproximarem-se de César com petições em mãos nos Idos de Março, os conspiradores seguiam um roteiro anteriormente traçado — ou, melhor: eles o aperfeiçoavam, aumentando-lhe as possibilidades de sucesso, visto que César não contava com atendentes que o protegessem.

Cimber desrespeitou César[21] dirigindo-se a ele com ambas as mãos à vista, em vez de ocultá-las humildemente sob a sua toga. Então, Cimber agarrou a toga de César, segurando-a com tanta força que impedia a César de levantar-se. César ficou furioso.[22] Em seguida, Cimber puxou a toga de sobre o ombro de César, o que fez com que — segundo Suetônio — César exclamasse: "Ora, isto é violência!"[23] Esta expressão, encontrada somente na obra de Suetônio, demonstra a súbita compreensão de César. Quer ele a tenha realmente proferido ou não, parece provável que a verdade tenha cintilado diante de seus olhos. As profecias tinham sido acertadas, afinal; e ele havia se enganado. Mas, agora, era tarde demais. Tal como havia sido combinado antecipadamente, puxar a toga de César era o sinal para que fosse iniciado o ataque.[24]

A "honra" de desferir o primeiro golpe coube a Publius Servilius Casca — também ele um amigo de César. Talvez ele tenha sido escolhido porque os apoiadores de Pompeu participantes da conspiração tivessem insistido para que um amigo de César o atingisse primeiro; ou talvez porque Casca fosse um matador experiente. Podemos apenas especular sobre este pormenor. Como fosse um senador, é provável que andasse pelo início da casa dos trinta anos de idade; mas, de todo modo, não deveria ser muito mais velho do que isso. Lutas com armas brancas nunca foram graciosas ou delicadas. Pouquíssimos soldados, mesmo dentre os melhores, tinham a disposição necessária para apunhalar um homem até a morte. É necessário grande força física e uma certa brutalidade para trespassar a carne de um homem com uma adaga, mas as circunstâncias daquele dia também exigiam destemor. Casca teria de desferir um golpe a sangue-frio, diante de algumas centenas de testemunhas, sabendo que uma retaliação seria muito provável. Pode-se imaginar, portanto, que ele fosse jovem e forte.

Nicolaus, Plutarco e Apiano dizem que Casca portava uma espada[25]. Seria mesmo isto o que eles afirmavam? Os gregos empregam o mesmo termo que eles — *ksiphos* — para se referirem igualmente a uma adaga; e é provável que este seja o caso, aqui. Em outras passagens eles costumam se referir mais precisamente a uma adaga, empregando os termos *ksiphidion* ou *egkheiridion*. Porém, em vez destes, o emprego de um termo que também pode significar "espada" acrescenta certa grandeza dramática ao primeiro golpe — ainda que não possa torná-lo certeiro. Ao golpear de cima para baixo, Casca pretendia acertar o pescoço de César, mas errou. Um golpe no pescoço teria sido fatal, mas Casca atingiu César no peito. Nicolaus afirma que Casca estaria nervoso[26], mas não se deve desconsiderar o fato de que César era um alvo em movimento.

Quatro dentre as cinco principais fontes antigas concordam que César tenha tentado defender-se, enquanto Dio afirma que os agressores de César seriam muitos[27] para que ele tivesse podido fazer ou dizer qualquer coisa em resposta. Nicolaus diz apenas que César se levantou para se defender.[28] Plutarco diz que César voltou-se e agarrou a adaga de Casca[29] pelo cabo (e aqui Plutarco refere-se à arma como uma adaga, de fato). Apiano acrescenta que ele teria impelido Casca para longe, muito violentamente.[30] Suetônio diz que César agarrou o braço de Casca e o golpeou com seu *stylus*[31], um instrumento metálico pontiagudo, semelhante em forma e dimensões a um lápis, usado para escrever sobre tabletes de cera. Ele afirma ainda que César teria tentado levantar-se, mas não conseguiu fazê-lo devido ao recebimento do segundo golpe.

Dentre todas as fontes, Apiano é quem mais enfatiza os atributos militares de César. Ele faz com que César reaja aos assassinos com "fúria e gritos"[32]. Plutarco afirma que César teria gritado, em latim, "Ímpio Casca!" — ou, em outra versão, "Amaldiçoado Casca! O que você está fazendo?"[33] Ambas as versões são admissíveis, visto que César considerava Casca como um amigo. Suetônio afirma que César apenas gemeu[34], sem articular uma palavra inteligível durante o ataque; e Dio diz que César estaria incapacitado de dizer qualquer coisa[35]. Contudo, é provável que um guerreiro como César tenha proferido algo de teor desafiador. Enquanto isso, Casca gritava para que seu irmão Gaius viesse em seu auxílio. Plutarco e Nicolaus afirmam que Casca gritava em grego[36], para assegurar-se de ser ouvido inequivocamente acima da confusão. Se Casca fosse um grosseirão, evidentemente ele era um grosseirão que tivera uma educação refinada. Segundo Nicolaus, Gaius Casca[37] acudiu ao chamado de seu irmão e desferiu o segundo golpe, que atingiu o ditador nas costas.

Façamos uma pausa momentânea, enquanto os outros assassinos sacam suas adagas, para contemplarmos a nobreza romana. Eles acreditavam estar levando a efeito seu dever jurado de defender a República. Ao atacarem César, os assassinos acreditavam estar cobrindo-se a si mesmos de glórias. Eles faziam isso por convicção. Eles faziam isso por interesses próprios. E eles faziam isso por ódio, por ciúme e por sua honra. Eles eram descendentes dos senadores que haviam assassinado os reformadores irmãos Gracchi\*, em 133 a.C. e em 121 a.C.; e dos patrícios, que se limitaram a sentar-se como estátuas, vestidos com suas togas, enquanto os gauleses saqueavam Roma, em 387 a.C., e que, assim, morreram destemidamente.

Os conspiradores cercaram a César em um círculo[38] — mais um sinal evidente de um planejamento meticuloso. Os golpes, agora, o atingiam veloz e furiosamente. Se César de fato se levantou, ele não poderia haver-se mantido em pé por muito tempo: provavelmente, por menos de um minuto. A descrição de Plutarco de César haver sido atirado[39] de um lado para outro, como um animal selvagem, soa mais como uma exageração poética. Sem demora, César não deve ter tombado longe de sua cadeira.

---

\* A palavra é a forma plural do nome Gracchus, aportuguesada para "Graco" (ou "Gracos", no plural), como é frequentemente encontrada em obras traduzidas para o nosso idioma. Os irmãos referidos no texto são, respectivamente, Tiberius (ou "Tibério") e Gaius (ou "Caio"). [N.T.]

O ataque é descrito quase como se coreografado, ou mesmo ritualístico. Duas fontes antigas empregam figuras de linguagem associadas a um sacrifício[40] para descrever o ataque, sugerindo uma inspiração derivada de uma fonte comum e, possivelmente, contemporânea.

Nenhuma das fontes cita os nomes de todos os atacantes. Nicolaus menciona três, além de Casca[41]: Cassius, que acertou um golpe oblíquo em pleno rosto; Decimus, que golpeou profundamente por entre as costelas; e Minucius Basilus, que errou seu golpe tendo atingido Rubrius em uma das coxas. Nicolaus também diz que Cassius tentou aplicar um segundo golpe[42], mas, em vez do ditador, terminou por atingir Brutus em uma das mãos. Apiano concorda que Cassius tenha atingido César no rosto[43], mas diz que foi Brutus quem o atingiu em uma das coxas, e Bucolianus o atingiu nas costas. Plutarco diz que Brutus atingiu César na virilha[44] — uma descrição que parece boa demais para ser verdadeira, tendo sido o golpe desferido por um suposto filho ilegítimo de César e atingido uma região anatômica tão delicada.

Ah, Brutus, o famoso personagem central na descrição do assassinato feita por Shakespeare! A exclamação de César *"Et tu, Brute?"*, ou "Até tu, Brutus?"[45] não consta de nenhuma das antigas fontes. Ela é uma invenção da Renascença. Suetônio e Dio incluem um relato de que quando Brutus lançou-se contra César, ou, ainda menos crivelmente, depois de Brutus haver-lhe atingido com um golpe potentíssimo, César teria dito, em grego, *"kai su, teknon"*, que significa "tu também, filho"[46]. Ambos autores expressam dúvidas quanto a César haver realmente dito isso. A despeito disso, um acalorado debate acadêmico vem sendo travado desde então quanto ao que ele teria querido dizer — caso tenha, de fato, proferido tais palavras.

Uma das possibilidades é que o moribundo César estivesse, afinal, reconhecendo Brutus como seu filho — e, talvez, o insultando como a um bastardo e condenando-o como um homem que assassina seu próprio genitor. Outra possibilidade é a de que César estivesse amaldiçoando a Brutus. "O mesmo para você!" é uma frase comumente encontrada em antigos tabletes contendo maldições. A terceira possibilidade é a de que César tenha sido interrompido no meio de uma frase. Caso a tivesse proferido por inteiro, ele teria dito algo como "tu também, filho, um dia experimentará um poder como o meu." Ao menos um dos imperadores subsequentes disse algo semelhante a um jovem sucessor; e ele poderia estar citando a César.[47]

As últimas palavras de um grande homem são sempre tópicos fascinantes. "Tu também, filho" é uma contribuição clássica para o tema. Porém, muitíssimo provavelmente, César jamais tenha dito algo semelhante ao que se lhe atribui. A história talvez tenha sido inventada posteriormente, quando se avivaram os debates sobre o papel desempenhado por Brutus naquele dia. É mais fácil imaginar que as "últimas palavras" de César tenham sido imprecações indignadas contra o traiçoeiro Casca — um grito de batalha final, proferido por um velho soldado que inadvertidamente tombava sobre seu último campo de batalha.

Mas César não apenas proferiu suas últimas palavras: ele também executou seu último gesto. Todas as cinco fontes principais, exceto Nicolaus, afirmam que César cobriu sua cabeça. Nicolaus não menciona isso, mas a atitude de César pode ter sido um gesto de proteção, de resignação ou, talvez, de modéstia.[48] Suetônio afirma, e Dio faz pressupor[49], que César tenha feito tal gesto tão logo percebera que estava sendo atacado por todos os lados. Suetônio deixa claro que o que César fez foi enrolar sua toga sobre a cabeça. Mas, em que momento? De acordo com Plutarco, foi apenas quando viu Brutus aproximar-se dele[50] com uma adaga que César agiu assim. Menos provavelmente, Apiano diz que César fez isso depois de haver sido golpeado por Brutus.[51] Suetônio acrescenta que César também puxou sua toga sobre as pernas[52], por decência: uma espécie de "antídoto", ao que parece, para toda uma vida de pecadilhos aos quais Suetônio faz referência em sua biografia. Valerius Maximus, um autor romano do primeiro século d.C.[53], faz deste um gesto de imodéstia, também: ele demonstraria que César fosse menos um homem do que um deus, que estivesse retornando para casa.

Jamais saberemos o que César respondeu a Brutus naquele dia — se é que ele tenha respondido algo. César era mais próximo de Decimus, que mentira para ele naquele mesmo dia. Podemos esperar que a traição de Decimus tenha ofendido a César mais do que a traição de Brutus. Contudo, havia uma terceira parte envolvida na relação existente entre Brutus e César: Servília. A conexão entre César e Servília devia-se a razões do coração; e o coração tem suas próprias razões. Assim, é possível que a traição de Brutus o tenha atingido mais agudamente.

É provável que César tenha levado apenas alguns minutos para morrer. Se todos se sucedessem sem falhas, se nenhum deles hesitasse e se tudo funcionasse de maneira completamente eficiente, vinte ou mais assassinos poderiam haver golpeado César antes que ele morresse. Mas poucas coisas funcionam assim tão bem. Além do mais, César se movia e reagia. Os atacantes estavam confusos e superexcitados, e, em meio ao tumulto, alguns falharam ao golpear César atingindo-se entre si mesmos. Brutus, por exemplo, teve sua mão ferida.[54] Assim, se algum deles quisesse ter podido afirmar com certeza "Eu apunhalei César", teriam de haver golpeado o cadáver. A pesada túnica de lã e a toga de César certamente absorveram a maior parte de seu sangue. Os assassinos tinham sangue de César nas lâminas de suas adagas, mas apenas uma pequena quantidade deste manchou suas vestimentas.

César recebeu vinte e três ferimentos. Não menos do que oito fontes antigas afirmam isto.[55] Vinte conspiradores são conhecidos por seus nomes — dentre os quais um deles, Trebonius, provavelmente não tenha apunhalado César, pois se encontrava fora do recinto. Isto nos deixa com quatro atacantes restantes — a menos que algum deles tenha desferido mais de um golpe. E quanto aos outros 36 dos sessenta conspiradores? Talvez alguns deles fossem cavaleiros romanos, e, por isso, seu comparecimento seria vedado a uma reunião do Senado. Talvez alguns fossem senadores que tivessem permanecido em suas casas, naquele dia — possivelmente por covardia. Contudo, é provável que a maioria deles estivesse presente no Senado, nos Idos de Março, mas não tenha contribuído para apunhalar César.

Nicolaus diz explicitamente outra coisa[56]: que nenhum dos conspiradores deixou de golpear o cadáver de César sobre o chão, de modo que todos compartilhassem a responsabilidade pelo ato. Ele também afirma — solitariamente, dentre todas as fontes — que César recebeu trinta e cinco ferimentos[57]. Talvez porque gozasse da patronagem do imperador Augustus, Nicolaus tenha maximizado o crime cometido contra César. Ele diz, ainda, que havia mais de oitenta conspiradores, no total[58]. Também é possível que Nicolaus simplesmente tenha obtido seus números de uma fonte diferente da dos outros, e que essas fontes fossem discordantes. O argumento de Nicolaus de que todos os conspiradores tivessem golpeado César já morto, senão ainda vivo, pode ser verdadeiro, mas soa mais como um toque poético, que ecoa o vilipêndio do cadáver de Heitor[59] na *Ilíada*. É provável que a realidade tenha sido menos melodramática.

Alguns conspiradores haviam sido designados para a defesa. Sua função seria a de garantir o apoio aos assassinos, contendo eventuais reações e garantindo-lhes uma rota de fuga liberada. Os conspiradores tinham de estar preparados para uma resposta. Mesmo sem armas, um contra-ataque de dezenas de senadores teria subjugado os assassinos, especialmente se alguns dos amigos de César também tivessem contrabandeado adagas para dentro do recinto. Contudo, este revelou-se não ser o caso, e os assassinos se movimentaram com tal presteza que a maioria dos observadores reagiu apenas com uma inação chocada — exceto por Cícero, se o que ele afirmaria depois corresponder à verdade. Ele teria sido o único espectador a ser tomado por uma grande alegria ao testemunhar, com seus próprios olhos, a morte justa de um tirano.[60]

Apesar disso, César contava com muitos amigos naquele recinto — e ainda mais do lado de fora, onde seus virtuais guarda-costas o aguardavam. A porta de acesso à Casa do Senado era mantida aberta durante as sessões, e os filhos dos senadores eram encorajados a permanecerem ali e assistirem a tudo, do exterior. O filho de Cassius, com sua recém-conquistada "hombridade", deve haver observado daquele ponto à contribuição de seu pai para o assassinato do ditador.

Um fato pouco conhecido é a presença de dois resgatadores na Casa do Senado, naquele dia.

## SEU MOMENTO CULMINANTE

Entre os senadores presentes encontravam-se Lucius Marcius Censorinus e Gaius Calvisius Sabinus. Embora ambos fossem apoiadores de César, eles eram tão distintos entre si como água e óleo. Censorinus provinha de uma antiga e prestigiosa família romana, que, contudo, sofrera sua quota de reveses. Calvisius descendia de uma família italiana cujo nome sequer era latino. Contudo, antes que aquela manhã findasse os dois homens estariam unidos por um laço inquebrantável.

Censorinus pertencia a uma casta nobre, que afirmava descender tanto de um rei de Roma, quanto do sátiro Marsyas, um personagem mitológico e um símbolo da liberdade. A família envolveu-se em uma luta sem limites. Durante a Segunda Guerra Púnica (218–201 a.C.), eles romperam uma promessa que haviam feito aos cartagineses. Durante as guerras entre Marius e Sila, eles decapitaram um cônsul e exibiram sua cabeça sobre a plataforma do parlatório. Na guerra, tudo é válido, mas Censorinus era filho de um homem que, tal como César, apoiava tão incondicionalmente a Marius quanto se opunha a Sila. Um tio de Censorinus, outro ferrenho apoiador de Marius, foi capturado por Sila e assassinado. É provável que a família tenha se encontrado em dificuldades financeiras nos anos posteriores, o que pode explicar por que Censorinus aceitou desempenhar o indesejável papel de vendedor de propriedades públicas[61], tal como fizera Antônio. Embora nada seja conhecido sobre a carreira anterior de Censorinus, duas coisas são claras: ele detivera um cargo público — tal como todos os senadores teriam feito — e ele sabia lutar, como demonstraria em eventos futuros.

Calvisius nos proporciona uma história mais rica. Ele era um italiano de Spoletium (atual Spoleto), que abrira seu caminho pelo mundo como um soldado. Durante a Guerra Civil, ele serviu como um dos oficiais de César.

Em 48 a.C., depois de haverem cruzado o Adriático, César enviou Calvisius com seis coortes e alguns cavaleiros — totalizando cerca de 2.500 homens — através da acidentada e montanhosa região grega da Ætolia para a fértil planície do Golfo de Corinto. Ali, ele encontrou-se com habitantes locais amistosos e expulsou guarnições inimigas das cidades. Isto conquistou para César um novo território e uma rica fonte de grãos para suas tropas. Após a vitória de César na Guerra Civil, Calvisius foi recompensado com um mandato como governador da província romana da África (aproximadamente correspondente à moderna Tunísia). Nos Idos de Março, Calvisius exercia a função de *prætor*.

Calvisius e Censorinus estavam prestes a viver, juntos, seu momento culminante.

De todos os amigos de César presentes à Casa do Senado naquele dia, eles foram os únicos dois que acorreram em sua defesa. Todos os outros estavam demasiadamente chocados e horrorizados[62] para esboçar alguma reação, segundo Plutarco. Precisamente como e quando Calvisius e Censorinus reagiram não se sabe. Nicolaus nos diz que os conspiradores caíram sobre eles[63], mas que ambos reagiram por alguns momentos antes de empreenderem fuga, devido ao número desproporcional de oponentes. Este é outro sinal que evidencia o cuidadoso planejamento dos conspiradores, que demonstraram estar preparados para enfrentar resistência. Mais homens poderiam haver-se levantado em auxílio de César, e, neste caso, a força de reserva dos gladiadores seria muito útil.

Calvisius e Censorinus são esquecidos, hoje em dia. Em termos práticos, eles não levaram nenhuma ação a cabo; mas seus nomes foram inscritos no rol de honra do partido dos amigos de César.

## A VINGANÇA DE POMPEU

Um médico chamado Antistius[64] examinou o corpo de César, depois do atentado. Talvez ele tenha sido um dos médicos a haver recomendado a César, na manhã dos Idos de Março, para que não comparecesse ao Senado. Em todo caso, Antistius concluiu que dos vinte e três ferimentos recebidos, apenas um fora fatal; mais precisamente, aquele causado pelo segundo golpe, aplicado em seu peito. Presumindo que este tenha sido o ferimento infligido por Gaius Casca[65], entre as costelas de César, teria sido ele, então, o homem que efetivamente cometera o assassinato. Que apenas um dos ferimentos tenha sido fatal não é de surpreender, pois não é fácil infligir uma punhalada certeira — ao menos não no calor de um momento tão tenso, e menos ainda através de uma grossa toga e uma túnica de lã. Contudo, não podemos ter certeza de que Antistius estivesse certo.

Com sua morte, César "fechou um círculo". Em 60 a.C., ele havia se unido a Pompeu e Crasso para, nos bastidores, dividir o Estado romano como se eles fossem três potentados. Crasso foi torturado e morto pelos partas, para os quais ele se rendera depois da batalha de Carres, em 53 a.C. Depois de voltar-se contra César e ser derrotado em Farsália, Pompeu foi assassinado em uma praia de Alexandria, em 48 a.C. Agora, César estava morto e um ciclo de assassinatos e traições se encerrava.

A ironia do grande César haver sido assassinado em Roma não passou despercebida de ninguém. O conquistador do mundo fora assassinado em um raio de aproximadamente três quilômetros do local de seu nascimento. Florus, um autor do primeiro século d.C., talvez tenha sido quem melhor descreveu isso: "Assim, ele que enchera o mundo todo com o sangue[66] de seus concidadãos, afinal encheu o Senado com seu próprio sangue."

César foi um mestre como comandante, um político habilidoso, um orador elegante e um estilista literário lapidar. Suas vitórias nos campos de batalha, a influência de sua excelência sobre os homens comuns e na vida cotidiana das províncias, seu senso de humor, sua verve, seu encanto e sua visão como reformador continuam a despertar admiração. Sua carreira como matador impiedoso na Gália ainda horroriza; e seu egoísmo parece não haver conhecido limites.

Como conquistador, criador e ditador, César foi grande; mas, ao menos nos estágios finais de sua trajetória, não foi sábio. Sua função ao término da Guerra Civil seria a de sanear Roma. Em vez disso, ele tirou com uma das mãos o que dera com a outra à cidade. Ele perdoou aos seus nobres inimigos sem exigir, em troca, o perdão deles. Ele poupou-lhes as vidas, mas, em alguns casos, espoliou-lhes as terras. Ele lhes concedeu títulos cobiçados, ao mesmo tempo que esvaziava o poder associado a esses. A cruel realidade é que ele teria feito melhor se assassinasse seus nobres inimigos, na primeira oportunidade que tivesse tido.

Ele fez com que leis fossem aprovadas em favor das massas, mas controlou as eleições de modo a enfraquecer o autogoverno destas. Depois de haver ido à guerra em nome dos Tribunos do Povo, ele ameaçou de morte a um deles e depôs outros dois.

César exibiu-se quando deveria haver trabalhado por trás das cenas. Ele renomeou o centro de Roma com o nome de sua família, como se a cidade fosse propriedade sua. Ele fez de si mesmo ditador vitalício e flertou abertamente com as armadilhas da monarquia. Ele tomou a rainha do Egito como sua amante e, supostamente, fez dela a mãe de um filho seu, instalando-a em sua *villa* nos arredores da cidade. Ele promoveu seu sobrinho-neto de dezoito anos de idade em detrimento de seus tenentes que contavam cerca de 45 anos, dando-lhes a entender que pretendia iniciar uma dinastia. Ele iniciou uma nova guerra com a qual ameaçava conquistar um poder avassalador.

Depois de haver ofendido tanto às massas quanto à elite, César recusou-se a manter uma guarda pessoal adequada, pois considerava isto como algo indigno de um homem com um destino tal como o seu. Ele desafiou seus inimigos a atacarem-no; e estes assim procederam. César tombou aos pés da estátua[67] de Pompeu, seu ex-companheiro político, seu ex-genro e ex-arquiinimigo. O sangue fluiu de suas encharcadas vestimentas de lã para a base da estátua[68]. Escrevendo depois de poucos meses — senão semanas — do acontecimento, Cícero enfatiza a ironia de tudo:

> "Naquele Senado, cuja maior parte dos membros havia sido escolhida por ele[69], na Casa do Senado de Pompeu, diante da estátua do próprio Pompeu, com tantos de seus centuriões assistindo — ali ele jazeria, assassinado pelos mais nobres cidadãos (alguns dos quais ele proviera com tudo quanto possuíam); e não apenas nenhum de seus amigos aproximou-se de seu corpo, mas nem mesmo seus escravos fizeram isso."

Júlio César jazia morto, mas a República que ele deixara para trás ainda estertorava. Júlio César estava morto, mas não sepultado.

9.

## UMA REPÚBLICA NA BALANÇA

AQUELA PARECIA SER UMA CENA DO PASSADO ROMANO. Os senadores, envoltos em suas togas e acompanhados por seus escravos armados, marchavam através das ruas de Roma. Eles jogavam suas togas sobre os braços esquerdos como se fossem de escudos[1], do mesmo modo como seus ancestrais teriam feito um século antes, quando assassinaram os Gracchi e seus apoiadores revolucionários. Os senadores do momento presente tinham gladiadores como seus guarda-costas, enquanto seus ancestrais contavam com arqueiros cretenses[2]; mas, afora isso, ambos os grupos eram muito semelhantes. Com um dos pés no passado, os homens que haviam assassinado César marchavam para restaurar a República.

Na tarde dos Idos de Março, os conspiradores executaram a segunda parte de seu plano. A primeira parte, o assassinato do ditador na Casa do Senado de Pompeu, fora bem-sucedida. Agora, viria a próxima fase. O plano era o seguinte: enquanto eles granjeavam apoio popular e protegiam-se a si mesmos da vingança dos soldados de César[3], o Senado retomaria o comando da República. Então, eles voltariam suas atenções para além de Roma e assumiriam o controle das trinta e cinco legiões de César, simultaneamente impedindo rebeliões e assegurando a proteção das fronteiras. Mas as coisas não aconteceram dessa maneira.

O que se sabe convencionalmente quanto aos assassinos é que eles sabiam como matar o homem que pretendiam, mas que não tinham a menor ideia do que fariam em seguida. Como toda análise retrospectiva, esta nos proporciona um ponto de vista perfeitamente acabado. Este nos remete a Cícero, que confidenciou em uma carta, escrita em maio de 44 a.C., que achava que o assassinato fora cometido com "o espírito másculo de um homem adulto, mas com o senso de julgamento de uma criança."[4] Cícero estaria sendo demasiadamente severo. Os assassinos de César conseguiram alcançar seu objetivo de impedir que apenas um homem governasse Roma. Agora eles pretendiam revitalizar a República.

Quem seria o representante dos conspiradores diante do Senado e do povo, depois do assassinato? Não Decimus, pois ele era um militar. Ele passara a maior parte de sua vida adulta na Gália e possuía pouca experiência com a política romana. Além disso, ele rapidamente se tornara o foco da ira popular depois do assassinato. A função de Decimus fora a de garantir a segurança dos assassinos com seus gladiadores. Provavelmente ele quisesse apenas "assentar" as coisas em Roma, tão rapidamente quanto possível, e voltar para a sua "zona de conforto", assumindo o governo e o comando dos exércitos na Gália Italiana.

Cassius conhecia melhor a política romana, mas também era, no fundo de seu coração, um soldado. Um orador muitíssimo habilidoso e um homem admirado por seu caráter e seu nome famoso, Brutus seria a escolha mais evidente para apresentar-se ao público como o "rosto" da conspiração. Mas, conseguiria ele superar, em astúcia e velocidade, as manobras de Antônio e dos outros principais apoiadores de César?

Os Idos de Março haviam sido uma "limpeza" e não um golpe, segundo a visão de Brutus. Uma vez que o tirano tivesse sido removido, a República voltaria a funcionar constitucionalmente. A sabedoria do Senado, então, guiaria tanto o povo quanto seus representantes eleitos, que executariam as leis. Esta era uma meta moderada, mas as revoluções costumam atingir duramente os moderados. As revoluções recompensam os extremos. Brutus pretendia devolver o poder ao Senado e ao povo; mas ao Senado faltava uma liderança, e o povo estava dividido. Assim, restava o exército. Ao longo dos cinco anos desde que César cruzara o Rubicão, ninguém havia governado Roma sem contar com um exército; e por sessenta anos antes disso, a sombra de uma ditadura militar frequentemente pairou sobre a cidade. Somente um milagre poderia fazer com que o exército fosse excluído dessa equação, agora.

Os assassinos haveriam compreendido isso? Aparentemente, sim; embora não bastante bem. Eles devem haver raciocinado que na ausência de César seus homens seriam leais não à sua memória, mas para com quem quer que parecesse ser o novo César — ou, melhor, para com quem quer que parecesse ser suficientemente poderoso para dar-lhes terras e dinheiro. Até mesmo Brutus sabia disso, mas cometeu um erro de cálculo: ele subestimou o preço que teria de pagar por isso, além da velocidade e a determinação com que os veteranos de César chegariam a Roma para cobrá-lo.

Os conspiradores falharam ao não esperar pelo inesperado. Brutus, Cassius e Decimus acharam que poderiam acender uma "fogueira" política e, depois, apagá-la, sem "queimar" as mãos; mas não é possível "gerenciar" uma revolução. Eles se preocupavam com alguns de seus pares, tais como Antônio e Lepidus; mas, em vez desses, o destino deles se encontrava nas mãos dos veteranos de César. Os conspiradores deveriam haver se preocupado com eles, tanto quanto deveriam haver se preocupado com um adolescente precoce que, então, nem mesmo se encontrava na Itália: Otávio.

## 15 DE MARÇO: DO PÓRTICO DE POMPEU À COLINA CAPITOLINA

Um grande tumulto seguiu-se à morte de César. Os senadores abandonaram o recinto aos gritos. A multidão fora da Casa do Senado gritou-lhes em resposta. Alguns diziam que todo o Senado havia se unido para perpetrar o assassinato, enquanto outros diziam que um grande exército viera para executar o ato. Enquanto isso, espectadores saíam correndo das plateias dos jogos de gladiadores que transcorriam no Teatro de Pompeu, a cerca de duzentos metros dali, na outra extremidade do Pórtico. Rumores se disseminaram de que gladiadores e soldados agitavam-se, de maneira violenta e incontrolável.

Antônio rumou velozmente para a sua casa, temendo por sua vida. A história de que ele teria trocado sua toga de cônsul por vestimentas de escravo[5] para poder escapar dali parece-se mais com algo posteriormente inventado por algum inimigo. Contudo, alguns romanos de fato esconderam-se em suas casas[6], e alguns usaram disfarces para fugir para suas *villas* rurais. Todo mundo esperava por um banho de sangue, tal como houvera em outras revoluções passadas em Roma.

Nesse ínterim, os assassinos emergiam do Senado. Brutus falou. Alguns dizem que, antes, ele havia tentado dirigir-se aos senadores[7] ainda no interior da Casa do Senado de Pompeu, mas estes saíram em disparada, portas afora. Apiano diz que os conspiradores esperavam que outros senadores[8] viessem juntar-se a eles entusiasticamente, uma vez que tivessem presenciado o assassinato. Na verdade, muitos senadores os apoiavam, mas o medo dominava o momento. Contudo, esta seria apenas a primeira cena do drama que Roma viveria após a morte de César. Haveria tempo para maquinações políticas mais tarde.

Outros dizem que Brutus falou ao povo fora da câmara do Senado, onde outros assassinos também teriam se manifestado. Brutus tentava acalmar os ânimos da multidão; e, o que era ainda mais importante, ele dominara uma posição de superioridade retórica. Não haveria motivo para comoção, dizia ele, pois nada de mau acontecera. "Isto não foi assassinato", disse Brutus[9], "mas a eliminação de um tirano."

Primeiro vieram as adagas, depois as palavras doces e, então, viriam mais adagas. Esta era a estratégia dos conspiradores. Haver matado César não lhes concedera as chaves do reino: apenas lhes abrira as portas dele. Para assumir o controle de Roma eles teriam de negociar com os conselheiros de César, conquistar o apoio das plebes urbanas e neutralizar os soldados de César. Isso levaria tempo e requereria uma base defensiva, tanto quanto uma ofensiva publicitária e diplomática.

Os conspiradores, agora, faziam uma demonstração de força, ao marcharem do Pórtico de Pompeu para o Fórum Romano, na Colina Capitolina, percorrendo um trajeto de aproximadamente um quilômetro. Eles haviam planejado essa movimentação previamente[10], e não tinham intenção de fazer isso sozinhos. Cassius, Brutus e Decimus os lideravam, sendo acompanhados pelos gladiadores de Decimus[11] e por um grande número de escravos — todos, sem dúvida, armados.

Na imagem mais arrebatadora da tarde, os conspiradores percorreram as ruas de Roma com suas adagas desembainhadas — ou "nuas", de acordo com uma expressão antiga[12] — e suas mãos ainda ensanguentadas. Nicolaus diz que eles corriam em fuga, mas Plutarco afirma[13] que eles, definitivamente, não estavam em fuga, mas caminhavam parecendo radiantes e confiantes. Ambos concordam que os homens gritavam[14], à medida que avançavam, que haviam agido em nome da liberdade do povo. Sem dúvida; mas isso também envolvia o simples orgulho guerreiro de haver matado um rival. Seu desfile sangrento assemelhava-se a uma "volta da vitória" de um gladiador pela arena. Apiano atesta que um dos assassinos exibia um barrete de feltro, como os dos escravos emancipados[15], na ponta de uma lança, como um símbolo de libertação. Cícero afirma que alguns deles gritavam seu nome[16], enquanto marchavam.

Mais crível é o relato de que alguns não-participantes do assassinato agora tomavam suas armas e juntavam-se à marcha para a Colina Capitolina. Entre estes, Apiano e Plutarco citam os nomes de uma meia dúzia de homens.[17] Lá estariam Marcus Favonius, o amigo de Catão a quem Brutus rejeitara como participante da conspiração; Publius Cornelius Lentulus Spinther[18], filho do cônsul em 57 a.C., que, mais tarde, escreveria a Cícero mentindo descaradamente ao afirmar que se arriscara a tomar parte no assassinato, ao lado de Brutus e Cassius; um certo Gaius Octavius[19], que provavelmente seria Gaius Octavius Balbus, sem dúvida um senador; Marcus Aquinus[20] e um certo Patiscus, que, tempos depois, lutariam por Brutus e Cassius; Lucius Staius Murcus, que lutara por César durante a Guerra Civil, mas, então, mudara de lado, e logo viria a tornar-se governador da Síria; e, finalmente, havia Dolabella, o escolhido de César que aguardava para tornar-se cônsul, e, agora, "abandonava o navio" e juntava-se aos assassinos.

As pessoas corriam pelas ruas na direção do Fórum, chocadas e excitadas pela notícia do assassinato de César. Contudo, o centro de Roma poderia estar menos apinhado do que de costume, pois muita gente estaria celebrando as festividades de Anna Perenna. Não obstante, fontes relatam a ocorrência de saques, pessoas amedrontadas[21] e a construção de barricadas por gente que tentava se proteger dentro de suas casas — talvez descrições mais acuradas de um pânico generalizado.

A Capitolina era a menor das colinas de Roma. Ocupando uma área não muito superior a novecentos metros quadrados, ela não era muito maior do que a atual Praça de São Pedro[22], mas consistia-se de uma fortaleza natural, cercada por escarpas rochosas. O principal marco da Colina Capitolina era o imponente Templo de Júpiter, ao sul, o mais importante centro religioso de Roma. A extremidade norte da colina era conhecida como *Arx*, ou Cidadela, que embora não contasse com uma muralha, era uma fortaleza natural. A Cidadela abrigava o Templo de Juno, onde eram cunhadas as moedas de Roma e um lugar de augúrios, de onde era possível avistar toda a extensão do território até o Monte Albano, situado quase 32 quilômetros ao sul. A região compreendida entre as duas elevações era conhecida como o Asilo, pois, segundo a lenda, Rômulo teria feito dela um santuário para receber os refugiados que ele pretendia atrair para Roma, concedendo-lhes asilo. Várias escadarias e ruelas íngremes davam acesso ao topo da colina, mas estas poderiam ser bloqueadas. Em resumo, a Colina Capitolina era facilmente defensável.

Tão logo chegaram à Capitolina, os conspiradores dividiram o terreno em setores[23] e estabeleceram um perímetro defensivo. A elevação topográfica era um fator multiplicador de sua força e, por isso, fora muito bem escolhida: quem quer que tentasse atacar a Capitolina enfrentaria uma batalha sangrenta.

Além de ser uma elevação física, a colina também contava, por si mesma, com um elevado simbolismo. Entre a Cidadela e o Templo de Júpiter, sobre a Colina Capitolina se situavam os "tendões" que mantinham Roma unida; algo como se atualmente houvesse um híbrido entre o Vaticano e a Torre de Londres. Ali, os homens que haviam matado César poderiam tanto render graças aos deuses, quanto avistar seus inimigos, de cima para baixo. Uma fonte expõe isso claramente ao dizer que os assassinos haviam "ocupado o Capitólio"[24].

## 15 DE MARÇO: A VONTADE DO POVO

Se enviassem suas legiões e seus veteranos contra os gladiadores a serviço dos assassinos, os homens leais a César poderiam ter feito prevalecer sua superioridade militar. Mas na tarde de 15 de março, o foco estava concentrado na persuasão. Os assassinos tentavam conquistar o apoio do povo romano, que se encontrava dividido. Alguns achavam que o assassinato de César havia sido o mais justo dos atos[25], enquanto outros o consideravam como o mais sórdido. Para os favoráveis aos assassinos, César haveria exorbitado seu já imenso poder, e, por isso, fora "justamente assassinado" — ou *iure cæsus*[26], para utilizarmos um termo do antigo código romano, constante das Doze Tábuas. Para Cassius, César fora "o homem mais pérfido a ter sido jamais assassinado"[27]. Para Cícero, os conspiradores eram libertadores[28], que corretamente haviam colocado a liberdade de sua pátria acima dos laços de amizade.

Mas outros romanos ainda apoiavam a César. Para o fiel amigo de César Gaius Matius, César fora um grande homem[29], que tentara manter a todos os romanos sãos e salvos, apenas para ter sido assassinado por alguns dos que lhe eram mais próximos. Tal como os amigos de César viam as coisas[30], o ditador teria demonstrado clemência para com seus opositores, e estes o teriam retribuído com traição e ingratidão. Os apoiadores de César poderiam acusar os assassinos de serem motivados por "ciúmes de sua fortuna e seu poder"[31]. Os assassinos também pareciam ímpios. Ao matarem César no recinto em que o Senado se reunia, os assassinos haviam perpetrado seu ato em um espaço consagrado. Com efeito, eles seriam culpados de cometer assassinato em um templo.

O povo romano poderia perdoar os assassinos ou condená-los. Porém, como seria possível conquistar o apoio do povo romano? Não havia pesquisas de opinião, nem plebiscitos. O que mais importava era a maneira como o povo reagiria aos discursos públicos. Aplausos, saudações, vaias e até mesmo motins seriam os sinais manifestos da vontade popular.

Por cinco dias subsequentes ao assassinato, a Reunião Popular (*contio*, em latim) foi o meio empregado para mensurar a opinião pública. Estas consistiam-se de reuniões formais, convocadas por um magistrado, nas quais eram apresentados discursos de variados teores, embora nenhuma eleição ocorresse. As Reuniões Populares tipicamente tinham lugar no Fórum Romano, adjacente à Colina Capitolina, a sudeste. Ao menos cinco diferentes Reuniões Populares foram promovidas entre os dias 15 e 19 de março de 44 a.C.

A Colina Capitolina proporcionava acesso fácil ao Fórum. A *Rostra*, uma plataforma elevada ou parlatório usado por oradores, situava-se praticamente aos pés da colina. Ali os conspiradores podiam concorrer pela conquista do apoio popular. Ali eles teriam sua chance de conquistar o povo comum de Roma, as plebes urbanas. Os plebeus eram, majoritariamente, apoiadores de César, de longa data; mas, no transcorrer dos seis últimos meses, eles haviam começado a mudar de ideia. Os plebeus adoravam campanhas eleitorais, pois estas lhes proporcionavam as atenções e recompensas dos homens que concorriam aos cargos públicos. Porém, César suprimira as eleições, pois ele mesmo indicava os oficiais para que ocupassem cargos públicos. Os plebeus se ressentiam disso, como também se ressentiram dos ataques dele aos seus paladinos, os Tribunos do Povo. Isto proporcionou a Brutus e Cassius uma abertura, tanto quanto contribuía para a impopularidade de Antônio.

O povo se lembrava de que Antônio havia enviado tropas ao Fórum, em 47 a.C., tendo matado oitocentos apoiadores do perdão dos débitos. Naquela ocasião, o "paladino do povo" fora Dolabella, e, agora, *ele* se juntara aos libertadores na Colina Capitolina. Dolabella, no momento, também era cônsul, tal como Antônio. Em resumo, os conspiradores tinham a chance de fazer com que as plebes urbanas pendessem para o seu lado; e eles planejavam tirar o máximo proveito da oportunidade.

Enquanto a tarde dos Idos de Março transcorria sem banhos de sangue ulteriores, um grupo de pessoas começou a subir a Colina Capitolina. Entre essas pessoas incluíam-se senadores e cidadãos romanos comuns, que provavelmente fossem amigos ou clientes dos conspiradores. Um dos integrantes do grupo era Cícero.

Cícero escrevera uma breve carta a Minucius Basilus, um dos assassinos. "Congratulações!"[32], dizia Cícero, acrescentando que se sentia jubilante, que adorava seu correspondente e pretendia que este o mantivesse atualizado quanto aos movimentos seguintes. Mas, por qual motivo ele oferecia suas congratulações? Isto não é claro, mas alguns interpretam como um agradecido cumprimento pelo assassinato. Se em seus comentários posteriores servirem como indicativos, Cícero estava exultante com o assassinato de César. Para Decimus, ele se referiu ao ato como o maior feito da História[33]. "Algo tão grandioso jamais foi realizado, pelo sagrado Júpiter"[34], indagava ele em um discurso, em 43 a.C., "não apenas nesta cidade, mas em todo o mundo? Algo mais glorioso e mais valorizado na eterna memória dos homens?" Quando Brutus dirigiu-se aos seus visitantes[35], ele contava com uma reação desse teor; mais do que suficiente para fazer com que se decidisse a convocar uma Reunião Popular e dirigir um discurso formal ao povo.

Acompanhado por Cassius e outros conspiradores, Brutus então desceu a Colina Capitolina, rumando para o Fórum. Nicolaus de Damasco afirma que gladiadores e escravos os protegiam[36], mas Nicolaus ironiza a "suposta razoabilidade"[37] de Brutus, e é possível que tenha inventado este detalhe apenas para fazer com que Brutus parecesse um tanto menos arrogante. Se as pessoas não reagissem muito favoravelmente a tal visão e com a Capitolina oferecendo-se como uma via de retirada muito acessível, é provável que os conspiradores, de bom grado, deixassem para trás os homens que lhes garantiam a segurança. Plutarco, que via Brutus como um herói[38], diz que apenas um pequeno grupo de homens eminentes o flaqueava. Em todo caso, Brutus alcançou o parlatório ao pé da Colina Capitolina. Apenas um mês antes, César se sentara sobre aquela mesma plataforma[39] elevada quando Antônio a escalou e, por duas vezes, pôs-lhe um diadema sobre a cabeça — apenas para que César o removesse.

Brutus não se apresentava com sua melhor imagem, uma vez que sua mão ainda estava ferida[40], em consequência do ataque a César. Contudo, enquanto ele se preparava para falar, algo maravilhoso aconteceu: fez-se silêncio. Em um dia tão tumultuado, diante de uma multidão heterogênea de romanos comuns, prontos para expulsá-lo dali com seus apupos, Brutus inspirava o comportamento ordeiro. À medida que ele prosseguia[41], a multidão recebia suas palavras com muita serenidade.

Brutus era um orador muito bom, embora não do tipo excitante. Ele era franco, simples e generoso, além de possuir o que os romanos chamavam de *gravitas*[42], ou seja seriedade e substância. Cícero, escrevendo privadamente, achava seus discursos tediosos e vagos[43]; outros críticos os consideravam desinteressantes e frios[44]. Contudo, essas seriam qualidades que poderiam se provar reconfortantes para aquela ocasião.

Não podemos reconstituir o discurso de Brutus, mas sabemos que Cassius e outros também se pronunciaram. Como de costume, tudo o que as fontes nos proporcionam são apenas sugestões do que os oradores "devem" ter dito. De modo geral, sabemos que os oradores criticaram a César e louvaram o governo exercido através da vontade popular. Os primeiros disseram que não haviam assassinado César para tomar-lhe o poder, mas para que fossem livres, independentes e governados justamente. Eles se referiram aos seus ancestrais que haviam destronado reis e disseram que César teria sido ainda pior do que esses, porque havia obtido seu poder por meio da violência. Apiano, que escreve sarcasticamente sobre os conspiradores, os acusa de fanfarronice e autocongratulação[45]. Ele afirma que eles teriam agradecido especialmente a Decimus por haver proporcionado a presença dos gladiadores no momento decisivo. Ele também diz que eles advogaram a reinstituição dos tribunos depostos por César, e que clamaram por algo "incendiário": o retorno de Sextus Pompeu — o filho sobrevivente de Pompeu — da Espanha, que lá ainda combatia os tenentes de César. Nicolaus provavelmente se refere a Cassius[46] quando diz que um dos oradores afirmou que o assassinato demandara um longo planejamento devido à presença das tropas de César e seus grandes comandantes. O mesmo orador também prevenia que males ainda maiores poderiam irromper.

Por que, então, o povo teria tratado tão bem a Brutus? Quanto a isto, as fontes divergem marcadamente. Cícero escreveu ao seu amigo Atticus que o povo estaria "fervilhando de entusiasmo" por Brutus e Cassius[47] nos dias subsequentes ao assassinato. Nicolaus diz que muita gente foi juntar-se aos homens na Capitolina[48] nos dias 15 e 16 de março, enquanto os amigos de César ainda estavam aterrorizados. Apiano afirma exatamente o contrário: que o povo odiava os assassinos[49], mas sentia-se intimidado por eles, permanecendo em silêncio. Apiano também atesta que Brutus e Cassius haviam contratado uma claque de estrangeiros e escravos, emancipados ou não, para que se infiltrassem na assembleia e silenciassem os verdadeiros cidadãos romanos. Mas os romanos costumavam descartar essas acusações, e nós não devemos tomá-las a sério. Plutarco diz que a multidão permanecia em silêncio[50] por respeito a Brutus e por comiseração a César. O povo admirava as palavras de Brutus mas desaprovava o assassinato. Nicolaus diz que o povo estava confuso e ansioso[51] quanto a qual poderia ser o próximo ato revolucionário. Isso e o respeito que as pessoas devotavam a Brutus e sua famosa família explica seu silêncio.

Mas, consideremos outra possibilidade. Talvez o povo tivesse reconhecido que Brutus fosse a coisa mais rara: um homem honesto. Talvez aquelas pessoas tenham raciocinado assim: se Brutus desejasse tomar o poder, por que não teria posicionado tropas nos portões da cidade? Se ele se importasse apenas consigo mesmo, por que não teria permanecido ao lado de César, seu benfeitor? Talvez os romanos tivessem compreendido que Brutus realmente desejasse aquilo que mais tarde ele admitiria: suas metas eram a liberdade e a paz.[52]

Então surgiu um elemento perturbador para os conspiradores. Outro senador, o *prætor* Lucius Cornelius Cinna, conhecido como Cina, levantou-se para falar. Ele era irmão da falecida Cornélia, a primeira esposa de César, e tio da também falecida e muito amada Júlia, a filha de César. O pai de Cina fora um famoso Populista e apoiador de Marius. César fizera de Cina o *prætor* para o ano de 44 a.C. como um ato de bondade para com um homem que sofrera perseguições por causa de Sila. Cina aceitou a honraria, mas agora, teatralmente, ele arrancava sua toga de ofício e a desprezava como um presente recebido de um tirano. Embora não fosse um dos conspiradores, ele condenou a César e louvou seus assassinos como executores de um tirano e merecedores de honras públicas. A multidão reagiu com tamanha fúria que os conspiradores tiveram de retornar à Capitolina. Plutarco diz que isto demonstrou quanto o povo objetava[53] o assassinato, mas sua verdadeira objeção era quanto ao desastroso comportamento de Cina. César não fora somente o benfeitor de Cina, mas, também, o marido de sua falecida irmã, o que criava entre eles uma relação de parentesco pelo casamento.[54] Vilipendiar esse relacionamento do modo como Cina o fizera não era algo que os romanos encarariam de maneira leviana. Em resumo, Cina era o "vendedor" errado para a concepção do assassinato.

Provavelmente tenha sido naquela mesma tarde que Dolabella conseguiu obter uma reação muito mais favorável à conspiração, quando ele também convocou uma Reunião Popular e fez um discurso formal. Embora Antônio ainda não tivesse retirado suas objeções quanto a isso, Dolabella vestiu sua toga de ofício e, como cônsul, dirigiu-se ao povo romano no Fórum. Ele renegou ao seu antigo defensor, César, e louvou os assassinos. Algumas fontes atestam que Dolabella[55] chegou mesmo a propor que os Idos de Março marcassem a data de nascimento do Estado. Os apoiadores dos conspiradores passaram a levá-los mais a sério ao verem que contavam com um cônsul do lado deles.

O resultado de tudo isso era que o povo romano ainda não havia se decidido. Eles assistiam a tudo, aguardavam e reuniam informações acerca dos vários atores do grande drama; mas a opinião pública ainda estava para ser conquistada.[56]

Além de falar ao povo romano, os conspiradores decidiram abrir negociações com Antônio. Ele era a pessoa que detinha a posição política mais elevada em Roma e poderia se mostrar disposto a "fazer as pazes", especialmente porque eles haviam poupado a sua vida. Então, enviaram uma delegação de ex-cônsules para falar com ele. Quais foram exatamente os termos para isso, não sabemos. Cícero, que relata as notícias[57], afirma que eles pretendiam convencer a Antônio que defendesse a República, o que soa como uma proposta para que ele abandonasse os amigos de César e passasse para o lado deles. Mas Cícero não pode ser levado a sério quanto a isso. Alegando não confiar em Antônio, ele se recusou a juntar-se aos outros cônsules que seguiram na missão.

Ao contrário, Cícero desejava que os "libertadores" — como ele chamava os assassinos — forçassem Antônio a fazer uma manobra evasiva. Naquele "primeiro dia sobre a Capitolina"[58], como escreveria mais tarde, ele declarou que Brutus e Cassius deveriam convocar o Senado para que se reunisse na Colina Capitolina. Como pretores, eles teriam o direito de fazer isso; e, na verdade, a Capitolina abrigava, de tempos em tempos, algumas reuniões do Senado, no Templo de Júpiter. "Pelos deuses imortais"[59], escreveu ele, o que não poderia ser conseguido então, quando "todos os homens bons, e mesmo aqueles apenas moderadamente bons, fossem felizes, enquanto os criminosos fossem impotentes?"

Um apoiador de Antônio escreveria, mais tarde, que depois do assassinato de César, a República parecia haver caído nas mãos de "dois Brutus (ou seja, Brutus e Decimus) e de Cassius"[60], e que "todo o Estado passou para o lado deles"[61]. Isto era uma exageração, mas talvez tenha capturado o ânimo excitado dos assassinos. Se Apiano estiver certo, a maioria dos senadores simpatizava[62] com os assassinos. Nesse caso, que dizer do grande número de senadores indicados por César? Apiano diz que mesmo alguns destes achavam repugnantes as ações dele; e também havia alguns cínicos "vira-casacas", como Cina. Alguns senadores atribuíram ao assassinato o honorável epíteto de "eliminação do tirano", ou "tiranicídio". Outros propuseram uma votação para que os assassinos recebessem honras públicas. Quando vivo, César ferira a *dignitas* dos conspiradores. Agora que o haviam assassinado, muitos de seus pares aprovavam seu ato.

Mas é provável que nada disso ainda fosse claro na tarde de 15 de março. Mais cedo, naquele dia, os conspiradores viram quão poucos senadores os apoiavam. Por que deveriam esperar que mais deles o fizessem, agora? Ninguém se deixaria impressionar pelo governo do restante de um Senado fraco. Ao menos assim eles devem ter pensado. Além disso, já se fazia tarde, e reuniões do Senado após o crepúsculo eram ilegais. Seria melhor manter a pressão sobre Antônio ao conquistar o apoio popular para causa deles.

## 15 DE MARÇO: CÉSAR VAI PARA CASA

Enquanto isso, na Casa do Senado de Pompeu, o corpo de César permanecia desassistido. Os amigos de César o haviam deixado ali. Seus apoiadores haviam fugido do Pórtico de Pompeu, mas não antes que alguns deles fizessem outros arranjos. Segundo uma história, um arrependido apoiador de César chegou a fazer uma pausa, antes de abandonar a Casa do Senado, para vociferar algumas palavras raivosas diante do cadáver: "Basta de servir a um tirano!"[63]

Somente três escravos ficaram para trás, para encarregarem-se dos cuidados com o corpo de César, que eles depositaram em uma liteira. Esses três escravos comuns carregaram a liteira de César de volta para casa[64], fazendo um triste contraste com a grandiosa comitiva que o acompanhara até o Pórtico de Pompeu naquela manhã. Uma vez que fossem necessários quatro escravos para transportar uma liteira[65], os três carregadores prosseguiram com grande dificuldade, fazendo muitas paradas pelo caminho. As cortinas da liteira estavam erguidas e as pessoas podiam ver[66] as mãos de César pendendo para fora e seu rosto ferido. De acordo com Nicolaus, elas choravam diante desta visão.[67]

O caminho tomado pelos escravos os fazia passar pelo sopé da Colina Capitolina e através do Fórum. Choro, gemidos e lamentações os acompanhavam, vindos de ambos os lados das ruas, das soleiras das portas e dos terraços sobre as casas. Quando, afinal, eles se aproximaram da casa de César, uma algaravia ainda maior os saudou. Uma multidão de mulheres e escravos emergiu, acompanhando Calpúrnia. Lembrando-se do aviso daquela manhã, ela chamou César pelo nome[68] e disse que o destino o tratara de maneira ainda pior do que ela esperava.

Suetônio diz que os conspiradores haviam planejado arrastar o corpo de César[69] até Tibre depois de havê-lo matado, além de confiscarem suas propriedades e revogarem seus decretos, mas não levaram essas intenções adiante por temerem a Antônio e a Lepidus. Isto não é crível, mas talvez fosse o que Cícero tivesse em mente para levar à reunião do Senado que ele pretendia fazer acontecer na Colina Capitolina, naquele dia. Nem um moderado como Brutus, nem o mais rematado cínico teriam endossado algo assim. Os assassinos precisavam do cadáver de César como moeda de barganha.

Em algum momento, antes que o dia findasse, uma tempestade abateu-se sobre Roma.[70] Houve trovoadas tremendas, acompanhadas por uma chuvarada violenta e pesada. Para alguns, pareceu que os céus proclamassem a vingança de Pompeu sobre seu rival.

Quando o sol se pôs[71] nos idos de março — o que costuma acontecer por volta das 18:15h em um dia 15 de março, em Roma — nada estava claro. Antônio e Lepidus prometeram uma resposta para o dia seguinte à embaixada dos ex-cônsules. Todos imaginavam o que aconteceria a seguir.

Ambos os lados dispunham de armas e o desfecho da situação era incerto. Teria sido difícil pensar no interesse público quando o povo temia por sua própria segurança.

## 16 DE MARÇO: UMA REUNIÃO NA CASA DE ANTÔNIO

O destino de Roma foi decidido em centenas de reuniões promovidas durante os dias subsequentes ao assassinato de César. Estas iam desde consultas noturnas em casas particulares até sessões do Senado iniciadas ainda ao alvorecer; de conselhos velados em edificações ocupadas na Capitolina até a leitura formal do testamento do ditador em uma luxuosa residência urbana; e da formação de grupos de homens armados que surgiam das ruas gritando ameaças contra assembleias públicas no Fórum Romano.

A história dos dias que se seguiram aos Idos de Março é um paradoxo[72]. Por um lado, ela é parte daquele que é, provavelmente, o ano melhor documentado da História romana — graças às muitas cartas sobreviventes de Cícero. Por outro lado, Cícero faz poucas referências àqueles dias de março; e as outras fontes são, com muita frequência, discordantes. Se o quadro geral resultante é claro, a compreensão dos detalhes requer certo trabalho intuitivo.

Os homens que tomaram e defenderam a Colina Capitolina[73] temiam um ataque dos soldados de César. O primeiro movimento foi realizado na tarde de 15 de março. Lepidus moveu seus soldados[74] da Ilha Tibre para o Campo de Marte, o local do assassinato. Então, naquela noite ele os deslocou novamente, para o Fórum Romano, no lado leste da Colina Capitolina. É provável que eles tenham marchado ao longo da estrada que levava para leste das muralhas da cidade e, então, teriam passado através do Portão Carmental e contornado a Colina Capitolina pela rua conhecida como *Vicus Iugarius*, que levava ao Fórum. Não era legalmente permitido trazer um exército armado para dentro das muralhas de Roma, mas a Guerra Civil já assistira à quebra de muitas leis, e a guerra terminara havia apenas alguns meses. Pompeu e até mesmo Cícero, o grande republicano, já haviam, cada um a seu turno, reunido soldados em Roma, para conter alguns tumultos.

O dia seguinte, 16 de março, foi um dia de discursos, exibições e ameaças de emprego de forças militares e escusas tramas de planos ainda mais escusos. Ao alvorecer, no Fórum Romano, Lepidus convocou uma Reunião Popular e fez um discurso[75] contra os assassinos. Antônio estava entre os presentes, usando uma armadura, tal como era seu direito consular. É provável que Lepidus também usasse fardamento militar. Possivelmente a plateia incluísse alguns veteranos de César, além de cidadãos romanos comuns e soldados comandados por Lepidus. Lepidus estava pronto[76] para reunir suas tropas e tomar de assalto a Colina Capitolina, para vingar a César. O ataque certamente seria bem-sucedido, e haveria matado ao menos a alguns dos conspiradores, entre os quais talvez se incluíssem seus dois cunhados, Brutus e Cassius. Mas Lepidus aguardou por uma reunião que aconteceria mais tarde, naquele mesmo dia.

Esta foi uma reunião dos mais íntimos apoiadores de César, na casa de Marco Antônio.[77] Esta era uma edificação grandiosa, completa, com dois pátios guarnecidos de colunatas e um banho. Ela abrangia uma área total de cerca de 2.300 m² — aproximadamente do tamanho de uma mansão moderna, mas muito maior do que as residências mais luxuosas de Roma, à época. Anteriormente a residência urbana de Pompeu, o Grande, a propriedade fora adquirida por Antônio quando ele dispôs das propriedades de Pompeu trabalhando para César. Ela se localizava em um elegante distrito residencial "da moda" do período, conhecido como *Carinæ* — "carenas" ou "quilhas"[78] — porque certas construções[79] ali assemelhavam-se a quilhas de navios.

A reunião prosseguiu até a noite[80]. Aulus Hirtius, o fiel tenente de Lepidus e de César, era um dos mais eminentes participantes, mas outros apoiadores de César também se encontravam ali. Lepidus argumentava em favor de um ataque aos assassinos, em nome de uma vingança por César. Alguém concordou com ele, dizendo ser tanto herético quanto inseguro deixar a morte de César sem ser vingada. "Herético" presumivelmente porque aqueles homens haviam jurado defender a César com suas próprias vidas; e "inseguro" porque, uma vez que os assassinos ganhassem poder, trocariam sua presente inatividade por algo mais perigoso. Mas Hirtius discordava disso, e argumentou em favor de negociações e amizade. Matar os assassinos engendraria uma *vendetta*, movida por seus amigos e parentes poderosos, e levaria a uma condenação certa por parte do Senado. Além disso, se eles iniciassem uma guerra, teriam forçosamente de vir a defrontar-se com Decimus, que estava a ponto de tornar-se governador da Gália Italiana, cargo para o qual César o havia indicado. Essa província estratégica abrigava duas legiões, capazes de alcançar Roma em menos de duas semanas. E, se estas parecessem poder sair vencedoras, mais tropas as seguiriam.

Outras províncias também eram motivos de preocupações. Gaius Matius temia uma sublevação na Gália Belga[81], quando lá fossem recebidas notícias sobre a morte de César. Não seria senão pela metade de abril que boas novas chegariam a Roma, anunciando que as tribos daquelas paragens haviam prometido obediência. Apoiadores de Pompeu controlavam a Síria e grande parte da Hispânia. Sextus Pompeu[82] possuía navios de guerra e — tal como alardearia — sete legiões. Naturalmente, estas não seriam páreo para as trinta e cinco legiões que César havia reunido para a guerra contra a Pártia; mas, agora, a quem essas legiões seriam leais?

Era de Antônio a voz mais importante, tanto porque ele era um cônsul, quanto porque possuía uma reputação — e um histórico — de fazer com que as coisas fossem levadas a cabo. E ele era favorável a uma negociação. Antônio não possuía tropas próprias[83], e provavelmente não estaria ansioso por ver Lepidus ganhar créditos por quaisquer sucessos militares. Além disso, talvez Antônio tivesse aprendido uma lição com o "efeito rebote" que sofrera depois de ter enviado um exército ao Fórum, em 47 a.C. Ele deve haver concluído que seria melhor manter os soldados na retaguarda, como uma presença intimidadora, do que empregá-los para promover um banho de sangue e, posteriormente, arcar com as recriminações.

Assim, a curto prazo Brutus provaria ter estado certo, e Cassius errado. Permitir que Antônio continuasse vivo em 15 de março fora o movimento mais inteligente; mas, a longo prazo, Antônio provaria ser um inimigo mortal dos "libertadores" — e um operador muito mais astuto do que eles poderiam esperar. Apesar disso, ele não viria a ser o maior dos problemas que eles enfrentariam.

Os conferencistas na casa de Antônio decidiram-se por uma negociação.[84] Eles iriam meramente postergar a vingança, esperando serem capazes de poder influenciar o exército de Decimus a abandoná-lo. Aos ex-cônsules, enviados da Colina Capitolina, os conferencistas responderam com palavras severas sobre o imperativo de terem de expulsar os poucos culpados diretos pela morte de César ou virem todos a sofrer com uma maldição divina. Mas eles adiaram a realização de uma reunião no Senado, na qual as duas partes poderiam decidir sobre um curso de ação comum. Os homens na Colina Capitolina ficaram felizes em concordar que a sessão fosse realizada no dia seguinte, 17 de março.

O que se seguiu a isso foi uma longa noite em Roma[85], iluminada por fogos que ardiam em sinal de intensa atividade. Antônio posicionou tropas pela cidade toda, para garantir a segurança. Os assassinos enviaram homens à casa de um senador após outro, tentando avivar seus apoios. Ao mesmo tempo, líderes dos veteranos de César percorriam as ruas incansavelmente, tentando intimidar aos amigos dos assassinos e fazendo ameaças sobre as consequências que sofreriam, caso algum deles interferisse em seus direitos adquiridos sobre as terras que possuíam. Enquanto isso, o povo começava a notar quão poucos eram os assassinos e seus amigos. Aqueles que, no início, celebravam a morte do tirano começaram a pensar duas vezes.

Porém, o evento mais importante da noite teve lugar na Mansão Pública. Antônio obteve o controle tanto sobre a fortuna pessoal de César, quanto a posse de seus títulos estatais de propriedade[86] — quer tenha sido porque Calpúrnia achou que estas coisas estariam mais seguras em poder de Antônio do que em sua própria casa, ou porque Antônio, como cônsul, ordenou que assim fosse feito. De acordo com Plutarco, a fortuna pessoal de César remontava a 4.000 talentos[87] — ou seja, uma soma muitíssimo vultosa, equivalente a 113.400 quilos de prata. Na política, tanto o dinheiro quanto o conhecimento representam poder; e, agora, Antônio possuía ambos, em grande quantidade.

## 17 DE MARÇO: O SENADO SE REÚNE

Antes que as primeiras luzes da manhã de 17 de março surgissem, os senadores começaram a reunir-se para uma sessão que teria início ao alvorecer. O Senado reunia-se no Templo de Tellus, uma deusa romana da terra. Não temos conhecimento de que outra reunião do Senado jamais tenha ocorrido em tal local; mas o Templo de Júpiter, na Colina Capitolina, encontrava-se sob ocupação, e o Templo da Concórdia, no sopé da Capitolina, estava bem ao alcance dos gladiadores de Decimus. A utilização da Casa do Senado de Pompeu era uma ideia agourenta. Havia outros templos em Roma, mas o Templo de Tellus localizava-se em *Carinæ*, longe da Colina Capitolina e próximo da casa de Antônio, e, por isso, parecia ser um lugar seguro. Mesmo assim, Lepidus fez uma demonstração de força e trouxe tropas ao templo, onde soldados ocuparam as entradas — o que foi uma coisa boa. Cina apareceu para participar da reunião[88]; desta vez usando seus trajes pretoriais. Quando algumas pessoas — incluindo alguns veteranos de César — o avistaram, prontamente passaram a apedrejá-lo e a correr em seu encalço, até ele conseguir entrar e refugiar-se em uma casa, que quase terminou por ser incendiada, não fosse pela intervenção dos soldados de Lepidus, que contiveram os iracundos perseguidores.

Àquela altura, no dia 17 de março, mais veteranos de César começavam a chegar[89] a Roma, vindos de cidades onde ele os havia assentado ou de terras confiscadas que, graças a ele, tinham podido adquirir. Alguns vinham por iniciativa própria; enquanto outros atendiam aos chamamentos de Antônio, de Lepidus ou de outros amigos de César. Honra e interesse próprio davam, igualmente, aos soldados um embasamento para que atacassem. César fora o chefe e o patrono deles, mas agora estava morto, e eles temiam perder tudo quanto possuíam. Nicolaus afirma que a maioria dos apoiadores dos conspiradores "derreteu"[90] diante da mera visão dos soldados veteranos — o que é, sem dúvida, uma exageração, mas demonstra que a direção dos ventos começava a mudar.

O Templo de Tellus trazia lembranças tanto aos defensores da República quanto aos inimigos destes. Ele fora erigido em terras confiscadas havia muito tempo, por um líder da Antiga República[91], que fora acusado de desejar ser rei, e, por isso, preso e executado. Uma estátua de Ceres, deusa da agricultura, paga com as propriedades dele, fora colocada diante do templo. Ao lado desta, havia uma estátua do irmão de Cícero, Quintus, recentemente colocada ali pelo próprio Cícero. Quintus era um símbolo de tempos perigosos: ele servira a César como comandante na Gália e na Britania, antes de passar a apoiar Pompeu, durante a Guerra Civil, e, finalmente receber o perdão de César. Se o exterior do templo não fosse suficientemente impressionante, enquanto deliberavam em seu interior, os senadores podiam contemplar um grande mapa da Itália[92] pintado sobre uma das paredes — um vívido lembrete do coração do império que estava em jogo.

A reunião do Senado foi longa e dramática — ainda que, durante seu transcurso, os assassinos não tivessem ousado descer a Colina Capitolina. Apoiadores destes, como Cícero, representavam seu lado. O que os senadores decidiram ao final está muito bem documentado, em fontes confiáveis. Os detalhes do debate provêm, em grande parte, de Apiano e Cassius Dio[93] — o que os torna plausíveis, em vez de meramente factuais. Como cônsul, Antônio mostrou-se favorável a um compromisso para que fossem feitas concessões de parte a parte, desde o início. Entre os oradores incluíam-se Cícero e o sogro de César, Piso. Os debates foram vigorosos. Revelou-se que muitos dos senadores — senão a maioria deles — sentiam-se pouco à vontade com as disposições "monárquicas" de César. Alguns disseram que os assassinos mereceriam uma recompensa por haverem matado a um tirano, enquanto outros achavam que se devia apenas agradecê-los como benfeitores públicos.

Lucius Munatius Plancus causou impressão como uma voz favorável à moderação. Um oficial de confiança de César na Gália e na Guerra Civil, Plancus estava a ponto de assumir o governo da Gália Transalpina[94], mas ele também era muito próximo de Cícero.

Um dentre os que eram favoráveis a recompensar os assassinos por haverem matado a um tirano era Tiberius Claudius Nero. Ele servira a César como comandante durante a Guerra Civil e como oficial na Gália, mas aparentemente achava as maneiras "monárquicas" de César insuportáveis. (Ironicamente, mais tarde ele teria um filho que viria a tornar-se o Imperador Tiberius.[95])

Nem uma recompensa, nem agradecimentos eram aceitáveis para os amigos de César; mas mesmo estes mostravam-se dispostos a conceder anistia aos assassinos devido às famílias distintas das quais eles provinham. Os inimigos de César, então, exigiram uma votação quanto ao caráter de César, mas Antônio interveio. Se César fosse declarado um tirano, todos os seus arranjos administrativos, por todo o império, seriam anulados e considerados sem valor, enquanto qualquer um que detivesse um cargo para o qual tivesse sido nomeado por César deveria renunciar a este. Uma vez que César tivesse arranjado a disposição dos órgãos públicos para os cinco anos seguintes, centenas de homens teriam de renunciar — coisa que nenhum deles tinha intenção de fazer. Dolabella, a quem Antônio, então, havia reconhecido como cônsul adjunto, imediatamente "virou a casaca" quanto ao apoio que declarara aos assassinos no dia anterior. Agora que seu próprio cargo estava ameaçado, ele pronunciou-se veementemente contra chamar a César de tirano e honrar seus assassinos.

Enquanto isso, uma multidão se reunira do lado de fora do templo, e Antônio e Lepidus saíram para dirigirem-se a ela. "Paz!", gritavam alguns; e "vingança!", bradavam outros.[96] Antônio disse que, na posição de cônsul, não poderia apoiar a vingança, por mais tentado que se sentisse a fazer isso. Quando alguém na multidão ameaçou a Antônio, ele afrouxou sua túnica para mostrar que usava uma armadura por baixo desta. Ele usou a ocasião para relembrar às pessoas da clemência de César, e dos juramentos aos quais seus assassinos haviam traído.

Os defensores da vingança apelaram a Lepidus para que levasse adiante sua vontade. Antes que ele pudesse responder, eles insistiram para que ele se dirigisse ao Fórum Romano, onde todos poderiam ouvi-lo melhor; e assim ele fez. Lepidus, então, postou-se sobre a plataforma dos oradores, mas fez uma triste figura. Ali, diante da multidão, ele gemeu e chorou por um longo tempo. Quando se recuperou, ele falou. Disse lembrar-se de haver estado exatamente ali ainda no dia anterior, ao que parece, com César; e, agora, via-se forçado a perguntar o que as pessoas queriam que ele fizesse quanto ao assassinato de César. Mais uma vez, gritos em favor da paz e da vingança ecoaram. Tal como Antônio, Lepidus admitiu desejar a vingança, mas disse que o mais importante seria poupar vidas romanas.

Quando retornaram ao Senado, Antônio pronunciou-se favoravelmente a um compromisso: o de estender a proteção aos assassinos e de ratificar os atos de César. Se Apiano estiver correto, ele não foi sutil quanto ao perigo representado pela presença dos veteranos de César em Roma — todos armados. Eles queriam suas terras e queriam que a memória de César fosse honrada. Caso contrário... Antônio propôs que os assassinos fossem poupados apenas como um ato de clemência.

Cícero fez um longo discurso[97]. Ele sintetizou o estado atual de Roma: o Capitólio estava ocupado, o Fórum repleto de armas e toda a cidade com medo. Ele concordou com Antônio quanto à necessidade do compromisso, deixando os assassinos impunes e os atos de César em vigor. Suas preferências sem dúvida eram diferentes, uma vez que Cícero privadamente chamava a César de rei.[98] O que Cícero conseguiu foi substituir a noção de anistia pela de clemência; pois a palavra "clemência" era muito intimamente associada a César. Ele deu uma lição de História aos senadores, citando o caso de Atenas, onde, depois de uma sangrenta guerra civil, o povo sabiamente aprovara uma anistia, tendo passado, então, a um período de prosperidade doméstica e de vitórias em terras estrangeiras. Na verdade, Cícero empregou a palavra grega *amnestia*. Ele aconselhou aos senadores para que agissem com disposição semelhante, pelo bem do progresso ulterior.

Depois dos discursos, um decreto foi aprovado, garantindo aos assassinos a imunidade de perseguições e ratificando todos os atos e decretos de César, mas apenas "desde que isso seja vantajoso para o Estado."[99] Os amigos dos assassinos — certamente incluindo Cícero — insistiram quanto a esta condição porque qualquer coisa mais favorável a César poderia soar como uma condenação pelo assassinato. Ironicamente, homens como Decimus, Brutus e Cassius viriam a lucrar com a ratificação dos atos de César, pois estes os confirmavam como agentes públicos oficiais. Enquanto isso, sob pressão dos veteranos de César, o Senado aprovava outros dois decretos confirmando os direitos dos novos colonos que estavam em vias de assumir a posse de suas terras, bem como os dos que já haviam se apossado das que lhes cabiam.

Foi durante essa reunião — ou em outra, realizada pouco depois — que Antônio propôs sua moção pela abolição da ditadura[100]. O Senado concordou, e, assim, César não foi apenas o ditador mais poderoso jamais surgido em Roma, mas, também, seu último.

A reputação de Antônio aumentava dramaticamente, enquanto o povo o saudava por suas qualidades como estadista. Porém, Cicero jamais confiara em Antônio, e considerava a tudo aquilo como um mero recuo tático.[101] Ele acreditava que Antônio desejava o poder de César, e que iria tentar obtê-lo tão logo quanto possível; e Cícero não tinha nenhum gosto por assumir compromissos. Para ele, restaurar a República significava aniquilar os apoiadores de César. Mas ao menos uma pessoa ficou indubitavelmente feliz com o compromisso estabelecido em 17 de março: Brutus. Era verdade que os assassinos haviam fracassado ao tentarem rotular César como um tirano, e também era verdade que eles haviam falhado ao tentarem obter as honras que ambicionavam; mas Brutus desejava a paz e a moderação, e as obtivera. E, afinal, até onde as coisas lhe diziam respeito, o tirano estava morto, o Senado e o povo poderiam recuperar seu poder, e Roma poderia seguir adiante.

Mais tarde, Cícero diria, privadamente[102], que votara pelo compromisso apenas porque os "libertadores" — como ele os chamava — já haviam sido derrotados. Ele não teria podido falar livremente naquela reunião do Senado, declarou ele. Que outra escolha ele teria senão defender os veteranos, com toda a força de seus argumentos, sendo que eles estavam presentes e armados enquanto ele não contava sequer com um guarda-costas? Em público, porém, ele louvava a Antônio, por seu discurso no Senado e sua boa-vontade.

## 17 DE MARÇO: A RECONCILIAÇÃO

Naquele mesmo dia, 17 de março, os conspiradores convidaram o povo romano a subir a Colina Capitolina — e um grande número de pessoas aceitou o convite. Brutus dirigiu-se a todos, falando, ao que parece, do interior ou nas proximidades do Templo de Júpiter[103], onde o Senado frequentemente se reunia. Apiano relata o que Brutus supostamente disse.[104] Após terminar de proferir o discurso, Brutus preparou-o para que fosse publicado. As palavras de Apiano refletem a versão publicada.

Antes da publicação, Brutus enviou um esboço a Cícero, para que tecesse seus comentários. Privadamente, Cícero escreveria que o discurso era o máximo em elegância, no tocante aos sentimentos e quanto à escolha das palavras, mas faltava-lhe "fogo". Cícero ansiava por "raios e trovões"[105] à maneira de Demóstenes, o grande orador grego que sabia, como ninguém, combinar elegância com *gravitas*. A versão apresentada por Apiano não contém "raios e trovões", mas não deixa de ser um discurso contundente.

Brutus enfrentou destemidamente as acusações contra os conspiradores, de que, ao assassinarem César teriam violado seus juramentos e que ao ocuparem o Capitólio haviam tornado impossível a obtenção da paz. Quanto a esta última acusação, Brutus disse que eles haviam sido forçados a buscar refúgio na Colina Capitolina devido ao repentino e inesperado ataque a Cina. Isso era falso, uma vez que os conspiradores já haviam subido a colina antes do ataque, mas certamente rendia uma boa história. Voltando ao assunto de César, o juramento tido como sacrossanto fora feito compulsoriamente, alegava Brutus, por isso não teria valor.

Brutus pinta um retrato desprezível, mas acurado, de César. O destituído governador da Gália invadira seu próprio país, matando um grande número de seus melhores e mais nobres cidadãos, inclusive alguns dos mais ferrenhos defensores da República. Ele negara aos romanos sua liberdade e insistira para que ele, César, dispusesse todas as coisas de acordo com seu comando. Ele atacara os Tribunos do Povo, oficiais a quem todos os romanos haviam jurado considerar sagrados e invioláveis.

Então, Brutus voltou-se para um eleitorado-chave: os veteranos de César. Ele compreendia a ansiedade deles[106] para tomarem posse ou manterem as terras que César havia-lhes prometido, mas Brutus protestava contra o que chamava de calúnias dirigidas a ele mesmo e aos outros conspiradores. Eles jamais tomariam de volta as posses concedidas aos veteranos. Os homens mereceriam aquelas terras por seus gloriosos préstimos em serviço na Gália e na Britania. Brutus objetava apenas quanto à prática de César de roubar propriedades de seus inimigos políticos na Itália. Os conspiradores pretenderiam pagar compensações aos antigos proprietários de terras com verbas dos fundos públicos, mas garantiriam aos veteranos a posse das terras que já tivessem, naquele momento. Isso eles jurariam pelo próprio deus Júpiter.

César, dissera Brutus, criara propositalmente uma cisão entre os veteranos e os antigos proprietários de terras para engendrar um problema. Sila agira de maneira semelhante; e Brutus, astutamente, "embrulhou" César e Sila no mesmo "pacote" — o que deve ter recordado a alguns presentes na plateia que o pai de Brutus fora um Populista que fizera oposição a Sila. Para resumir todo o discurso em uma frase, César fora um tirano.

Belas palavras, mas não suficientes. Analisando retrospectivamente, o discurso de Brutus foi uma oportunidade perdida. Para ser bem-sucedido na política romana então, não bastaria permitir que os soldados mantivessem o que já possuíam; seria preciso dar-lhes mais. A generosidade de César era uma "notícia de ontem". Em vez de desperdiçar recursos preciosos com seus ricos amigos proprietários de terras, Brutus deveria ter distribuído generosamente esses mesmos recursos entre os soldados. E se Brutus não tivesse nada de novo para oferecer às tropas, alguém teria.

Se Brutus pudesse ter defendido a si mesmo, ele teria dito que os veteranos de César eram uma causa perdida — especialmente nos dias emocionalmente carregados que se seguiram ao assassinato de seu chefe deposto.

Melhor seria concentrar-se no jogo político que transcorria em Roma, para o qual Brutus necessitaria do apoio dos antigos aliados de Pompeu e de outros cujas terras tivessem sido confiscadas. Se ele falhasse politicamente, não haveria tempo para comprar, mais tarde, outros soldados menos devotados a César do que homens que precisavam manter viva a memória de César para protegerem suas propriedades.

Brutus também pode ter dito uma outra coisa. Se os Idos de Março provaram alguma coisa foi que os militares não tinham poder para decidir tudo na política romana. A despeito de todo seu poderio militar, César perdera legitimidade em meio a grandes segmentos do povo romano e do Senado, incluindo alguns de seus apoiadores mais próximos. Isto havia-lhe custado a própria vida. Assim, Brutus deve haver concluído, seria de importância vital vencer o debate.

Mas tais argumentos não convencem. Valeria a pena tentar comprar a lealdade dos soldados de César, mesmo que apenas para forçar a falência econômica dos apoiadores de César, caso estes quisessem competir para manter a lealdade dos soldados. E os soldados, enfim, tinham uma voz muito potente.

À época, o discurso de Brutus pareceu fazer um enorme sucesso. As pessoas diziam que ele era justo e correto. Os conspiradores pareciam ser não somente ousados, mas também escrupulosos. A multidão prometeu-lhes apoio.

Em seguida, foi a vez dos cônsules se manifestarem. Eles se dirigiram ao povo romano da plataforma dos oradores no sopé da Capitolina, onde explicaram o que o Senado havia decidido. Além de Antônio e Dolabella, Cícero também falou.[107] Dio diz que os conspiradores haviam enviado uma carta, desde o alto da colina[108], na qual prometiam não confiscar as propriedades de ninguém e diziam considerar válidos os atos de César. Em outras palavras, eles diziam aos veteranos de César que estes poderiam manter suas terras. Eles clamavam pela harmonia entre todos os cidadãos e até mesmo — diz Dio — fizeram os mais solenes julgamentos.[109] Se isto for verdadeiro é, também, irônico — considerando a posição crítica de Brutus quanto a juramentos.

O povo agora pedia aos conspiradores para que descessem da Colina Capitolina. Brutus e Cassius concordaram, mas somente com a condição de que lhes fossem proporcionados reféns[110]. Então, Antônio e Lepidus enviaram seus filhos para o alto da colina. O filho de Antônio ainda era uma criança muito pequena. Reféns não eram incomuns como meios de salvaguardar uma conferência em tempos de guerra civil. Seu emprego demonstra como a paz era inquieta.

Brutus e Cassius desceram a colina. A multidão extasiada prorrompeu em gritos e aplausos. O povo não permitiria que os cônsules falassem sem que, antes, trocassem apertos de mãos com seus antigos inimigos — o que eles fizeram.

Talvez, como diz Apiano, Antônio e Dolabella tenham constatado ansiosamente[111] que a iniciativa política tivesse passado às mãos dos conspiradores. Para alguns, parecia que a maioria dos romanos estava feliz[112] por haver-se livrado da "lei-de-um-homem-só" imposta por César.

Os apoiadores de César agora convidavam seus amigos e parentes que se contavam entre os conspiradores para jantar em suas casas. Sob uma promessa de segurança, Brutus foi para a casa de seu cunhado Lepidus, e Cassius foi para a casa de Antônio. O que se seguiu devem ter sido os dois mais tensos jantares de reconciliação em toda a longa História de Roma. Não há detalhes sobreviventes do jantar de Brutus na casa de Lepidus, mas Lepidus deve haver sentido a presença de César ali, tal como a sentira sobre a plataforma dos oradores, naquela manhã. Afinal, César jantara na casa de Lepidus ainda no dia anterior ao seu assassinato. Durante seu jantar com Cassius, diz-se que Antônio adotou um tom de humor negro. Ele perguntou a Cassius se este trazia uma adaga sob a axila[113], possivelmente fazendo referência ao famoso assassinato de um aspirante a tirano por um ancestral de Brutus, Servilius Ahala, que esconderá uma adaga militar sob sua axila para cometê-lo. Se isto for verdade, tratava-se também de uma sutil provocação a Cassius, cuja genealogia não ostentava episódios igualmente épicos. Supostamente, Cassius teria respondido, com azedume, que, certamente, ele teria uma adaga; uma bem grande, caso Antônio se arvorasse em ser um tirano. Contudo, adagas muito grandes não podem ser ocultas sob axilas.

Não era difícil para nobres educados como Antônio e Cassius trocarem farpas enquanto partilhavam o pão. Sair "por cima" de tal embate político, no entanto, seria muito mais difícil. Restaurar a paz em Roma sem outra guerra civil seria a tarefa mais difícil de todas.

## 10.

## *UM FUNERAL PARA SER LEMBRADO*

César estava morto, mas não sepultado. Em uma cidade cujo teatro político empregava como matéria-prima o descanso eterno de seus mortos nobres, isto não era pouca coisa. A luta pelo futuro de Roma agora mudava seu foco, dos atos de César e o *status* de seus assassinos para o funeral de César e o processo de luto. A atmosfera já tensa estava para tornar-se ainda mais desgastante.

### 18 DE MARÇO: UM FUNERAL PÚBLICO?

Cassius insistiu nessa questão no dia seguinte ao jantar festivo na casa de Antônio. O Senado estava novamente reunido[1], em uma sessão convocada por Piso, o sogro de César. César nomeara Piso como guardião de seu último desejo e testamento. Agora, Piso exigia que o testamento de César fosse lido em público e que ele tivesse um funeral de Estado — uma rara honraria, concedida apenas a Sila e alguns outros. Antônio apoiava enfaticamente a ambas as medidas, mas Cassius se opunha a elas com a mesma veemência. O mesmo fazia Atticus, o amigo de Cícero, privadamente.[2] Ele previra que um funeral público destruiria a causa dos conspiradores. Os funerais de nobres romanos eram, geralmente, cerimônias privadas — ainda que, com frequência, fossem tratados como eventos políticos. Mas funerais públicos tinham uma relevância muito expressiva. Talvez Atticus tivesse em mente os esplêndidos e intimidantes ritos militares dedicados a Sila, trinta e cinco anos antes. Ironicamente, naquela ocasião o pai de Lepidus se opusera com ênfase à cerimônia pública, mas o seu fora um voto vencido. Mais recentemente, um episódio de violência generalizada ocorrera durante os funerais privados do demagogo Clodius, em 52 a.C., e Brutus decidira abster-se de discutir sobre ambos os pontos de vista. O Senado votou favoravelmente à leitura em público do testamento de César e a que ele tivesse um funeral de Estado. A Antônio foi assegurada a prerrogativa de fazer as orações fúnebres. A mesma reunião também confirmou o *status* de César como o um deus.

Analisando retrospectivamente, permitir o funeral público de César fora um erro, mas Brutus deve ter dito que não haveria outra escolha. A vontade popular pelo estabelecimento do compromisso assim exigia. Além disso, tal como Apiano faz Antônio dizer, os soldados de César jamais tolerariam[3] que seu corpo fosse arrastado, vilipendiado e atirado ao acaso, como o cadáver de um tirano. Como eles poderiam se sentir seguros quanto às suas propriedades se o homem que as dera a eles fosse tratado de maneira tão ultrajante? Talvez Brutus tivesse encontrado algum alento com o comportamento dos soldados de Lepidus no Templo de Tellus, quando, no dia anterior, eles salvaram Cina da sanha de uma multidão enfurecida, que incluía alguns dos veteranos de César. É possível que ele tenha raciocinado que os mesmos soldados impediriam que as coisas escapassem ao controle durante o funeral de César. Ou, ainda, talvez Lepidus tivesse mesmo lhe prometido isso. Nós não sabemos.

Em grande parte, as coisas dependeriam dos soldados — tanto os legionários, quanto os veteranos. Brutus provavelmente jamais admitiria que o Senado estivesse à mercê deles; mas, ao mesmo tempo, jamais se opôs ao que quer que eles desejassem.

## 19 DE MARÇO: ÚLTIMO DESEJO E TESTAMENTO

No dia seguinte, 19 de março, Antônio presidiu à leitura do testamento de César[4], realizada na própria casa de Antônio. Aquele era o documento que César havia assinado, no dia 15 de setembro anterior, em sua *villa* ao sul de Roma, e confiara às Virgens Vestais para que fosse seguramente guardado. Nem Antônio, nem Decimus — companheiros de viagem de César desde a Gália de volta à Itália, no verão passado — foram beneficiados com muita coisa. O grande ganhador foi Otávio. Ele herdou três quartos da fortuna pessoal de César, enquanto o restante fora destinado a Pedius e Pinarius, primos de Otávio e também descendentes da irmã de César. Postumamente, César adotava Otávio para a sua família, dando-lhe inclusive seu próprio nome: César. Ele nomeara vários de seus assassinos como guardiões de seu filho, se viesse a ter um. Seus nomes não são conhecidos, mas o de Decimus provavelmente se incluísse entre eles, pois César concedeu-lhe uma honra adicional: ele nomeara Decimus como seu herdeiro em segundo grau, para o caso dos primeiros herdeiros estarem incapacitados ou não desejarem receber sua herança. A Antônio foi concedida uma honra semelhante.

Certamente Decimus conhecia — ou intuía — a opção que César fizera por Otávio quando se juntou à conspiração, mas o leal Antônio pode ter sido surpreendido. Para tornar o nome de César ainda mais valorizado, César deixara uma enorme contribuição política ao povo romano. Ele havia legado a cada cidadão um bônus, em dinheiro, no valor de trezentos sestércios (soma equivalente a 75 *denarii*), quantia apenas um pouco inferior à que lhes dera por ocasião de seus triunfos, em 46 a.C. Além disso, César convertera sua propriedade no Tibre — os Jardins de César, que abrigavam Cleópatra —, em um parque público. Mesmo no além-túmulo, César era um político consumado, cativando apoiadores em meio às plebes urbanas.

É provável que o testamento de César tenha sido lido em público, mas, de todo modo, as notícias sobre suas disposições não demoraram a espalhar-se. A generosidade de César acirrou a animosidade contra os homens que o haviam matado — especialmente Decimus, cuja posição como herdeiro alternativo e assassino era escandalosa.

Façamos uma pausa e consideremos como a situação se afigurava para Antônio no dia 19 de março, a véspera do funeral de César. O patrono de Antônio, César, estava morto. Ele mal havia mencionado Antônio em seu testamento. Em vez disso, César fizera de Otávio o seu herdeiro. Dolabella, um inimigo de Antônio, havia assumido o consulado, e Antônio tivera de aceitar isso. Lepidus, um colega de Antônio, possuía um exército, mas ele mesmo não. Nem o Senado, nem o povo haviam voltado sua justa ira contra os assassinos. Ao confirmar os atos de César, o Senado deixara Decimus a ponto de assumir o governo da Gália Italiana; e outro assassino, Trebonius, prestes a tornar-se governador da Ásia Romana (correspondente à porção ocidental da atual Turquia). Estas eram duas províncias importantes, pois a Gália Italiana possuía grande valor militar enquanto a Ásia Romana podia ser "ordenhada" por suas riquezas. Contudo, as coisas não eram completamente negativas para Antônio. Ao controlar e promover o compromisso em 17 de março, ele ganhara alguns pontos junto à opinião pública moderada, e ao obter a aprovação para o funeral público, ele agradara aos apoiadores de César.

Mesmo assim, o futuro de Antônio parecia incerto. Entre os seus "amigos" incluíam-se rivais como Otávio e Lepidus. Então, havia os assassinos e seus aliados — muitos dos quais também aliados de Pompeu, que queriam reaver suas propriedades. Como o homem que havia leiloado as propriedades de Pompeu, Antônio tinha motivos para preocupar-se com a vingança deles — especialmente com Sextus Pompeu, que apenas aguardava por uma boa oportunidade.

Em meio a esse emaranhado de problemas, surgira-lhe um "fio dourado": o funeral de César. Como cônsul, amigo e parente distante de César, Antônio obtivera o direito de conduzir as orações fúnebres. De repente, ele tinha para si o melhor "palanque" de Roma; e ele aproveitou a ocasião. Tal como Brutus, Antônio era casado com uma mulher que sabia como conduzi-lo à ação. Fúlvia, a esposa de Antônio, era viúva de Clodius. Ela desempenhara um papel ativo no funeral do demagogo, em 52 a.C., e poderia mostrar a Antônio como essas coisas eram feitas. Em Roma, os funerais e o luto eram trabalho das mulheres; mas uma mulher hábil como Fúlvia poderia usá-los para seu próprio favorecimento no mundo masculino.

Mas havia outro fator importante além das ações de Antônio. Dia após dia, veteranos de César chegavam a Roma "em vastas quantidades"[5]. Este afluxo era um modificador do jogo, mas não era previsível. Sim, o chamado teria se alastrado, e isso poderia ser esperado; e, sim, as tropas de César o adoravam, quando ele era vivo. Mas a maioria dos homens tinha somente uma maneira de chegar a Roma: a pé. Muitos deles haviam caminhado por 160 quilômetros ou mais. Contudo, eles haviam chegado. Eles adoravam César, odiavam seus assassinos e temiam por suas riquezas recém-conquistadas. A jornada deles era informal e desorganizada, porém, à sua maneira silenciosa, tratava-se de uma marcha sobre Roma, tão efetiva quanto se marchassem legiões, com estandartes erguidos e trombetas soando.

César estava morto, mas o Cesarismo vivia. Esta era a faceta secreta da política romana que se revelava na terceira semana de março de 44 a.C. O Senado ainda se reunia e emitia decretos. O povo ainda era suficientemente respeitável para que os magistrados se dirigissem a ele em discursos públicos. Porém, em última análise, seriam os veteranos de César, convergindo para Roma com suas armas, que teriam a última palavra. Eles teriam esquecido sua lealdade a César se os assassinos lhes pagassem uma bonificação, ou lhes aumentasse o aporte das terras que lhes cabiam; mas os assassinos lhes ofereciam pouco para conquistar sua confiança. Cassius notou a aproximação do problema; e, como militar, talvez Decimus também a tenha notado.

Como cônsul, general bem-sucedido e um aliado muito próximo de César, Antônio era, agora, o líder natural de uma grande força.[6] Se ele "acertasse a mão" no funeral de César, poderia consolidar essa posição. Em 17 de março, ele apoiara a anistia; mas, agora, Antônio "atacaria a jugular". Sem revogar formalmente a anistia, ele mostrou quem realmente "mandava" em Roma. Antônio era um oportunista; mas, dada a sua vulnerabilidade, quem não teria sido?

## 20 DE MARÇO: ELES VIERAM SEPULTAR CÉSAR

Shakespeare dramatiza o funeral de César; mas ele deve apenas ter ouvido falar dele! O funeral autêntico foi ainda mais "teatral" do que o produto da pena do Bardo.

Os funerais dos nobres romanos eram sempre verdadeiros espetáculos. Os elementos clássicos eram: o corpo, permanecendo insepulto por sete dias; uma procissão funerária, que levaria o corpo ao Fórum Romano; um membro da família ou um ator profissional, usando uma máscara feita com cera de abelha e vestimentas adequadas para representar o falecido; e outros integrantes da procissão, que também usariam máscaras de cera para representar os ancestrais famosos do morto. Então, era feita uma oração fúnebre na plataforma dos oradores, à qual se seguiam o sepultamento e um banquete. O espetacular funeral de César combinava música, representação teatral, um coral, uma elegia, cenários, uma pira funerária — que poderia rivalizar com a de um chefe tribal gaulês[7] — e um motim. O assassinato de César não poderia ser comparado ao funeral de César. Um assassinato perpetrado em um recinto fechado, diante de algumas centenas de membros da elite romana, seguido por um desfile de gladiadores e homens com adagas desembainhadas até o Capitólio não era um acontecimento que passasse despercebido, mas não poderia rivalizar com um evento que lotasse o Fórum Romano com milhares de pessoas.

César deixara instruções para a realização de seu funeral com sua sobrinha, Átia[8], a mãe de Otávio. Mas César não planejara ser assassinado; e o funeral ofuscou esse crime. Alguém deve ter adaptado os planos de César; e esse alguém, muito provavelmente, foi Antônio.

Em décadas recentes, Roma assistira a muitos funerais espetaculares. Dentre os maiores contava-se o funeral público de Sila, o *Dictator*[9], em 78 a.C. Sila morrera em sua *villa*, na Baía de Nápoles. Seu corpo foi transportado até Roma em uma liteira dourada, precedida por trombeteiros e cavaleiros e seguida por homens da infantaria, portando seus estandartes militares, acompanhados por *lictors*, com seus feixes de bastões e machados, à frente. Uma vez em Roma, a procissão abria caminho pelas ruas, exibindo mais de duas mil coroas douradas, sendo cada uma delas, supostamente, ofertadas por suas legiões, seus amigos e várias cidades. O Senado inteiro, todos os agentes públicos oficiais, muitos cavaleiros e todas as suas legiões — cada um destes devidamente paramentado, com seus uniformes de ofício — marchavam, exibindo estandartes decorados com fios de ouro e escudos recobertos de prata. Não menos que 210 carretas transportavam ervas aromáticas e temperos doados pelas matronas romanas — sendo muito úteis tanto para disfarçar o odor do corpo em decomposição de Sila, quanto para perfumar a atmosfera poluída por sua cremação na pira funerária. Depois que fosse feita uma oração fúnebre na plataforma dos oradores, um grupo de senadores mais fortes carregaria a padiola funerária até o Campo de Marte, local tradicionalmente reservado para o sepultamento de reis. Quando a pira perfumada fosse acesa, os cavaleiros e o exército passariam marchando diante dela. Ao fim de tudo, os restos mortais seriam sepultados em uma tumba, no próprio Campo de Marte.

Um elemento do funeral de Sila não pode deixar de ser notado: o medo — especificamente o medo infundido por seus soldados armados. Fora o medo que "desentocara" todos os sacerdotes e sacerdotisas de Roma — cada um deles vestido de maneira suntuosamente cerimonial — para que acompanhassem o corpo. O medo fizera com que senadores, cavaleiros e as plebes urbanas — mesmo os que mais odiavam Sila — se unissem aos seus apoiadores em um coro de profundas lamentações e compungidos gritos de despedida.

Em 69 a.C., César organizou um memorável funeral para sua tia Julia.[10] Ela era a viúva do maior inimigo de Sila, Marius. César proferiu a oração fúnebre, louvando sua família, bem como sua descendência de deuses e de reis. Aquele foi, na verdade, um anúncio um tanto incomum de que os Populistas estavam de volta e Sila se fora — e de que o céu era o limite quando se tratasse das ambições de César.

Finalmente, houve o funeral de Clodius, em 52 a.C.[11]; um evento radicalmente diferente. Improvisado em pouco tempo depois do recebimento da notícia do assassinato do demagogo na Via Ápia, aquele foi um exemplo de exercício de populismo que escapa ao controle. O corpo ferido de Clodius foi exibido ao público em sua casa; então, uma multidão levou-o ao Fórum, no dia seguinte. Não houve nem a costumeira procissão, nem mascarados representando seus ancestrais famosos. A multidão atalhou uma tentativa de pronunciamento dos Tribunos do Povo, e um grupo ateou fogo à Casa do Senado, onde muita gente participava de um banquete funerário. É provável que Antônio, um apoiador de Clodius, estivesse presente no funeral; mas ainda que não estivesse, ele teria sido informado de tudo por Fúlvia.

Fora Fúlvia quem incitara os apoiadores de Clodius a exibirem seu cadáver ferido na noite em que o corpo foi trazido de volta a Roma.

Tal como o funeral de Sila, o funeral de Clodius sem dúvida engendrou o medo; mas, desta vez, temia-se à multidão descontrolada, em vez dos soldados. O funeral de César conseguiria combinar as duas coisas.

Antes do início de seu funeral, os organizadores montaram um templo "cenográfico", banhado a ouro, sobre a plataforma dos oradores e uma pira funerária ao lado da tumba de Júlia. O templo, modelado para assemelhar-se ao Templo da Mãe Vênus, abrigaria o corpo. Arautos informavam ao público para que não se juntasse à procissão funerária, pois o dia não seria suficientemente longo para o transcurso desta, dada a quantidade de gente esperada. Em vez disso, as pessoas eram convidadas a tomar qualquer rota conveniente para o Campo de Marte, para depositar suas oferendas na pira.

Sem dúvida, a procissão teve início na Mansão Pública. Músicos e dançarinos a integravam, bem como homens que carregavam bustos de César. Talvez cinco atores — cada um representando um dos triunfos de César — também desfilassem, usando máscaras de cera de abelha representando César e ostentando vestes triunfais. Como era costumeiro nos funerais dos nobres, os atores eram treinados para imitar modo de andar e a expressão corporal do falecido.

As máscaras usadas nos funerais romanos não eram máscaras mortuárias, mas, sim, máscaras confeccionadas enquanto a pessoa ainda fosse viva. Experimentos modernos com máscaras mortuárias feitas com cera de abelha[12] mostram que o produto final é incrivelmente semelhante ao modelo. Para um homem rico como César teria sido utilizado o tipo de cera mais sensível e mais caro disponível, frequentemente importado de algum lugar distante, para a confecção de uma máscara vívida. Com seus gestos e suas máscaras, os atores que representavam César causavam a arrepiante impressão de que o morto voltara à vida.

Portadores de tochas e escravos emancipados — que acabavam de ser libertados por efeito do testamento de César — provavelmente caminhassem à frente do corpo. Agentes públicos oficiais, do presente e do passado, transportavam o corpo em um divã de marfim coberto com um manto púrpura, bordado com fios de ouro. Normalmente, o corpo seria visível; mas, desta vez, ele fora coberto, e uma imagem de cera representava o morto.

Piso, o sogro de César, conduziu o corpo ao interior do Fórum. A esta altura, um número muito grande de homens armados — por certo, os veteranos de César — acorreu para escoltá-lo, como uma espécie de guarda de segurança.[13] Com lamentos pungentes vindos da procissão, eles posicionaram o corpo sobre o divã de marfim no interior do templo armado sobre a plataforma dos oradores. No alto do templo fora engastado um troféu — muito provavelmente uma lança, da qual pendia a toga usada por César nos Idos de Março. Então, seguiu-se um longo período de prantos e lamentações, com homens armados entrechocando seus escudos. Se Apiano estiver correto, os homens armados começavam a lamentar[14] a anistia concedida em 17 de março.

Uma grande multidão estava presente. Presumivelmente, esta não era uma amostra representativa da opinião pública romana, mas estava repleta de apoiadores de César, incluindo muitos dos seus veteranos. Os conspiradores mantinham-se à distância. Na verdade, os mais prudentes deles provavelmente estivessem em suas casas, protegidos detrás de barricadas.

Mulheres compareciam aos funerais romanos. Calpúrnia certamente estava ali, acompanhada por Átia e outras mulheres da família de César; mas Cleópatra certamente não estava, pois monarcas eram proibidos de adentrar os sagrados limites de Roma. É provável que ela se encontrasse na outra margem do Tibre, na *villa* de César.

Finalmente chegara o momento de Antônio falar. Ao cônsul caberia a honra de fazer a elegia. Esta seria o discurso que Shakespeare iniciaria com as palavras "Amigos, romanos, concidadãos..." — frase que Antônio jamais proferiu. Então, o que ele disse? As fontes divergem grandemente quanto a isso. Cícero, Apiano, Plutarco e Dio[15] dizem, unanimemente, que Antônio fez um discurso emocionado; mas Suetônio diz que Antônio não fez uma oração fúnebre adequada, de modo algum.[16] Em vez disso, ele afirma que Antônio meramente fez com que um arauto lesse, em voz alta, os decretos pelos quais os senadores concediam a César as honras divinas e humanas, prometendo defender sua segurança; então, Antônio teria acrescentado algumas palavras suas. Cícero, que diz que Antônio proferiu um discurso capaz de agitar as massas, é mais plausível do que Suetônio. É verdade que Cícero é suspeito, uma vez que era um oponente político de Antônio; e, além disso, Cícero não estivera presente no funeral. Contudo, quando se dirigiu ao Senado, em outubro de 44 a.C., e mencionou o discurso, é provável que Cícero não pudesse citar de maneira completamente falsa uma oração fúnebre que Antônio teria feito seis meses antes, na presença de tantos dos que se encontravam naquele recinto. Talvez Suetônio se tivesse deixado influenciar pela massificante campanha de propaganda movida contra Antônio, anos depois. Em qualquer um dos casos, quer Antônio tenha ou não feito seu pronunciamento formal, ele seria o astro principal do melodrama que se desenrolaria em seguida; e seu desempenho teatral faria mais do que sua retórica para "incendiar" as multidões.

Apiano nos proporciona um relato, de modo geral, mais plausível — ainda que exageradamente dramático[17] — do discurso de Antônio. Antônio teria lido uma lista de honrarias votadas para César, pelo Senado e pelo povo. Ele enfatizaria a clemência de César e seu *status* como Pai de Seu País. Ele apontaria a amarga ironia de que um homem que jamais fizera qualquer mal a quem o tivesse procurado em busca de refúgio fosse, por sua vez, assassinado. Ele negou que César fosse um tirano. Ele relembrou a promessa dos senadores, feita sob pena de incorrer em uma maldição, de manter César sagrado e inviolável, e de vingar qualquer mal feito a ele. Antônio voltou-se para Júpiter, cujo templo encimava a Colina Capitolina, dizendo que ele mesmo, Antônio, estaria pronto para tomar essa vingança em suas mãos, mas que tinha o dever de manter e sustentar a anistia votada. A esta altura, um vozerio meio velado reinou entre os senadores presentes. Antônio arrefeceu e fez uma afirmação branda sobre deixar o que passara no passado, mas com um alerta para o perigo de uma guerra civil.

Então, Antônio apresentou uma variação aos costumeiros hinos e lamentações. Ele orou para César como a um deus e, rapidamente, recitou suas conquistas: as guerras, as batalhas, as vitórias, os povos conquistados e os espólios enviados para casa. Ele se curvou e tornou a aprumar-se, ergueu os braços para o céu, lamentou-se e chorou. Sua voz fazia arpejos, dos tons agudos para os graves. Então, supostamente, ele teria descoberto o corpo de César — um detalhe implausível —, tomado sua toga afixada na ponta de uma lança e a elevado, dilacerada como se encontrava pelos golpes dos assassinos e manchada com o sangue seco do ditador.

O aspecto mais marcante era que Antônio agora dominava a toda aquela gente reunida, fazendo com que se juntassem a ele, como se ele fosse o líder de um coro. A plateia entoava uma canção ao som de uma flauta[18], enquanto repetia, alternadamente com Antônio, a recitação dos feitos e dos sofrimentos de César.

Um ator representando César entrou em cena e falou. Ele citou nomes, elencando os homens a quem César obsequiara com favores, inclusive seus assassinos. Então, em uma das mais inspiradas ocasiões de emprego do sarcasmo de toda a História, ele citou um verso de uma tragédia romana que parecia haver sido composto para a ocasião: "Eu os criei apenas para que eles pudessem destruir-me?"[19] Aquela foi uma frase que soou ainda mais amarga do que a que Shakespeare põe nos lábios de Antônio, quando, no discurso funeral, este chama aos assassinos repetidamente de "homens honrados"[20].

O ator que personificava César levou a multidão à beira de um motim. A ingratidão dos assassinos — especialmente Decimus — enfurecia os presentes. Agora, sobre a plataforma dos oradores, uma efígie de cera de César fora suspensa acima do corpo e rotacionada por um dispositivo mecânico de modo a exibir todos os ferimentos causados ao homem, inclusive em seu rosto.

A multidão tomou o assunto em suas próprias mãos. As pessoas arrebataram a padiola funerária de César e a transportaram sobre seus ombros. Ignorando o planejamento de seguir para o Campo de Marte, elas tentaram levar o corpo ao Templo de Júpiter ou para a Casa do Senado de Pompeu para que fosse cremado. Dio diz que os soldados de Lepidus as impediram[21] de fazer isso, por temerem a destruição destas e das edificações vizinhas. Alguns clamavam pela cremação na Casa do Senado de Pompeu, mas suas vozes não prevaleceram. No final, as pessoas levaram a padiola de volta ao interior do Fórum, improvisaram uma pira com galhos secos e os bancos das cortes de justiça próximas e cremaram o corpo ali, próximo da Residência Real, onde César presidira como Sacerdote Supremo. Mais tarde, correu o boato de que dois "seres" brandindo espadas[22] haviam guiado a multidão — figuras reminiscentes aos deuses gêmeos Cástor e Pólux. Teria sido esta meramente uma história inventada depois dos fatos, ou alguém realmente teria preparado dois atores para que guiassem a multidão?

As pessoas, agora, faziam oferendas ao homem morto. Músicos e atores despojavam-se das vestimentas que representavam os triunfos de César e as atiravam às chamas. Legionários das unidades veteranas atiravam ao fogo as armas com que se haviam adornado para o funeral. Mulheres acrescentavam à pira suas joias ou as roupas e amuletos de seus filhos.

Afinal, irrompeu um motim generalizado. Cícero diz que os agitadores se consistiam de escravos e gente pobre[23], ou "rufiões, majoritariamente escravos"[24]; mas pode-se imaginar se alguns deles fossem veteranos de César. É difícil não suspeitar que o motim não tivesse sido organizado antecipadamente. Antônio, que já integrara o bando de arruaceiros de Clodius, e Fúlvia, viúva de Clodius e uma habilidosa recrutadora de homens armados, parecem ser os culpados mais óbvios. César abolira os bandos, mas César estava morto. Tanto Antônio quanto Fúlvia, ou ambos, podiam haver trabalhado antes com seus velhos amigos dos bandos, e talvez com veteranos, também.

A multidão assomou diante das casas de Brutus e de Cassius[25], portando tochas, e quase não pôde ser contida — possivelmente pelos gladiadores de Decimus. Os assassinos tinham de ser cuidadosos naquele dia, e sabemos que ao menos um deles — Publius Servilius Casca — era fortemente protegido[26]. A multidão teve sucesso ao incendiar a casa de um certo Lucius Bellienus, desconhecido por outro motivo, mas provavelmente um apoiador dos assassinos. Cícero afirma que os mesmos archotes[27] empregados na cremação do corpo de César foram usados para atear fogo à casa de Bellienus. Então, os agitadores se voltaram contra uma vítima desafortunada: o Tribuno do Povo e poeta Helvius Cina. Ele era um apoiador de César, mas a multidão o confundiu com o odiado pretor Cornelius Cina. Cina foi assassinado e decapitado e sua cabeça foi exibida em parada, pelas ruas. Que se tenha conhecimento, os soldados nada fizeram para conter os motins ou para proteger as casas dos conspiradores.

Cícero não tinha dúvida de que Antônio fosse o culpado. Em um inflamado discurso no Senado, no ano seguinte, Cícero disse de Antônio: "A bela oração funeral foi sua[28]; o apelo emocional foi seu; a exortação foi sua... Você, você, digo eu, você acendeu aquelas tochas!" Àquela altura, o compromisso de 17 de março já havia caído por terra, e linhas divisórias já haviam sido traçadas. As palavras de Cícero devem ser consideradas como "apimentadas" demais. Contudo, Antônio era a melhor resposta para aquela antiga questão romana: *cui bono?*[29] — "quem se beneficia?"

Para Antônio, o funeral fora uma oportunidade preciosa para reivindicar a liderança do partido de César. Para realmente obtê-la, ele precisaria se dedicar intensamente a obsequiar os veteranos de César. Ele dizia apoiar a anistia, mas seu desempenho sugeria o contrário.

Os assassinos achavam que o povo romano desejava a paz e o respeito ao compromisso — e eles estavam certos. O que os assassinos julgaram mal foi a hostilidade de Antônio e dos veteranos de César. Quando os veteranos "inundaram" Roma com sua presença, deram a Antônio uma oportunidade — ou talvez tenham forçado sua mão.

## 20 DE MARÇO E DIAS SUBSEQUENTES: O LUTO COMO DIPLOMACIA

. Afinal, a pira funerária consumiu-se e os restos mortais de César foram levados para a tumba da família no Campo de Marte. O luto, todavia, continuou. Estrangeiros, tanto quanto romanos, pranteavam a César. Suetônio "abre uma janela" na política étnica de Roma ao afirmar que "no auge do luto público, uma multidão chorosa de povos estrangeiros lamentava-se em torno da pira, cada um à sua maneira, especialmente os judeus[30], que em sucessivas noites lotavam o espaço do funeral." A desproporcional presença judaica entre os pranteadores merece ser comentada.

Um general romano, vitorioso em várias províncias, teria muitos clientes estrangeiros; e, dentre os generais, César tinha a maior quantidade deles. Além disso, ele fizera um nome por si mesmo, como um homem que defendia várias elites estrangeiras — especialmente na Gália Italiana, mas também na assim chamada Province (a atual região de Provence, na França) e na Hispânia (Espanha), bem como em várias outras comunidades espalhadas por todo o império Uma das alianças mais bem-sucedidas e duradouras de César fora estabelecida com várias comunidades judaicas.

Seu relacionamento com os judeus era diferente do de Pompeu — que conquistara a Judeia, saqueara o Templo, deportara judeus como escravos para Roma e pavimentara o caminho para que o país fosse diminuído e dividido. César, em contraste, declarara a Judeia como um país aliado e amigo do povo romano, restaurara sua integridade territorial, reduzira os impostos e permitira a reconstrução das muralhas de Jerusalém. E ele também concedeu privilégios às comunidades judaico-romanas e outras comunidades judaicas da diáspora.

A amigável aproximação de César com os judeus marca uma mudança bem-vinda na hostilidade verbal de muitos membros da elite romana, tais como Cícero, Horácio, Tácito e Juvenal — para não mencionar a brutalidade de Pompeu. Contudo, o relacionamento entre César e os judeus era, certamente, um "casamento de conveniência". No Egito, em 48 a.C., tropas judias vieram em socorro de César contra seus inimigos egípcios. César lembrava-se disso e talvez visse a Judeia como uma boa base para atacar a Pártia; e na Terra de Israel é muito provável que César fosse visto como um ocupador — melhor que Pompeu, mas nem por isso bem-vindo. Além do mais, César favorecera Antípatro, pai do Rei Herodes, que era odiado tanto pelos rabinos quanto por muitos entre as massas judaicas.

Os judeus que prantearam César noite após noite deveriam tê-lo admirado verdadeiramente. Mesmo que desgostassem de César, talvez tivessem desejado ficar em bons termos com os amigos de César, se os vissem como prováveis vencedores da luta pelo poder.

## APÓS 20 DE MARÇO: *"ET TU, DECIME?"*

O funeral de César fora um bom espetáculo — tão bom quanto o de Sila, e com um desfecho quase tão violento quanto o de Clodius. A anistia ainda estava em vigor, mas o funeral e os motins a haviam comprometido. Ao final do episódio, os cônsules decretaram[31] que ninguém, exceto os soldados, poderia portar armas — o que desprovia os gladiadores de Decimus. Não é de admirar que os conspiradores tenham sentido que deveriam "baixar as cabeças", ou mesmo fugir para salvarem as próprias vidas.

Decimus era o homem mais odiado de Roma. Outros amigos de César haviam traído o ditador nos Idos de Março, mas apenas Decimus havia jantado com César na noite anterior e apenas Decimus havia convencido o ditador a sair de sua casa para a morte. Somente Decimus havia protegido os assassinos com seus gladiadores. E, para culminar tudo isso, César havia mencionado Decimus em seu testamento. Para a opinião pública romana, isto era demais. Antônio deve ter recebido alguns aprovadores meneios de cabeças quando, poucos meses depois, chamou Decimus de "envenenador"[32]. Não há registros de que alguém tenha dito *"Et tu, Decime?"*[33], mas a pergunta sintetiza o sentimento do povo.

Uma notável carta, de Decimus para Brutus e Cassius, sobreviveu[34]. Sua data é incerta, mas ela deve ter sido escrita pouco depois do funeral de César. Nela, Decimus lastima-se de sua posição. Ele diz que Hirtius, um íntimo colega de César, o visitara em sua casa na noite anterior e que deixara claro que os ânimos de Antônio eram muito ruins e que ele possuía uma mente muito traiçoeira.

De acordo com Decimus, Hirtius lhe contara que Antônio teria dito que não poderia dar a Decimus sua província da Gália Italiana. Além disso, Antônio teria mencionado que seria inseguro para qualquer um dos assassinos permanecer em Roma — ao menos enquanto os soldados e o povo estivessem tão exaltados como se encontravam.

Tudo isso não passava de mentiras, disse Decimus. Ele afirmava que Hirtius dissera, com todas as palavras, o que Antônio realmente pensava: que somente com um "impulso moderado na *dignitas* dos assassinos" estes poderiam sentir-se a salvo dos agitadores populares. Mas o que Decimus entenderia por um "impulso moderado na *dignitas*"?[35]

Decimus disse que havia perdido as esperanças. Ele pedira a uma comissão senatorial para viajar ao estrangeiro, para cuidar de assuntos públicos, e Hirtius concordara. Mas Decimus duvidava que Hirtius pudesse realmente obter-lhe isso. A opinião pública havia se voltado contra os assassinos, e Decimus disse que não se surpreenderia se ele e seus amigos fossem declarados inimigos públicos. Assim, seu conselho era: "devemos nos abandonar à sorte."[36] O exílio seria a solução. Sextus Pompeu, na Hispânia, ou Cæcilius Bassus, o rebelde governador da Síria, representavam suas melhores chances.

O último parágrafo de sua carta era, ao que parece, um pós-escrito. Nele, Decimus anuncia um novo plano. Ele havia cobrado novo ânimo, possivelmente baseado em novas informações recebidas. Agora ele dissera a Hirtius que desejava permanecer em Roma[37], afinal, e exigia a presença de guarda-costas quando estivesse em público. Isto, ao que parece, teria sido suficiente como o "impulso moderado na *dignitas*" a que Decimus se referira anteriormente.

Pode parecer estranho que Decimus, o homem que traíra a César — dentre todas as pessoas — pudesse qualificar alguém como "traiçoeiro", como ele se referira a Antônio. Mas Decimus não era alguém que visse a si mesmo da maneira como os outros o viam. Em várias cartas escritas ao longo do ano seguinte[38] ele se queixava dos que haviam enxovalhado seu nome e atacado sua dignidade. Estes eram maliciosos, dizia ele. Ele não tinha dúvidas de que representava seu país, enquanto seus inimigos faziam parte da "mais perversa conspiração"[39]. Trair César? Até onde conseguia compreender as coisas, Decimus não havia feito nada de errado, e ponto final.

No final, Decimus permaneceu em Roma, sem guarda-costas, até o início de abril, quando finalmente partiu para a Gália Italiana. Lá ele teve dois exércitos sob seu comando, bem como seus infames gladiadores.

Quanto a Brutus e Cassius, seu *status* em Roma, após os Idos de Março, não era tão ruim quanto o de Decimus, mas tampouco era bom. Eles haviam desembainhado suas adagas nos Idos de Março. Dentro de uma semana, o afluxo de veteranos de César à cidade dera a Antônio espadas e escudos. Finalmente, em meados de abril, Brutus e Cassius deixaram a cidade. Àquela altura, um novo fator havia emergido no cenário político.

Os homens que haviam matado César foram apanhados em uma contradição. O que eles precisavam para assegurar seu *status* era de um golpe militar. Em vez disso, eles cometeram um assassinato e fizeram discursos. Uma revolução — como disse Mao — não é um jantar festivo.[40]

Emerson disse que quando se golpeia um rei, é preciso matá-lo.[41] Os conspiradores achavam que haviam feito exatamente isso ao matarem César; mas eles estavam errados. O "rei" não era César, mas o Cesarismo — a noção de que um general e seus exércitos poderiam conquistar a República. A única maneira de matar essa ideia seria defender a República derrotando seus inimigos de uma vez por todas. Mas para fazer isso seria necessário mais do que discursos. Seria necessário um exército e determinação para empregá-lo em uma guerra.

Os conspiradores haviam perdido os veteranos de César em Roma. Agora, eles precisariam começar a erguer um exército, tanto na Itália quanto no Oriente, atraindo tantos soldados com grande experiência de combate quanto possível. Se já tivessem compreendido isso nos Idos de Março, talvez eles não tivessem admitido. Para tanto, seria necessário aceitar o paradoxo de que somente legiões poderiam salvar a República de ser governada por legiões.

JÚLIO CÉSAR. Este busto em mármore mostra, de certa forma, a força e a inteligência dele, assim como suas rugas e bochechas vincadas.
(*Scala / Art Resource, NY*)

MOEDA DE JÚLIO CÉSAR. 44 a.C. O ditador é apresentado em perfil, com uma coroa de louros, e identificado como IMPERADOR CÉSAR, ou seja, como um triunfante conquistador. (© *BnF, Dist. RMN-Grand Palais / Art Resource, NY*)

POMPEU, O GRANDE. O mais notável adversário de César. (*Alinari / Art Resource, NY*)

MARCO ANTÔNIO. Este busto em mármore apresenta o principal general de César em sua plenitude.
(*Alinari / Art Resource, NY*)

OTÁVIO. O homem que viria a se tornar Augustus, o primeiro imperador de Roma, é retratado com barba, como sinal de luto por Júlio César. (*Erich Lessing / Art Resource, NY*)

BRUTUS. Este busto em mármore apresenta a imagem de Marcus Junius Brutus, o mais famoso dentre os assassinos de César. (*Foto, 56.938, DAI-Rom*)

CÍCERO. O maior orador da época, foi um dos líderes na oposição a César. (*Alinari / Art Resource, NY*)

MULHER ROMANA DA NOBREZA. Observe sua elaborada vestimenta com pregas, seu cabelo arrumado de forma cuidadosa, e sua calma expressão. Estátua em bronze dourado, de um personagem não identificado, feita pelo Grupo de Cartoceto, de Pergola. (*Scala / Art Resource, NY*)

RELEVO DE CLEÓPATRA E CESARIO. Templo de Hathor, em Dendera, no Egito. Embora Cleópatra seja descrita como grega, aqui, ela e seu filho, que teve com César, são retratados como egípcios. (*HIP / Art Resource, NY*)

FÓRUM DE JÚLIO CÉSAR. Templo dedicado a Venus Genetrix (Mãe Vênus), onde, na entrada, há uma estátua de César em seu cavalo. Desenho de Olindo Grossi (1909–2002). (© *Academia Americana de Roma, 2014*)

CÁSSIO. Busto em mármore de Gaius Cassius Longinus, um dos principais líderes, junto com Brutus, seu cunhado, do assassinato de César. (*Montreal, Museu de Belas Artes*)

JARDINS E PÓRTICO DE POMPEY. Trabalho feito pelo artista italiano Augusto Trabacchi. (© *Academia Americana de Roma, 2014*)

EID MAR. Idos de Março em denário de prata retratando o perfil de Marcus Junius Brutus de um lado, e duas adagas e barrete frígio do outro. (© *Acervo do Museu Britânico / Art Resource, NY*)

A MORTE DE CÉSAR. Pintura a óleo, de 1867, feita pelo artista francês Jean-Léon Gérome. (*Museu de Arte Walters, Baltimore, EUA*)

Parte Três

# O CAMINHO
# *de*
# VOLTA

## 11.

## *A LUTA PELA ITÁLIA*

QUANDO, AFINAL, chegou a Apollonia[1] (atualmente, a localidade chamada Pojani, na Albânia), o mensageiro estava exausto e deprimido. Um escravo emancipado, ele havia deixado Roma cerca de dez dias antes, na tarde dos Idos de Março. Ele apressou-se a cruzar o Mar Adriático, embora aquela fosse uma época do ano muito perigosa para a navegação. Em suas mãos ele levava o destino de um homem — ou, talvez, de um país. A sobrinha de Júlio César, Átia, o enviara ao encontro de seu filho, Otávio, com uma carta contendo as notícias do assassinato de César. Sendo o futuro incerto, Átia recomendava[2] a Otávio para que voltasse à sua casa. A mesma coisa fez o mensageiro, enfatizando tanto o perigo que ameaçava a família de César quanto o grande número de seus assassinos (ou assim pensava ele).

A notícia foi tão chocante quanto desalentadora para Otávio. Quatro meses antes, ele chegara à estratégica cidade de Apollonia. Aquela abrigava um porto muito movimentado, sendo um elo de ligação entre o norte da Grécia e o porto de Brundisium (a moderna cidade Brindisi), no sul da Itália, de onde partia uma estrada que levava a Roma. Apollonia também era a "porta de entrada" para a Via Egnatia, a grande estrada que percorria todo o caminho até Bizâncio (atual Istambul), no Oriente. Não é de admirar, portanto, que Apollonia tenha sido o lugar escolhido para acantonar grande parte do exército reunido por César para sua campanha na Pártia. Ali se encontravam seis legiões[3], um grande número de tropas de cavalaria e unidades ligeiras, bem como abundante armamento e máquinas de guerra. Otávio ali se encontrava para aprender a arte da guerra e preparando-se para marchar para o Oriente com seu tio, o *dictator*, que fizera dele seu Mestre de Cavalaria. Agora, porém, tudo havia mudado.

Aos dezoito anos de idade, Otávio estava se preparando para uma carreira nos altos escalões. Durante sua estada em Apollonia, ele fizera camaradagem com os oficiais do exército e treinara com a cavalaria. Ele mantinha um conselho de amigos próximos de si, dentre os quais o mais importante era Marcus Vipsanius Agrippa. Tendo aproximadamente a mesma idade de Otávio, Agrippa fora criado para a vida militar; e, agora, ele aconselhava Otávio para que se aproximasse do exército e o convencesse a marchar sobre Roma para vingar César. Nesse ínterim, alguns oficiais vieram a Otávio[4] oferecendo-se para lutar sob seu comando e vingar a memória de César, mas Otávio declinou da oferta. Ele ainda era muito jovem e inexperiente, a atitude do povo romano era incerta e o número de inimigos seria muito grande. Quanto aos soldados, contudo, ele não tinha dúvidas[5]. Enquanto César viveu, eles participaram de seus sucessos. César lhes concedera os postos que detinham, além de riquezas e dádivas para além do que jamais haviam sonhado possuir. Eles o vingariam.

Haveria tempo, mais tarde, para reunir-se com os soldados. Por enquanto, Otávio precisava ver por si mesmo a disposição das coisas em Roma. Ele também precisaria consultar os homens sábios do círculo mais próximo de César e seus financistas, para saber quem custearia suas ambições. Assim, ele reuniu uma comitiva relativamente pequena e cruzou o ainda invernal Adriático. Em vez de desembarcarem em Brundisium, eles escolheram fazer isso em um ponto mais ao sul, onde a distância para atravessar o estreito era menor. Após o desembarque, Otávio seguiu a pé, não para a cidade portuária de Brundisium, mas para Lupiæ (a moderna Lecce), uma pequena cidade interiorana. O jovem cauteloso preocupava-se com a possibilidade de seus inimigos haverem tomado Brundisium e não pretendia correr quaisquer riscos.

Mensagens chegadas de Roma trouxeram-lhe informações atualizadas sobre o funeral de César, a "virada de jogo" contra os assassinos e o sucesso de Antônio ao conquistar o apoio dos veteranos de César. Mais importante do que estas, porém, era a notícia sobre o testamento de César, que fazia de Otávio seu filho e herdeiro, dando-lhe direitos de dispor sobre três quartos do vultoso patrimônio de César. Otávio chorou[6], mas mal secou suas lágrimas antes de prosseguir viagem. Sua mãe lhe escrevera e o prevenira quanto aos seus inimigos. Seu padrasto também lhe escrevera, aconselhando-o a abrir mão da herança e retirar-se para a segurança de uma vida privada. Mas Otávio não levaria nada disso em grande consideração: ele sabia que César devia tudo quanto obtivera à sua disposição para correr riscos estrategicamente. E ele planejava fazer o mesmo.

Ao saber que Brundisium estava segura, ele rumou para lá. As tropas o receberam calorosamente, e o saudaram como a um César. A estrada para Roma estava aberta. A própria Roma, contudo, seria outra coisa, pois estava cheia de gente que não aceitaria sem luta a presença de alguém que pretendesse ser César.

Tanto para os homens que haviam matado César quanto para os que desejavam vingá-lo, era chegado o momento de lutar. Para as mulheres deles, aquele era o momento de obter apoio para a "frente de batalha" doméstica. Para Cícero, o último "leão da República", aquele seria um momento de heroica resistência, dos recônditos do Senado. E para Otávio e Antônio, os dois homens que pretendiam herdar o manto de César, seria um tempo de rivalidade.

Decimus e Cassius logo chegaram à conclusão de que tudo quanto importava eram os soldados — e os recursos para pagá-los. Para Brutus ainda foi preciso mais algum tempo até que chegasse a essa mesma conclusão — o que ele também terminou por fazer. Bastava daquela tentativa de restituir o Estado ao Senado e ao povo. Além do mais, isso seria prematuro, pois Antônio e Otávio contavam com exércitos à sua disposição. Para restaurar a República, os assassinos e seus apoiadores teriam de lutar. Então, caso saíssem vencedores, depois de restabelecerem a paz, se pudessem agir com calma e sabedoria e fazer as reformas necessárias, eles poderiam ter a República de volta. Por enquanto, ela era apenas um objetivo distante.

Por três anos após o assassinato, o poder romano foi desconstituído e constituído novamente — mas com um padrão novo e mais ostentatório. Exércitos marcharam, soldados se amotinaram, coletores de impostos extorquiram, mensagens secretas foram trocadas, damas aristocráticas tramaram, adagas de assassinos rebrilharam, oradores trovejaram, o Senado debateu e decretou, o povo se reuniu, batalhas foram travadas e até mesmo o espectro de Pompeu ressurgiu no Ocidente — tudo, em suma, gerando material para uma história que poderia ter enchido um terceiro volume dos *Comentários* de César, se ele estivesse vivo para escrevê-lo.

O mundo sem César ainda era um mundo acerca de César. Sua riqueza, seus soldados, seus apoiadores nas plebes urbanas, seus conselheiros, seus contatos no exterior e até mesmo sua amante, estavam — todos — em permanente litígio. Otávio apossou-se da herança de César, mas o jovem logo se deu conta de que sua manutenção dependeria do "estômago" que tivesse para lutar e de sua habilidade para "navegar em meio a uma tempestade".

A Roma depois de César assemelhava-se à Macedônia depois de Alexandre. Em cada um dos casos, os marechais dos grandes homens se digladiaram pelo império que eles haviam contribuído para erigir. Ambas as cidades eram imersas em culturas belicosas, que não poderiam, de um momento para outro, abraçar as artes da paz. Em cada um dos casos, o exército ressentiu-se de seu chefe caído — tanto quanto manteve um olho aberto para estabelecer bons acordos com eventuais novos chefes. "Vingança" e "lealdade" tornaram-se as senhas que ditaram as ações no período, frequentemente com resultados grotescos. Romanos foram caçados e assassinados meramente por simpatizarem com os assassinos de César, mas isto foi muito menos cruento do que os fatos passados na Macedônia, que redundariam no assassinato da mãe, da viúva e dos filhos de Alexandre.

Mesmo morto, César ditou os rumos de Roma nos anos seguintes aos Idos de Março. "Onde você estava nos Idos de Março" tornou-se a pergunta não-verbalizada mais formulada daqueles dias. Para Antônio e especialmente para Otávio, a lealdade a César — *pietas*, em latim — era um "trunfo" a ser jogado. Os assassinos, enquanto isso, brandiam suas adagas como primitivos troféus de vitória. Quer se amasse ou se odiasse a César, a conquista e o poder ainda fazia os corações romanos baterem com mais força. Até mesmo Brutus rendeu homenagem a César ao estampar sua imagem, enquanto ele ainda estava vivo, nas moedas que mandara cunhar — uma prática iniciada por César, contrariando, assim, séculos de tradição romana, normalmente avessa a tal demonstração de imodéstia.

## UMA TEMPESTADE EM FORMAÇÃO

Antônio manteve suas opções em aberto, em março e abril de 44 a.C. Ele arranjou para que terras na Itália fossem distribuídas aos veteranos de César, enquanto suprimia um movimento radical em Roma. Ele demonstrou respeito pelo Senado e pelos assassinos de César, especialmente por Brutus. Antônio e Brutus sempre compartilharam certa consideração mútua. Como dois membros da antiga nobreza romana, eles eram muito autoconfiantes de que pudessem decidir o destino do mundo com um aperto de mãos. Cícero, não. Ele nutria pouca simpatia por Antônio e suspeitava que ele fosse um inimigo dos Melhores Homens. Sendo um "homem novo", surgido da aristocracia da Itália Central, Cícero não tinha nenhum sentimento de "solidariedade de classe" para com Antônio. Ele desprezava Antônio por haver se casado com Fúlvia, viúva de Clodius, o arqui-inimigo de Cícero. Ele se convencera de que Antônio estivesse forjando decretos, alegadamente atribuídos a César — os quais tinham força de lei —, apenas para fugir com a fortuna de César.

Cícero sempre acreditou que os assassinos tivessem cometido um erro[7] ao permitirem que Antônio continuasse a viver nos Idos de Março.

Se deixado agir por sua própria conta, Antônio poderia haver-se tornado um príncipe da República, tal como Pompeu ou como o próprio César, embora sem assumir os ares monárquicos deste último. Um filho da nobreza romana, Antônio conservava um respeito residual pelo sistema, no qual ele possuía suficientes habilidades como orador e como general para galgar até o topo. Porém, ninguém estava disposto a deixá-lo agir por conta própria. Brutus e Cassius desafiaram a Antônio, primeiro a partir de vários pontos da Itália e, depois, a partir do Oriente. Sextus Pompeu representava uma ameaça crescente na Hispânia e em Massília. Decimus aperfeiçoava seu exército aos pés das montanhas dos Alpes Italianos. Os ânimos dos outros governadores provinciais alternavam-se, favorável ou desfavoravelmente, com relação a Antônio. No início do verão de 44 a.C., Cícero desencadeou uma campanha de oposição aberta a Antônio no Senado. E, por último, mas não menos importante, havia o herdeiro de César, o jovem Otávio. Ele desafiou Antônio pela liderança da facção de César. Otávio conseguira reunir um exército particular entre os veteranos de César, drenando algumas legiões que retornavam da Macedônia, e conquistara apoio entre as plebes urbanas de Roma.

Defrontado com esses desafios, Antônio decidiu usar de sua posição como cônsul para constituir uma base poderosa. Seus oponentes, no entanto, não deixariam esta decisão "passar em brancas nuvens". Ao final das contas, Antônio se tornaria um revolucionário, que arruinaria o que restara do governo tradicional de Roma — ainda que tenha sido forçado a fazer isso.

Durante uma breve viagem a Roma, em abril, Otávio aceitou oficialmente sua adoção por César. Depois disso, Otávio passou a chamar-se a si mesmo de César. A maioria das fontes antigas refere-se a ele por esse nome. Para evitarmos confusões, mesmo que isto não seja historicamente acurado, continuaremos a nos referir a ele como Otávio — embora para seus contemporâneos ele fosse César.

Contudo, um título que Otávio não herdou foi o de Sacerdote Supremo. Anteriormente à morte de César, o Senado decretara que o filho de César — quer fosse um filho natural ou adotado — viria a substituí-lo como Sacerdote Supremo. Antônio não pretendia que o posto fosse assumido por Otávio, e, além disso, percebera o valor de estabelecer "pontes" com Lepidus, que estava prestes a assumir o cargo de governador das importantes províncias da Gália Narbonesa e da Hispânia Próxima. Como uma boa medida para estabelecer suas conexões, Antônio fez com que sua filha se casasse com o filho de Lepidus[8] — provavelmente o mesmo filho que fora deixado como refém na Capitolina, em 17 de março.

Por volta da mesma ocasião em que Otávio chegou a Roma, Cleópatra deixou a cidade. Ela não se apressara a partir imediatamente após os Idos de Março. Cleópatra não era apenas uma amante que se vira abandonada, mas uma rainha; e ela precisava assegurar-se da continuidade das relações amistosas entre o Egito e os novos governantes de Roma — quem quer que fossem eles. Talvez ela estivesse mesmo esperando obter um reconhecimento oficial para Cesário, o suposto filho de César. Porém, se esta foi sua intenção, ela fracassou.

As cinzas da pira funerária de César ainda não haviam bem esfriado quando homens manifestaram sua intenção de consagrar o lugar[9]. Uma coluna e um altar foram ali erigidos, por encomenda do homem conhecido como Herófilo, ou Amatius, o demagogo que afirmava ser filho — ou neto — de Marius, e que, certa vez "roubara a cena" de César, em sua *villa*. Nenhum dos dois cônsules, Antônio ou Dolabella, era favorável a essa espécie de monumentos. Dolabella apoiava os assassinos (ao menos naquele momento), enquanto Antônio não via qualquer utilidade em algo com colorido tão radicalmente populista, cujo esplendor apenas contribuiria para fazer resplender a glória do filho adotivo de César, Otávio. Antônio poderia fazer com que Amatius-Herófilo fosse executado, e Dolabella poderia providenciar para que certos agitadores fossem atirados para a morte do alto da Rocha Tarpeia — uma antiga forma de punição reservada aos traidores. Nenhum dos dois, no entanto, ousaria tentar conter um outro grupo a exercer pressão favorável ao monumento: o dos veteranos de César.

Assim, os veteranos erigiram uma nova coluna, possivelmente contando com o apoio de Otávio. Esculpida em um único bloco de mármore, a peça se elevava a cerca de seis metros de altura e ostentava uma inscrição: "ao pai da pátria" — título que fora votado pelo Senado. É possível que uma estátua de César encimasse a coluna.

A coluna no lugar da cremação de César era tanto uma lembrança quanto um desafio. Ela recordava a grande honra de haver sido cremado dentro dos limites da Sagrada Fronteira da cidade, e desafiava os assassinos e a quem quer que pensasse que César havia simplesmente sido assassinado. Por fim, ela trazia de volta a memória um certo negócio inacabado: o culto à divindade de César, que o Senado estabelecera antes de sua morte, mas que havia sido praticamente abandonado, deixado à beira do caminho.

Em setembro de 44 a.C., Antônio, para competir, fez erigir uma estátua de César na outra extremidade do Fórum Romano, sobre a plataforma dos oradores. Isto significava um comprometimento. O monumento honrava a César sem suscitar as emoções do local de sua pira funerária; mas, em si mesmo, continha algo capaz de ofender a todo mundo: aos veteranos de César, que exigiam o máximo respeito por seu velho chefe, e aos republicanos, que absolutamente não desejavam que quaisquer honras fossem prestadas a César. Tal como Antônio descobriria, tempos revolucionários são difíceis para os moderados.

Otávio não tinha problemas desse tipo. Tendo a propriedade de seu padrasto, na Baía de Nápoles, como sua base, ele conquistou o apoio de proeminentes apoiadores de César. Ele também se encontrou com Cícero, a quem estava determinado a transformar em um aliado. Otávio cortejou o grande orador, e Cícero passou a nutrir sentimentos confusos[10] pelo jovem altamente poderoso. Porém, à medida que o verão se aproximava e um desfiladeiro se abria entre Antônio e Otávio, Cícero começou a pensar em Otávio como o menor dentre dois males, e como uma ferramenta útil. Tratava-se de um jogo de apostas.

Otávio mostrava-se impiedoso, enérgico e determinado a deter não apenas o nome de César, mas, também, seu poder. Aquela era uma ambição pouco razoável para um jovem de dezoito anos de idade, em uma sociedade ainda muito conservadora; mas a idade de Otávio também era uma vantagem. Como ele tivesse investido muito pouco no velho sistema, poucas coisas o inibiriam quanto a derrubá-lo. E o clamor dos veteranos por uma vingança sangrenta para César servia perfeitamente aos seus propósitos.

Antônio e Otávio duelavam pelo dinheiro — pois Antônio bloqueara o acesso de Otávio aos fundos de César — e pelo legado de César. Para pagar a prometida herança de César ao povo romano, Otávio levantara fundos por si mesmo, conquistando, assim, o afeto do populacho de Roma. No final de julho, Otávio promoveu os jogos funerais em honra de seu pai adotivo. Antônio teve de tolerar isso, ainda que tivesse se recusado a permitir a exibição de uma cadeira de ouro e uma coroa de louros — honrarias que o Senado havia concedido a César, somente enquanto esteve vivo. Mais tarde, Otávio afirmaria que as plebes urbanas[11] e os veteranos de César o teriam apoiado contra Antônio.

Quando um cometa surgiu durante os jogos, Otávio transformou o que em Roma era geralmente considerado como uma profecia desfavorável em um símbolo do novo lugar atribuído a César nos céus, junto aos deuses. Isto se revelou como uma esplêndida arma de propaganda. Incomumente brilhante, o cometa foi visível durante as horas de luz do dia — o que atraiu as atenções do público. Quando um vidente disse haver visto nisso um sinal da aurora de uma nova era, a noção ressoou profundamente entre o povo romano.

Nesse ínterim, Antônio "girou sobre o próprio eixo". Em abril, ele conciliara o Senado, e tornara possível que Brutus e Cassius permanecessem pretores mesmo estando ausentes de Roma. Embora o próprio César tivesse nomeado Antônio como Sumo-Sacerdote do culto à divindade de César, Antônio nada fizera para levar adiante a nova religião. Mas, agora, a presença de Otávio forçava Antônio a afastar-se do Senado e aproximar-se dos veteranos de César e das plebes urbanas. Pelo final de abril e o início de maio, ele visitou os veteranos em Campania e prometeu-lhes mais terras.

Enquanto isso, Antônio preparou-se para negociar com Decimus, que, então, era o novo governador da Gália Italiana. O Senado havia designado Antônio para que assumisse uma outra província — a Macedônia — após o término de seu consulado, que deveria acontecer no dia 31 de dezembro seguinte. Aquela era uma posição importante, uma vez que o comando da Macedônia incluía o de seis legiões, que haviam sido escolhidas para a expedição que César empreenderia à Pártia. Contudo, a Gália Italiana era ainda mais importante devido a sua localização, que permitia controlar toda a Itália. Assim, Antônio deixou claro que pretendia trocar as províncias — sua Macedônia pela Gália Italiana —, ainda que se reservasse manter o comando sobre suas seis legiões. Formava-se uma nuvem escura no horizonte.

Pela primavera de 44 a.C., ninguém mais confiava em ninguém, em Roma. Todos falavam sobre paz, mas temiam a guerra. Os poucos moderados — homens como Hirtius, amigo de César e um dos cônsules designados para o ano de 43 a.C. — tinham pouco espaço para manobras em tal clima. Quando a primavera se tornou verão, cada um dos "jogadores" principais já havia começado a dedicar menos atenção às conversas e mais às armas. Para Antônio e Otávio, suas bases consistiam-se dos veteranos de César e das legiões na Macedônia, que haviam sido designadas para a Pártia. Para Decimus, tratavam-se das legiões da Gália Italiana e a suplementação de seus aliados no Senado. Para Brutus e Cassius, eram os exércitos acantonados no Oriente.

Cada um deles atraía apoiadores entre as lideranças políticas e militares romanas. Cada um dos lados precisava de dinheiro — muito dinheiro, e muito rapidamente —, pois as plebes urbanas tinham de ser apaziguadas e os soldados tinham de ser armados, alimentados e pagos. O resultado disso foi uma violenta taxação, e, logo em seguida, a irrupção de uma onda de pilhagens e assassinatos.

César predissera a eclosão de uma nova guerra civil, caso ele morresse. Ele conhecia muito bem uma coisa sobre os romanos: eles adoravam uma boa briga. A política os fascinava, mas não seria preciso muita coisa para fazer com que os romanos recorressem à espada.

Restavam somente alguns poucos líderes das gerações mais velhas, e estes retornavam à cena para um último ato, fazendo apenas um pouco mais do que sempre haviam feito de melhor. Para Cícero isto significava fazer discursos, promover reuniões e escrever cartas para entabular acordos — tudo, sempre, pela causa da República. Ele "pegava pesado" contra o homem a quem considerava como a maior ameaça: Antônio. Para Servília, isto significava manobrar pelos bastidores, para fazer avançar o seu filho e salvar sua família.

É razoável supor que, ainda antes que erguessem suas adagas contra César, Brutus e Cassius tivessem considerado a possibilidade de que deveriam haver deixado Roma. Para os políticos romanos, não era novidade que homens que jogassem pelas apostas mais altas tivessem, às vezes, que partir para um exílio, para que pudessem se reagrupar. Muitos precedentes lhes diziam para que fossem ao Oriente, para levantar fundos e obter material humano. Sila, Pompeu e César haviam feito exatamente isso, e, dentre todos, somente Pompeu havia falhado — ainda que tivesse obtido grande sucesso em sua primeira expedição ao Oriente. Tanto Brutus quanto Cassius contavam com sólidas conexões no Oriente, datando de mais de dez anos, e ainda podiam contar com o apoio de Deiotarus, o rei da Galátia, que, certa vez, fora acusado de tentar assassinar César. E havia, também, a intrigante possibilidade do auxílio da Pártia.

## UMA MOSQUINHA NA PAREDE

Antium (a moderna cidade de Anzio, que se tornaria muito famosa durante a Segunda Guerra Mundial) era uma cidadezinha litorânea ao sul de Roma, para onde Brutus e Cassius haviam-se retirado após terem deixado a capital[12], em abril de 44 a.C. Pontilhada de *villas*, a região era, virtualmente, a "Costa Dourada" da Roma de então. A *villa* de Cícero situava-se nas proximidades de Astura, e ele se referia a ela como "um lugar agradabilíssimo, bem de frente para o mar."[13] Mas Brutus não fora a Antium pelas águas. Ali ele estabeleceria uma verdadeira "corte no exílio".

Brutus tentara vencer o jogo do poder em Roma com uma combinação de força e persuasão, mas fora sobrepujado, em astúcia e poder, por Antônio. Como qualquer bom aristocrata romano, Brutus agora se voltava para um certo "porto seguro" em meio a um mundo impiedoso: sua própria família — ou, como um romano teria se expressado, para seus *familiares*; um termo muito abrangente, cuja acepção incluía amigos, serviçais e até mesmo escravos, além de seus parentes propriamente ditos.

Brutus dificilmente permaneceria passivo. Ele era bem consciente de que o dinheiro era o "leite materno" da política. Gaius Flavius, seu amigo e cavaleiro romano, tentara organizar um grupo de cavaleiros abastados que desejassem contribuir para um fundo destinado a financiar os assassinos de César. Brutus fez sua parte ao tentar conquistar, com vinhos e jantares, a Atticus, o "príncipe" dos financiadores políticos de Roma. Atticus era um velho amigo de sua família, mas era um homem pragmático e um sobrevivente. Atticus também era amigo de Antônio. Em vez de arriscar a sorte, Atticus declinara[14] do convite e, assim, fizera "implodir" o financiamento com que Brutus contava. Talvez tenha sido a este fato que Brutus e Cassius se referiram quando escreveram a Antônio, poucas semanas antes, e disseram haver dispensado seus amigos das cidades italianas[15] a conselho deste último. Mas Brutus procurara por outras maneiras de construir uma base poderosa.

Ele convocou Cícero para aconselhar-se, e, em 7 de junho, o orador foi ao encontro de Brutus em sua *villa*, em Antium — episódio que foi posteriormente descrito por Cícero em uma carta a Atticus[16] (que também era amigo de Cícero). As outras pessoas presentes eram Cassius (que chegaria atrasado); a esposa de Brutus, Pórcia; a esposa de Cassius, Junia Tertia (em algumas fontes chamada Tertulla), que também era meia-irmã de Brutus; e Servília, mãe ou sogra da maioria dos presentes no recinto. Completando o grupo, encontrava-se ali Marcus Favonius. Tal como Cícero, Favonius fora deixado de fora da conspiração para assassinar César, mas demonstrou seu apoio a ela imediatamente após seu desfecho.

O fiasco em Lupercália, em 15 de fevereiro, o festivo jantar na casa de Lepidus, em 14 de março, o funeral de César e, é claro, o próprio assassinato, são eventos que fazem com que qualquer historiador deseje haver sido uma "mosquinha na parede". Contudo, nem mesmo a combinação de medo, escárnio e o verdadeiro "teatro do absurdo" de toda a trama pode se comparar à cena que se desenrolou na *villa* de Brutus, em Antium, no dia 7 de junho de 44 a.C.

O propósito da reunião seria o de considerar uma oferta do Senado — feita por instigação de Antônio — para que Brutus e Cassius fossem colocados como encarregados das colheitas de grãos na Sicília e na Ásia Romana (correspondente à atual porção ocidental da Turquia). O decreto também lhes concederia permissão para deixar Roma, onde, como pretores, supostamente eles deveriam servir. Aquela seria uma saída elegante, e Cícero os aconselhou a aceitá-la. Brutus pretendia voltar a Roma para presidir os jogos que patrocinava, como pretor urbano. Cícero esclareceu que Roma não seria um lugar seguro para Brutus, adulando-o ao dizer-lhe que sua segurança era um assunto realmente importante, pois Brutus representaria a única defesa da República. Brutus, afinal, concordou que Roma seria perigosa para si mesmo.

Então, Cassius irrompeu no recinto e, enfurecidamente, recusou o trabalho como administrador de colheitas de grãos, o qual ele considerava insultuoso. Ele disse estar de partida para a Grécia e, dali, para a Síria, onde fora designado para servir como governador em 43 a.C. Cícero teve a impressão de que Brutus tencionava partir para a Ásia Romana, onde poderia reunir-se com Trebonius, que era o governador local. Embora fosse Brutus quem tivesse convocado a reunião, Servília não se mostrou nem um pouco intimidada, e falou como quem exercesse alguma influência real sobre o Senado, prometendo fazer com que a cláusula relativa à administração das colheitas de grãos fosse retirada do decreto senatorial.

Em seguida, a conversa derivou para as oportunidades perdidas. Todos mostravam-se amargurados; especialmente Cassius. Eles imputaram a maior parte da culpa a Decimus[17], provavelmente por este não haver lançado suas tropas na Gália Italiana contra Antônio. Isto não passava de simples conversa, porque as tropas de Decimus eram inexperientes e ninguém — menos do que qualquer um, Brutus — pretenderia iniciar uma guerra civil de maneira tão inconsequente. Cícero disse a eles que não deveriam tentar viver no passado, e, em seguida, passou a culpar os conspiradores pela passividade que demonstraram após o assassinato de César nos Idos de Março e nos dias imediatamente seguintes. Então, foi a vez de Servília passar a atalhá-lo.

"Realmente, eu jamais ouvi quem quer que fosse dizer isso!"[18], exclamou Servília. Cícero apelou a Atticus para que a contivesse, mas o que se deu foi exatamente o oposto. Cícero ainda revolvia episódios políticos passados enquanto Brutus e sua família passavam a discutir sobre embates de exércitos, além dos fundos necessários para reuni-los e equipá-los.

Rodas começaram a girar após a reunião. Pelo final do verão, o Senado havia designado Brutus e Cassius para novas províncias — a saber, Creta e Cirene (na moderna Líbia). Se, de fato, Servília fez sua "mágica", o resultado não foi um feitiço muito potente, uma vez que aquelas ainda eram províncias relativamente pequenas e desimportantes. Brutus e Cassius tinham coisas muito maiores em mente.

Em cartas e mais cartas datadas deste período, Cícero diz que Brutus sentia-se deprimido[19]. Mas, se Brutus estava "por baixo", ainda não estava "por fora". Com a ajuda da família e dos amigos, ele estava ativamente construindo uma nova base de poder. Contudo, Brutus tinha bons motivos para sentir-se deprimido. Ele vinha se esforçando para obter paz e reconciliação, mas ambos os lados faziam questão de fincarem os pés em suas posições. Os veteranos de César ansiavam por pilhagens e vingança, enquanto os inimigos de César desejavam reaver suas terras confiscadas.

Em julho, por exemplo, Brutus e Cícero encontraram-se com um enviado muito importante[20], em uma propriedade de Brutus na pequena ilha de Nesis (atual Nisida), na Baía de Nápoles. Um antigo *prætor*, tratava-se do sogro de Sextus Pompeu, e trazia notícias dos seguidos sucessos militares de Pompeu na Hispânia. Nenhum acordo foi formalizado, mas abriu-se a porta para uma aliança entre Sextus e os assassinos de César.

Em 4 de agosto, Brutus e Cassius escreveram uma carta[21] para Antônio, de Nápoles. Em primeiro lugar, eles o criticavam acerbamente por haver-lhes escrito uma carta tão abusiva e ameaçadora. Afinal, eles eram pretores e, portanto, homens de dignidade. Em sua carta, Antônio negara jamais haver acusado a ambos de reunir soldados e amealhar dinheiro, ou de comandarem a esses soldados sem que tivessem autoridade para tanto, nem de enviarem embaixadores a terras além-mar. Por seu turno, Brutus e Cassius disseram não ter conhecimento algum sobre quaisquer dessas acusações. Astuciosamente, eles acrescentaram que se sentiam perplexos[22] diante da contenção de Antônio, considerando sua inabilidade para abster-se de furiosamente apontá-los como culpados pela morte de César. Eles não puderam resistir a oferecer-lhe um aconselhamento antes de encerrarem a mensagem: "Tenha em mente não apenas quão longamente César viveu[23], mas quão brevemente ele reinou."

Certamente, isto pouco contribuiu para amainar as suspeitas de Antônio com relação a Brutus e Cassius. Seus companheiros assassinos já haviam estabelecido uma "cabeça de ponte" no Oriente. Provavelmente em abril, Trebonius foi para a Ásia Romana, e Cimber foi para a província próxima de Bitínia, ambos como governadores provinciais. Outros assassinos e seus amigos também assumiram importantes postos civis e militares nas províncias orientais. Enquanto isso, o longo e vagaroso séquito de Sextus Pompeu avançava. Decimus detinha a Gália Italiana e Cícero permanecia em Roma, para ancorar a causa na capital.

Em meados de agosto, Brutus partiu da Itália para o Oriente. Antes de sua partida, ele e Cassius publicaram editais[24] dizendo que, pelo bem da República e para evitarem uma guerra civil, ambos se autoexilariam. As ações de Brutus, porém, diziam outra coisa: na verdade, elas traduziam uma conflagração armada. Ele e Pórcia deram-se um lacrimoso adeus[25] na cidade de Velia, ao sul de Nápoles. Isto era o equivalente romano de uma moderna "operação midiática". Velia havia sido a antiga colônia grega de Elea, famosa por seus filósofos. Brutus e Pórcia fizeram com que todos soubessem que se despediam diante de uma pintura representando Heitor e Andrômaca, o casal que tem um destino trágico na *Ilíada* de Homero. Sem dúvida, eles deviam sentir-se profundamente emocionados, mas isto também era uma mensagem para o Oriente Grego: Brutus está chegando, e ele é um de vocês. Ele falava grego, adorava filosofia e se mostraria muitíssimo polido ao abalar as estruturas de cidade após cidade pelo dinheiro de que necessitava para custear a guerra pela República. Cassius, cuja chegada se daria pouco depois da dele, seria menos diplomático.

## DECIMUS SOB SÍTIO

Desde o dia em que Decimus deixou Roma, em abril de 44 a.C., até o momento em que caiu em uma armadilha, numa estreita passagem nas Montanhas Iura (atualmente chamadas Jura), na moderna fronteira franco-suíça, sua vida pós-assassinato foi um épico. Na verdade, toda a sua vida fora épica, desde os dias em que servira no exército de César. A última fase foi apenas a mais dramática.

Se alguma vez houve um homem talhado para a província que governaria, este foi Decimus para a Gália Italiana. Lá ele se encontrava, mais uma vez, entre os celtas. Desde a meninice, ele ouvira sobre as explorações de seu avô entre os celtas na Hispânia. Ele mesmo passara grande parte de sua vida adulta entre os celtas, na Gália Transalpina — cuja extensão abrange, atualmente, partes dos territórios da França e da Bélgica. Ele até mesmo falava o idioma gaulês. Roma iniciara a colonização da Gália Italiana durante o terceiro século a.C.; de modo que nos tempos de Decimus o latim era o idioma obrigatório entre a elite local. Não obstante, ainda havia um acentuado "sabor" celta em toda a região, especialmente aos pés das colinas e montanhas dos Alpes. Ali, Decimus se sentiria em casa.

Como governador, Decimus contava com duas legiões[26]: uma composta por veteranos, e outra por homens com cerca de um ano de experiência. Decimus passou o verão de 44 a.C. atacando tribos alpinas. Ele afirmava haver combatido[27] inimigos excepcionalmente ferozes, arrasado inúmeras fortalezas e capturado grandes quantidades de pilhagens para distribuir entre seus homens. Estes, por seu turno, o saudavam como *imperator*, grande comandante, título costumeiramente atribuído a um general após o sucesso em uma batalha. A experiência aperfeiçoou suas duas legiões e as tornou mais fortemente conectadas ao seu comandante. Decimus escreveu a Cícero[28] em Roma para que o ajudasse a obter reconhecimento formal do Senado. Cícero prometeu zelar pela *dignitas* de Decimus[29], que seria mais cara para ele do que a sua própria — segundo disse Cícero.

Sem dúvida, Cícero tinha coisas melhores a fazer com os limitados recursos de que dispunha no Senado, mas ele sabia para quem escrevia. Em outras cartas, ele também fez referências à *dignitas* de Decimus[30], assegurando-o de quanto ele era amado pelo povo romano[31], por havê-lo livrado da tirania. Ele conclui uma das cartas estabelecendo sua firma esperança de que Decimus ainda viria a ser o maior e mais famoso homem dentre todos[32].

Em qualquer caso, à época, as ações de Decimus na Gália Italiana eram ilegais. Em 1.º de junho, Antônio convencera ao povo para que votasse nele para comandar a Gália Italiana, por um mandato cuja duração logo seria estendida para cinco anos. Antônio protegia sua própria *dignitas* e atacava a dos assassinos. Aquele foi um golpe duro para Decimus, que, dessa maneira, perderia seu governo da província; então, ele se recusou a aceitar tamanho insulto e tal ameaça. Ele desobedeceu a lei e permaneceu no comando na Gália Italiana. Em outubro, os amigos de Antônio arranjaram para que um escravo chamado Myrtilus[33] fosse executado, alegadamente por haver planejado assassinar a Antônio. E afirmaram que Decimus estaria por trás de tudo.

Se Decimus liderava a causa republicana na Gália Italiana, Cícero a liderava em Roma. Ele jamais confiara em Antônio e, por volta de setembro de 44 a.C., tornou pública sua oposição a ele. Em uma série de discursos contra Antônio — à qual ele intitulou *Filípicas*, segundo uma famosa série de discursos contra o Rei Filipe da Macedônia feita pelo orador ateniense Demóstenes, em meados do século quarto a.C. —, Cícero aviltou Antônio, ao mesmo tempo em que louvava Decimus. Ele saudava a Decimus como um defensor da República[34] e como membro de uma família (a família de Brutus) imbuída com a divina missão de proteger a liberdade romana. Cícero poderia apenas esperar obter melhor sucesso do que Demóstenes, que arrebatara a opinião pública para uma causa perdida, pois Filipe sairia vencedor e conquistaria toda a Grécia.

O que quer que acontecesse, Cícero poderia estar seguro de uma coisa: jamais ele poderia dizer a si mesmo que lhe faltasse coragem. Ao assumir sua posição — particularmente aos 62 anos de idade —, Cícero arriscava tudo pela República.

A princípio, Cícero contribuiu para a expulsão de Antônio de Roma. Em outubro de 44 a.C., três legiões da Macedônia, selecionadas para Antônio, desembarcaram em Brundisium, estando uma quarta a caminho. Antônio foi ao encontro delas e obteve uma recepção enfurecida, por sua política de reconciliação com os assassinos de César. Os soldados queriam vingança. Antônio ofereceu aos homens uma pequena soma em dinheiro, para apaziguá-los, mas os agentes de Otávio já haviam lhes prometido uma quantia maior e eles recusaram. Finalmente, Antônio ordenou que alguns soldados fossem executados, para restaurar a disciplina.

Otávio já havia recrutado três mil veteranos de César em Campania; e, embora este exército privado fosse ilegal, isto não impediu que os soldados mais jovens soubessem a quem pertencia, agora, o nome de César. Anos depois, Otávio se vangloriaria de seu ato, ao qual ele brilhantemente renomearia como uma forma de salvar a República:

> *"Aos dezenove anos de idade[35], eu reuni um exército por iniciativa própria e às minhas próprias custas, com auxílio do qual libertei a República, que era oprimida pelo poder irrestrito de uma facção política."*

Em novembro, Otávio marchou com seu novo exército para Roma — para logo deixá-la novamente, à medida que Antônio se aproximava. Após reagrupar-se, Otávio soube que duas das legiões da Macedônia haviam se amotinado e viriam juntar-se a ele. Aquelas eram legiões veteranas, o que as tornava valiosas. Muitas das legiões deste período eram inexperientes, ou grandemente reduzidas em número. Otávio reuniu seu exército sobre as colinas de uma cidadezinha da Itália Central. Prontamente, ele pagou a cada homem 500 *denarii*, e prometeu-lhes[36] muito mais, caso derrotassem a Antônio: uma quantia adicional de 5.000 *denarii* cada — o que era quase tanto quanto César pagara aos seus homens em seu Triplo Triunfo, em 46 a.C.

Decimus era ousado, corajoso e teimoso. De sua base no norte da Itália ele colocava Roma em risco. Tanto Antônio quanto Otávio sabiam disto[37]; e ambos cortejavam Decimus. Ambos seriam aliados dúbios, mas Decimus escolheu a Otávio — sem dúvida porque o jovem parecia menos ameaçador do que um líder maduro como Antônio. Cícero apoiou fervorosamente essa escolha, por mais arriscada que fosse. Além do mais, Otávio era um "vendedor" muito bom. Assim, Decimus decidiu-se a ficar e lutar, embora muitos considerassem aquele como um caso perdido. Encoberto pela intrepidez das *Filípicas* de Cícero o que os aguardava era um salto na escuridão.

Antônio agora marchava à frente de seus homens, incluindo os remanescentes das legiões da Macedônia, para a Gália Italiana. Ele lhes fizera uma promessa semelhante de saques e pilhagens em caso de vitória. Mas, primeiro, ele teria de lidar com Decimus. Era o final de novembro de 44 a.C.

e Antônio podia contar com quatro legiões de veteranos, além de guarda-costas, auxiliares e novos recrutas. Em dezembro, ele exigiu que Decimus se rendesse e lhe entregasse sua província, mas Decimus se recusou a fazer isso. De Roma, Cícero e outros senadores escreveram para Decimus instando-o a resistir. Finalmente, em 20 de dezembro, Cícero conseguiu fazer com que o Senado emitisse um decreto atestando que Decimus e todos os outros governadores deveriam manter o governo de suas províncias. O Senado enviou embaixadores ao encontro de Antônio para negociar sua retirada da província, mas ele se recusou a fazê-lo. Em vez disso, ele se preparou para abrir guerra contra Decimus.

Em segurança, na Grécia, Brutus não se deixou impressionar: ele temia a Otávio[38], tal como dissera, mas refutou os apelos de Cícero para que acorresse em auxílio de Decimus[39] com tropas da Macedônia. Sextus Pompeu também declinou de sair em socorro de Decimus, dizendo que não pretendia "ofender" aos veteranos de César[40] com a presença do filho do velho inimigo deles. Em resumo, o dinheiro sonante rumava para fora da Itália. Mas Decimus permaneceu. Se quisesse vir a ser uma figura de liderança em Roma, ele não tinha outra escolha. Sextus Pompeu mantinha uma base na Hispânia, e fora capaz de estabelecer outra na Sicília. Brutus e Cassius tinham, ambos, longas histórias no Oriente Romano. Decimus passara sua carreira na Gália, e, por isso, fazia sentido ali permanecer. As recompensas por vitórias obtidas ao sul dos Alpes seriam tão vultosas que ele preferiu ali ficar e lutar. Mais tarde haveria tempo, se necessário, para cruzar os Alpes e buscar refúgio em sua antiga província.

Ele rumou para Mutina (a atual Modena), uma rica cidade agrícola no vale do Rio Padus (Pó), na Gália Italiana. Ele ocupou a região, fechou os portões da cidade, confiscou as propriedades dos habitantes, abateu e salgou todo o seu gado de transporte de carga e, de modo geral, ultimou todos os preparativos para suportar um longo sítio.

Àquela altura, Decimus havia arregimentado uma terceira legião, mas esta era composta por novos recrutas sem qualquer experiência. Ele podia depositar mais confiança em seus gladiadores. Tal como vários outros comandantes dessa era de guerras civis, Decimus empregava gladiadores como seus guarda-costas. Estes substituíam ou formavam grande parte da tradicional guarda pessoal de um general romano, a força integrada por quinhentos homens conhecida como "guarda" ou "coorte pretoriana". Apiano diz que Decimus contava com "um grande número de gladiadores"[41] consigo, em Mutina. Talvez estes — ou ao menos alguns dentre eles — fossem os mesmos gladiadores que haviam estado em sua companhia nos Idos de Março.

Em dezembro, Antônio estabeleceu o sítio à cidade. As forças de Decimus não eram páreo para as de Antônio, que logo viria a contar com seis legiões, além de uma coorte pretoriana e cavalaria. Antônio fez cercar toda a cidade com uma muralha, tal como fizera César ao sitiar Alesia; porém, desta vez, os dois generais que haviam servido com ele encontravam-se em lados opostos. Em um momento pungente em Roma, no mês seguinte, a esposa de Decimus, Valeria Paula[42], pediu a Cícero que anexasse uma carta dela à próxima correspondência que o orador viesse a enviar para seu marido.

Em janeiro de 43 a.C., as coisas evoluíram rapidamente. Havia dois novos cônsules, Hirtius e Pansa, que embora tivessem sido amigos de César eram políticos moderados, que tinham respeito pela República. Tal como Cícero, eles haviam-se decidido pelo lado de Otávio. A esperança era que eles pudessem manter o jovem sob controle. O Senado exigia que Antônio se retirasse da Gália Italiana; eles conferiram a Otávio o posto de alto-oficial substituto (proprietário) e o enviaram em companhia do cônsul Hirtius para auxiliar a Decimus. Entre si, os três homens possuíam sete legiões.

Enquanto cidadão comum, Otávio arregimentara um exército. Isso era ilegal, mas o Senado contornou a situação ao outorgar-lhe um cargo público. Contudo, Otávio não se deixou enganar. Ele sabia que o Senado o estava usando[43] apenas até que Antônio fosse derrotado.

Em fevereiro de 43 a.C., notícias da Ásia chegaram a Roma, dando conta de que Dolabella havia executado Trebonius no mês anterior. Poucas pessoas mudavam de lado tão frequentemente quanto Dolabella. Um seguidor de César em 45 a.C., ele apoiara os assassinos nos Idos de Março, para, em seguida, voltar-se contra eles. Então, Dolabella matara Trebonius em Smyrna (a moderna cidade de Izmir, na Turquia) e colocara sua cabeça em exibição no mercado local, aos pés de uma estátua de César. Trebonius dissera a Cícero que se orgulhava[44] de haver tomado parte na morte de César, mas agora pagava por isso. Ele foi o primeiro dos assassinos de César a morrer. O Senado condenou Dolabella e o declarou um inimigo do Estado.

Tal como Decimus, Trebonius integrara a "velha guarda" de César; mas, não obstante, se voltara contra seu chefe. Trebonius era um romano de estirpe suficientemente antiga para — tal como Cícero, com quem se correspondia — não conseguir tolerar a violência de César para com a forma de governo republicana e para com a honra e o poder que senadores como ele possuíam. Nos Idos de Março, ele desempenhou o papel vital de conter Antônio.

De volta à Itália, Decimus se tornara uma lenda pelo controle magistral de seu exército durante o sítio de Mutina. Ele e seus aliados perpetraram vários gestos grandiosos[45]. Antes de encerrar completamente a cidade, Antônio fez infiltrar espiões para tentar corromper os soldados de Decimus, mas Decimus suspeitou disso e conseguiu neutralizar a todos. Depois de haverem chegado às proximidades de Mutina, Hirtius e Otávio fizeram com que Decimus se inteirasse de sua presença enviando mergulhadores para que cruzassem o rio a nado, durante a noite, com mensagens gravadas sobre tabletes de chumbo, enrolados e atados aos braços deles. Decimus recebeu as mensagens e enviou uma em resposta; e, desta maneira, os dois lados continuaram a comunicar-se. Hirtius e Decimus também se comunicavam através de um pombo-correio. Em fevereiro, Decimus foi informado de que certo senador em Mutina havia desertado para o lado de Antônio. Decimus, magnanimamente, enviou ao homem suas bagagens. Este gesto supostamente convenceu algumas das cidades vizinhas que apoiavam Antônio a mudarem de lado.

O principal problema dos homens em Mutina era a alimentação. Certa vez os aliados de Decimus haviam conseguido fazer flutuar, rio abaixo, uma provisão de sal e algumas ovelhas[46] até um ponto em que puderam ser trazidas para dentro da cidade sem que fossem detectadas, mas este era um artifício que funcionara no passado. De modo geral, as condições em Mutina eram deploráveis[47]. O fato mais notável foi o de ninguém haver aberto os portões da cidade para Antônio. Isto certamente era um tributo, tanto à vigilância de Decimus quanto à sua habilidade como líder de homens. Ele evocava lealdade — quer para si mesmo, para a causa, ou ambos.

O destino de Mutina foi decidido em abril de 43 a.C. No dia 14 de abril, Antônio derrotou o cônsul Pansa na batalha de Forum Gallorum[48] ("Fórum dos Gauleses"), em um lugarejo à margem da Via Æmilia, a estrada romana cujo trajeto acompanhava a costa do Adriático rumo noroeste até Placentia (a moderna Piacenza), no Rio Padus. Se a descrição da batalha feita por Apiano for correta, os veteranos[49] bateram-se uns contra os outros em silêncio, lutando corpo a corpo, como pugilistas. Galba, um dos assassinos de César e antigo comandante de legionários na Gália, comandou uma das legiões de Pansa. Galba enviou a Cícero um relato memorável[50] da luta ferrenha, da ele qual participou ativamente e mal escapou de ser morto, por engano, por seus próprios homens. Isto, no entanto, não surpreenderia a qualquer leitor dos Comentários de César, que contém uma crônica minuciosa das trapalhadas militares de Galba na Gália.[51]

Pansa não teve tanta sorte e recebeu um ferimento mortal. Mesmo assim, Antônio não teve chance de saborear sua vitória. Reforços liderados pelo outro cônsul, Hirtius, chegaram mais tarde, naquele mesmo dia, e esmagaram as tropas de Antônio, forçando-o a uma retirada. Uma semana depois, em 21 de abril, uma segunda batalha teve lugar fora das muralhas de

Mutina⁵². Desta vez, Otávio estava presente com suas legiões para reforçar as tropas de Hirtius. Decimus também tomou parte na batalha, conseguindo fazer com que ao menos alguns de seus homens conseguissem sair da cidade. Mutina estava livre. Ironicamente, aquele era o dia do aniversário de Decimus.

A combinação das forças derrotara a Antônio, porém ao custo da vida de Hirtius. Otávio sobreviveu. Antônio afirmou que Otávio⁵³ fugira do campo de batalha em Forum Gallorum, tendo perdido sua capa militar e seu cavalo — uma desgraça, para os romanos. Porém, quer isto tenha sido verdade ou não, as fontes parecem concordar com o fato de Otávio haver sido um herói durante a segunda batalha em Mutina.⁵⁴ Quando o portador da águia de sua legião recebeu um ferimento muito grave, o próprio Otávio apoiou o estandarte sobre o ombro e portou a águia por algum tempo.

Outro soldado caído em Mutina foi Pontius Aquila, o tenente de Decimus. Anteriormente, quando a cidade ainda estava sitiada, Pontius derrotara um dos tenentes de Antônio no noroeste da Itália, onde então se encontrava. Ele havia retornado a Mutina para lutar. Este foi o fim de um bravo homem. Pontius foi o segundo dos assassinos de César a morrer. Como um Tribuno do Povo, em 45 a.C., ele desafiara a César durante a reentrada triunfal deste em Roma. Cícero envidou esforços — com sucesso — para que uma estátua fosse erigida em honra de Pontius⁵⁵.

Embora tivesse perdido a batalha, Antônio ainda conservava intacta a maior parte de suas forças. Assim, ele decidiu empreender uma retirada ordenada rumo ao oeste, para encontrar-se com seus aliados em algum lugar no norte da Itália, e com seus potenciais aliados para além dos Alpes, na Gália. Lepidus era o governador da Gália Narbonesa e da Hispânia Próxima, Plancus era o governador da *Gallia Comata*, e Pollio era o governador da Hispânia Remota, contando com muitas legiões entre eles. Todos haviam prometido apoiar a Decimus e ao Senado, mas todos haviam sido antigos apoiadores de César; e em nenhum deles se poderia confiar quanto a decidirem-se passar para o lado de Antônio.

Antônio iniciou sua marcha quase imediatamente, no dia 22 de abril. Decimus preparou-se para sair em perseguição a ele, mas seu exército se encontrava muito enfraquecido e grandemente reduzido em número. Ele não possuía cavalaria, nem animais de carga. Contudo, o que ele possuía, agora, eram algumas das recentemente recrutadas legiões de Hirtius e de Pansa; Otávio ficou com o restante, além de seus veteranos. Decimus também possuía capital político, por tudo quanto isso valesse: o entusiástico apoio do Senado. Ele declarou Antônio e seus aliados como inimigos públicos.

# O ASSASSINO DE SEU PAI

Otávio era um ponto de interrogação. A morte de Hirtius e de Pansa, os dois cônsules, o deixara com grande liberdade enquanto comandante. Isto era um favorecimento para carreira dele, mas um golpe para a forma republicana de governo. A questão era: quão forte seria esse golpe?

Livre do sítio, Decimus foi ao encontro de Otávio. Seria difícil imaginar um encontro mais desconfortável. Dois anos antes, Decimus e Otávio haviam cavalgado juntos, na comitiva vitoriosa de César. Desde então, Decimus havia se tornado um dos assassinos de César e Otávio tornara-se filho de César. Segundo Apiano, Decimus tentou suavizar a aproximação[56] enviando um aviso a Otávio antes do encontro. Um espírito maligno, disse Decimus, o havia enganado; e outros o haviam levado a participar da conspiração. O relato é plausível mas pode não ser confiável, pois Apiano também afirma que Otávio recusou-se a encontrar Decimus — o que não é verdadeiro — dizendo ser antinatural, para ele, sequer olhar para o assassino de seu pai, muito menos manter uma conversação com ele.

Todavia, como quer que possa haver-se sentido quanto à traição de Decimus a César, Otávio o recebeu, de todo modo — e Otávio mostrou-se mais do cortês. Em uma carta para Cícero, em 9 de maio de 43 a.C.[57], Decimus afirma textualmente haver se encontrado com Otávio e sair dali confiando nele, ainda que, antes, não confiasse totalmente em Otávio. Decimus disse a Otávio[58] que planejava cruzar os Apeninos para perseguir a Antônio e o instara a fazer o mesmo, mas Otávio se recusara a comprometer-se. Ele também se recusou a abrir mão das legiões dos cônsules mortos que ainda comandava.

Decimus era uma pessoa poderosa e Otávio desejava ser um dos "jogadores"; por isso faz sentido que Otávio tenha se comportado do modo como fez. Também faz sentido que mais tarde ele tivesse negado que o encontro jamais tivesse acontecido. Esta certamente é a razão pela qual Apiano atesta esta negação como um fato. Otávio não se dispôs a auxiliar Decimus a derrotar Antônio, mas, sim, porque isto servia ao propósito de Otávio de ferir a Antônio[59]; nada além disso. Otávio não pretendia ajudar Decimus a vencer.

Uma carta de Decimus para Cícero, em 5 de maio de 43 a.C., conta toda a história. Decimus expressava sua frustração quanto à inação de Otávio:

> *"Caso César [Otávio] tivesse me ouvido[60] e cruzado os Apeninos, eu teria forçado Antônio a uma posição tão desfavorável que ele teria sido destruído antes pela falta de suprimentos do que*

*pela ação do ferro. Mas César não pode ser ordenado quanto a isso, nem pode fazer com que seu exército obedeça às suas ordens — ambas coisas muito ruins."*

Para Decimus seria melhor culpar a Otávio do que a si mesmo. O orgulhoso Decimus não era o tipo de homem que jamais culparia a si mesmo.

Decimus preocupava-se quanto à lealdade de Otávio. No final de maio, ele escreveu um relatório para Cícero dizendo que os veteranos sob o comando do jovem amaldiçoavam a Cícero e instavam seu comandante a forçá-lo para que conseguisse um acordo melhor para eles. Decimus também escreveu que Otávio soubera a respeito de um comentário de Cícero que o deixara enfurecido. Supostamente, Cícero dissera que "o jovem deveria ser cumprimentado[61], honrado, enaltecido — e suspenso." Otávio não tinha intenção de ter seu poder suspenso.

Decimus tinha razão ao preocupar-se. Longe de auxiliar Decimus a destruir Antônio, Otávio adotara uma posição de neutralidade. Estaria ele pensando em mudar de lado e unir-se a Antônio? Este teria sido um movimento que requereria muito sangue-frio, mas perfeitamente consonante com uma era de insensibilidade. Mesmo o herói de Shakespeare, Brutus, era um "traidor em série": traidor da memória de seu pai; de seu chefe, Pompeu; de seu tio, Catão; e de seu patrono, César. Além disso, o Senado já formara uma opinião clara a respeito de Otávio: não apenas se recusaria a conceder-lhe poder e honrarias equivalentes aos conferidos a Decimus, mas também cortaria os pagamentos prometidos aos soldados de Otávio. Para Decimus foi votado que recebesse um triunfo, enquanto para Otávio foi concedida a distinção menor de uma ovação. Decimus foi designado para empreender a guerra contra Antônio e foram-lhe concedidas as tropas dos cônsules mortos. Otávio, porém, não pretendia dançar conforme a música do Senado.

Otávio sabia que tão logo a ameaça representada por Antônio fosse removida, o Senado também trataria de livrar-se dele. Embora fosse arriscado para ele apoiar a Antônio, seu fracasso seria certo se continuasse a apoiar o Senado. Assim, Otávio se absteve de combater contra Antônio e contemplou a mudança do curso dos acontecimentos. Tal como César, antes dele, ele também saboreava o risco.

No início de maio, três legiões recrutadas na Itália Central por um dos associados de Antônio foram juntar-se a ele no noroeste da Itália, não muito distante da atual cidade de Gênova. Antônio e Decimus contavam, agora, com sete legiões sob o comando de cada um. Mas as legiões de Antônio eram compostas por veteranos, e ele dispunha de cinco mil homens de cavalaria, para começar. Decimus não poderia competir, especialmente porque esgotara seu dinheiro. Ele escrevera a Cícero, dizendo que para alimentar suas tropas ele não apenas gastara sua própria fortuna[62] como tivera de pedir a amigos para que lhe emprestassem dinheiro.

Cícero não se mostrou impressionado. Ele criticara Decimus por falhar[63] na perseguição a um inimigo ferido e haver permitido que Antônio escapasse. Isso dificilmente poderia parecer justo; não com as tropas de Decimus, exaustas e inexperientes, e com ele sem poder contar com uma cavalaria e animais de carga, e não com Otávio recusando-se a prosseguir no combate contra Antônio.

Antônio planejara cruzar os Alpes, após o que, tal como Decimus temia, ele uniria forças com Lepidus e Pollio — uma possibilidade que Lepidus negou veementemente, embora Decimus não lhe tivesse dado crédito. Ele pensou não poder contar com Lepidus[64].

Outro homem poderia haver desistido da caçada, mas não Decimus. Ele era muito ambicioso e não pretendia menos que livrar-se da maior ameaça militar da Itália — ou seja, livrar-se de Antônio. Em jogo estaria o futuro da Itália. Com a derrota de Antônio, o Senado voltaria a governar Roma; e Decimus seria um "príncipe" do Senado.

Decimus sabia que a única maneira de derrotar Antônio seria cruzando os Alpes, por si mesmo, e juntar-se às forças de Plancus, na Gallia Comata. Plancus contava com quatro legiões e cavalaria aliada, mas Decimus e Plancus não poderiam derrotar as forças combinadas de Antônio e Lepidus. Mesmo assim, Decimus seguiu adiante, incansável e destemidamente, tal como César teria feito. A Decimus não faltava autoconfiança. A Gália era sua "zona de conforto"; o teatro de seus triunfos militares passados. Então, ele transpôs a passagem pelos Alpes Graios, atualmente conhecida como Passo Pequeno São Bernardo (na fronteira entre a Itália e a França, aos pés do Monte Branco), obtendo de algum modo o dinheiro necessário com os impostos exigidos aos habitantes locais.

Decimus também deve haver esperado encontrar aliados nativos na Gália. Por volta do dia 10 de junho, ele encontrou-se com Plancus em Cularo (atual Grenoble), uma cidade dos gauleses alobrógios, a mesma tribo que se havia aliado a Catilina, vinte anos antes. A mãe de Decimus, Sempronia, abrira as portas de sua casa para um grupo de alobrógios durante os dias revolucionários de 63 a.C. Decimus mantinha-se em contato com os alobrógios[65], por isso deve ter tido motivos para pensar que estes o pudessem prover com homens, dinheiro e suprimentos.

Embora Decimus e Plancus tivessem um grande número de soldados — ainda que, dentre estes, se contassem poucos veteranos —, más notícias provenientes do sul da Gália os impediram de entrar em ação e, certamente, desencorajaram os alobrógios a lhes prestar qualquer espécie de apoio — se é que isto jamais tivesse sido possível. Antônio chegara à Gália Narbonesa (a moderna região francesa de Provence) em meados de maio. Tomando de empréstimo o conteúdo de diversas páginas do livro de César, ele acantonou suas tropas em um local muito próximo do acampamento do exército de Lepidus, permitindo aos homens que confraternizassem, e fez uma boa "média" ao prantear seus soldados caídos em batalha — artifícios de que César já havia se utilizado. Os homens de Lepidus deixaram-se cair sob o encanto e bandearam-se coletivamente para seu lado — para o qual o próprio Lepidus logo seguiria. No dia 29 de maio, os dois exércitos eram apenas um.

Agora, eles possuíam tantas legiões quanto Decimus e Plancus; mas contavam com mais veteranos, mais cavalaria e equipamentos melhores. Cícero pediu a Brutus e a Cassius para que enviassem auxílio[66] a Decimus, mas ninguém se dispôs a fazer isso. Por mais de dois meses, os exércitos de Decimus e Plancus permaneceram estacionados. Então, o desastre abateu-se.

Pelo final de agosto, primeiro Pollio e depois Plancus desertaram a Decimus, anunciando aliarem-se a Antônio. Àquela altura, uma revolução já abalara Roma.

## 12.

## VINGANÇA

No verão de 43 a.C., Decimus acampava a oeste dos Alpes gauleses e treinava seus homens para que trabalhassem com as tropas de Plancus, quando se viu subitamente cercado pelos flancos. Antônio e Lepidus acabavam de combinar suas forças. Para além dos Alpes, em Roma, uma fera ainda mais perigosa se agitava.

### MIRANDO O ORIENTE

Depois que Brutus e Cassius deixaram a Itália, em agosto de 44 a.C., apenas relatos esparsos de suas atividades chegavam à capital. Ali sediada, Servília, atuando como a chefe de uma rede de espionagem, fazia circular as notícias do Oriente. Em outubro de 44 a.C., ela recebeu um escravo de Cæcilius Bassus, o rebelde governador da Síria. O escravo disse a ela que as legiões em Alexandria estavam se amotinando, que Bassus fora convocado para voltar para lá imediatamente, e que, nesse ínterim, esperava-se que Cassius chegasse à Síria. Ela estava aguardando por uma visita secreta de Marcus Scaptius, que, havia muito tempo, era o agente de Brutus no Oriente. Quando Servília passou a informação a Cícero, este escreveu para Atticus, com um misto de excitação com os progressos no Oriente e preocupação quanto à "vilania e loucura"[1] de Antônio e seus seguidores no Ocidente.

Enquanto isso, Brutus ampliava e consolidava seu poder a partir de uma base em Atenas. Lá ele era saudado como um herói e uma estátua que o representava fora erigida em meio a esculturas de outros famosos assassinos de tiranos atenienses. Ele reunira apoiadores e potenciais oficiais, e fizera acordos e ameaças. Com suas palavras, ele abrira caminho para obter o controle das províncias da Macedônia (cujo território abrangia aproximadamente a porção central da atual Grécia, bem como partes da Albânia e a antiga República Iugoslava da Macedônia) e da Ilíria (quase toda a moderna Albânia e a maior parte da antiga Iugoslávia). A princípio, ele era um usurpador, sem deter qualquer autoridade legal senão até fevereiro de 43 a.C., quando o Senado o confirmou como o legítimo governador dessas províncias. Brutus havia capturado o irmão de Marco Antônio, Gaius Antonius, que supostamente deveria ser o governador da Macedônia, mas foi bastante cuidadoso para tratá-lo bem. Diferentemente de Cícero, Brutus ainda acreditava ser possível chegar a um entendimento com Marco Antônio, um seguidor de César e um moderado. Ele não depositava qualquer fé em Otávio e obrigou Cícero à tarefa de fazer com que confiasse nele. "Eu apenas queria que você pudesse ver quanto eu o temo!"[2], escreveu Brutus a Cícero, referindo-se a Otávio.

Cassius, por sua vez, encontrava-se ainda mais ocupado. Pelo final de fevereiro de 43 a.C., notícias chegaram a Roma de que ele havia tomado a Síria e assumido o comando das legiões acantonadas ali e nas vizinhanças. Tal como Brutus, Cassius agira sem autoridade legal.

De sua base no Egito, Cleópatra assistia a tudo com preocupado interesse. César havia deixado quatro legiões no Egito, e, agora, tanto Dolabella quanto Cassius as requisitavam. A rainha escolheu atender a Dolabella e enviou-lhe as legiões, mas Cassius as capturou no caminho para a Síria. Assim, ele reuniu um exército de doze legiões com o qual derrotou Dolabella, que cometeu suicídio.

Mas Cleópatra não estava acabada. Ela decidiu auxiliar os oponentes de Brutus e Cassius — oponentes estes que se encontravam no oeste da Grécia. Ela equipou e assumiu o comando de uma frota naval, fazendo de si mesma uma mulher-almirante, tal como Artemísia de Halicarnasso (a moderna cidade de Bodrum, na Turquia), que lutara na batalha de Salamis, em 480 a.C., ou a rainha-pirata Teuta da Ilíria (que abrangia os atuais territórios de Montenegro e da Albânia), que combatera os romanos na década de 220 a.C. Cassius enviou outro apoiador dos assassinos, Murcus, para emboscar Cleópatra ao largo do sul da Grécia, mas a armada egípcia jamais chegou tão longe. Uma tempestade na costa da Líbia danificou a frota tão seriamente que a forçou a voltar. A própria Cleópatra sofreu um caso grave de enjoo marítimo. Cassius considerou invadir o Egito, mas Brutus lembrou-o de que eles teriam de poupar seus recursos.

De sua base no Oriente, Brutus e Cassius reuniram os componentes de uma estratégia para a dominação de todo o Mediterrâneo. Eles venceriam se lutassem a guerra no império, não em Roma ou na Itália. Esta fora a estratégia empregada por Pompeu contra César; e, agora, eles a retomavam. Ou eles se sentiam confiantes de que desta vez as coisas seriam diferentes, ou apenas aceitaram que a estratégia de Pompeu era a melhor dentre várias alternativas ruins.

Em abril de 43 a.C., depois da vitória em Mutina, o Senado confiou o destino da República a três comandantes, além de Decimus. Os senadores confirmaram Brutus como governador da Macedônia, Cassius como governador da Síria, e Sextus Pompeu como almirante da frota.

Cassius era um estrategista melhor do que Decimus. Ele planejara reunir um exército e uma marinha no Oriente para combiná-los com as forças navais de Sextus no Ocidente. No verão de 43 a.C., Sextus transferiu sua base para a Sicília.

Sextus Pompeu trouxe consigo o poderio naval. Isto era imensamente útil, mas não decisivo. Tal como na guerra civil entre Pompeu e César, na nova conflagração os estrategistas também esperavam sufocar o inimigo pelo mar. Eles pretendiam cortar-lhe o abastecimento de suprimentos e neutralizar sua capacidade de transporte de tropas, mas com estradas disponíveis ao longo de quase toda a costa, um inimigo determinado e suficientemente versátil poderia viajar muito bem por terra. O poderio naval por si só não conseguiria vencer a guerra; seria preciso um exército para aplicar o golpe decisivo. Cassius sabia disso, e ele e Brutus trabalharam arduamente para formar um.

Brutus não tinha tempo para parar, sequer para lamentar-se. No verão de 43 a.C., Pórcia morreu, após uma convalescença[3] — cujos detalhes são desconhecidos. Ela se encontrava na Itália, Brutus estava na Grécia, e os dois não tiveram oportunidade para darem-se um último adeus. Cícero escreveu a um enlutado Brutus para que fosse forte. Seu país precisava dele, disse o orador: "Não apenas o seu exército, mas todos os cidadãos[4] e quase todo o povo têm os olhos sobre você."

Brutus estava em plena atividade na Trácia (a atual Bulgária) e no oeste da Anatólia. Deiotarus enviara tropas para ele, e Brutus extorquia dinheiro aqui e ali, tendo obtido uma vitória menor sobre uma tribo da Trácia — o que lhe rendeu uma aclamação como *imperator* da parte de seus soldados. Ele fez estampar esse título em seus pronunciamentos oficiais e em suas moedas.

Como uma leoa, Servília defendia os interesses de Brutus e Cassius em Roma, enquanto eles estavam ausentes. Ou, melhor: como uma senadora, uma vez que Servília conduzia suas conferências familiares como se fossem reuniões do Senado. Em 25 de julho de 43 a.C., ela convocou uma reunião em uma de suas casas. Cícero estava presente, assim como Casca e Labeo, dois dos assassinos dos Idos de Março, e Marcus Scaptius, o agente de Brutus no Oriente, primeiro em 50 a.C., e novamente agora. Servília perguntou-lhes se deveria chamar Brutus de volta imediatamente[5] ou dizer a ele que ficasse onde estivesse. Cícero foi favorável para que ele fosse chamado de volta, mas Brutus terminou permanecendo onde se encontrava. Sem dúvida, Servília manteve Brutus informado acerca da reunião, tal como fazia a respeito de seus netos. Naquele mesmo verão, Cícero pronunciou-se no Senado por eles, os filhos de Lepidus, que estava casado com outra das filhas de Servília. Agora que Lepidus havia passado para o lado de Antônio, Brutus preocupava-se[6] com as crianças, bem como com a mãe delas e com Servília.

Servília, por sua vez, preocupava-se com Brutus e com seu genro, Cassius; mas eles estavam se dando muito bem, por conta própria. A maioria dos comandantes romanos vinha reunir-se com eles. Alguns desses comandantes eram convictos opositores de César ou nutriam uma fé inabalável na República; e alguns eram repelidos pelos métodos brutais que Antônio e Otávio logo viriam a empregar. Alguns ponderavam que qualquer um que tivesse conseguido assassinar César seria, de fato, um soldado muito eficiente — e eles queriam estar do lado vencedor. E também havia os que gostavam do tilintar das moedas dos assassinos.

Enquanto isso, na Itália o mundo parecia prestes a ser virado de cabeça para baixo. Logo seria Servília quem estaria em perigo, não Brutus ou Cassius.

## ELEITO PELA ESPADA

Em julho de 43 a.C., Otávio fez seu movimento. Ele exigiu que o Senado lhe concedesse um dos dois consulados vagos. Tratava-se de uma demanda desrespeitosa da parte de um rapazola de dezenove anos de idade, especialmente depois do Senado já haver baixado em dez anos a idade mínima de 43 anos para que alguém fosse cônsul e dizer a Otávio que ele poderia assumir o cargo aos 33 anos de idade. Mas a Otávio não faltava empáfia. Ele enviou uma embaixada de soldados ao Senado, mas os senadores refutaram sua exigência. Ao deixar o recinto, um dos soldados retomou sua espada, que tivera de ser deixada do lado de fora, e disse, raivosamente: "Isto fará dele um cônsul, se vocês não o fizerem."[7] E assim foi. Otávio cruzou o Rubicão e marchou sobre Roma, usando a mesma estrada que César tomara seis anos e meio antes. Ele contava com oito legiões, incluindo novos recrutas.

Otávio fez com que ele próprio e seu primo, Quintus Pedius, fossem nomeados cônsules adjuntos. Os senadores aquiesceram e o povo foi convocado a validar as escolhas através de eleições. Então, Otávio fez com que Pedius aprovasse uma lei que rescindia a anistia concedida aos assassinos de César. A *Lex Pedia*, como foi chamada, designava a formação de uma corte especial, que prontamente condenou os assassinos e muitos de seus associados. Até mesmo Sextus Pompeu, que simpatizava com o assassinato, mas nada tivera a ver com ele, foi condenado. Somente um juiz votou pela absolvição de Brutus. Do mesmo modo, o compromisso laboriosamente forjado pelo Senado nos dias subsequentes aos Idos de Março foi abolido.

Sempre que se tratasse de Antônio e seus aliados, porém, a paz estaria na ordem do dia. Otávio suspendeu o decreto que punha Antônio fora da lei e deu início às negociações. Em setembro de 43 a.C., Antônio reentrou na Gália Italiana, acompanhado por cerca de dezoito ou dezenove legiões. No mês seguinte, Antônio, Lepidus e Otávio se encontraram nas proximidades de Bononia (a moderna Bolonha) e formaram um triunvirato: uma comissão de três homens com poderes ditatoriais, a serem exercidos por cinco anos. Juntos, eles contavam com mais de quarenta legiões. Eles dividiram a parte ocidental do império entre si, cabendo a Antônio a maior parte da Gália, Lepidus assumindo a Gália Narbonesa e a Hispânia Próxima, e Otávio tomando a Sicília, a Sardenha e a África Romana. Eles eram a autoridade suprema no Estado.

Em 27 de novembro de 43 a.C., uma lei foi aprovada tornando o triunvirato legal. Se isto não foi o "atestado de óbito" da República Romana, foi uma declaração de que somente medidas heroicas poderiam salvá-la.

Sangue, dinheiro e propriedades imobiliárias eram as primeiras exigências nos negócios dos triúnviros. Eles não tinham qualquer interesse em clemência — o que, no julgamento deles, havia matado a César. Em vez disso, tal como Sila, eles optaram pela proscrição; ou seja, um expurgo, através da decretação pública dos inimigos condenados à morte e o confisco de suas propriedades. Trezentos senadores e dois mil cavaleiros romanos constavam da lista. Um dos senadores executados foi o juiz que votara pela absolvição de Brutus[8], pouco antes, naquele ano. Gangues de executores agora espalhavam-se, em busca de saques e pilhagens. A maioria das vítimas escapava delas ao fugir da Itália, mas, de todo modo, perdia suas propriedades. Estas eram confiscadas e vendidas. Tal como muito da violenta política de Roma naqueles dias, no fundo suas ações eram motivadas pela propriedade de bens imóveis.

As proscrições serviam a vários propósitos; desde acertar as contas com alguém em particular, até instilar a obediência ao novo regime. Mas o objetivo principal era, mesmo, levantar dinheiro. A guerra era cara, e um novo conflito contra Brutus, Cassius e Sextus Pompeu pairava na atmosfera. Contudo, as proscrições não conseguiam levantar dinheiro suficiente; então, os triúnviros instituíram novos impostos, em conjunção.

Os triúnviros também anunciaram sua decisão de confiscar terras de dezoito das mais ricas cidades da Itália, para assentar seus soldados. Para os habitantes dessas cidades, aquilo era uma declaração de guerra. Para Brutus e Cassius, era uma ferramenta para o recrutamento.

Galba, um dos assassinos de César, era um dos nomes que constava da lista de proscritos. Não sabemos se foi morto, mas, de todo modo, ele não sobreviveu às guerras daqueles anos.

Servília deu-se melhor: ela encontrou asilo junto a Atticus.[9] O cauteloso Atticus tinha amigos em todas as facções, e antes já havia ajudado a esposa de Antônio, Fúlvia. Servília conseguiu atravessar a tempestade, mas Cícero não. Ele foi a mais famosa vítima do terror.

No dia 7 de dezembro de 43 a.C., Cícero foi apanhado ao tentar fugir de sua *villa* na costa ao norte de Nápoles para um navio que estava à sua espera para levá-lo para a segurança, no Oriente. Ele podia haver fugido antes, mas esperou por um tempo demasiadamente longo. Cícero morreu com dignidade e sem oferecer resistência. Sua cabeça foi levada a Roma e pregada sobre a plataforma dos oradores no Fórum Romano, evocando o tratamento que Marius e Sila dispensavam às suas vítimas. Porém, as mãos de Cícero também foram decepadas e expostas como forma de vingança pelas acerbas denúncias que fizera contra Antônio, tendo-as registrado por escrito em suas *Filípicas*. Uma fonte atesta que a esposa de Antônio, Fúlvia[10], puxou a língua de Cícero para fora da boca e a transfixou com uma haste metálica que ela usava para prender os cabelos.

A morte de Cícero não foi apenas mais um evento na política romana, mas, sim, um marco na História da civilização ocidental, da qual ele é um dos fundadores. Nosso foco é mais estreito; consideramos a Cícero como o mais famoso, o mais eloquente e o mais divertido observador da política nos tempos de César. Na verdade, ninguém mais em toda a História da Antiguidade nos legou tal quantidade de comentários políticos. Ele também foi um dos atores-chave nos acontecimentos de 44 e 43 a.C.

Cícero sobreviveu aos Idos de Março por vinte meses. Durante esse tempo ele se tornou o coração e a alma daquela que poderia ser chamada de "Política da Itália em Primeiro Lugar". Outros lutaram pela República, mas o fizeram desde terras estrangeiras. Não Cícero. Ele era vigoroso e corajoso, mas estava errado: Otávio não era confiável. Otávio concordara em proscrever seu aliado Cícero como um favor para Antônio. Antônio era imbatível — ao menos para as poucas e exauridas forças disponíveis para a facção anti-César na Itália. A República teria de ser salva de fora da Itália, ou não o seria, absolutamente. Não fosse por Cícero, Decimus poderia ter feito evacuar a Itália e quaisquer republicanos remanescentes poderiam haver evacuado Roma para juntarem-se aos exércitos no Oriente. Um bom general como Decimus poderia ter prestado uma imensa contribuição à causa republicana lá.

Depois da morte de Cícero, um amigo de Antônio recebeu permissão para comprar a residência urbana do orador, na Colina Palatino, em Roma. Este não era outro senão Censorinus[11], o homem que tentara salvar César no Senado nos Idos de Março.

Enquanto Cícero era assassinado, a memória de César era exaltada. Os triúnviros aprovaram uma lei para que um templo fosse erigido e instituíram o culto público ao *divus Iulius*, o Deificado Júlio César. Dentro de poucos anos, quando Antônio aceitou a consagração como Sacerdote Supremo do culto, a deificação de César seria oficial. Isto intitulava Otávio a chamar-se a si mesmo de *divi filius*, o Filho do Homem Feito Deus. Aclamado como um Imperador, Otávio tornou-se IMPERATOR CÆSAR DIVI FILIUS.

## O FIM DE DECIMUS

Nesse ínterim, Decimus decidira poupar seu exército e juntar-se a Brutus na Macedônia. A rota mais fácil, percorrendo o norte da Itália, estava vedada devido à presença de Otávio e seu exército. Decimus, então, propôs aos homens que tomassem um caminho muito mais difícil, empreendendo uma jornada através dos Alpes. Suas legiões o desertaram imediatamente, tendo os veteranos e os auxiliares se dirigido para Antônio enquanto os novos recrutas voltaram para casa, para a Gália Italiana e para Otávio. Depois de Mutina, não encontramos mais qualquer menção aos gladiadores de Decimus, mas ele ainda contava com uma guarda pessoal de cavaleiros gauleses, que talvez datasse de seus dias como governador da Gália. Decimus permitiu àqueles que assim quisessem que voltassem para casa, pagando-lhes generosamente por seus serviços, enquanto ele mesmo rumava para o Rio Rhenus (Reno) com trezentos seguidores. É provável que eles tenham contornado as Montanhas Iura pelo leste e pelo sul, alcançando o rio nas vizinhanças da atual cidade de Basileia, na Suíça. Porém a visão do poderoso Rhenus assombrou à maioria deles, fazendo

-os afastarem-se dali. Decimus foi deixado com apenas dez homens, dos quais ao menos dois eram romanos.

Inabalável, Decimus afinal decidiu viajar através da Gália Italiana, mas disfarçado como um gaulês. Ele conhecia o idioma e, com casacos dotados de capuzes, calças de montaria amarradas nos joelhos e tamancos de madeira, ele e os não-gauleses pareciam integrar-se perfeitamente ao grupo. Decimus não foi o primeiro romano a adotar os costumes nativos, mas era algo raro ver-se alguém fazer isso em condições tão extremas.

Os homens desesperados provavelmente retraçaram seus passos no rumo para Vesontio (hoje, a cidade de Besançon, na França), e é possível que tenham tomado a estreita trilha do Passo Jougne, através das Montanhas Iura, cruzando a atual fronteira da França com a Suíça. Este era o território dos gauleses sequani. Habitantes locais policiavam a passagem e cobravam pedágio. Seus olhares desconfiados notaram Decimus e seus acompanhantes e os detiveram. Decimus sentiu-se aliviado ao saber que o líder deles era um figurão regional chamado Camilus. Enquanto governador, Decimus fizera muitos favores para Camilus, então exigiu ser levado à presença dele. Camilus mostrou-se muito solícito para com Decimus, desculpando-se pelo erro da detenção, mas, secretamente, fez com que fosse enviada a Antônio a notícia do aprisionamento. Havia uma recompensa pela captura de Decimus e, além disso, era Antônio e não o antigo governador o homem que importava, então.

As fontes concordam que Antônio teria ordenado a morte de Decimus; porém, elas discordam quanto à maneira como Decimus morreu.[12] Algumas dizem que Camilus teria levado a cabo a execução, enquanto outras afirmam que um grupo de cavaleiros enviado por Antônio se encarregou do serviço. Várias fontes atestam que, diante de seu fim, Decimus esqueceu-se de sua propalada bravura e começou a lamentar chorosamente pelo seu destino. Mas Decimus jamais fora outra coisa além de um bravo e isto soa como uma vingança difamatória perpetrada por seus inimigos. Em qualquer dos casos, um golpe de espada contra o pescoço ceifou a vida de Decimus. Camilus enviou sua cabeça a Antônio, que fez com que fosse enterrada. Setembro de 43 a.C. já ia pela metade.

Assim morria um dos três principais conspiradores contra Júlio César. Nos últimos quinze meses de sua vida, Decimus demonstrou coragem, grande senso de liderança, determinação, energia e flexibilidade. Ele arregimentou novas tropas e manteve seu exército coeso através de um sítio. Ele liderou seus homens sobre os Alpes, mas não conseguiu convencê-los a confiarem suas vidas a ele, para abrirem caminho em meio à natureza selvagem. Para salvar a República e progredir em sua carreira, ele ignorou a lei com irreverência, e foi recompensado com um reluzente e muito cobiçado prêmio: um triunfo. Mas ele jamais pôde celebrá-lo. Se tivesse derrotado a Antônio, ele seria uma das mais importantes figuras do Estado romano. Ele teria sido o herói militar a restabelecer a República; e, quanto a este assunto, ele teria estado em posição de subverter a própria República e fazer de si mesmo o próximo César, se assim o desejasse.

Decimus demonstrou possuir um gosto para correr riscos que teria encabulado a César — exceto pelo fato de César geralmente correr apenas riscos meticulosamente calculados. Ao escolher defender a Gália Italiana em vez de retirar-se para a Macedônia, enquanto ainda havia tempo, Decimus apostou alto, tal como César o fizera indo ao Senado sem fazer-se acompanhar por guarda-costas nos Idos de Março. Em resumo, Decimus demonstrou possuir tudo, exceto alguma cautela estratégica.

Sem dúvida, Decimus teria preferido uma morte heroica em batalha à sua execução, mas em um ponto ele deve haver se sentido satisfeito. Ele morreu no teatro de quase todos os seus êxitos militares: a Gália.

## OS ALICERCES DA GUERRA

O dinheiro, disse Cícero, é "o alicerce da guerra"[13]. Ele teceu este comentário em sua Quinta Filípica, dirigida ao Senado em 1.º de janeiro de 43 a.C. Esta deve haver servido como um sumário formal dos objetivos e valores de Brutus e Cassius no Oriente. Eles haviam se comprometido a lutar pela liberdade[14] do povo romano, mas o povo do império era outro assunto. Eles "espremiam" os provincianos impiedosamente para levantar dinheiro, pois sabiam tão bem quanto qualquer um que a guerra custava caro.

Ante as notícias que chegavam do Ocidente, Brutus ordenou a execução de seu prisioneiro, Gaius, o irmão de Antônio, como vingança pelas mortes de Cícero e Decimus — este último por ser seu parente, disse Brutus[15] e o outro por ser seu amigo. Tal como fazia frequentemente, Brutus misturava seus sentimentos com aço e gelo: ele dizia sentir mais vergonha[16] pela causa da morte de Cícero — a qual ele atribuía à excessiva brandura romana — do que sentir-se pesaroso pelo acontecimento em si mesmo.

Na primavera de 42 a.C., os dois líderes atacaram vários centros de resistência. Cassius fez a guerra na ilha de Rodes, uma pequena potência naval que havia apoiado a Dolabella. Depois de duas derrotas navais e a ameaça de um sítio, alguns habitantes de Rodes abriram os portões de sua cidade para os romanos. Cassius fez com que cinquenta proeminentes líderes locais fossem executados e saqueou a cidade de todo seu ouro e prata.

De sua parte, Brutus tomou de assalto as cidades da Lícia[17], no sudoeste da Anatólia. Ele estabeleceu um sítio à bem fortificada cidade de Xanto. Quando os romanos finalmente conseguiram irromper na cidade, grande número de cidadãos preferiu o suicídio à rendição. Plutarco conta uma bela história quanto a Brutus haver derramado lágrimas sobre eles, mas esta soa muitíssimo improvável. Em seguida, uma cidade vizinha preferiu aceitar os termos de Brutus e entregou-lhe todas as suas moedas e tesouros. A liberdade pode ter sido o lema de Brutus, mas isto significava apenas o livre exercício do governo republicano de Roma, e não a liberdade para as cidades do império.

Por volta de junho de 42 a.C., Brutus e Cassius se encontraram na cidade Sardis, no oeste da Anatólia. Ali eles resolveram várias diferenças e decidiram rumar para a Macedônia. Depois de haverem deixado Lepidus para trás, para que cuidasse da Itália, Antônio e Otávio cruzaram o Mar Adriático com dezenove legiões. "No papel", isto significaria 95.000 homens; mas o número verdadeiro talvez correspondesse apenas à metade disso. Supostamente, eles também contavam com 13.000 cavalarianos. Por sua parte, Brutus e Cassius contavam com dezessete legiões — também supostamente 85.000 homens, mas o número verdadeiro talvez correspondesse à metade. Além disso, dizia-se que eles contavam com 20.000 cavaleiros. Assim, mesmo com essas cifras reduzidas à metade, uma imensa quantidade de legionários[18] — cerca de 90.000 no total — se preparava para um encontro decisivo. A maior confrontação do período pairava ameaçadoramente na atmosfera.

Vários aliados orientais haviam enviado tropas auxiliares — principalmente de cavalaria — a Brutus e Cassius. Deiotarus enviara tanto tropas de infantaria quanto de cavalaria, e o rei da Pártia enviara um contingente de arqueiros. Isto era um tributo à diplomacia de Brutus e Cassius. No final de 43 a.C., eles haviam enviado o filho do velho amigo-tornado-inimigo de César, Labienus, à Pártia, e este havia negociado o apoio.

No verão de 42 a.C., nos arredores da cidade de Cardia, na península de Galípoli, Brutus e Cassius reuniram e combinaram suas forças. Esses exércitos gigantescos tinham de ser alimentados, alojados, exercitados, inspirados e — sobretudo — pagos.

Os comandantes não os desapontaram. Por um ano ou mais, eles haviam se dedicado a levantar dinheiro, pela diplomacia ou pela força. Agora eles contavam com uma variedade de moedas cunhadas por seus oficiais, que, para tanto, provavelmente empregaram uma ou mais das casas de cunhagem da Macedônia.

Brutus aprendera sua lição. Diferentemente do que fizera nos dias que se seguiram aos Idos de Março, ele não se amesquinharia para com seus soldados. Tal como disse Apiano, ele e Cassius haviam levantado dinheiro suficiente para pagá-los. Mas eles se preocupavam especialmente com a grande quantidade de soldados em suas fileiras que já haviam lutado por Júlio César e que, agora, poderia desertá-los em favor do filho adotivo deste, Otávio. De acordo com Apiano, a esta altura Cassius dirigiu um discurso[19] às tropas reunidas. Ele lhes disse que, quem quer que fosse seu general, elas sempre estariam lutando pela mesma causa: Roma. Contudo, Brutus e Cassius não eram tão ingênuos ao ponto de confiarem apenas no poder das palavras. Cada legionário recebeu 1.500 *denarii*[20], cada centurião 7.500, e cada tribuno militar 15.000. Essas eram quantias generosas, mas não eram páreo para o montante que Antônio e Otávio[21] haviam prometido aos seus homens, em caso de vitória: 5.000 *denarii* (ou 20.000 sestércios) para cada um. Porém, mesmo esta era superada pela soma paga por César em seu Triplo Triunfo, em 46 a.C., quando os salários se elevavam a partir de 6.000 *denarii* por legionário. Mas Brutus e Cassius pagariam seus homens ainda *antes* da batalha. Eles já teriam o dinheiro consigo, enquanto Antônio e Otávio apenas o haviam prometido aos seus homens. Na verdade, eles ainda não teriam o dinheiro[22] para pagá-los — um ponto que, segundo Apiano, Cassius enfatizou[23] para seus soldados. Mesmo César pagava a seus homens somente depois que houvessem lutado por ele, na Gália e na Guerra Civil. Geralmente é arriscado pagar adiantadamente a alguém, mas, sem dúvida, Brutus e Cassius sentiram que deviam fazer isso para vencer qualquer desconfiança da parte dos antigos soldados de César. Talvez os dois assassinos também estivessem tentando compensar seu erro por não haverem lisonjeado seus soldados depois dos Idos de Março. Em qualquer dos casos, agora eles indicavam que a vitória lhes renderia ainda mais pilhagens e lucros.

A esplêndida gama de diferentes moedas[24] ilustrava uma variedade de temas — dentre esses, heróis do passado romano, deuses e águias. Uma moeda, feita cunhar por Brutus e Casca[25], mostrava Netuno com um tridente em uma das faces, como um símbolo do poderio naval republicano. A outra face exibia uma vitória alada segurando uma palma e um diadema partido, com um cetro quebrado sob seus pés — símbolos do sucesso sobre a pretensão monárquica de César. A inscrição na moeda lia-se "BRUTUS IMP"; ou seja, *Brutus Imperator*.

Uma moeda, no entanto, se sobressai em meio às outras.[26] Feita cunhar por Brutus, trata-se de um pequeno *denarius* de prata, que bem pode ter sido a moeda mais famosa da antiga Roma. Uma versão de ouro — um *aureus* — também existe. Em seu anverso, a moeda mostra a efígie de Brutus, de perfil. Ele usa uma barba como sinal do luto que guardava pela República. Não obstante, esta é uma imagem estranha, considerando-se que César fora criticado por romper com um precedente e tornar-se o primeiro romano a jamais fazer-se retratar a si mesmo em moedas. Agora, Brutus, identificado como IMPERATOR, assumia uma pose bem pouco republicana. Contudo, havia uma guerra a ser vencida, e isto vinha em primeiro lugar. As sutilezas constitucionais poderiam esperar até mais tarde.

O outro lado da moeda é ainda mais surpreendente. Em seu reverso, a moeda exibe um *pileus*, ou uma boina de escravo emancipado, acima da inscrição EID MAR — ou seja, uma abreviação de "IDOS DE MARÇO". Em cada um dos lados da boina há uma adaga militar, com as pontas voltadas para baixo — uma imagem arrebatadora.

Com a perspectiva de uma grande batalha contra os exércitos de Antônio e Otávio pairando sobre o horizonte, as imagens militares fazem sentido. Mas este, é claro, não era o sentido primordial das adagas nesta moeda — ao menos não para os que a fizeram cunhar.

Escrevendo séculos depois, Dio nos oferece uma identificação das duas adagas militares, que fazem desta uma das poucas moedas a serem mencionadas por um escritor da Antiguidade:

> *"Além dessas atividades[27], Brutus fez estampar sobre as moedas que estavam sendo cunhadas com uma efígie à sua própria imagem e semelhança uma boina e duas adagas, indicando com isto e pela inscrição que ele e Cassius haviam libertado a pátria."*

Em resumo, as duas adagas militares ali estavam para representar as armas empregadas pelos dois líderes do movimento anti-César nos Idos de Março. Mesmo em meio a uma reunião de soldados, este era um golpe bem pouco sutil.

Tal como notamos anteriormente, cada uma das duas adagas na moeda apresentava uma empunhadura diferente. A com empunhadura cruciforme deve ter sido a adaga de Brutus, e a que apresenta dois discos sobre o cabo deve ter sido a de Cassius. Um ponto de vista menos especulativo se forma ao observarmos o que as duas adagas têm em comum. Ambas são, precisamente, adagas militares — *pugiones* (no singular, *pugio*), em latim. Os romanos distinguiam a adaga militar da *sica*, uma adaga de lâmina recurva, originária da Trácia, que normalmente não era portada por soldados romanos. A *sica*, aos olhos dos romanos, era uma arma de matadores e cortadores de gargantas; e um sinônimo para "matador" ou "assassino" é *sicarius* — ou, literalmente, um "homem da *sica*".

Depois dos Idos de Março, os amigos de César passaram a afirmar[28] que os assassinos não passavam de matadores vulgares. Porém, as imagens nesta moeda argumentam que o acontecimento dos Idos de Março foi um ato honorável, levado a cabo pelas ferramentas de soldados romanos, tal como o demonstram as adagas. Aquele não fora um mero assassinato, mas um ato de libertação, tal como o demonstra a boina de escravo emancipado.

Certamente os soldados que receberam a moeda de Brutus em 42 a.C. sabiam que as adagas de seus comandantes haviam matado a César. Eles compreendiam o simbolismo da adaga militar como ferramenta de tiranicídio, e já estavam bem acostumados à cruenta natureza da arma. Eles compreendiam que estavam sendo pagos para que empregassem suas adagas militares, além de suas espadas e lanças, para que terminassem o que Brutus e Cassius haviam iniciado.

## PHILIPPI E O PORVIR

O grande confronto teve lugar nos arredores de Philippi, uma cidade no leste da Macedônia, à margem da Via Egnatia, próxima da costa do Mar Egeu. O número de combatentes era enorme, e o lugar engendrava o destino. Um famoso guerreiro, o Rei Filipe da Macedônia, o pai de Alexandre, o Grande, fundara a cidade e dera-lhe o nome inspirado no seu próprio. Ali, até mesmo os espíritos desempenharam seu papel. Certa noite, antes que conduzisse seu exército através do Helesponto, Brutus teve uma visão de seu "gênio ruim" — uma personificação da má sorte ou mau senso de julgamento que os romanos acreditavam que cada pessoa possuísse. A visão alertou Brutus: "Você me verá em Philippi."[29] Supostamente, a visão teria lhe aparecido novamente na noite anterior à batalha final. No calor do combate em Philippi, no dia seguinte, Cassius teria avistado o fantasma de César[30], vestido com sua capa de comandante militar vermelho-púrpura.

Enquanto o grande embate se aproximava, Brutus escreveu a Atticus, com coragem e aceitação.[31] Ou eles libertariam o povo romano, escreveu Brutus, ou morreriam e seriam libertados da escravidão. Tudo estaria bem arranjado e seguro, acrescentou ele; exceto o conhecimento quanto virem a viver livres ou a morrer.

As chances eram boas para Brutus e Cassius, em Philippi.[32] Seus números eram consistentes e eles detinham uma posição excelente, em terreno mais elevado, do qual podiam dominar toda a estrada romana. Montanhas protegiam seu flanco norte, e um pântano guardava o flanco sul. Em Cassius, os homens tinham um comandante muito bom; e em Brutus, um competente. Eles controlavam o mar e tinham sua frota atracada em uma ilha próxima, da qual poderiam ser trazidos suprimentos até um porto não muito distante de seus acampamentos. Otávio e Antônio, em contraste, dispunham de pouco alimento. Assim, a pressão recaía sobre eles, enquanto Brutus e Cassius poderiam sentar-se e assistir ao inimigo morrer de fome.

Eles contavam com o auxílio de vários de seus companheiros assassinos. Cimber, o beberrão bravateador, os ajudara a tomar a posição que ocupavam de uma guarda avançada do inimigo. Publius Servilius Casca, o primeiro homem a golpear César nos Idos de Março, servira sob as ordens de Brutus como comandante; e havia, ainda, uma verdadeira "lista de chamada" de nobres romanos[33], incluindo o filho de Catão.

Antônio era um general inteligente e versátil. Ele era, de longe, o mais experiente dentre os quatro comandantes presentes, e conseguiu esgueirar-se em torno da posição de Brutus e Cassius e ameaçar sua rota de abastecimento. Então, ele passou a construir fortificações para isolar o inimigo de seu acesso ao mar e seus suprimentos, de modo que Brutus e Cassius foram forçados a iniciar uma operação de contrafortificação para detê-lo. No dia 3 de outubro — ou por volta deste —, Antônio atacou; e com tal sucesso que conseguiu tomar não apenas todas as contrafortificações como também o acampamento de Cassius. Os homens de Cassius fugiram em debandada. Enquanto isso, ao norte, os homens de Brutus conseguiram tomar o acampamento de Otávio, ainda que fossem mal disciplinados e não dessem muita importância às ordens de seu comandante.

O próprio Otávio estava doente e não se encontrava ali. Sua principal contribuição para a vitória foi haver sobrevivido incólume. Depois do desfecho, relatos dão-lhe crédito por haver prestado cuidadosa atenção[34] aos sinais divinos. Diz-se que em resposta à visão de uma pessoa ele usou um anel de César como um amuleto de boa sorte. Em resposta a outra visão, ele deixou sua tenda antecipadamente, evitando, assim, sofrer quaisquer incômodos.

Forçado a bater em retirada para a segurança do alto de uma colina, Cassius enganou-se ao pensar ter visto o exército de Brutus também fugir desordenadamente. Ele preferiu o suicídio a uma captura, de modo que Cassius fez com que um escravo emancipado o decapitasse. Alguns escritores da Antiguidade dizem[35] que o homem o matou sem que tivesse recebido ordens para fazer isso. Aquele era o dia do aniversário de Cassius.[36]

Cassius fora um político de convicções; um empedernido membro dos Melhores Homens e hostil a qualquer coisa que lembrasse um governo exercido por um único homem. Se Plutarco estiver certo, foi Cassius quem instigou a conspiração para matar a César. Devido à sua bagagem militar, Cassius certamente desempenhou um papel importante ao trabalhar sobre os detalhes do assassinato. Ele se empenhou de maneira consistente pelo estabelecimento de uma "linha dura", sendo favorável tanto à eliminação de Antônio quanto à negação de um funeral público para César, mas Brutus vencera suas argumentações. Contudo, haver matado a Antônio poderia ter feito com que Lepidus lançasse suas legiões sobre os assassinos na Colina Capitolina; e negar a César um funeral público poderia ter servido apenas como um fator agravante para motins provavelmente inevitáveis. Cassius demonstrou possuir grande visão estratégica nos dois anos seguintes ao assassinato, tendo voltado ao leste do Mediterrâneo que ele conhecia tão bem. Seus métodos eram brutais, às vezes, mas ele fez um trabalho soberbo ao reunir um exército capaz de desafiar a Antônio e Otávio.

Brutus fez com que Cassius fosse enterrado em segredo, para não deprimir seu exército. Ele pranteou Cassius como "o último dos romanos"[37], um homem cuja bravura jamais voltaria a ser vista. Certamente nenhuma bravura seria vista no acampamento de Brutus. Mesmo se Cassius tivesse continuado a viver, não é certo que pudesse haver derrotado a Antônio. Com Brutus no comando, as chances de seu exército reduziam-se substancialmente, pois Brutus não era um general[38]. Decimus era; e as chances do exército seriam consideravelmente melhores se Decimus tivesse sobrevivido e o alcançado para assumir a posição de comando.

Brutus desconfiava da lealdade dos homens de Cassius, e ele sofreria ao menos com uma deserção notável. O general de Deiotarus, percebendo para que lado os ventos sopravam, passou-se para o lado de Antônio. Pode-se imaginar se o velho rei, com sua habitual rudeza, não tivesse ordenado ao seu comandante para que escolhesse ficar do lado vencedor. Brutus também sabia que o inimigo ainda tentava cortar-lhe os caminhos. Então, três semanas depois, em 23 de outubro, ele atacou. Após um longo e renhido combate, o inimigo conseguiu romper as linhas de Brutus.

Antônio foi o arquiteto da vitória em Philippi — uma vitória completa e decisiva. A resistência de Brutus e Cassius pela República estava acabada. Agora, senão ainda antes, Brutus deve haver reconsiderado sua decisão de haver poupado Antônio nos Idos de Março.

Brutus conseguiu fugir do campo de batalha. Viajando pelas colinas em companhia de alguns poucos amigos, ele citou versos gregos sob as estrelas, naquela noite. Depois de haver deixado passar algum tempo, ele decidiu-se a pôr fim em tudo. Ele disse aos seus amigos que culpava a sorte, mas que morreria feliz. Diferentemente dos vencedores, disse, ele deixava para trás uma reputação virtuosa, enquanto seus inimigos eram injustos e perversos. Assim Plutarco conta a história, confiando no relato da testemunha ocular do amigo e colega de estudos de Brutus, Publius Volumnius. Ainda que por uma única vez, a versão de Plutarco é mais crível[39] do que as outras.

A batalha em Philippi devastou as fileiras dos assassinos e seus apoiadores. Não mais ouvimos falar de Publius Servilius Casca, nem de Cimber. Presumivelmente, eles tenham caído em batalha ou cometido suicídio em seguida a esta. Outros nobres também integraram as fileiras dos caídos[40], inclusive o filho de Catão.

·O poeta Horácio fez as pazes com o novo regime depois de havê-lo combatido em Philippi. Ele criticou Brutus pela deficiência de seu comando militar e descreveu a batalha como uma ocasião "quando a virtude se quebrou"[41]. "Virtude", ou *virtus*, é, em latim, um termo que combina bravura masculina com excelência moral. Durante sua própria vida, Brutus fora famoso por sua *virtus* e orgulhoso dela; mas agora ela era questionada. Por que ele não se mostrou um general melhor em Philippi? Por que ele tirou a própria vida em vez de continuar a lutar? A princípio, isto era o que os homens perguntavam.

Ao longo do tempo, porém, uma tardia aura de glória aderiu-se a Brutus. Ele não era lembrado como o Derrotado de Philippi, mas, em vez disso, como o Homem de Virtude, tal como é citado em Plutarco. Brutus obteve uma "boa propaganda", em parte devido aos seus contatos e a Servília, mas havia algo mais do que apenas isso. Brutus tinha um grande apelo junto aos romanos. Ele era tanto uma figura que emergira do ambiente de severidade da Itália Central, quanto um sujeito adaptável, com uma visão mais voltada para o futuro e um praticante da filosofia grega. Que não haja enganos quanto a isto: se os atos de Brutus nos Idos de Março horrorizaram aos povos de Roma, eles também o eletrizaram. Ao sacar sua adaga e golpear César, Brutus provara sua coragem. Tal como diz Plutarco, mesmo aqueles que o odiavam por haver matado a César[42] não podiam evitar de perceber algo de nobre nele.

Brutus não era o idealista de olhar vago e semblante manso com que às vezes ele é retratado. Embora a capacidade de Antônio como general tivesse destruído a Brutus, Brutus não estava errado ao havê-lo poupado nos Idos de Março. Sem a mão moderadora de Antônio não é evidente que os assassinos pudessem haver sobrevivido à vingança de Lepidus e seus homens. Tampouco Brutus poderia haver previsto a eficácia de Otávio, e como esta levaria Antônio a aniquilar Decimus. Em todo caso, Brutus prevenira a Cícero para que não confiasse em Otávio. O mundo pareceria muito diferente se isso tivesse acontecido. Brutus poderia, simplesmente, haver salvado a República.

Mesmo assim, os antigos não puderam resistir a uma série de anedotas, ao mesmo tempo macabras e cômicas, quanto ao destino do cadáver de Brutus. Há por exemplo, a história em que Antônio ao encontrar o corpo de Brutus[43] fez com que ele fosse envolto em sua mais luxuosa capa vermelho-púrpura, a marca distintiva de um comandante romano. Então, um ladrão roubou a capa, e, por isso, Antônio fez com que ele fosse executado.

Depois de fazer com que o corpo de Brutus fosse cremado, Antônio enviou as cinzas para casa. Assim, no final de 42 a.C., um mensageiro chegou à *villa* de Servília — ou a uma residência urbana em Roma, ou a uma de suas propriedades rurais em Antium, ou nos arredores de Nápoles — trazendo-lhe uma urna. Esta continha todos os restos mortais de seu único filho — ou seja, tudo quanto restara de seu corpo, exceto pela cabeça[44], se acreditarmos na fonte que diz que Otávio fez com que fosse decepada, tal como a cabeça de Decimus fora. Segundo essa fonte, a cabeça de Brutus foi enviada a Roma e posicionada aos pés da estátua de César, como vingança. Porém, a cabeça jamais chegou até lá, pois durante a viagem marítima de volta para Roma, os marinheiros a teriam atirado ao mar, para que não atraísse má sorte durante uma tempestade, tal como fizera o personagem bíblico de Jonas. O que teria pensado Servília quando olhou para a urna que continha os restos de Brutus? Teria ela começado a fazer uma "contagem de cadáveres"? Além de seu filho e da esposa deste, Pórcia, seu genro, Cassius, também estava morto. Ou teria Servília buscado conforto no pensamento das glórias de seu filho? De Servília nenhuma palavra mais é ouvida: as fontes não voltam a mencioná-la.

"Este foi o mais nobre romano de todos"[45], diz o Antônio de Shakespeare ao encontrar o corpo de Brutus. Ele faz eco aos sentimentos quanto a Brutus que Plutarco lhe atribui[46] em outro contexto, anteriormente. Aos ouvidos de muitos, diz Plutarco, Antônio certa vez declarou que Brutus fora o único a conspirar contra César que era motivado pelo esplendor e a nobreza do ato. Quanto aos outros, somente o ódio e a inveja os motivava.

Na verdade, Antônio também era um nobre romano; um homem da velha escola. Ele pertencia à geração de Brutus, e, tal como ele, tomava suas referências de um mundo que desaparecia ao seu redor. O jovem co-comandante de Antônio em Philippi, aos 21 anos de idade, não fazia a mesma coisa: Otávio tratava o passado romano com distraída insinceridade.

Brutus dissera que Antônio pagaria⁴⁷ a pena por sua inconsequência. Em vez de erguer-se para figurar entre os iguais a Catão, Cassius e o próprio Brutus, Antônio fizera de si mesmo um acessório de Otávio. Antes do confronto decisivo em Philippi, Brutus predissera que se Antônio não fosse derrotado junto com Otávio, os dois logo estariam combatendo um ao outro. Ele estava certo.

## O ÚLTIMO ASSASSINO

Philippi fora uma vitória consistente pata Antônio e Otávio, mas ainda havia muito trabalho a ser feito para trazer o mundo romano até sob seus polegares. A frota republicana, liderada por Sextus Pompeu, de sua base na Sicília, ainda controlava o mar. Nos anos seguintes, Sextus Pompeu, a princípio, tentou envolver os triúnviros em uma sucessão de barganhas, e, então, destruiu duas frotas de Otávio antes de finalmente ser derrotado em uma batalha naval, em 36 a.C. Em seguida a esta, ele fugiu para a Anatólia, onde foi capturado e executado.

Lepidus sofreu um declínio implacável. Em 40 a.C., ele teve de trocar a Hispânia Próxima e a Gália Narbonesa pela menos estratégica província da África Romana. Dali ele auxiliou a Otávio contra Sextus Pompeu — e fez isso tão bem que as tropas de Pompeu terminaram passando para o seu lado. Ele pretendeu anexar a Sicília ao seu comando, mas Otávio mostrou-se suficientemente forte para afastar Lepidus de seu caminho. Em 36 a.C., ele foi forçado a retirar-se para um exílio permanente em Circeii, uma localidade costeira ao sul de Roma, bela porém desolada, famosa apenas por suas ostras.

Antônio e Otávio dividiram o Império Romano entre si. Antônio ficou com o Oriente, e Otávio com o Ocidente. Isto deixou Otávio a cargo da tarefa muito impopular de confiscar terras na Itália para dá-las aos seus veteranos. O resultado agradou aos ex-soldados, mas significou a ruína para muitos outros italianos. Lápides militares por toda a Itália registravam a nova prosperidade, enquanto a poesia contemporânea⁴⁸ ecoava a miséria dos despossuídos. Fúlvia, a formidável esposa de Antônio, e Lucius, seu irmão sobrevivente, incitaram tamanha oposição à apropriação de terras que acabaram por levar à irrupção de uma guerra no centro da Itália, nas proximidades da cidade de Perusia (atual Perugia). As forças de Otávio venceram. Se os relatos não forem apenas propaganda, estas teriam massacrado a um grande número de senadores inimigos⁴⁹ e cavaleiros no altar do

Deificado Júlio nos Idos de Março. Aqueles eram, virtualmente, sacrifícios humanos ao espírito de César. A Fúlvia e Lucius, no entanto, foi permitido que se retirassem livremente.

No Oriente, Antônio "vestira o manto" de César para fazer oposição aos partas. Surpreendentemente, os partas haviam sido auxiliados por Quintus Labienus, o filho do amigo-tornado-inimigo de César Titus Labienus. Os partas conquistaram grande parte do território romano no Oriente, depois de Philippi. Agora, o deputado de César os empurrava de volta, tendo capturado e executado a Quintus Labienus. Então, Antônio foi longe demais: ele tentou invadir o território parta passando pela Armênia, apenas para terminar em um completo fracasso. Mas a História lembra-se de Antônio por um motivo inteiramente diferente durante sua permanência no Oriente: seu relacionamento com Cleópatra; uma aliança política e militar, tanto quanto um caso amoroso. Aquele não fora seu primeiro movimento. Depois da morte de Fúlvia, em 40 a.C., Antônio casou-se com a irmã de Otávio, Octavia. Juntos, eles tiveram duas filhas, mas isto não foi suficiente para mantê-lo afastado de Cleópatra.

Se Otávio tinha o nome de César, Antônio tinha a amante de César. Há muitas histórias fascinantes acerca do casal poderoso mais famoso da História, mas estas não são o nosso tema, aqui. Cleópatra era, mais uma vez, a amante de um homem como César. Ele era um dentre os dois homens mais poderosos do mundo romano, mas o mundo não suportaria dois Césares. Consequentemente, houve uma guerra entre Otávio, de um lado, e Antônio e Cleópatra, de outro.

Agora, afinal, senhor dos mares, Otávio teve a frota vencedora na Batalha de Actium, a oeste da Grécia, em 31 a.C. Esta foi uma vitória decisiva. Dentro do ano seguinte, Antônio e Cleópatra viriam a cometer suicídio, em Alexandria. Enfim, Otávio era, realmente, o primeiro e único César, o senhor do Império Romano. Mas ainda havia contas a acertar quanto aos Idos de Março.

Suetônio escreve que, dentro de três anos[50] a partir do assassinato de César, todos os participantes da conspiração estariam mortos. Isto não é correto: ao menos dois dos assassinos viveriam por mais uma década. Ambos eram personagens obscuros, o que provavelmente não faça deste fato um acidente. Os triúnviros fizeram cortar as cabeças mais proeminentes tão logo quanto puderam; assim, quanto mais obscuros fossem os personagens, mais provavelmente estariam aptos a escapar à vingança por mais tempo.

Decimus Turullius[51] foi um dos sobreviventes Depois de Philippi, Turullius conseguiu escapar com seus navios e uma grande soma em dinheiro indo juntar-se a Sextus Pompeu, na Sicília. Vários anos depois, após a derrota de Sextus, Turullius foi juntar-se a Antônio. Ele apoiou ao seu ex-inimigo com entusiasmo, construindo uma frota para Otávio e fazendo cunhar moedas em homenagem a ele. Turullius lutou por Antônio em Actium, em 31 a.C. No ano seguinte, Otávio veio a encontrar-se com Turullius na ilha grega de Cos. Ele fez com que Turullius fosse executado sob a acusação de haver cortado madeira de um bosque sagrado para construir navios de guerra. Por que não sob a acusação de haver assassinado a César? Talvez porque, por enquanto, Otávio quisesse desviar do assunto.

O próximo dos assassinos de César a morrer foi um colega de Turullius, Cassius de Parma.[52] Ele era um poeta — dos bons, segundo o julgamento do grande poeta romano Horácio, que louvara as "pequenas obras"[53] de Cassius de Parma, que provavelmente se tratassem de poemas curtos, epigramáticos e cultos. Nenhum dos poemas de Cassius de Parma sobreviveu. Cassius de Parma foi um oficial em Philippi, e Horácio também integrou o exército republicano na batalha. Talvez os dois homens tenham trocado alguns versos entre si, enquanto aguardavam para entrar em combate.

Depois de Philippi, Cassius de Parma reuniu o restante de sua tropa e foi juntar-se a Sextus Pompeu. Seis anos mais tarde, em 36 a.C., ele transferiria sua lealdade para Antônio. Enquanto foi associado a Antônio, Cassius de Parma escreveu uma sátira[54] insultando à ancestralidade de Otávio. Ele lutou por Antônio em Actium, em 31 a.C.; e, mais uma vez, Cassius de Parma escapou à derrota, indo, desta vez, refugiar-se em Atenas; mas sua Nêmesis estava em seus calcanhares. Em Atenas ele passou a ter um pesadelo recorrente, no qual um homem escuro e desgrenhado vinha até ele dizendo ser o "gênio mau" do poeta. Não muito depois, em 30 a.C., Cassius de Parma era executado, segundo as instruções de Otávio.

Se as fontes estiverem corretas, Cassius de Parma foi o último dos assassinos de César a morrer.[55] Não podemos documentar o destino de todos os assassinos de César conhecidos, mas nenhum deles é citado nas fontes posteriormente a 30 a.C. Parece provável que catorze anos depois dos Idos de Março todos estivessem mortos. Otávio tivera a sua vingança. Mas, por ela, Roma, a Itália e, na verdade, muitos lugares ao redor do mundo romano tiveram, todos, de pagar um preço.

## 13.

## *AUGUSTO*

O VERÃO DE 29 A.C. marcou um período de celebrações. Após quinze anos de guerra civil, não havia mais inimigos. Otávio retornara a Roma, de suas vitórias além-mar, e retornara em paz.

Decimus não causara problemas a Otávio por muito tempo. Brutus e Cassius haviam sido oponentes mais formidáveis, mas haviam-se ido, dentro de três anos a partir dos Idos de Março. Sextus Pompeu sobrevivera por mais sete anos e, então, também sucumbira. Antônio constituiu para Otávio o maior desafio, mas Otávio prevalecera, no final.

Depois de Actium e das mortes de Antônio e Cleópatra, Otávio tornou-se o senhor do mundo romano. Ele vencera a guerra civil, mas a opinião pública romana não gostava de ser lembrada, a todo momento, de cidadãos matando-se uns aos outros; então, inteligentemente, Otávio renomeou seu sucesso. Aquela fora, segundo ele, uma vitória sobre um oponente estrangeiro: não a derrota de Antônio, mas sim a da rainha egípcia, Cleópatra. Horácio, o poeta politicamente astuto, concordou e compôs um poema atacando ferozmente a Cleópatra sem fazer qualquer menção a Antônio. Otávio fez algo mais, selando sua vitória com a aprovação do homem que significava sucesso aos olhos dos romanos: ele reivindicou para si as bênçãos de César.

Otávio comemorou um triplo triunfo[1]: três triunfos em dias consecutivos. No primeiro dia, ele celebrou as vitórias nos Balcãs. O segundo dia foi marcado por sua vitória naval em Actium. No terceiro dia, ele celebrou a conquista do Egito: o último grande Estado grego independente era, agora, uma província romana. O Egito era um dos países mais ricos do mundo antigo, e Otávio sentia-se orgulhoso por havê-lo conquistado para Roma. Apropriadamente, o triunfo egípcio foi o mais magnificente dos três. Cleópatra estava morta e não poderia ser forçada a participar do desfile, mas ela se fazia presente por meio de uma efígie, deitada sobre um divã, acompanhada por dois dos filhos que tivera com Antônio[2], passando ao fundo. Contudo, Cesário não figurava ali. Otávio fizera com que ele fosse executado ao ser aconselhado que "Césares demais não são uma boa coisa"[3]. Cesário contava apenas dezessete anos de idade, então; mas o próprio Otávio já era perigoso àquela idade, como ele deve haver-se lembrado. Afinal, Otávio fez sua entrada, conduzindo uma carruagem, seguido por senadores e outros agentes públicos que detinham cargos elevados.

A vitória em Actium significara a paz. Agora, Otávio desmobilizava cerca de metade das suas legiões. O Egito significava riqueza; e Otávio pôde adquirir terras na Itália e ao redor de todo o império para estabelecer novas colônias onde assentar seus veteranos. Não havia mais confisco de propriedades para satisfazer aos antigos soldados, como houvera em 46–45 a.C. e em 41 a.C. Otávio conseguira solucionar uma das maiores causas de conflitos em Roma: a propriedade de bens imóveis.

No décimo-oitavo dia do mês Sextilis[4] — o dia seguinte à celebração do terceiro triunfo —, Otávio deu prosseguimento às elaboradas cerimônias. Ele dedicou o Templo de Júlio Deificado, um evento seguido por dias de espetaculares jogos e banquetes públicos. A edificação fora planejada em 42 a.C., mas sua construção só veio a ser iniciada em 36 a.C. Seria de esperar que o templo fosse dedicado (inaugurado) durante o mês de julho, que era o mês do aniversário de Júlio César, antigamente chamado Quintilis; mas o objetivo principal da cerimônia não era tanto homenagear a César quanto consagrar a Otávio, que pretendia conectar a dedicação aos seus triunfos. (Em 8 a.C., o mês Sextilis foi renomeado como "agosto", em memória dos três triunfos e em reconhecimento ao título que Otávio assumira, então: Augustus; ou Augusto, que significa "reverenciado".)

A arquitetura e a decoração do novo templo pareciam conceder as bênçãos de César ao novo regime. As colunatas da estrutura apoiavam-se sobre uma plataforma elevada, e no interior do templo havia uma estátua de César envolto em seu manto de Sacerdote Supremo. Otávio decorou a edificação com os espólios da guerra com o Egito. Talvez entre essas peças houvesse uma obra-prima da pintura grega, representando Vênus — a deusa padroeira de César e sua suposta ancestral — emergindo do oceano. Símbolos do cometa que proclamara a divindade de César também podiam ser vistos, esculpidos no mármore que revestia o interior.

Além do templo propriamente dito, toda a estrutura também se consistia de uma plataforma retangular que era decorada com as proas dos navios capturados em Actium. A mensagem que isto passava era que a antiga amante de

César, Cleópatra, e aquele que fora seu "braço direito", Antônio, agora eram considerados inimigos públicos. Somente o filho de César, Otávio, era fiel à sua memória. Somente Otávio fizera construir o Templo de César. No centro da plataforma, antes da entrada do templo, havia um nicho com um altar, que assinalava o local da cremação de César. A plataforma também servia como um palanque para oradores, tal como a outra, o antigo parlatório ou plataforma dos oradores, localizada na extremidade oposta do Fórum Romano. Daquela data em diante, os funerais de imperadores romanos seriam conduzidos a partir desta nova plataforma, diante do templo do deificado César.

As celebrações pelo novo templo voltavam-se tanto para o passado quanto para o futuro. Tal como na oportunidade da dedicação do Templo da Mãe Vênus por César, em 46 a.C., esta também incluía os "Jogos de Troia". Estes consistiam-se de exercícios equestres praticados por jovens nobres: exercícios que, supostamente, teriam sido originados em Troia, o lugar onde César afirmava que sua família se originara, antes de emigrar para a Itália. Também havia alusões ao Egito, com a apresentação de hipopótamos e rinocerontes pela primeira vez em Roma. E ainda havia, é claro, jogos de gladiadores e festins públicos.

A nova religião tinha suas próprias datas sagradas. O aniversário de César[5] viria a ser comemorado todos os anos no dia 12 de julho; e, depois da morte de Antônio[6], em 30 a.C., seu aniversário, em 14 de janeiro, era marcado como um dia em que a prática dos negócios públicos era proibida. A data da morte de Antônio viria a ser lembrada negativamente. Os Idos de Março passaram a ser chamados como Dia do Parricídio[7], a data do assassinato de um parente próximo. Aquele era um dia inauspicioso, no qual nenhuma corte de justiça poderia reunir-se, nem qualquer lei ser aprovada. A Casa do Senado de Pompeu[8] jamais voltaria a ser usada para abrigar reuniões do Senado. Em 42 a.C., o Senado votou pelo emparedamento de toda a edificação, e, tempos depois, banheiros públicos foram construídos adjacentes às laterais exteriores da estrutura. É possível que um monumento tenha sido erigido no interior da edificação, para marcar o lugar onde César caiu.

Os romanos haviam glorificado grandes líderes antes, mas somente Rômulo, o semilegendário fundador de Roma, contava com um templo em sua homenagem na capital (ainda assim, no qual ele era cultuado sob outro nome, Quirinus). O culto a César era algo novo.

O nome de César passou a designar uma categoria. Depois de Augusto, tornou-se claro que cada novo governador de Roma seria chamado César. Um "César" era um imperador, e esta noção permaneceria através dos tempos, até modernamente. As palavras *kaiser*, em alemão, e *tsar* (ou *czar*), em russo — ambas significando, literalmente "imperador" —, são diretamente derivadas de "César".

Em resumo, César havia se tornado uma espécie de santo: São Júlio, o padroeiro do Império Romano. Seu assassinato não prenunciou a restauração da liberdade republicana, mas, antes, o sepultamento desta. Os Idos de Março, o dia do martírio de César, poderia haver se tornado uma data santificada, não fosse pelo fato de César já contar com um mês inteiro em sua homenagem. Seu templo na extremidade do Fórum Romano, no local de sua cremação, era seu relicário.

O sangue de César santificara o Império Romano. Onde César se elevara aos céus, Otávio viera à Terra. Nós o chamamos Otávio, mas ele chamava-se a si mesmo César. Ele também era um *imperator*, um general conquistador, e filho do Deificado. Otávio, ou, mais precisamente, o novo César, estava bem encaminhado para tornar-se *Augustus*. Dois anos depois, em 27 a.C., ele aceitou esse título do Senado. Ele governaria o Império Romano por mais 41 anos, até o ano 14 d.C. Os historiadores referem-se a Otávio como Augusto, a partir de 27 a.C. Ele foi o primeiro imperador romano. Às vezes referida como a Era Augusta, seu reinado é considerado como um dos pontos altos da literatura latina: um período clássico, durante o qual os poetas Virgílio, Horácio e Ovídio, e o historiador Lívio se encontravam em plena atividade.

O que César sugerira, Augusto concretizara. Augusto criou uma dinastia. Quando ele morreu, seu filho adotivo, Tiberius, assumiu o posto; e, depois da morte de Tiberius, em 37 d.C., outros membros de sua família estendida serviram como imperadores. Ironicamente, três desses imperadores eram descendentes de Antônio, através de seu casamento com Octavia, a irmã de Augusto. Com o passar do tempo, a família foi forçada a abandonar o poder e, em 69 d.C., outra dinastia a substituiu. Assim o Império prosseguiu, por séculos, passando por guerras e revoluções, invasões e revelações, pestes e rebeliões. Um imperador governou a Itália até o ano 476 de nossa era; e, em Constantinopla (atual Istambul, na Turquia), no Império Romano do Oriente ou Império Bizantino, os imperadores se sucederiam por mais um milênio, até 1453. Assim poderosas eram as fundações do sistema que César e Augusto implantaram.

O próprio Augusto, no entanto, negava ser um monarca. Ele sustentava haver restaurado a República. Oficialmente, ele devolvera o controle do Estado ao Senado, mas também era verdade que acumulara para si mesmo os poderes de um cônsul, um tribuno e um Sacerdote Supremo, o que teria sido um anátema para Catão ou Cícero. Ele controlava parte suficiente do exército para derrotar qualquer rival em potencial. Ele vivia em uma grande mansão no alto da Colina Palatino, de onde podia avistar toda a cidade, à qual ele descia e agraciava com sua presença, de tempos em tempos, quando necessário. Nos bastidores, ele manipulava o sistema: tratava-se de uma monarquia com um rosto amigável.

As ruínas do Templo de César ainda existem. Mesmo hoje em dia, alguém regularmente deposita flores no local do altar, em memória do último ditador de Roma. Longe de condenar a César como um tirano, as pessoas o pranteiam como a um mártir. O gênio de César e sua compaixão pelos pobres permanecem vivos, enquanto sua guerra à República em favor do governo de um único homem e sua sanha assassina na Gália, que matou e escravizou milhões, são esquecidas. Isto é exatamente o oposto do que disse Shakespeare:

"*O mal que os homens fazem*[9] *sobrevive a eles;*
*O bem é, frequentemente, enterrado com seus ossos.*"

Assim, teriam se reduzido a isto o mais famoso assassinato da História e a titânica guerra civil que se seguiu? Teriam sido essas coisas meros desvios no caminho para a monarquia e a canonização de um ditador? Os homens teriam brandido suas adagas e arriscado suas vidas em vão?

Na verdade, eles combateram o bom combate. Teria sido necessário mais violência para salvar a República, mas ela poderia ter sido salva. Esta foi a lição deixada pelos Idos de Março. Se os assassinos tivessem prevalecido no campo de batalha, eles poderiam haver restaurado a República — desde que também fizessem algumas concessões. Para começar, é provável que eles tivessem de expurgar seus oponentes e aceitarem um período de ditadura para a reforma do regime. Então, eles teriam de adotar certas reformas adicionais para se prevenirem quanto à instabilidade que assolara Roma durante os anos de Pompeu e César. Roma necessitaria de um executivo mais forte, que introduzisse a continuidade na administração imperial: isto requereria a adoção de mandatos governamentais com prazos estritamente limitados, para evitar a ascensão de um novo César; maior compartilhamento do poder com as províncias, para evitar revoltas; maior taxação das grandes riquezas, para custear o pessoal militar; e um limite à expansão militar, para manter os custos relativamente baixos e evitar a emergência de futuros homens poderosos surgidos de dentro do militarismo. O resultado de tudo isso ainda poderia ser chamado de "República"? Certamente. Pois, diferentemente do que acontecia na Roma de Augusto, o governo não pertenceria a uma única família. Uma República reformada teria de ter, obrigatoriamente, um governo constitucional, eleições livres, mandatos limitados no executivo, liberdade de expressão, e um governo exercido por uma elite com espírito público. Porém, para que sobrevivesse, a República teria de evoluir para muito além do que Catão, Brutus ou Cícero teriam gostado. A História respeita a tradição, mas é impiedosa com as instituições que não evoluem com o tempo. Nas palavras do clássico romance italiano *O Leopardo*: "Se quisermos que tudo permaneça igual[10], tudo tem de ser mudado."

A maioria dos assassinos caiu no esquecimento. A memória de Decimus, especialmente, não envelheceu bem. Decimus não era um intelectual. Ele não contava com amigos filósofos que o canonizassem após sua morte, tal como Brutus, nem com qualquer filho famoso que louvasse sua memória, tal como Sextus louvava a de seu pai, Pompeu. Augusto retratou Decimus como um arquivilão[11], mas, meio século mais tarde, o destino de Decimus não foi meramente o esquecimento, mas o ridículo.

Decimus estava destinado a tornar-se o "garoto-propaganda" de uma morte ruim na Roma imperial. À época em que Sêneca, o Jovem, escreveu, em 64 d.C., a versão "anti-Decimus" de sua execução já era corrente. Se Catão é o epítome de uma boa morte, escreve o moralista Sêneca, então a de Decimus é uma morte inconcebivelmente vergonhosa. Quando ordenado a desnudar o pescoço, escreve Sêneca, Decimus disse: "Eu farei isso, mas somente se viver, depois."[12] Decimus foi reduzido a uma pilhéria; algo exagerado para o homem corajoso que enfrentara as marés da Bretanha, o sítio de Mutina e a privação de uma rota por terreno seguro através dos Alpes.

O pobre Decimus tornou-se uma coisa diminuída, a despeito de sua importância nos Idos de Março. O mesmo não aconteceu a Brutus e Cassius. Eles falharam como homens de ação, mas como mártires foram mais bem-sucedidos do que jamais poderiam sonhar ser.

"Quando a lenda se torna verdade, imprima-se a lenda." Este comentário cínico, proferido por um editor de jornal no filme *The Man Who Shot Liberty Valance* (dirigido por John Ford, lançado em 1962 e intitulado "O Homem que Matou o Facínora", no Brasil) pode ser aplicado aos homens que apunhalaram Júlio César. Brutus, em particular, foi transformado em um mito. Ao menos três ou quatro amigos de Brutus[13] — entre os quais incluem-se filósofos, historiadores e companheiros militares — escreveram livros ou fizeram discursos que reverenciavam sua memória. Cassius, cunhado de Brutus e seu companheiro de armas, compartilhou da glória refletida, mas Brutus sempre foi o astro.

Tal como César, Brutus também se tornou uma figura cultuada: virtualmente, o "santo padroeiro" da nostalgia pela República perdida. Diferentemente de César, ele não contava com um templo erigido em sua homenagem, mas ele viveu nos corações dos homens, em palavras e em imagens.

Senadores que se desgastaram sob a pressão da dinastia governante, filósofos que sonhavam com a liberdade, oradores que se condoíam pela eloquência dos dias da República e sua liberdade de expressão — todos apelavam a Brutus (e, às vezes, a Cassius, também). Até mesmo Augusto permitia um certo revisionismo quando se tratava de Brutus. Em uma história, ao deparar-se com uma estátua de Brutus[14] em Mediolanum (Milão), Augusto não ordenou sua destruição, mas, sim, sua preservação.

Brutus, Cassius e Decimus não mantiveram seus cargos, nem suas honrarias. Eles não puderam evitar que Otávio viesse a governar Roma. Na verdade, eles abriram-lhe os caminhos para o poder, mas não salvaram as próprias peles. Ao contrário, eles apressaram seus próprios fins, tendo tido mortes violentas e prematuras. Contudo, se eles não puderam salvar a República, salvaram o republicanismo.

Os Idos de Março mudaram o mundo, mas não para a forma planejada pelos homens que brandiram suas adagas naquele dia. Se César tivesse sobrevivido, conquistado ao menos um grão de sucesso contra a Pártia e, então, marchado triunfante de volta para Roma, as coisas teriam sido diferentes. Por sua subserviência, a nobreza romana teria provado que estava pronta para aceitar a tirania. Tal como Alexandre antes dele, César teria conhecido e experimentado as artimanhas do despotismo oriental, e é difícil acreditar que não tivesse gostado delas. Com sua amante, Cleópatra, Rainha do Egito, ao seu lado, e com dúzias de clientes partas sob seu jugo, sem dúvida inclinando-se para reverenciá-lo como seus ancestrais fizeram com Alexandre, César teria retornado a Roma como rei da Ásia. Em resumo, Roma teria se tornado uma monarquia absolutista.

É claro que, com o passar do tempo, Roma viria a tornar-se uma autocracia; mas não pelos trezentos anos seguintes, até o reinado de Diocleciano (que governou entre os anos de 285 e 309 de nossa era). E não sob o comando de Augusto. Quando Otávio derrotou a Antônio e tornou-se o governante de Roma, ele não se chamou a si mesmo de "ditador"; muito menos de "rei". Em vez disso, ele chamou-se *Princeps*, ou o "Primeiro Cidadão". Diferentemente de César, ele jamais usou uma toga púrpura ou uma coroa de ouro. Ele até mesmo afirmava haver entregado o poder ao Senado e restaurado a República — afirmações nas quais ninguém acreditava. Contudo, se Augusto foi um rei, aquela foi uma monarquia limitada. Cuidadosamente, Augusto justificava seus próprios poderes referindo-se à forma de governo tradicional em Roma. Pela maior parte da duração de seu reinado, ele permitiu que senadores ocupassem os consulados. Ele controlava a maioria das províncias estratégicas e o grosso das legiões, mas permitia ao Senado que governasse algumas províncias menos importantes e comandasse um pequeno número de legiões.

Augusto demonstrou alimentar um certo temor e um saudável respeito pela nobreza romana. Ele se lembrava do que acontecera nos Idos de Março e sabia que poderia acontecer novamente. Ele não era a única pessoa no poder a pensar dessa maneira.

No início do ano 23 d.C., em um dia invernal no reinado do Imperador Tiberius César, um magnífico funeral[15] transcorreu no Fórum Romano, com todo o esplendor que a antiga nobreza ainda podia ostentar. Uma oração fúnebre foi feita, da plataforma dos oradores, em honra da falecida, que vivera até além dos oitenta anos de idade[16]. Ela fora uma grande dama e uma rica viúva, dona de vasta fortuna. Houve a tradicional parada de enlutados e músicos. Vinte homens desfilaram, usando máscaras de cera de abelha, representando seus ancestrais nobres e alardeando nomes famosos tais como Manlius e Quinctius. As únicas ausências notáveis eram as máscaras dos também falecidos marido e irmão da idosa senhora. O imperador proibira as representações deles. Tiberius perdoara a falecida por não o haver mencionado em seu testamento, embora ela tivesse contemplado vários outros nobres romanos, mas não perdoaria sua família por "ressuscitar" memórias que estariam melhor mortas.

A falecida era Junia Tertia, filha de Servília, sobrinha de Catão, o Jovem, meia-irmã de Brutus e viúva de Cassius. Muito tempo antes, rumores haviam conectado Tertia a Júlio César, alegando que ela fosse amante dele. Ela morreu em 31 de dezembro de 22 d.C., e, com sua morte, rompia-se o último elo vivo entre Roma e os homens que assassinaram Júlio César. Ao deixar o imperador fora de seu testamento, Tertia não estava apenas insultando a Tiberius. Ao dizer não a César, ela prestava uma última saudação a uma geração que lutara até à morte antes de entregar a República ao governo de um único homem.

O fato de suas imagens serem demasiadamente controvertidas para que fossem exibidas no Fórum dizia tudo sobre a paixão que Brutus e Cassius ainda inspiravam, sessenta e seis anos depois dos Idos de Março. Eles eram lendas, agora. Suas mesquinhas motivações pessoais — sua ganância, sua brutalidade; e suas ambições, sua parceria com um "vira-casaca" cujo ato de traição obscurecia o que eles mesmos cometiam, e o tratamento cruelmente homicida que dispensavam aos habitantes civis das províncias eram, como um todo, esquecidos. Eles haviam sido transformados, tornados poderosas lembranças de que enquanto os homens e as mulheres se lembrassem dos nomes de quem matara Júlio César, os ditadores não dormiriam em paz.

# AGRADECIMENTOS

A palavra *gratidão* mal serve para começar a exprimir meus sentimentos para com as muitas pessoas a quem eu pedi, incomodei ou acossei por ajuda. Graças a elas o livro ficou infinitamente melhor. As falhas, é claro, permanecem sendo minhas.

Devo muitíssimo aos amigos, estudantes e colegas que leram todo ou partes do manuscrito: David Blome, Judith Dupre, Michael Fontaine, Christopher Harper, Adrienne Mayor, J. Kimball McKnight, Adam Mogelonsky, Jacob Nabel, Iddo Netanyahu, Joel Rudin, Matthew Sears, Timothy Sorg e Jacob Vaughan. Seus conselhos provaram ser incalculavelmente valiosos.

O tenente-coronel (reformado) Timothy Wilson, da Real Artilharia, proporcionou-me a assessoria militar, à qual ele se referiu como "representar Watson para o meu Holmes". Ele foi muito mais do que isso.

Dentre os muitos acadêmicos que graciosamente roubaram tempo de suas agendas ocupadíssimas para se encontrarem comigo e discutir em detalhes alguns aspectos de seus trabalhos, eu gostaria de agradecer particularmente a Annetta Alexandridis, Margaret Andrews, Elizabeth Bartman, Arthur Eckstein, Harriet Flower, Kathryn Gleason, Elizabeth Macaulay-Lewis, Sturt Manning, Josiah Ober, James Packer e Barry Weingast. O professor Antonio Monterroso, da Universidade de Córdoba, foi suficientemente bondoso para se encontrar comigo em Roma e discutir seu trabalho no lugar em que César foi assassinado. O Dr. Carl Bazil, médico e Ph.D., diretor da Divisão de Epilepsia e Sono da Columbia University, respondeu elegantemente às minhas perguntas sobre epilepsia e a possível condição médica de César. Brook Manville participou de muitas conversas estimulantes sobre liderança, tanto no mundo antigo quanto no atual. David Blome proporcionou-me o aconselhamento de um especialista em lâminas de combate. Sou muito grato ao Professor Mark Toher, da Union College, por compartilhar comigo de material ainda não publicado.

Jacob Nabel e Serhan Gungor foram meus bravos companheiros de viagens aos locais onde foram travadas as batalhas de César na França, onde também pudemos contar com a assistência de André Bigotte, e na Turquia. Lorenzo Gasperoni, Giancarlo Brighi e a associação Terre Centuriate, de Cesena, Itália, gentilmente nos arranjaram uma visita a três possíveis pontos do Rio Rubicão (cuja identificação ainda é debatida), bem como o acesso a um esquadrinhamento topográfico do território feito por supervisores romanos nos arredores da atual cidade de Cesena, onde — quem sabe? — pode ser o lugar exato em que César perdeu-se na noite anterior à sua passagem através do Rubicão, tal como é descrita em Suetônio, *Julius Cæsar*, 31.2. Steven Ellis juntou-se a mim em uma visita aos porões do Teatro Argentina, em Roma, e graças aos seus profundos conhecimentos de arqueologia, ajudou-me a identificar, com algum sentido, as fundações do Pórtico de Pompeu. John Guare, Daniel P. Jacobson e sua esposa, Lou Jacobson, tomaram parte em uma visita memorável às ruínas do Largo Argentina; e Carol Warshawsky nos ofereceu sua generosa hospitalidade.

Nos intervalos para o café, por telefone, por e-mails e até mesmo por cartas manuscritas, muitos amigos, estudantes e colegas compartilharam comigo seus grandes conhecimentos e sua sabedoria; particularmente Stephen Ashley, Patrick Baker, Sandra Bernstein, Emma Blake, Jeffrey Blanchard, Nikki Bonanni, Giovanni Brizzi, Michela De Benardin, Anna Celenza, Adele Chatfield-Taylor, Christopher Christoff, David DesRosiers, Rabino Mordechai Dinerman, Laurent Ferri, Giovanni Giorgini, Shawn Goldsmith, Stephen Greenblatt, Elizabeth Harper, Richard Hodges, Allegra Iafrate, Donald Kagan, Karl Kirchwey, Eric Kondratieff, Brenda Longfellow, Dwight McLemore, Kathryn Milne, Ian Morris, Claudia Moser, Waller and Jackie Newell, Jan Parker, Catherine Penner, Eric Rebillard, Andrew Roberts, Courtney Roby, Claudia Rosett, Robert Schon, Elizabeth e Jeff Shulte, Rabino Eli Silberstein, Ramie Targoff, David Teegarden, Rob Tempio, Christian Wendt, Lila Yawn, Bill Zeiser e M. Theodora Zemek.

Sinto-me afortunado por trabalhar com estudantes, colegas e uma equipe tão maravilhosos nos departamentos de História e de Estudos Clássicos na Cornell University. Agradecidamente reconheço a colaboração prestada pela Biblioteca John M. Olin, da Cornell.

Sou profundamente grato à Academia Americana em Roma e, em particular, aos seus atuais e ex-diretores, Kimberly Bower e Christopher Celenza, por haverem me hospedado como residente e acadêmico visitante, em 2012 e 2013. A Academia provou ser a comunidade ideal na qual trabalhar para escrever este livro. Com o auxílio da Academia e muito agradecidamente à Soprintendenza

Speciale per i Beni Archeologici di Roma, aos Museus Vaticanos e ao Teatro Argentina, em Roma, eu pude visitar lugares e contemplar objetos cujo acesso, de outro modo, seria vedado a mim. Também gostaria de agradecer ao Museu J. Paul Getty por disponibilizar vários itens para que eu os inspecionasse.

Suzanne Lang ajudou-me com a logística e o apoio bibliográfico. Sam Mogelonsky redesenhou o meu *website* e Larry Mogelonsky o hospedou.

Na Simon & Schuster, agradeço ao meu editor, Bob Bender, cuja sabedoria, seu julgamento e seu bom-senso só podem ser equiparados ao seu apoio, sua generosidade e seu senso de humor. Também sou grato à sua assistente, Johanna Li, por haver, mais uma vez, conduzido o projeto até sua conclusão. Minha agente literária, Cathy Hemming, esteve comigo em cada passo da jornada, com seu aconselhamento valioso, seus profundos conhecimentos e sua amizade.

Como sempre, eu agradeço à minha família por seu auxílio e apoio. Eu aprecio a paciência de todos eles ao longo dos anos, medida por sucessivos "Idos de Março".

E, finalmente, agradeço à minha esposa, Marcia. A cada ponto ao longo do caminho ela compartilhou da jornada tão completamente que este me parece ser um livro tão dela quanto meu.

# *UMA NOTA SOBRE AS FONTES**

EU INCLUÍ AS PRINCIPAIS OBRAS EM INGLÊS, bem como alguns textos essenciais em outros idiomas. Uma bibliografia adicional está disponível no meu *website*, www.barrystrauss.com.

## INTRODUTÓRIO

Estudantes dos clássicos e da História Antiga devem ter em mãos um bom dicionário. Eu recomendo que mantenham *The Oxford Classical Dictionary*, 3.ª edição (Oxford: Oxford University Press, 1999) sempre ao seu lado. Excelentes mapas do mundo antigo podem ser encontrados na obra editada por Richard J. A. Talbert, *The Barrington Atlas of the Ancient Greco-Roman World* ("O Atlas Barrington do Antigo Mundo Greco-Romano"; Princeton, NJ: Princeton University Press, 2000). Outra fonte excepcionalmente valiosa é a obra de Hubert Cancik e Helmut Schneider (editores), *Brill's New Pauly: Encyclopaedia of the Ancient World,* English edition ("O Novo Pauly da Brill: Enciclopédia do Mundo Antigo"); editor-gerente, Christine F. Salazar; editor-assistente, David E. Orton (Leiden and Boston: Brill, 2002–2010), que também conta com uma excelente edição *online.*

Para ler uma História Romana sem lágrimas, procure a obra de Simon Baker, *Ancient Rome: The Rise and Fall of an Empire* ("Roma Antiga: Ascensão e Queda de um Império"; sem local de publicação: BBC Books, 2007). Para uma introdução à turbulenta era da República Romana Tardia, veja Tom Holland, *Rubicon* ("Rubicão"; Nova York: Doubleday, 2003); ou o livro de Mary Beard e Michael Crawford, *Rome in the Late Republic* ("Roma durante a República Tardia"; Londres: Duckworth, 2009). Para um relato detalhado, ver Christopher S. Mackay, *The Breakdown of the Roman Republic: From Oligarchy to Empire* ("O Colapso da República Romana: Da Oligarquia ao Império"; Nova York: Cambridge University Press, 2009); ou J. A. Crook, Andrew Lintott, e Elizabeth Rawson (editores), *The Last Age of the Roman Republic* ("A Última Era da República Romana"), volume 9 de *The Cambridge Ancient History,* 2.ª edição ("A História Antiga da Cambridge"; Cambridge: Cambridge University Press, 1994). P. A. Brunt oferece uma in-

---

* Desconhecemos a existência de traduções para o português das obras citadas a seguir. No entanto, uma extensa bibliografia sobre os temas tratados existe em nosso idioma, disponível tanto em edições convencionais quanto eletrônicas. [N.T.]

trodução às lutas sociais do período em *Social Conflicts in the Roman Republic* ("Conflitos Sociais na República Romana"; Nova York: Norton, 1971), especialmente nas páginas 1-41 e 112-147.

Para saber sobre o exército romano, veja Adrian Goldsworthy, *The Complete Roman Army* ("O [Livro] Completo [sobre o] Exército Romano"; Nova York: Thames & Hudson, 2003); ou Kate Gilliver, Adrian Goldsworthy e Michael Whitby, *Rome at War* ("Roma em Guerra"; Oxford: Osprey, 2005); ou o livro de L. J. F. Keppie, *The Making of the Roman Army: From Republic to Empire* ("A Formação do Exército Romano: Da República ao Império"; Norman: University of Oklahoma Press, 1984).

A obra moderna mais influente — ao menos em inglês — sobre a transição da República Tardia para o Império Primordial é o livro de Sir Ronald Syme, *The Roman Revolution* ("A Revolução Romana"; Oxford: Oxford University Press, 1939). O foco principal da obra é Augusto, mas ela também contém capítulos importantes sobre os últimos anos de César e a conspiração contra ele. Alguns dos temas abordados por Syme são o uso personalístico da política para a obtenção de poder, o papel-chave desempenhado por Otávio na incitação das tropas contra o Senado em 44 e 43 a.C., e a realidade da monarquia por trás da retórica de Augusto quanto à restauração da República. Para Syme, o fim da República era inevitável. Erich Gruen, em seu livro *The Last Generation of the Roman Republic* ("A Última Geração da República Romana"), 2.ª edição (Berkeley: University of California Press, 1995), argumenta veementemente em contrário: para ele, a República estaria em pleno florescimento e poderia ter continuado a existir.

## FONTES ANTIGAS

O que podemos compreender da conspiração que matou César depende, em larga medida, do que podemos depreender das fontes antigas. Robert Etienne traz este ponto à baila belamente, em seu excelente livro *Les Ides de Mars: la fin de César ou de la dictature?* ("Os Idos de Março: O Fim de César ou da Ditadura?"; Paris: Gallimard/Julliard, 1973). Existem cinco fontes antigas principais, sendo, por ordem cronológica, Nicolaus de Damasco, Suetônio, Plutarco, Apiano e Cassius Dio. Todos esses autores concordam quanto a um quadro geral das circunstâncias, mas discordam quanto a certos detalhes e quanto aos motivos e a significância relativa dos vários conspiradores. Plutarco, que foi a principal fonte de Shakespeare, enfatiza o papel desempenhado por Brutus e seu idealismo. Nicolaus, a quem Shakespeare não leu, acentua o sangue-frio e mesmo as motivações cínicas dos conspiradores; e ele também faz de Decimus um personagem-chave. Acadêmicos antigos tendem a desprezar as opiniões de Nicolaus porque ele trabalhou para Augusto, e, por isso, parece preconceituoso. Recentemente, os trabalhos de acadêmicos como Malitz e Toher reabilitaram Nicolaus como uma fonte contemporânea e sagaz — senão como alguém que, por vezes, oferece uma versão fidedigna de Augusto sobre os acontecimentos. Tal como argumenta Toher, Nicolaus foi um estudioso dos escritos de Aristóteles e Tucídides, duas das mentes mais brilhantes do mundo antigo quando se trata de análise política. Estou convencido de que Nicolaus proporcione informações essenciais para que possamos encontrar algum sentido no assassinato.

As cinco principais fontes antigas sobre a conspiração e o assassinato de Júlio César e suas consequências estão disponíveis em traduções para o idioma inglês. A tradução da obra de Apiano *As Guerras Civis* conta com uma introdução de J. M. Carter (Londres e Nova York: Penguin Books, 1996). Para ler os relevantes livros de Cassius Dio contidos na obra *História de Roma*, consulte a edição da Loeb Classical Library, *Dio's Roman History* ("A História Romana de Dio") com uma tradução para o inglês de Earnest Cary, com base na tradução de Herbert Baldwin Foster (Londres: W. Heinemann; Cambridge, MA: Harvard University Press, 1914–27). A obra de Nicolaus de Damasco *Vida de César Augusto* logo estará disponível em uma nova tradução, com comentários acadêmicos de Mark Toher, ΒΙΟΣ ΚΑΙΣΑΡΟΣ (*Bios Kaisaros*; Cambridge University Press, a ser publicada). Até lá, a melhor versão disponível em inglês é a de Jane Bellemore, editada com introdução, tradução e comentários, *Nicolaus of Damascus, Life of Augustus* ("Nicolaus de Damasco: Vida de Augusto"; Bristol, Inglaterra: Bristol Classical Press, 1984). As *Vidas* de Plutarco, tratando de Pompeu e de César, podem ser encontradas no livro de Plutarco intitulado *Fall of the Roman Republic* ("A Queda da República Romana"), revisado, editado e traduzido, com introdução e notas, por Rex Warner; e revisado, com traduções das Comparações e um prefácio de Robin Seager, além de um prefácio da série por Christopher Pelling (Harmondsworth: Penguin, 2005). As *Vidas* de Plutarco referentes a Brutus e a Marco Antônio podem ser encontradas na obra de Plutarco intitulada *Makers of Rome* ("Fazedores de Roma"), traduzida e com uma introdução por Ian Scott-Kilvert (Harmondsworth: Penguin, 1965). A *Vida* de Plutarco referente a Catão, o Jovem, pode ser encontrada na obra de Bernadotte Perrin, traduzida em *Plutarch Lives VIII: Sertorius and Eumenes, Phocion and Cato the Younger* ("Vidas de Plutarco VIII: Sertorius e Eumenes, Fócion e Catão, o Jovem"; Cambridge, MA: Harvard

University Press, 1919). As *Vidas* de Suetônio referentes a César e a Augusto estão disponíveis na obra de Gaius Suetonius Tranquillus, *The Twelve Caesars* ("Os Doze Césares"), traduzida por Robert Graves, revisada e com uma introdução por Michael Grant (Londres e Nova York: Penguin, 2003).

Uma boa coletânea de traduções de trechos selecionados das fontes antigas, acompanhados por comentários acadêmicos, sobre a ascensão e queda de César, entre 60 e 42 a.C., é encontrada na obra de Naphtali Lewis, *The Ides of March* ("Os Idos de Março"; Sanibel e Toronto: Samuel Stevens, 1984). Uma valiosa seleção das fontes sobre os Idos de Março, com comentários e bibliografia, pode ser encontrada no livro de Matthew Dillon e Lynda Garland (editores), intitulado *Ancient Rome: From the Early Republic to the Assassination of Julius Caesar* ("Roma Antiga: Dos Primórdios da República ao Assassinato de Júlio César"; Londres e Nova York: Routledge, 2005).

Eu me beneficiei muito com os comentários acadêmicos sobre os textos antigos. Mark Toher mostrou-se muito gentil ao compartilhar comigo seu relevante manuscrito e trechos de seus excelentes comentários sobre Nicolaus de Damasco, constantes da obra ΒΙΟΣ ΚΑΙΣΑΡΟΣ (*Bios Kaisaros*; Cambridge University Press, a ser publicada). Aprendi muito com o livro de Bellemore, *Nicolaus of Damascus,* e com a obra de Jurgen Malitz, *Nikolaos von Damaskus, Leben des Kaisers Augustus* ("Nicolaus de Damasco: Vida do Imperador Augusto"), editada, traduzida e com um comentário de autoria do mesmo (Darmstadt, Alemanha: Wissenschaftliche Buchgesellschaft, 2003). A obra de Christopher Pelling *Plutarch Caesar* ("O César de Plutarco"), traduzida com uma introdução e comentário (Oxford: Oxford University Press, 2011), é excelente e extraordinariamente valiosa. Também muito útil é o livro, do mesmo autor, intitulado *Life of Antony/Plutarch* ("Vida de Antônio/Plutarco"; Cambridge e Nova York: Cambridge University Press, 1988); e a obra de J. L. Moles, *The Life of Cicero/Plutarch* ("A Vida de Cícero/Plutarco"; Warminster, Inglaterra: Aris & Phillips, 1988). Quanto à obra de Suetônio intitulada *Julius Cæsar*, o livro de H. E. Butler e M. Cary, *Suetoni Tranquilli Divus Iulius*, editado, com uma introdução e comentário (Oxford: Clarendon Press, 1927), apesar de antigo é, ainda, muito útil. A obra de Carlotta Scantamburlo, *Suetonio, Vita di Cesare, Introduzione, traduzione e commento* ("Suetônio, Vida de César: Introdução, Tradução e Comentário"; Pisa, Itália: Edizioni Plus, Pisa University Press, 2011), me foi de grande ajuda.

Sobre Asconius, veja B. A. Marshall, *A Historical Commentary on Asconius* ("Um Comentário Histórico sobre Asconius"; Columbia: University of Missouri Press, 1985).

A obra de D. R. Shackleton Bailey (editor), *Letters to Atticus* ("Cartas para Atticus"), de Cícero, em sete volumes (Cambridge: Cambridge University Press, 1965-70), é fundamental; tanto quanto as *Epistulæ ad Familiares* ("Cartas aos Seus Amigos"), em dois volumes (Cambridge e Nova York: Cambridge University Press, 1977), e *Epistulæ ad Quintum Fratrum et M. Brutum* ("Cartas a Quintus Fratrus e M. Brutus"; Cambridge e Nova York: Cambridge University Press, 1980) ambos de autoria de Cícero. Dois comentários úteis sobre as *Filípicas* de Cícero podem ser encontrados nas obras de W. K. Lacey, *Second Philippic Oration/Cicero* ("Segunda Oração Filípica/Cícero"; Bristol, Avon: Bolchazy Carducci; Warminster, Inglaterra: Aris & Phillips; Atlantic Highlands, NJ; distribuído nos Estados Unidos e no Canadá pela Humanities Press, 1986), e de John T. Ramsey (editor), *Philippics I-II/Cicero* ("Filípicas I-II/Cícero"; Cambridge e Nova York: Cambridge University Press, 2003).

## CÉSAR

Os escritos de César são concisos, mas sua vida é um tema vastíssimo, que inspirou — e ainda inspira — muitos livros. Para um homem de poucas palavras é difícil encontrar um pequeno volume melhor do que o excelente trabalho de J. P. V. D. Balsdon, intitulado simplesmente *Julius Caesar* (Nova York: Atheneum, 1967). Para uma introdução aos vários assuntos relacionados a César que interessam aos estudiosos de hoje em dia, veja os ótimos ensaios contidos ne obra de Miriam Griffin (editora) *A Companion to Julius Caesar* ("Um Complemento a Júlio César"; Oxford e Malden, MA: Wiley-Blackwell, 2009). Um clássico do bom julgamento e do bom espírito acadêmico é o livro de Matthias Gelzer, *Caesar: Politician and Statesman* ("César: Político e Estadista"; traduzido por Peter Needham; Oxford: Blackwell, 1969). A obra de Christian Meier, *Caesar*, traduzida por David McLintock (Nova York: Basic Books/Harper Collins) é um grande livro, de bom nível acadêmico e arrebatador, mas nem sempre é correto. Para uma revisão crítica que avança em uma teoria mais negativista sobre as ambições dinásticas de César, veja a obra de E. Badian, "Christian Meier: Caesar", *Gnomon* 62.1 (1990): 22-39. Uma notável biografia recente é a de Adrian Goldsworthy, *Caesar: Life of a Colossus* ("César: A Vida de um Colosso"; New Haven: Yale University Press, 2006). O livro de Philip Freeman, *Julius Caesar* (Nova York: Simon & Schuster, 2008) é astuto e sucinto; e o de W. Jeffrey Tatum, *Always I Am Caesar* ("Sempre Sou César"; Malden, MA: Blackwell, 2008) é uma vívida e profunda introdução. Para quem prefere o ponto de vista alemão, E. Baltrusch oferece uma vigorosa e incisiva comparação entre César e Pompeu em sua obra *Caesar und Pompeius* (Darmstadt, Alemanha: Wissenschaftliche Buchgesellschaft, 2004). Dois livros importantes de autoria de Zvi Yavetz analisam o programa político de César, sua propaganda e seu apelo ao cidadão romano comum: *Plebs and Princeps* ("As Plebes e o Princeps"; Oxford: Clarendon Press, 1969) e *Julius Caesar and His Public Image* ("Júlio César e sua Imagem Pública"; Ithaca, NY: Cornell University Press, 1983). Para conhecer melhor o apelo de César junto aos pobres e os não-cidadãos, veja-se a obra de Luciano Canfora, *Julius Caesar: The Life and Times of the People's Dictator* ("Júlio César: A Vida e a Época do Ditador do Povo"; traduzido por Marian Hill e Kevin Windle; Berkeley: University of California Press, 2007). Por um viés similar vai a obra de Michael Parenti, *The Assassination of Julius Caesar* ("O Assassinato de Júlio César"; Nova York: New Press, 2003).

Sobre César enquanto comandante, veja-se J. F. C. Fuller, *Julius Caesar: Man, Soldier and Tyrant* ("Júlio César: Homem, Soldado e Tirano"; New Brunswick, NJ: Da Capo, 1965); e o livro de Kimberly Kagan, *The Eye of Command* ("O Olho do Comando"; Ann Arbor: University of Michigan Press, 2006). Quanto ao gosto de César por correr riscos, leia o meu livro *Masters of Command: Alexander, Hannibal, Caesar and the Genius of Leadership* ("Senhores do Comando: Alexandre, Aníbal, César e o Gênio da Liderança"; Nova York: Simon & Schuster, 2012), *passim*.

Sobre o duradouro legado de César, existem três obras muito valiosas, de autoria de Maria Wyke: *Caesar: A Life in Western Culture* ("César: Uma Vida na Cultura Ocidental"; Chicago: University of Chicago Press, 2008); *Caesar in the USA* ("César nos Estados Unidos da América"; Berkeley: University of California Press, 2012); e *Julius Caesar in Western Culture* ("Júlio César na Cultura Ocidental"; Oxford e Malden, MA: Blackwell, 2006), livro no qual Wyke participa como editora.

Sobre o início da carreira de César, veja-se: Lily Ross Taylor, "The Rise of Julius Caesar" ("A Ascensão de Júlio César") na segunda série da obra *Greece and Rome* ("Grécia e Roma") 4.1 (1957); e o livro de R. T. Ridley, "The Dictator's Mistake: Caesar's Escape from Sulla," ("O Erro do Ditador: A fuga de César [do Jugo] de Sila", em *Historia* 49.2 (2000): 211–29.

Sobre a atuação de César na Gália, veja-se as seguintes obras: K. Gilliver, *Caesar's Gallic Wars 58–50 bc* ("As Guerras Gaulesas de César, 58–50 a.C."; Londres: Routledge, 2003); T. R. Holmes, *Caesar's Conquest of Gaul* ("A Conquista da Gália por César"; Oxford: Clarendon Press, 1911); Christophe

Goudineau, *César et la Gaule* ("César e a Gália"; Paris: Errance, 1992); Kathryn Welch, "Caesar and His Officers in the Gallic War Commentaries," ("César e Seus Oficiais em Comentários sobre a Guerra Gaulesa"), no livro de Kathryn Welch e Anton Powell (editores), *Julius Caesar as Artful Reporter: The War Commentaries as Political Instruments* ("Júlio César como Astuto e Habilidoso Repórter: Comentários sobre a Guerra como Instrumentos Políticos"; Londres: Duckworth; Swansea: Classical Press of Wales, 1998), 85–110.

Sobre a Guerra Civil, veja-se Adrian Goldsworthy, "Caesar's Civil War 49–44 bc," ("A Guerra Civil de César, 49–44 a.C."), na obra de Kate Gilliver, Adrian Goldsworthy e Michael Whitby, com um prefácio de Steven Saylor, *Rome at War* ("Roma em Guerra"; Oxford e Nova York: Osprey, 2005), 106–82. Eu ofereço uma análise das táticas e da estratégia de César na Guerra Civil em meu livro *Masters of Command* ("Senhores do Comando"), *passim*.

Sobre César como propagandista, veja-se J. H. Collins, "Caesar as a Political Propagandist" ("César como Propagandista Político"), e na obra de H. Temporini (editor), *Aufstieg und Niedergang der Römischen Welt* ("Ascensão e Decadência do Mundo Romano", vol. 1.1; Berlim e Nova York: DeGruyter, 1972), 922–66. Sobre o uso que César fazia de Vênus como arma de propaganda, veja "Caesar's Divine Heritage and the Battle for Venus" ("A Herança Divina de César e a Batalha por Vênus", capturado em 24 de julho de 2013 de http://www.humanities.mq.edu.au/acans/caesar/Career_Venus.htm.

Sobre a aparência física de César, ver P. Zanker, "The Irritating Statues and Contradictory Portraits of Julius Caesar" ("As Irritantes Estátuas e os Retratos Contraditórios de Júlio César") em Griffin (editor), *Companion to Caesar* ("Complemento a César") 288–313. O melhor estudo de César como ditador é o de Martin Jehne, *Der Staat des Dictators Caesar* ("O Estado do Ditador César"; Colônia, Alemanha: Bohlau, 1987). Importantes ensaios sobre a última fase da carreira de César são encontrados na obra de Gianpaolo Urso (editor), *L'ultimo Cesare: Scritti, Riforme, Progetti, Congiure: atti del Convegno Internazionale, Cividale del Friuli* ("O Último César: Escritos, Reformas, Projetos e Associações: Atas do Convênio Internacional, Conselho Cívico Regional de Friuli"; Roma: L'Erma di Bretschneider, 2000).

Ver também John H. Collins, "Caesar and the Corruption of Power," ("César e a Corrupção do Poder") em *Historia: Zeitschrift für Alte Geschichte* ("Historia: Revista de História da Antiguidade", 4.4 – 1955): 445–65; Marta Sordi, "Caesar's Powers in His Last Phase" ("Os Poderes de César em sua Última Fase"), em Francis Cairns e Elaine Fantham (editores), *Caesar Against Liberty? Perspectives on his Autocracy* ("César Contra a Liberdade?

Perspectivas sobre sua Autocracia"), Papers of the Langford Latin Seminar ("Relatórios do Seminário Latino de Langford", 11; Cambridge: Francis Cairns, 2003), 190–99; J. T. Ramsey, "Did Julius Caesar Temporarily Banish Mark Antony from His Inner Circle?," ("Teria Júlio César Banido Temporariamente Marco Antônio de seu Círculo Mais Íntimo?"; *Classical Quarterly*, 54.1, 2004): 161–73. Sobre a Lupercália, veja-se A. K. Michels, "The Topography and Interpretation of the Lupercalia" ("A Topografia e uma Interpretação da Lupercália"), em *Transactions of the American Philological Association* 84 (1953): 35–59.

Um trabalho básico sobre a deificação de César é o livro de Stefan Weinstock, *Divus Julius* (Oxford: Clarendon Press, 1971). Veja as importantes revisões formuladas e propostas por Ittai Gradel em *Emperor Worship and Roman Religion* ("O Culto ao Imperador e a Religião Romana"; Oxford: Clarendon Press, 2002).

## A POLÍTICA ROMANA: INSTITUIÇÕES E PRÁTICAS

Duas boas introduções à vida política romana nos dias de César são a de Lily Ross Taylor, *Party Politics in the Age of Caesar* ("Política Partidária na Era de César"; Berkeley: University of California Press, 1961 [1949]) e a de Claude Nicolet, *The World of the Citizen in Republican Rome* ("O Mundo do Cidadão na Roma Republicana), traduzida por P. S. Falla (Londres: Batsford Academic and Educational, 1980). Fergus Millar argumenta que a política romana era mais democrática do que os acadêmicos pensavam, em *The Crowd in Rome in the Late Republic* ("O Populacho em Roma na República Tardia"; Ann Arbor: University of Michigan Press, 1988). Para uma visão cética da democracia romana, veja-se Henrik Mouritsen, *Plebs and Politics in the Late Roman Republic* ("As Plebes e a Política na República Romana Tardia"; Cambridge e Nova York: Cambridge University Press, 2001). Robert Morstein-Marx oferece uma profunda análise da oratória política romana, com os dias subsequentes aos Idos de Março sendo um importante argumento em foco, em *Mass Oratory and Political Power in the Late Roman Republic* ("Oratória de Massa e Poder Político na República Romana Tardia"; Cambridge e Nova York: Cambridge University Press, 2004). F. Pina Polo oferece um catálogo de Reuniões Públicas (*contiones*) em *Las Contiones Civiles y Militares en Roma* ("As Reuniões Públicas Civis e Militares em Roma"; Zaragoza, Espanha: Universidad de Zaragoza, 1989).

Sobre os Melhores Homens e os Populistas, veja-se W. K. Lacey, "Boni at que Improbi" ("Bons, embora Ímprobos") *Greece & Rome*, 2.ª série. 17.1 (1970): 3-16.

## OS RIVAIS DE CÉSAR

Sobre Pompeu, duas sucintas biografias são as de Robin Seager, *Pompey the Great, A Political Biography* ("Pompeu, o Grande: Uma Biografia Política"; 2.ª edição; Malden, MA: Blackwell, 2002) e a de Patricia Southern, *Pompey* (Stroud, Inglaterra: Tempus, 2002). Para trabalhos mais detalhados, veja-se P. A. L. Greenhalgh, *Pompey, the Roman Alexander* ("Pompeu, o Alexandre Romano"; Columbia: University of Missouri Press, 1981), e idem, *Pompey, the Republican Prince* ("Pompeu, o Príncipe Republicano"; Columbia: University of Missouri Press, 1982).

Uma boa introdução a vida de Catão, o Jovem, é a de Rob Goodman e Jimmy Soni, *Rome's Last Citizen: The Life and Legacy of Cato, Mortal Enemy of Caesar* ("O Último Cidadão de Roma: A Vida e o Legado de Catão, Inimigo Mortal de César"; Nova York: Thomas Dunne Books, 2012).

Uma boa introdução à vida de Cícero é a de Anthony Everitt, *Cicero: The Life and Times of Rome's Greatest Politician* ("Cícero: A Vida e a Época do Maior Político Romano"; Nova York: Random House, 2002). O livro de Elizabeth Rawson, *Cicero: A Portrait* ("Cícero: Um Retrato"; edição revisada; Ithaca, NY: Cornell University Press, 1983), é o trabalho de uma especialista no mundo intelectual da República Tardia. Duas boas introduções a Cícero e sua política são as obras de R. E. Smith, *Cicero the Statesman* ("Cícero, o Homem de Estado"; Cambridge: Cambridge University Press, 1966) e a de D. Stockton, *Cicero: A Political Biography* ("Cícero: Uma Biografia Política"; Londres: Oxford University Press, 1971).

Sobre Clodius, veja-se W. Jeffrey Tatum, *The Patrician Tribune: Publius Clodius Pulcher* ("O Tribuno Patrício: Publius Clodius Pulcher"; Chapel Hill: University of North Carolina Press, 1999).

## OS HOMENS DE CÉSAR

Duas boas biografias introdutórias de Marco Antônio são as de E. G. Huzar, *Mark Antony: A Biography* (Minneapolis: University of Minnesota Press, 1978) e a de P. Southern, *Mark Antony* (Stroud, Inglaterra: Tempus, 2006). Há muita informação valiosa no livro de Adrian Goldsworthy, *Antony and Cleopatra* (New Haven, CT: Yale University Press, 2010). Um trabalho importante sobre a relação de Antônio com César é o já citado *Did Julius Caesar Temporarily Banish Mark Antony from His Inner Circle?* ("Teria Júlio César Banido Temporariamente Marco Antônio de seu Círculo Mais Íntimo?"), de J. T. Ramsey, publicado em *Classical Quarterly* 54.1 (2004): 161-73. Um antigo e grandioso relato, alternadamente fantasioso e perceptivo, é o de Arthur Weigall, *The Life and Times of Marc Antony* ("A Vida e a Época de Marco Antônio"; Garden City, NY: Garden City, 1931).

Sobre Lepidus, veja-se Richard D. Weigel, *Lepidus: The Tarnished Triumvir* ("Lepidus: O Triúnviro Ofuscado"; Londres e Nova York: Routledge, 1992); L. Hayne, "M. Lepidus and His Wife" ("M. Lepidus e sua Esposa"; em *Latomus* 33 (1974): 76-79; e L. Hayne, "M. Lepidus — A Reappraisal" ("M. Lepidus — Uma Reavaliação") *Historia* 21 (1972): 661-68.

Sobre Oppius e Balbus e o amargor que sua ascensão inspirava à nobreza romana, veja-se Kathryn E. Welch, "The *Præfectura Urbis* of 45 b.c. and the Ambitions of L. Cornelius Balbus" ("A *Præfectura Urbis* [Prefeitura Municipal] de 45 a.C. e as Ambições de L. Cornelius Balbus" em *Antichthon* 24 (1990): 53-69. Veja-se também Ralph Masciantonio, "Balbus the Unique" ("Balbus, o Único"; *Classical World* 61.4, dezembro de 1967): 134-38.

## OS CONSPIRADORES

A antiga, mas ainda fundamental, discussão quanto às evidências relativas aos conspiradores e à conspiração encontra-se na obra de W. Drumann *Geschichte Roms in seinem Übergange von der republikanischen zur monarchischen Verfassung; oder, Pompeius, Caesar, Cicero und ihre Zeitgenossen nach Geschlechtern und mit genealogischen Tabellen,* ("História de Roma Durante sua Transição da República para a Condição de Estado Monárquico; ou um Estudo sobre as Linhagens Familiares de Pompeu, César, Cícero e seus Contemporâneos, com Tabelas Genealógicas") vol. 3: *Domitii–Julii*, 2.ª edição, editado por P. Gröbe (Leipzig, Alemanha: Gebrüder Bornträger, 1906), 624-28. O comentário na obra de Pelling, *Plutarch's Caesar* ("O César de Plutarco") é essencial para um estudo sério sobre os conspiradores, o assassinato e os acontecimentos subsequentes. A melhor e mais concisa introdução à conspiração e suas consequências é o capítulo na obra de Greg Woolf intitulado, *Et Tu, Brute? The Murder of Caesar and Political Assassination* ("*Et Tu, Brute?* A Morte de César e o Assassinato Político"; Londres:

Profile Books, 2006), 1–51; Woolf é, todavia, dissonantemente modesto quanto à possibilidade da reconstituição dos detalhes do assassinato. Woolf argumenta que os conspiradores poderiam ter passado impunes pelo assassinato não fosse pelos soldados de César, uma força que insistiu na vingança — coisa que a nobreza romana provavelmente aceitasse de boa vontade. Zvi Yavetz, em "Existimatio, Fama and the Ides of March" ("Estimativas, Fama e os Idos de Março"), publicado na revista *Harvard Studies in Classical Philology* 78 (1974): 35–65, argumenta que os conspiradores erroneamente acreditavam que a opinião pública estaria do lado deles. D. F. Epstein, "Caesar's Personal Enemies on the Ides of March" ("Os Inimigos Pessoais de César nos Idos de Março"), publicado em *Latomus* 46, Fascículo 3 (1987): 566–70, argumenta que motivações pessoais e não ideológicas inspiraram os conspiradores. O texto de Andrew Lintott, "The Assassination," ("O Assassinato") na obra de Griffin (editor), *Companion to Caesar* ("Complemento a César"), 72–81, toma as motivações ideológicas mais a sério. Também valiosos são os trabalhos de R. E. Smith, "The Conspiracy and the Conspirators" ("A Conspiração e os Conspiradores"), em *Greece & Rome*, 2.ª Série 4.1 (1957): 58–70, e de R. H. Storch, "Relative Deprivation and the Ides of March: Motive for Murder" ("A Relativa Privação e os Idos de Março: Motivação Criminosa para o Assassinato"), em *Ancient History Bulletin* 9 (1995): 45–52.

A obra de T. P. Wiseman, *Remembering the Roman People: Essays on Late Republican Politics and Literature* ("Recordando o Povo Romano: Ensaios sobre a República Tardia e sua Literatura"; Oxford: Oxford University Press, 2009) argumenta que os assassinos de César eram aristocratas arrogantes, enquanto César seguia as regras da lei e contava com o apoio do povo romano. Veja-se a valiosa revisão proposta por Josiah Osgood, em *Classical Journal* 105.2 (2009): 180–83.

M. H. Dettenhofer oferece um importante aprofundamento sobre a geração da maioria dos conspiradores — e, por haver tocado no assunto, a de seus oponentes Antônio e Lepidus —, que andavam, todos, por volta dos quarenta anos de idade quando dos Idos de Março. Veja-se o trabalho dela, intitulado *Perdita iuventus: zwischen den Generationen von Caesar und Augustus* ("Juventude Perdida: Entre as Gerações de César e de Augusto"; Munique, Alemanha: Beck, 1992).

A obra mais acessível em inglês sobre Marcus Brutus é o ótimo trabalho de M. L. Clarke, *The Noblest Roman: Marcus Brutus and His Reputation* ("O Mais Nobre Romano: Marcus Brutus e sua Reputação"; Ithaca, NY: Cornell University Press, 1981); mas a análise mais penetrante encontra-se escrita em alemão: a de Hermann Bengston, *Zur Geschichte des Brutus* ("Sobre a

História dos Brutus"),Verlag der Bayerischen Akademie der Wissenschaften; Munique, Alemanha: Beck, 1970). Erik Wistrand oferece um persuasivo relato da moderação de Brutus em *The Policy of Brutus the Tyrannicide* ("A Política de Brutus, o Tiranicida"; Gotemburgo, Suécia: Kungl. Vetenskaps-och Vitterhets-samhallet, 1981). Vejam-se os ensaios resenhísticos por G. Dobesch, em "Resenha sobre 'O Mais Nobre Romano': Marcus Brutus e sua Reputação", e o de M. L. Clarke "Sobre a Política de Brutus, o Tiranicida, por Erik Wistrand" em *Gnomon* 56.8 (1984): 708–22.

Ramsay MacMullen oferece uma análise perceptiva das motivações de Brutus e sua reputação posterior em *Enemies of the Roman Order: Treason, Unrest, and Alienation in The Roman Empire* ("Inimigos da Ordem Romana: Traição, Inquietação e Alienação no Império Romano"; Cambridge, MA: Harvard University Press, 1966), 1–45. Sheldon Nodelman oferece um estudo aprofundado diante das evidências de moedas e esculturas em "The Portrait of Brutus the Tyrannicide" ("O Retrato de Brutus, o Tiranicida") , constante de *Occasional Papers on Antiquities 4: Ancient Portraits in the J. Paul Getty Museum* ("Relatórios Ocasionais sobre Antiguidades 4: Retratos Antigos no Museu J. Paul Getty") 1 (1987): 41–86. T. W. Africa põe Brutus no divã em "The Mask of an Assassin: A Psychohistorical Study of M. Junius Brutus" ("A Máscara de um Assassino: Um Estudo Psico-Histórico de M. Junius Brutus") no *Journal of Interdisciplinary History* 8, 4 (1978): 599–626. Graham Wylie enfatiza o *status* de Brutus como um ícone e seu fracasso como líder em "The Ides of March and the Immovable Icon" ("Os Idos de |Março e o Ícone Inamovível"), na obra de Carl Deroux (editor) *Studies in Latin literature and Roman history* ("Estudos sobre Literatura Latina e História Romana", vol. 9; Bruxelas, Bélgica: Latomus, 1998), 167–85. A obra de M. Radin, *Marcus Brutus* (Nova York e Londres: Oxford University Press, 1939), é altamente especulativa.

Sobre Brutus como orador, veja-se Andrea Balbo, "Marcus Junius Brutus the Orator: Between Philosophy and Rhetoric" ("Marcus Junius Brutus, o Orador: Entre a Filosofia e a Retórica"), na obra de Catherine Steel e Henriette van Der Blom (editoras), *Community and Communication: Oratory and Politics in Republican Rome* ("Comunidade e Comunicação: Oratória e Política na Roma Republicana; Oxford: Oxford University Press, 2013), 315–28.

Para um estudo perceptivo sobre Cassius e Brutus, veja-se o ensaio de Elizabeth Rawson "Cassius and Brutus: The Memory of the Liberators" ("Cassius e Brutus: A Memória dos Libertadores"), na obra de I. S. Moxon, J.D. Smart e A. J. Woodman (editores), *Past Perspectives: Studies in Greek and Roman Historical Writing, Papers Presented at a Conference in Leeds,*

6–8 April 1983 ("Perspectivas Passadas: Estudos sobre a História Escrita Grega e Romana; Relatórios Apresentados em uma Conferência em Leeds, 6–8 de Abril de 1983"; Cambridge e Nova York: Cambridge University Press, 1986), 101–19.

Sobre Decimus Brutus há um estudo fundamental, com farta citação de fontes, na obra de Friedrich Munzer, *sub voce, Iunius* (Brutus) (55a), contido na obra de August Pauly e Georg Wissowa (editores), *Real-Encyclopädie der classischen Altertumswissenschaft, Supplementband V, Agamemnon-Statilius* ("Real Enciclopédia do Conhecimento Clássico da Antiguidade; Volume Suplementar 5, Agamenon-Statilius"; Stuttgart, Alemanha, 1931), colunas 369–85 (em alemão). Também extremamente importante é a obra de Bernard Camillus Bondurant, *Decimus Brutus Albinus: A Historical Study* ("Decimus Brutus Albinus: Um Estudo Histórico"; Chicago: University of Chicago Press, 1907). Beneficiei-me muito da breve, porém penetrante, análise de Decimus contida na obra de Dettenhofer, *Perdita Iuventus*, 258–62.

Syme defendeu sua tese de que Decimus fosse um filho bastardo de César no artigo intitulado "Bastards in the Roman Aristocracy" ("Bastardos na Aristocracia Romana"), contido em *Proceedings of the American Philosophical Society* ("Procedimentos da Sociedade Filosófica Americana")104, 3 (1960): 323–27, e em "No Son for Caesar?" ("César Não Teria Tido um Filho?"), em *Historia* 29 (1980): 422–37, esp. 426–30. G. M. Duval lança uma teoria muito mais convincente em "D. Junius Brutus: mari ou fils de Sempronia?" ("D[ecimus] Junius Brutus: Marido ou Filho de Semprônia?"), em *Latomus* 50.3 (1991): 608–15. Há uma boa discussão sobre a relação entre Decimus e o mar em R. Schulz, "Caesar und das Meer" ("César e o Mar"), publicada em *Historische Zeitschrift* ("Revista Histórica") 271.2 (2000): 281–309. Veja-se também John C. Rolfe, "Brutus and the Ships of the Veneti" ("Brutus e os Navios dos Venezianos"), em *Classical Weekly* 11.14 (Jan. 28, 1918): 106–7.

Para saber mais sobre o comportamento de Decimus depois do funeral de César, veja-se S. Accame, "Decimo Bruto dopo i Funerali di Cesare," *Rivista di filologica e di istruzione classica* 62 ("Decimus Brutus Depois dos Funerais de César — Revista de Filologia e de Instrução Clássica"); 1934: 201–8. Um importante estudo sobre o "fim de jogo" na vida de Decimus é o de autoria de Denis van Berchem, "La Fuite de Decimus Brutus" ("A Fuga de Decimus Brutus"), contido em *Les routes et l'histoire: 355 études sur les Helvètes et leurs voisins dans l'Empire romain* ("As Estradas e a História: 355 Estudos sobre os Helvécios [atualmente, os suíços] e seus Vizinhos no Império Romano"; Genebra, Suíça: Librairie Droz, 1982), 55–65.

Embora certos acadêmicos reconheçam a importância de Decimus para a conspiração, eles também argumentam que é impossível assegurar-se quanto às suas motivações; Baltrusch, *Caesar und Pompeius*, 166–67, é um bom exemplo disto. Syme aponta para um caminho a seguir quando nota quanto tempo da carreira de Decimus ele passou na Gália e quão pouco tempo em Roma (Syme, "César Não Teria Tido um Filho?", 436). Como um militar e uma pessoa imbuída das noções de honra celtas, Decimus não deve haver respondido muito gentilmente à sua exclusão da expedição para a Guerra Parta e a seu eclipsamento por Otávio.

## OS IDOS DE MARÇO

Acrescentando-se a *Et tu Brute?* de Woolf, 1–18, e a "The Assassination", de Lintott, há importantes introduções em "The Ides of March", de J. V. P. D. Balsdon, publicado em *Historia* 7 (1958): 80–94, e em "The Ides of March: Some New Problems" ("Os Idos de Março: Alguns Novos Problemas"), de N. Horsfall, publicado em *Greece and Rome* 21 (1974): 191–99. A obra de Etienne, *Ides de Mars*, oferece um relato mais detalhado. O mesmo faz Stephen Dando-Collins, em *The Ides: Caesar's Murder and the War for Rome* ("Os Idos: O Assassinato de César e a Guerra por Roma"; Hoboken, NJ: Wiley, 2010). O livro de Parenti, *Assassination of Julius Caesar*, 167–86, propõe uma discussão; e M. E. Deutsch considera um plano anterior e fracassado para o assassinato em "The Plot to Murder Caesar on the Bridge" ("O Complô para Matar César sobre a Ponte"; *UCP* 2 (1908/16): 267–78.

Sobre o que César teria dito a Brutus, veja-se o artigo de P. Arnaud, *"Toi aussi, mon fils, tu mangeras ta part de notre pouvoir—Brutus le Tyran?"* ("Tu também, meu Filho, Comerás a tua Parte do Nosso Poder — Brutus, o Tirano?"), publicado em *Latomus* 57 (1998): 61–71; e F. Brenk, "Caesar and the Evil Eye or What to Do with 'καὶ σύ, τέκνου,'" ("César e o Mau-Olhado, ou O Que Fazer com 'καὶ σύ, τέκνου' ['e tu, filho']"), na obra de Gareth Schmeling e Jon D. Mikalson (editores), *Qui miscuit utile dulci: Festschrift Essays for Paul Lachlan* ("Quem Une o Útil ao Agradável: Publicação Comemorativa dos Ensaios para Paul Lachlan"; Wauconda, IL: Bolchazy Carducci, 1998), 31–49; e M. Dubuisson, "Toi Aussi, Mon Fils" ("Tu Também, Meu Filho"), publicado em *Latomus* 39 (1980): 881–90; e J. Russell, em "Julius Caesar's Last Words: A Reinterpretation" ("As Últimas Palavras de Júlio César: Uma Reinterpretação"), contido na obra de Bruce Marshall, (editor), *Vindex Humanitatis: Essays in Honor of John Huntly Bishop* ("Vingador da Humanidade: Ensaios sobre a Honra de John Huntly Bishop"; Armidale, Nova Gales do Sul, Austrália: University of New England, 1980), 123-28.

Sobre Spurinna e outros videntes, veja-se E. Rawson, "Caesar, Etruria and the Disciplina Etrusca", publicado em *Journal of Roman Studies* 68 (1978): 132-52; e J. T. Ramsey, "Beware the Ides of March!: An Astrological Prediction?" ("Cuidado com os Idos de Março!: Uma Predição Astrológica?"), publicado em *Classical Quarterly,* Nova Série, 50, 2 (2000): 440-54.

J. T. Ramsey nos oferece uma verdadeira façanha ao liderar uma reavaliação da cronologia daquela fatídica manhã em "At What Hour Did the Murderers of Julius Caesar Gather on the Ides of March 44 b.c.?" ("A que Horas os Assassinos de Júlio César se Reuniram nos Idos de Março em 44 a.C.?"), contido na obra de Stephan Heilen e outros, *In Pursuit of Wissenschaft: Festschrift für William M. Calder III zum 75. Geburtstag* ("Perseguindo a Curiosidade: Publicação Comemorativa pelo 75.º Aniversário de William M. Calder III"; Hildesheim e Zurique, Suíça: Olms, 2008), 351-63.

Sobre as adagas militares em uso na República Romana Tardia, inicie suas leituras pela excelente e muito abrangente história cultural das armas romanas de Simon James, *Rome and the Sword: How Warriors and Weapons Shaped Roman History* ("Roma e a Espada: Como Guerreiros e Armas Moldaram a História Romana"; Londres: Thames & Hudson, 2011); e, então, passe às considerações mais genéricas de G. Walker, em *Battle Blades: a Professional's Guide to Combat/Fighting Knives* ("Lâminas de Combate: Um Guia Profissiobal para Facas de Luta e Combate"; Boulder, CO: Paladin Press, 1993).

Quanto ao emprego de gladiadores como guarda-costas, veja-se A. W. Lintott, *Violence in Republican Rome* ("Violência na Roma Republicana", 2.ª edição; Oxford: Oxford University Press, 1999), 83-85.

Sobre o Pórtico de Pompeu e sua Casa do Senado, o local do assassinato de César, veja-se K. L. Gleason, "The Garden Portico of Pompey the Great: An Ancient Public Park Preserved in the Layers of Rome" ("O Jardim do Pórtico de Pompeu, o Grande: Um Antigo Parque Público Preservado sob as Camadas de Roma"), publicado em *Expedition* 32.2 (1990): 3-13; e "Porticus Pompeiana: A New Perspective on the First Public Park of Ancient Rome" ("Porticus Pompeiana: Uma Nova Perspectiva sobre o Primeiro Parque Público da Roma Antiga"), publicado em *Journal of Garden History* ("Jornal de História da Jardinagem") 14.1 (Janeiro-Março de 1994): 13-27.

# DOS IDOS DE MARÇO AO TRIUNFO DE OTÁVIO EM 29 a.C.

A obra de Syme *The Roman Revolution* é um relato clássico deste período. Mas Josiah Osgood oferece uma excelente narrativa e uma análise com ênfase na experiência das pessoas comuns, em *Caesar's Legacy: Civil War and the Emergence of the Roman Empire* ("O Legado de César: A Guerra Civil e a Emergência do Império Romano"; Cambridge e Nova York: Cambridge University Press, 2006). Adrian Goldsworthy, em *Antony and Cleopatra* (New Haven: Yale University Press, 2010), apresenta outra introdução ao tema, prudente em seus julgamentos e especialmente boa quanto aos eventos militares.

Kathryn Welch enfatiza os fatores frequentemente menosprezados como Sextus Pompeu e o poderio naval no conflito da década seguinte aos Idos de Março em *Magnus Pius—Sextus Pompeius and the Transformation of the Roman Republic* ("Magnus Pius — Sextus Pompeu e a Transformação da República Romana"; Swansea, País de Gales: Classical Press of Wales, 2012). Sobre o papel dos soldados nos Idos de Março e suas consequências, veja-se Helga Boterman, *Die Soldaten und die römische Politik in der Zeit von Caesars Tod bis zur Begründung des zweiten Triumvirats* ("Os Soldados e a Política Romana dos Tempos da Morte de César até a Instituição do Segundo Triunvirato"; Munique, Alemanha: Beck, 1968). Encontrei muita informação valiosa na obra de Don Sutton, "The Associates of Brutus: A Prosopographical Study" ("Os Associados de Brutus: Um Estudo Prosopográfico";1986) em *Open Access Dissertations and Theses, Paper 6910* ("Acesso Livre a Dissertações e Teses, Trabalho 6910"), capturado de http://digitalcommons.mcmaster.ca/opendissertations/6910.

O livro de Morstein-Marx, *Mass Oratory and Political Power* ("Oratória de Massas e Poder Político") 150–58, demonstra como a opinião pública romana encontrava-se disponível para ser manipulada nos dias subsequentes aos Idos de Março. Wiseman, em *Remembering the Roman People* ("Recordando o Povo Romano") 216–28, discorda.

Sobre o funeral de César, veja-se a obra de Weinstock, *Divus Julius*, 346–55; o livro de G. S. Sumi, *Ceremony and Power: Performing Politics in Rome between Republic and Empire* ("Cerimonial e Poder: Atuando Politicamente em Roma entre a República e o Império"; Ann Arbor: University of Michigan Press, 2005); o artigo de G. S. Sumi, "Impersonating the Dead: Mimes at Roman Funerals" ("Representando os Mortos: Mímicos nos Funerais Romanos"; publicado em *The American Journal of Philology* 123.4 (2002): 559–85; o artigo de George Kennedy, "Antony's Speech at Caesar's Funeral"

("O Discurso de Antônio no Funeral de César"; publicado em *Quarterly Journal of Speech* 54.2;1968): 99–106; o trabalho de D. Noy, "Half-Burnt on an Emergency Pyre: Roman Creations Which Went Wrong" ("Meio Queimado sobre uma Pira de Emergência: Criações Romanas que Deram Errado", publicado em *Greece & Rome*, 2.ª série, 47. 2 (2000): 186–96; e o já citado livro de Wiseman, *Remembering the Roman People* ("Recordando o Povo Romano"), 228–33.

Há material muito valioso sobre os costumes funerários romanos, especialmente sobre as misteriosas máscaras de cera de abelha, no livro de H. I. Flower, *Ancestor Masks and Aristocratic Power in Roman Culture* ("Máscaras Ancestrais e Poder Aristocrático na Cultura Romana"; Oxford: Oxford University Press), 2000.

Ulrich Gotter, em *Der Diktator ist tot! Politik in Rom zwischen den Iden des März und der Begründung des Zweiten Triumvirats* ("O Ditador Está Morto! Política em Roma entre os Idos de Março e a Fundação do Segundo Triunvirato"), publicado em *Historia Einzelschrift* ("Monografias de *Historia*") 110 (Stuttgart, Alemanha: Franz Steiner, 1996), é uma detalhada e útil descrição dos eventos de março de 44 a.C. a novembro de 43 a.C. Alguns estudos preciosos sobre os eventos de 44 a.C. são: L. Hayne. "Lepidus's Role After the Ides of March" ("O Papel de Lepidus Após os Idos de Março") *Antiquité Classique* 14 (1971): 108–17; Mark Toher, "Octavian's Arrival in Rome, 44 b.c." ("A Chegada de Otávio em Roma, 44 a.C.") *Classical Quarterly*, Nova Série 54. 1 (2004):174–84; J. T. Ramsey e A. Lewis Licht, *The Comet of 44 b.c. and Caesar's Funeral Games* ("O Cometa de 44 a.C. e os Jogos Funerários de César"; Atlanta: Scholars Press, 1997); J. T. Ramsey, "Did Mark Antony Contemplate an Alliance with His Political Enemies in July 44 b.c.e.?" ("Teria Marco Antônio Considerado uma Aliança com seus Inimigos Políticos em julho de 44 a.C.?"), *Classical Philology* 96. 3 (2001): 253–68; A. E. Raubitschek, "Brutus in Athens" ("Brutus em Atenas"), *Phoenix* 11 (1957): 1–11.

Bons estudos sobre as estratégias de Brutus e Cassius em 43–42 a.C. incluem o de Martin Drum, "Cicero's Tenth and Eleventh Philippics: The Republican Advance in the East" ("A Décima e a Décima-Primeira Filípicas de Cícero: O Avanço Republicano no Oriente"), publicado na obra de Tom Stevenson e Marcus Wilson (editores), *Cicero's Philippics* ("As Filípicas de Cícero"; Auckland, Nova Zelândia: Polygraphia, 2008), 82–94; e o de Arthur Keaveney, "Cassius' Parthian Allies" ("Os Aliados Partas de Cassius"; *Hommages à Carl Deroux* ["Homenagens a Carl Deroux"], vol. 3; Bruxelas, Bélgica: Latomus, 2003), 232–34.

Anthony Everitt em *The Life of Rome's First Emperor* ("A Vida do Primeiro Imperador de Roma"; Nova York: Random House, 2003), oferece uma boa introdução a Augusto — como Otávio veio a tornar-se mais conhecido. Dois ótimos ensaios por Walter Eder ("Augustus and the Power of Tradition"; "Augusto e o Poder da Tradição") e por Erich S. Gruen ("Augustus and the Making of the Principate"; "Augusto e a Criação do Principado") explicam como ele "fez uma ponte" sobre a ruptura entre a República e o Império, publicados na obra de Karl Galinsky (editor), *The Cambridge Companion to the Age of Augustus* ("O Complemento de Cambridge à Era de Augusto"; Cambridge e Nova York: Cambridge University Press, 2005), 13–32, 33–51.

## AS MULHERES

A obra de Richard A. Bauman, *Women and Politics in Ancient Rome* ("As Mulheres e a Política na Roma Antiga"; Londres e Nova York, Routledge: 1992) é uma boa introdução ao tema. Veja-se também o livro de Judith Hallett, *Fathers and Daughters in Roman Society: Women and the Elite Family* ("Pais e Filhas na Sociedade Romana: As Mulheres e as Famílias da Elite"; Princeton, NJ: Princeton University Press, 1984).

Sobre Cleópatra, veja-se Stacey Schiff, *Cleopatra: A Life* ("Cleópatra: Uma Vida"; Nova York: Little, Brown, 2010); Duane Roller, *Cleopatra: A Biography* ("Cleópatra: Uma Biografia"; Oxford: Oxford University Press, 2010); e Diana E. E. Kleiner, *Cleopatra and Rome* ("Cleópatra e Roma"; Cambridge, MA: Belknap Press of Harvard University Press, 2005).

## SHAKESPEARE

A obra de S. Wells (editor) *The Oxford Shakespeare Julius Caesar* ("O *Júlio César* de Shakespeare de Oxford"; Oxford e Nova York: Oxford University Press, 1984) é uma ótima edição, com uma boa introdução e notas. O livro de Ernest Schanzer (editor), *Shakespeare's Appian: A Selection from the Tudor Translation of Appian's Civil Wars* ("O Apiano de Shakespeare: Uma Seleção da Tradução Tudor das *Guerras Civis* de Apiano"; Liverpool, Inglaterra: Liverpool University Press, 1956), inclui uma discussão sensata sobre o uso que Shakespeare fazia das fontes antigas; e o livro de Gary Wills *Rome and Rhetoric: Shakespeare's Julius Caesar* ("Roma e a Retórica: O *Júlio César* de Shakespeare"; New Haven, CT: Yale University Press, 2011), é uma vívida introdução ao tema.

# A ANTIGA CIDADE DE ROMA

A obra de Eva Margareta Steinby (editora), *Lexicon Topographicum Urbis Romæ* ("Léxico Topográfico da Cidade de Roma"), em seis volumes (Roma: Edizioni Quasar, 1993–2000), é uma enciclopédia fundamental que veio a substituir a obra de referência anterior, de Samuel Ball Platner, completada e revisada por Thomas Ashby, *A Topographical Dictionary of Ancient Rome* ("Um Dicionário Topográfico da Roma Antiga"; Londres: Oxford University Press, H. Milford, 1929). Um livro excelente e mais conciso é o de Lawrence Richardson, *A New Topographical Dictionary of Ancient Rome* ("Um Novo Dicionário Topográfico da Roma Antiga"; Baltimore: Johns Hopkins University Press, 1992). O livro de Filippo Coarelli, *Rome and Environs: An Archaeological Guide* ("Roma e Arredores: Um Guia Arqueológico"; traduzido por James J. Clauss e Daniel P. Harmon; Berkeley: University of California Press, 2007), é um trabalho detalhado e acadêmico. O livro de Amanda Claridge *Rome: An Oxford Archaeological Guide*, 2.ª edição, revisada e expandida ("Roma: Um Guia Arqueológico de Oxford"; Oxford e Nova York: Oxford University Press, 2010), é muito útil, até mesmo como guia para passeios.

Vários *websites* contêm material valioso; dentre eles: "Rome Reborn: A Digital Model of Ancient Rome" ("Roma Renascida: Um Modelo Digital da Roma Antiga"), acessado em 15 de dezembro de 2011, em http://www.romereborn.virginia.edu/; "Digital Augustan Rome" ("A Roma de Augusto Digital"), acessado em 15 de dezembro de 2011, em http://digitalaugustanrome.org/; "The Theatre of Pompey" ("O Teatro de Pompeu") acessado em 15 de dezembro de 2011, em http://www.pompey.cch.kcl.ac.uk/index.htm.

Sobre a Antiga Roma enquanto espaço urbano, veja-se S. L. Dyson, *Rome: A Living Portrait of an Ancient City* ("Roma: Um Retrato Vívido de uma Antiga Cidade"; Baltimore: Johns Hopkins University Press, 2010); Jon Coulston e Hazel Dodge, *Ancient Rome: The Archaeology of the Eternal City* ("Roma Antiga: A Arqueologia da Cidade Eterna"; Oxford: Oxford University School of Archaeology, 2000); Grant Heiken, Renato Funiciello e Donatella De Rita, *The Seven Hills of Rome: A Geological Tour of the Eternal City* ("As Sete Colinas de Roma: Uma Excursão Geológica pela Cidade Eterna"; Princeton: Princeton University Press, 2005).

Sobre a vida cotidiana na Roma Antiga, veja-se a obra clássica de Jerome Carcopino, *Daily Life in Ancient Rome: The People and the City at the Height of the Empire* ("Vida Cotidiana na Roma Antiga: O Povo e a Cidade no Apogeu do Império"; New Haven, CT: Yale University Press, 2003 [1940]).

Veja-se também a obra de John E. Stambaugh, *The Ancient Roman City* ("A Antiga Cidade de Roma"; Baltimore e Londres: Johns Hopkins University Press, 1988); F. Dupont, *Daily Life in Ancient Rome* ("Vida Cotidiana na Antiga Roma"; Oxford: Blackwell, 1992); e o trabalho facilmente acessível de Alberto Angela, *A Day in the Life of Ancient Rome* ("Um Dia na Vida da Roma Antiga"; traduzido por Gregory Conti (Nova York: Europa Editions, 2011).

Sobre os parques e jardins romanos, veja-se a obra de Pierre Grimal, *Les jardins romains à la fin de la république et aux deux premiers siècles de l'empire; essai sur le naturalisme romain* ("Os Jardins Romanos no Final da República e nos Dois Primeiros Séculos do Império; Ensaio sobre o Naturalismo Romano"; 3.ª edição, Paris: Fayard, 1984); e o livro de Maddalena Cima e Emilia Talamo, *Gli Orti di Roma Antica* ("Os Hortos da Roma Antiga"; Milão: Electa, 2008); o artigo de John D'Arms, "Between Public and Private: The *epulum publicum* and Caesar's *horti trans Tiberim*" ("Entre o Público e o Privado: Os Banquetes Públicos e os Jardins de César para Além do Tibre"), constante da obra de Maddalena Cima e Eugenio La Rocca (editores), *Orti romani: atti del convegno internazionale: Roma, 4–6 maggio 1995* ("Hortos Romanos: Atas do Convênio Internacional, Roma, 4–6 de maio de 1995; Roma: "L'Erma" di Bretschneider, 1998), 33–43.

As fontes referentes ao Templo de Júlio Deificado e sua dedicação estão convenientemente disponíveis em traduções para o idioma inglês em "Rome Reborn: The Temple of Caesar" ("Roma Renascida: O Templo de César"), em http://romereborn.frischerconsulting.com/ge/TS-020.html.

## MISCELÂNEA

Sobre o vestuário, veja-se L. M. Wilson, *The Roman Toga* ("A Toga Romana"; Baltimore: Johns Hopkins University Press, 1924).

Existem muito romances sobre o tema deste livro. Allan Massie, *Caesar* (London: Hodder & Stoughton, 1993) faz de Decimus o narrador, rememorando o assassinato de César em seus últimos dias de vida em uma prisão gaulesa. Colleen McCullough, em seu *The October Horse: A Novel of Caesar and Cleopatra* ("O Cavalo de Outubro: Um Romance de César e Cleópatra"; Nova York: Simon & Schuster, 2007) dá a Decimus um papel de destaque na trama do assassinato. Steven Saylor em *The Judgment of Caesar: A Novel of Ancient Rome* ("O Julgamento de César: Um Romance da Roma Antiga"; Nova York: St. Martin's, 2004), e *The Triumph of Caesar: A Novel of Ancient Rome* ("O Triunfo de César: Um Romance da Roma Antiga"; Nova York:

St. Martin's, 2008) são histórias detetivescas que evocam maravilhosamente a atmosfera conspiratória de Roma. O romance de Saylor *A Murder on the Appian Way: A Novel of Ancient Rome* ("Um Assassinato na Via Ápia: Um Romance da Roma Antiga"; Nova York: St. Martin's Press, 1996) tem como pano de fundo o assassinato de Clodius em 52 a.C.; e Decimus é um personagem importante no livro de Ben Kane *The Road to Rome* ("A Estrada para Roma"; Nova York: St. Martin's Griffin, 2012). O livro de Conn Iggulden *Emperor: The Gods of War* ("Imperador: Os Deuses da Guerra"; Nova York: Delacorte Press, 2006) pinta um quadro dramático da Guerra Civil e do assassinato de César. O romance de Thornton Wilder *The Ides of March* ("Os Idos de Março"; New York: Harper Perennial, 2003 [1948]) é uma delicada delícia. Riccardo Bacchelli com seu livro *I tre Schiavi di Giulio Cesare* ("Os Três Escravos de Júlio César"; Milão: Mondadori, 1957) parte de um detalhe descrito por Suetônio, que conta a circunstância em que, depois do assassinato de César, apenas três escravos ficaram para carregar desajeitadamente sua liteira de volta para casa. Margaret George, em *The Memoirs of Cleopatra: A Novel* ("As Memórias de Cleópatra: Um Romance"; Nova York: St. Martin's Press, 2004), conta de maneira vibrante a vida de Cleópatra em um romance histórico narrado pela própria Rainha.

# NOTAS

## CAPÍTULO 1 – CAVALGANDO COM CÉSAR

1. *agosto de 45 a.C.* Para uma cronologia do retorno de César da Hispania, veja-se Lily Ross Taylor, "On the Chronology of Cícero's Cartas para Atticus, Book XIII," *Classical Philology* ("Sobre a Cronologia das Cartas de Cícero para Atticus, Livro XIII. Filologia Clássica") 32.3 (1937): 238–40.

2. *uma procissão entrou na cidade de Mediolanum*. Plutarco, *Antônio* 11.2. Plutarco se refere apenas aos quatro homens viajando "através da Itália" e não especificamente a qualquer cidade; mas Mediolanum parece ser a mais provável, pois era uma das maiores cidades da Gália Italiana.

3. *Os quatro homens haviam-se encontrado no sul da Gália e viajado juntos.* Veja-se Matthias Gelzer, *César, Politician and Statesman*, ("César, Político e Estadista"; traduzido por Peter Needham, Cambridge, MA: Harvard University Press, 1968, 299; e Bernard Camillus Bondurant, *Decimus Brutus Albinus: A Historical Study* ("Decimus Brutus Albinus: Um Estudo Histórico"; Chicago: University of Chicago Press, 1907), 36.

4. *um amigo muito chegado de César.* Nicolaus de Damasco, *Vida de César Augusto* 23.84; Velleius Paterculus, *A História Romana* 2.64.2; Plutarco, *Brutus* 13; Apiano, *Guerras Civis* 2.111; Cassius Dio, *História Romana* 44.18.1.

5. *Um grande historiador sugeriu que Decimus tenha sido um filho ilegítimo de César.* Ronald Syme, "Bastards in the Roman Aristocracy", *Proceedings of the American Philosophical Society* 104.3 (1960): 323–27, e "No Son for César?," *Historia* 29 (1980): 422–37, esp. 426–30. Para uma réplica convincente, veja-se Georges Michel Duval, "D. Junius Brutus: mari ou fils de Sempronia?," *Latomus* 50.3 (1991): 608–15.

6. *o jovem Decimus encontrou seu caminho para o* staff *de César.* Embora ouçamos falar dele pela primeira vez na Gália em 56 a.C., há oas razões para pensar que ele já tivesse servido junto a César na Hispania, em 61 a.C. Veja argumentos que embasam esta suposição em R. Schulz, "César und das Meer," *Historische Zeitschrift* 271.2 (2000): 288–90.

7. *Em 50 a.C., Decimus estava de volta a Roma, para assumir seu primeiro cargo eletivo.* G. V. Sumner, "A *Lex Annalis* sob César (Continuação)," *Phoenix* 24.4 (1971): 358–59.

8. *ela divorciou-se de seu marido anterior, um homem proeminente.* Seu nome é desconhecido. Cícero, *Cartas aos Amigos* 8.7.2.

9. *Cloaca de Rômulo;* fæx Romuli, Cícero, *Cartas para Atticus* 2.1.8.

10. *Decimus tenha feito cunhar moedas.* As moedas também celebravam a família adotiva de Decimus's, os Postumii Albini. Veja-se M. H. Crawford, *Roman Republican Coinage* ("Cunhagem na Roma Republicana"; Londres e Nova York: Cambridge University Press, 2001), vol. 1: 92, 466, 547, 711; vol. 2: 736.

11. *Ele deu à causa de César um impulso propagandístico.* Tal como um poeta romano escreveria mais tarde, Decimus foi o primeiro homem a acrescentar uma vitória naval às honras de César na Guerra Civil. Lucano (a.d. 39–65), *Farsália* 3.761–62.

12. *Bellovaci.* Lívio, *Periochae* 114.9; César, *Guerra Gaulesa* 2.4.5; Strabo, *Geografia* 4.4.3. Eles viviam na Picardia, no norte da França.

13. *Gália Italiana.* Isto é, a Gália Cisalpina.

14. *"Garota de Vênus".* Plutarco, *Antônio* 9; Cícero, *Cartas para Atticus* 10.10.5; Cícero, *Filípicas* 2.58.

15. *Ela, sozinha, certa vez empunhara uma espada e arregimentara um exército.* Durante a Guerra Perusina, em 41 a.C.

16. *nos petardos lançados pelas catapultas de seus inimigos.* Do sítio de Perusia (a moderna Perugia), em 40 a.C. Veja-se Corey Brennan, "Percepções do Poder das Mulheres na República Tardia: Terência, Fúlvia e a Geração de 63 a.C.", in Sharon L. James e Sheila Dillon James (editoras), *A Companion to Women in the Ancient World* ("Um Complemento para As Muheres no Mundo Antigo"; Malden, MA: Wiley-Blackwell, 2012), 358; Judith P. Hallett, "Perusinæ Glandes and the Changing Image of Augusto" ("Petardos Perusinos e a Imagem Cambiante de Augusto"); *American Journal of Ancient History* 2 (1977): 151–71.

17. *Otávio era um Apolo, ainda que de baixa estatura.* Suetônio, *Augusto* 79.

18. *a honra de compartilhar sua carruagem.* Velleius Paterculus, *História de Roma* 2.59.3.

19. *usando uma insígnia de oficial, ainda que Otávio.* Nicolaus de Damasco, *Vida de César* 18.17.

20. *tentativa de assassinato contra César em 46 a.C.* Cícero, *Filípicas* 2.74.

21. *De acordo com Cícero.* Cícero, *Filípicas* 2.34; Plutarco, *Antônio* 13.

## CAPÍTULO 2 – OS MELHORES HOMENS

1. *César encontrou-se na cidade de Mediolanum com Marcus Junius Brutus.* As fontes dizem apenas que eles se encontraram na Gália Italiana, sem mencionarem qualquer cidade (Cícero, *Cartas para Atticus* 13.40.1; Plutarco, *Brutus* 6.12), mas Mediolanum suficientemente provável, uma vez que era um centro regional e,

mais tarde, a cidade erigiria uma estátua em homenagem a Brutus (veja adiante). Embora Plutarco, em *Brutus* 6.12, pareça datar o encontro em 46 a.C., ele às vezes comprime a cronologia; e 45 a.C. é uma data mais provável. Veja-se Taylor, "On the Chronology of Cícero's Letters" ("Sobre a Cronologia das Cartas de Cícero") 239 n. 24.

2. *seu escolhido para ser o governador da Gália Italiana.* Cícero, *Cartas aos Amigos* 6.6.10.

3. *possivelmente um sintoma da epilepsia.* Plutarco, *César* 17.2, 53.5–6, 60.7; Suetônio, *Júlio César* 45.2; Apiano, *Guerras Civis* 2.110; Cassius Dio, *História Romana* 43.32.6. Uma vez que tanto os amigos quanto os inimigos de César usassem relatórios sobre sua saúde em favor de seus próprios interesses, esta antiga evidência deve ser considerada com cautela.

4. *Ele personificava o talento, a estratégia, a memória.* Cícero, *Segunda Filípica* 2.116.

5. *Brutus possuía a aparência de um líder.* Sheldon Nodelman, "The Portrait of Brutus, the Tyrannicide" ("Retrato de Brutus, o Tiranicida") *Relatórios Ocasionais sobre Antiguidades 4: Retratos Antigos no Museu J. Paul Getty* 1 (1987): 41–86.

6. *haviam erigido uma estátua dele em Mediolanum.* Plutarco, *Brutus* 6.11, *Comparação de Dion e Brutus* 5.

7. *César e Brutus viajaram juntos através da Gália Italiana.* Plutarco, *Brutus* 6.12; cf. Taylor, "On the Chronology of Cícero's Letters", 238–39.

8. *a alternativa aos* optimates, *ou "Melhores Homens" era representada pelos* populares, *ou "Populistas".* Tais designaçõess eram imprecisas e fluidas. Veja-se W. K. Lacey, "*Boni at que Improbi*," *Greece & Rome*, 2.ª série, 17.1 (1970): 3–16.

9. *Em conversas privadas, ele se referia a César como a um rei.* Cícero, *Cartas para Atticus* 13.37.2.

10. *"Onde ele os encontraria?",* Cícero, *Cartas para Atticus* 13.40.1.

11. *"ele sabe muito bem sobre qual lado de seu pão foi passada manteiga.",* Cícero, *Cartas para Atticus* 13.40.1. Sua tradução para esta sentença difícl é sugerida como uma possibilidade por D. R. Shackleton Bailey, editor, e seu tradutor; *Cícero, Cartas para Atticus* (Cambridge: Cambridge University Press, 1996), vol. 5: 241, e nota correspondente, 388 (com uma discussão sobre outro comentário relevante de Cícero sobre Brutus em 13.41.2).

12. *"fala um latim mais eloquente do que quase todos os oradores".* Quem fala é o amigo de Cícero, Atticus; em Cícero, *Brutus* 252.

13. *"quase o pioneiro e o inventor da eloquência".* Cícero, *Brutus* 253, traduzido por G. L. Hendrickson em *Brutus / Cícero*; com uma tradução em inglês por G. L.Hen-

drickson. *Orator / Cícero*, com uma tradução em inglês por H. M. Hubbell, edição revisada (Cambridge, MA: Harvard University Press, 1962), 219.

14. *"é algo maior do que ter feito avançar".* Plíno, *História Natural* 7.117, traduzido por Elizabeth Rawson, *Cícero: Um Retrato*, edição revisada (Ithaca, NY: Cornell University Press, 1983), 254.

15. *"A Liberdade", escreveu Cícero, "foi perdida."* Cícero, *Cartas aos Amigos* 9.16.3.

16. *"alguma espécie de sistema constitucional".* "aliquam rem publicam," Cícero, *Cartas aos Amigos* 13.68.2, talvez datada de outubro de 46 a.C.; cf. 6.10b.2.

17. *"O que mais ele pode fazer?"* Cícero, *Cartas para Atticus* 13.40.4.

18. *a "fama imortal" de César, conquistada por sua "bravura divina".* Cícero, *Para Marcellus* 26, 28.

19. *ter tido um vislumbre de uma revivescência da República.* Cícero, *Cartas aos Amigos* 4.4.3.

20. *como os homens sábios compreendiam as noções de* regna *(ou, no singular,* regnum*).* Cícero, *Cartas aos Amigos* 9.16.6.

21. *Aos olhos romanos, a monarquia trazia consigo uma sugestão.* Andrew Erskine, "Hellenistic Monarchy and Roman Political Invective" ("A Monarquia Helenística e a Invectiva Política Romana") *Classical Quarterly* n.s. 41.1 (1991): 106–20.

22. *Por isso, Cícero se lamentava.* Cícero, *Cartas para Atticus* 13.40.1.

23. *"Antes de todas as outras mulheres".* Suetônio, *Júlio César* 50.2.

24. *o equivalente a centenas de milhões de dólares, em termos atuais.* Hoje em dia, um membro do exército dos Estados Unidos em serviço ativo recebe, entre dinheiro em espécie e um pacote de benefícios, 99.000 dólares por ano. Veja-se http://www.goarmy.com/benefits/total-compensation.html. O Diamante Hope ("Esperança"), um dos diamantes mais caros do mundo, está avaliado em cerca de 250 milhões de dólares, segundo informações contidas em http://en.wikipedia.org/wiki/Hope_Diamond, acessado em 25 de junho de 2014.

25. *financistas e agentes políticos.* Tais como Titus Pomponius Atticus (110–32 a.C.), um cavaleiro romano que era realmente rico, bem conectado e poderoso.

26. *"muito bem-informada e cuidadosa senhora".* Cícero, *Cartas para Brutus* 1.18.1.

27. *por vezes sentia-se totalmente à vontade quando cercada por homens eminentes.* Cícero, *Cartas para Atticus* 15.11.1–3. Sobre Servilia como confidente e agente de César, veja-se Richard A. Bauman, *Women and Politics in Ancient Rome* ("Mulheres e Política na Roma Antiga"; Londres e Nova York: Routledge, 1992), 73.

28. *"todos os cuidados começam e terminam com você"*. Cícero, *Cartas para Brutus* 1.18, em D. R. Shackleton Bailey (editor) e tradução, *Cícero: Cartas para Quintus e Brutus* (Cambridge, MA: Harvard University Press, 2002), 283.

29. *uma expressão séria, pensativa e com um olhar distante*. Veja-se o busto de Catão, o Jovem, do Museu Arqueológico de Rabat, Marrocos. Encontrado na Casa de Vênus, Volubilis. Frederick Poulsen, "Caton et le Jeune Prince" ("Catão e o Jovem Príncipe"; *Acta Archæologica* 18 (1947) 117–139.

30. *"o único homem capaz de derrubar a República estando sóbrio."* Suetônio, *Júlio César* 53.1; Plutarco, *Catão, o Jovem* 24.1, *Brutus* 5.2, *César* 17.9–10; Velleius Paterculus, *A História Romana* 41.2.

31. *se tratava de um bilhete apaixonado, enviado por sua meio-irmã Servília*. Plutarco, *Catão, o Jovem* 24.1–2, *Brutus* 5.2.

32. *um favor a Servília*. Plutarco, *Brutus* 5.1.

33. *suposto temor de César de que Brutus fosse seu filho*. Apiano, *Guerra Civil* 2.112.24

34. *"O que quer que esse homem deseje, se constituirá de um grande problema"*. Cícero, *Cartas para Atticus* 14.1.2, traduzido por A. W. Lintott, em *Cícero as Evidence: A Historian's Companion* ("Cícero como Prova: Um Complemento para o Historiador"; Oxford: Oxford University Press, 2008), 341.

35. *abandonou tudo e rumou para o Egito*. Plutarco, *Brutus* 6.3–5.

36. *César conta uma história diferente, em seus* Comentários. César, *Guerra Civil* 3.105–6.

37. *considerava César um tirano*. Plutarco, *Catão, o Jovem* 66.2.

38. *Ele disse ao seu filho que havia crescido em liberdade*. Cassius Dio, *História Romana* 43.10.4–5.

39. *Catão apanhou uma adaga*. Plutarco, *Catão, o Jovem* 70.1; Apiano, *Guerras Civis* 2.98; Cassius Dio, *História Romana* 43.11.4.

40. *"Ó, Catão, eu lhe soneguei a sua morte"*. Plutarco, *Catão, o Jovem* 72.2; cf. Apiano, *Guerras Civis* 2.99.

41. *Brutus reprovou o ato de seu tio*. Plutarco, *Brutus* 40.7.

42. *"Romanos, vigiem suas mulheres, vejam que o adúltero careca está novamente em casa."* Suetônio, *Julio César* 51, tradução de Mary Beard, em *The Roman Triumph* ("O Triunfo Romano"; Cambridge, MA: Belknap Press of Harvard University, 2007), 247.

43. *"estripando-se a si mesmo como um animal selvagem"*. Apiano, *Guerras Civis* 2.101

44. *Ele considerava Catão um grande homem*. Cícero, *Cartas para Atticus* 12.4.2.

45. *"o primeiro em coragem varonil dentre os homens de todos os povos"*. Cícero, *Filípicas* 13.30.

46. *A opinião das elites concordou com a dele*. Por exemplo, Papirius Pætus em Cícero, *Cartas aos Amigos* 9.18.2.

47. *ela tivesse uma nova propriedade nas proximidades de Nápoles para desfrutar*. Cícero, *Cartas para Atticus* 14.21.3; Suetônio, *Júlio César* 50.2.

48. *Pórcia certa vez apunhalou-se profundamente em uma das coxas*. Plutarco, *Brutus* 13.

49. *Servília e Pórcia não conviviam nada bem*. Cícero, *Cartas para Atticus* 13.22.4.

## CAPÍTULO 3 – DECISÃO EM UMA *VILLA*

1. *Ele não entraria na cidade senão em outubro*. Velleius Paterculus, *História de Roma* 2.56.3.

2. *Labici*. As ruínas de uma *villa* republicana foram encontradas na moderna localidade de San Cesareo, cerca 29 quilômetros a sudeste de Roma. Estas talvez sejam as ruínas da *villa* de César. É plausível, mas não certo, que César tenha permanecido por algum tempo ali. Veja-se "San Cesareo (RM). Scavi in località Colle Noci (Villa di Massenzio)", em http://www.archeologia.beniculturali.it/index.php?it/142/scavi_/scaviar che ologici 4e048966cfa3a/356, acessado em 28 de julho de 2014; Carlo Alberto Bucci, "Vandali e incuria salviamo la villa di Cesare," *La Repubblica*, Roma, edição do dia 10 de junho de 2011, em http://roma.repubblica.it/cronaca/2011/06/10/Novas/vandali_e_incuria_salviamo_la_villa_di_cesare-17479575/, acessado em 28 de julho de 2014.

3. *tranquilidade da Itália*. César, *Guerra Civil* 3.57.

4. *nada no mundo era comparável a ela*. Cícero, *República* 1.70.

5. *"fortalecer a República para o futuro."* Pseudo-Salustiano, "Carta a César," tradução modificada de John C. Rolfe, *Salustiano* (Cambridge, MA: Harvard University Press, 1985), p. 447, 1.8.

6. *devido à excessiva atenção que dedicava ao seu penteado*. Plutarco, *Vida de César*, 4.9. Quanto à data, veja-se Pelling, *Plutarco César* 148–49. Quanto à piada, veja-se Anthony Corbeill, *Nature Embodied: Gesture in Ancient Rome* ("Natureza Corporificada: Gestual na Roma Antiga"; Princeton, NJ: Princeton University Press, 2004), 134–35.

7. *"um nada; um mero nome, sem forma ou substância."* Suetônio, *Júlio César* 77.

8. *um panfleto, de autoria de um inimigo de César.* Suetônio, *Júlio César* 77.

9. *VENI VIDI VICI — "vim, vi e venci".* Suetônio, *César* 37.2; Plutarco, *César* 50.3; Apiano, *Guerras Civis* 2.91.

10. *a quem Aristóteles se referiu como "um homem de alma grandiosa".* Ética a Nicômaco 4.3.

11. *"o imperator Gaius Julius bem merecia o melhor da República."* César, *Guerra Civil* 1.13.

12. *os joelhos de sua mãe.* Aurelia Cotta, a mãe de César, mais tarde viria a ser considerada como um modelo da boa maternidade. Tácito, *Dialogo sobre a Oratória* 28.

13. *o primeiro homem de Roma.* Plutarco, *César* 11.3–4.

14. *um refúgio para os pobres.* Salustiano, *Guerra com Catilina* 54.3.

15. *se necessitasse de bandidos e assassinos.* Suetônio, *Júlio César* 72.

16. *uma perigosa travessia pelo Adriático em um pequeno barco.* Velleius Paterculus, *História de Roma* 2.43.2. Este incidente ocorreu em 73 a.C.

17. *uma armadilha, no Rio Sabis.* César, *Guerra Gaulesa* 2.15–28; Plutarco, *César* 20.4–10; Apiano, *Guerras Gaulesas* Epítome 4; Cassius Dio, *História Romana* 39.3.1–2. A Batalha do Rio Sabis teve lugar em 57 a.C.

18. *ele disse que seus inimigos dominavam o Senado.* César, *Guerra Civil* 1.7.

19. *a rendição de Vercingetorix, em Alésia.* César, *Guerra Gaulesa* 7.89.5; Florus *Epítome da História Romana* 1.45.26; Plutarco, *César* 27.9–10; Cassius Dio, *História Romana* 40.41.

20. *Cleópatra era possuidora de uma grande presença física.* Duane Roller, *Cleópatra: Uma Biografia* (Oxford: Oxford University Press, 2010), 3; Plutarco, *Antônio* 27.2.

21. *"certos autores gregos".* Suetônio, *Júlio César* 52.2.

22. *lamentou o fato de que Alexandre, o Grande.* Suetônio, *Júlio César* 7.1; Cassius Dio, *História Romana* 37.52.2; Plutarco, *César* 11.5–6.

23. *O poder, disse ele, certa vez, dependia de apenas duas coisas.* Cassius Dio, *História Romana* 42.29.4.

24. *ele ordenou que os cavalos de todos os seus oficiais fossem mandados para longe.* César, *Guerra Gaulesa* 1.25.

25. *deixar que seus cabelos e sua barba crescessem.* César, *Guerra Gaulesa* 7.88.1.

26. *"absolutamente ligados a ele e resolutamente leais".* Suetônio, *Júlio César* 68.1.

27. *"Ele era mais agradável às massas do que ao Senado."* Lívio, *História de Roma* 1.15.8; Zvi Yavetz, *As Plebes e o* Princeps (Oxford: Clarendon Press, 1969), 58, n. 4.

28. *"Se fizer tudo certo, você será punido."* Cassius Dio, *História Romana* 43.20.3.

29. *"Façam com que os soldados se tornem ricos."* Cassius Dio, *Epítome da História Romana* 77.15.2.

30. *com determinada reticência.* Cícero, *Cartas para Atticus* 14.21.2.

31. *Balbus estaria emitindo decretos.* Cícero, *Cartas aos Amigos* 9.15.4.

32. *o timoneiro da República.* Cícero, *Cartas aos Amigos* 9.15.4.

33. *se um homem como Cícero era obrigado a esperar para vê-lo.* Cícero, *Cartas para Atticus* 14.1.2.

34. *Somente o valor imobiliário do terreno custava uma fortuna.* O custo da terra ultrapassava 100 milhões de sestércios (ou 25 milhões de *denarii*). Suetônio, *Júlio César* 26.2. O pagamento anual de um legionário remontava a 225 *denarii*.

35. *"Eu vivi por um tempo suficientemente longo para a natureza ou para a glória."* "satis diu vel naturae vixi vel gloriæ," Cícero, *Para Marcellus* 25.

36. *Alguns de seus amigos acreditavam.* Suetônio, *Júlio César* 86.1.

37. *desmaios e acessos de terrores noturnos.* Suetônio, *Júlio César* 86.1.

38. *César era epiléptico.* Plutarco, *César* 17.2, 53.5–6, 60.7; Suetônio *Júlio César* 45.2, Apiano *Guerras Civis* 2.110; Cassius Dio, *História Romana* 43.32.6. Uma vez que tanto os amigos quanto os inimigos de César usassem relatórios sobre sua saúde para a obtenção de vantagens para si mesmos, a antiga evidência deve ser considerada com cautela.

39. *os Idos de Setembro — ou, mais precisamente, 13 de setembro de 45 a.C.* Suetônio, *Júlio César* 83.1. De acordo com o calendário romano tradicional, os Idos caíam sempre no 13.º dia de cada mês, exceto em março, maio, julho e outubro, quando caíam no15.º dia.

40. *O ponto crucial do documento.* Suetônio, *Júlio César* 83.1; Nicolaus, *Vida de César Augusto* 17.48; Apiano, *Guerras Civis* 2.143; Cassius Dio, *História Romana* 44.35.2–3.

41. *rumor de que Antônio esperasse ser adotado por César.* Cícero, *Filípicas* 2.71; Nicolaus de Damasco, *Vida de César Augusto* 21.74.

42. *acusação feita por Antônio de que Otávio teria vendido seu corpo a César.* Suetônio, *Augusto* 68.

# CAPÍTULO 4 – O ÚLTIMO TRIUNFO DE CÉSAR

1. *perdera a propriedade que possuía nas proximidades de Nápoles.* Cícero, *Cartas para Atticus* 14.21.3.

2. *"Peça-me para que eu restitua a República, Tribuno Aquila!"* Suetônio, *Júlio César* 78.2.

3. *"Isto é, se Pontius Aquila me permitir fazer isso."* Suetônio, *Júlio César* 78.2.

4. *Herophilus* Valerius Maximus, *Feitos e Ditos Memoráveis* 9.15.1, cf. Apiano, *Guerras Civis* 3.2.

5. *Apollo* Wolfgang Helbig, *Führer durch die öffentlichen Sammlungen klassischer Altertümer in Rom* ("Líder por Aclamação em Reuniões Públicas na Antiguidade Clássica em Roma") 4.ª edição, vol. 2 (Tübingen: E. Wasmuth, 1963), 614, n.º 1846.

6. *filho de Niobe* MC Inv 3027; Helbig, *Führer durch die öffentlichen Sammlungen klassischer Altertümer in Rom*, 553, no. 1783. Veja-se Marina Bertoletti, Maddalena Cima, e Emilia Talamo, *Centrale Montemartini. Musei Capitolini* ("Central Montemartini. Museus Capitolinos"; Electa: Milano, 2007), 75; veja-se fig. 70 para uma ilustração colorida.

7. *"Dizem que ele (César) não se lançará contra os partas".* Cícero, *Cartas para Atticus* 13.31.3.

8. *tal como o historiador Tácito escreveu, muitos anos depois.* Tácito, *Histórias* 3.37.

9. *Cícero também escreveu que era difícil conter as lágrimas.* Cícero, *Cartas para Atticus* 7.30.2; Cassius Dio, *História Romana* 43.46.4.

10. *o Senado nomeou César* Dictator in Perpetuo. Plutarco, *César* 57.1.

11. *"Nós deveríamos nos referir como Rei a um homem que, de fato, tivemos como rei."* Cícero, *Sobre a Adivinhação* 2.110: "quem re vera regem habebamus appellandum quoque esse regem."

12. *Asinius Pollio* Cícero, *Cartas aos Amigos* 10.31.3; com um possível eco em Apiano, *Guerras Civis* 2.111.1.

13. *"Sila não sabia o ABC quando estabeleceu sua ditadura."* Suetônio, *Júlio César* 77 — de T. Ampius Balbus, um inimigo de César.

14. *Cada um dos senadores prometia manter a segurança de César.* Suetônio, *Júlio César* 84.2, 86.1; Lívio, *Periochæ* 116; Apiano, *Guerras Civis* 2.144; Cassius Dio, *História Romana* 44.5.3.

15. *todos sabiam que César o nomeara formalmente como "segundo-em-comando" do ditador.* Cassius Dio, *História Romana* 43.51.7; Apiano, *Guerras Civis* 3.9.30.

16. *"Pai da Pátria"*. Cassius Dio, *História Romana* 44.4.4.

17. *As pessoas faziam piadas quanto a ser esta a honraria favorita de César*. Suetônio, *Júlio César* 45.2.

18. *partilhando um templo com o deus*. Cícero, *Cartas para Atticus* 12.45.2, cf. 12.48; Cassius Dio, *História Romana* 43.45.3.

19. *a tradição afirmava que haviam sido os senadores que mataram*. Lívio, *História de Roma* 1.16; Cassius Dio, *História Romana* 43.45.2-4.

20. *rasurara a inscrição que se referia a ele como a um "semideus"*. Cassius Dio, *História Romana* 43.14.6, 43.21.1-2; Suetônio, *Júlio César* 37.2.

21. *a procissão "odiosa", como ele a chamou*. Cícero, *Cartas para Atticus* 13.44.1.

22. *"Eu odeio a Rainha"*. Cícero, *Cartas para Atticus* 15.15.2.

23. *Também se dizia que ele levaria consigo todas as riquezas*. Nicolaus de Damasco, *Vida de César Augusto* 20.68; Suetônio, *Júlio César* 79.3.

24. *César pretendia resolver as coisas em Roma antes*. Cícero, *Cartas para Atticus* 13.31.3.

25. *Ele dizia estar preocupado quanto às leis que decretara virem a ser ignoradas*. Cícero, *Cartas para Atticus* 13.7.

26. *Na verdade, se os homens que deixava atrás de si falhassem ao alcançar os padrões estabelecidos por ele*. Martin Jehne, *Der Staat des Dictators Cæsar* ("O Estado do Ditador César") (Colônia, Alemanha: Bohlau, 1987), 457–61.

27. *César afirmava que já detinha glória suficiente*. "satis diu vel naturae vixi vel gloriae," Cícero, *Para Marcellus* 25.

28. *Ele criticava acerbamente seu vizinho rico e apático, Lucius Marcius Philippus*. De acordo com Macrobius [*Sátiras* 3.15.6], Philippus era um dos homens ricos e ociosos anônimos que, queixava-se Cícero, importava-se mais com lagos pesqueiros do que com a República. Cícero, *Cartas para Atticus* 1.19.6; 1.20.3.

29. *Cícero descreve todo o episódio em uma carta afogueada*. Cícero, *Cartas para Atticus* 13.52.

30. *César escrevera a ele, da Hispania*. Cícero, *Cartas para Atticus* 13.20.1.

31. *Um amigo escreveu, provocativamente*. Servius Sulpicius; veja-se Cícero, *Cartas aos Amigos* 4.5.6.

32. *Cícero pensou melhor e desistiu de seu intento*. Cícero, *Cartas para Atticus* 13.26.2, 12.51.2, 52.2.

33. *"Uma só vez bastaria."* Cícero, *Cartas para Atticus* 13.52.2.

34. *três incidentes.* Lívio, *Periochæ* 6.2-3. Ainda restam dúvidas quanto à ordem dos incidentes. A que se segue é a que, ponderadamente, parece-me ser a ordem mais provável.

35. *ele também fez uma piada sobre as novidades que lhe eram trazidas.* Cassius Dio, *História Romana* 44.8; Plutarco, *César* 60.3-4; Apiano, *Guerras Civis* 2.107; Suetônio, *Júlio César* 78.1; Nicolaus de Damasco, *Vida de César Augusto* 78; Lívio, *Periochæ* 116.

36. *As fontes são abundantes em comentários.* Suetônio, *Júlio César* 78.1; Plutarco, *César* 60.4-5; Cassius Dio, *História Romana* 44.8.2; Apiano, *Guerras Civis* 2.107.

37. *"Eu sou César, não Rex."* Suetônio, *Júlio César* 6.1.

38. *Ele gostaria de conceder-lhes sua costumeira clemência.* Velleius Paterculus, *História de Roma* 2.68.3.

39. *César exigiu que o pai do tribuno Cæsetius deserdasse seu filho.* Valerius Maximus, *Feitos e Ditos Memoráveis* 5.7.2.

40. *algumas pessoas acusaram César de "culpar os mensageiros".* Nicolaus de Damasco, *Vida de César Augusto* 20.69, 22.76; Lívio, *Periochæ* 116.2; Suetônio, *Júlio César* 79.2, 80.3; Apiano, *Guerras Civis* 2.108-9; Plutarco, *César* 61.10; Cassius Dio, *História Romana* 44.10.1-4, 11.4.

41. *Em 49 a.C., ele disse que uma das principais razões.* César, *Guerra Civil* 1.7-8.

42. *O resultado foi a geração de* invidia — *má vontade.* Lívio, *Periochæ* 116.2.

43. *Mas César se permitia desfrutar dos refinamentos dos antigos reis romanos.* Cassius Dio, *História Romana* 43.43.2; Gelzer, *César: Político e Estadista*, 316, n.1.

44. *"O Povo dá isto a você através de mim."* Cassius Dio, *História Romana* 44.11.2.

45. *um resmungo e um olhar sombrio.* Cícero, *Filípicas* 5.38.

46. *"Apenas Júpiter é o Rei dos romanos."* Cassius Dio, *História Romana* 44.11.2-3.

47. *"o cônsul Marco Antônio ofereceu a Regência."* Cícero, *Filípicas* 2.85-87.

48. *As fontes são abundantes em especulações.* Veja-se, por exemplo, Nicolaus de Damasco, *Vida de César Augusto* 21.71-74; Cícero, *Filípicas* 2.85; Cassius Dio, *História Romana* 44.11.3.

49. *Mais tarde afirmou-se que Antônio.* Cassius Dio, *História Romana* 46.19.1-8.

50. *dois oponentes de César.* Estes eram Cassius e Publius Casca, segundo Nicolaus de Damasco, *Vida de César Augusto* 21.72. Mas Nicolaus não é uma fonte crível.

Veja-se Jane Bellemore, editado, com uma introdução, tradução e comentário, Nicolaus de Damasco, *Vida de Augusto* (Bristol: Bristol Classical Press, 1984) comentário adicional, 106.

51. vir clarissimus — *um homem de extraordinário brilhantismo*. Por exemplo, veja-se Cícero, *Cartas para Atticus* 14.22.1.

52. *consideravm César um grande homem*. "tanto viro"; Cícero, *Cartas para Atticus* 14.11.1; Velleius Paterculus, *História de Roma* 2.56.3.

53. "com ânsias de poder" ... "insuportável" ... "glorificava-o em suas muitas vitórias" ... "admirava alguém que pensavam ser algo mais que apenas um homem". Nicolaus de Damasco, *Vida de César Augusto* 19.64.

54. *experimentar se ele obteria apoio*. Plutarco, *César* 61.6; Cassius Dio, *História Romana* 44.11.3; Nicolaus de Damasco, *Vida de César Augusto* 21.73.

55. *O ódio é um dos maiores perigos para um governante*. Machiavelli, *O Príncipe*, capítulo 19.

## CAPÍTULO 5 – O NASCIMENTO DE UMA CONSPIRAÇÃO

1. *Ao menos é assim que a fonte mais bem conhecida conta a história.* Plutarco, *César* 62.8, *Brutus* 10.3–7.

2. *A fonte mais antiga e aprofundada sobre a conspiração até mesmo cita primeiramente o nome de Decimus.* Veja-se a nota n.º 36 deste capítulo.

3. *Embora Decimus tenha afirmado, mais tarde, que agira para salvar a República.* Cícero, *Cartas aos Amigos* 11.10.4.

4. *A correspondência de Cícero inclui algumas dúzias de cartas preciosas.* Existem cartas trocadas entre Cícero e os seguintes conspiradores: Brutus (*Cartas para Brutus*, dois livros de 26 cartas cada um; a maioria das quais e genuína), Cassius (por exemplo, *Cartas aos Amigos* 12.12), Decimus (por exemplo, *Cartas aos Amigos* 11.5), Galba (*Cartas aos Amigos* 10.30), Trebonius (por exemplo, *Cartas aos Amigos* 12.16), Minucius Basilus (*Cartas aos Amigos* 6.5).

5. *Cícero escreveu um desses relatos em 44 a.C.* Cícero, *Sobre a Adivinhação* 2.23.

6. *"um velho mestre, relaxado e tolerante"*. Cícero, *Cartas aos Amigos* 15.19.4. Cícero, *Cartas aos Amigos*, vol. 2, editado e traduzido por D. R. Shackleton Bailey (Cambridge, MA, e Londres, Inglaterra: Harvard University Press, 2001): 287.

7. *Brutus passou por uma conversão semelhante — talvez independentemente.* Cassius Dio, *História Romana* 44.14.2.

8. *talvez Cassius tenha sido a centelha*. Plutarco, *Brutus* 7.4, 8.2, 10.1; Apiano, *Guerras Civis* 2.113; cf. Suetônio, *Júlio César* 80.3–4.

9. *Aquele Cassius tem uma aparência magra e faminta*. Shakespeare, *Júlio César* 1.2.194–195.

10. *um busto romano que foi plausivelmente identificado como uma representação de Cassius*. O busto em questão é do tipo "pseudo-Corbulo". Um bom exemplo, datado da segunda metade do primeiro século d.C., encontra-se no Museu de Belas Artes de Montreal. Veja-se também Sheldon Nodelman, "O Retrato de Brutus, o Tiranicida," *Relatórios Ocasionais sobre Antiguidades 4: Retratos Antigos no Museu J. Paul Getty* 1 (1987): 57–59 e 59, n.º 59.

11. *"o mais corajoso dos homens"*. Cícero, *Cartas aos Amigos* 15.16.3.

12. *"A Tâmara"*. Pseudo-Aurelus Victor, *De Virus Illustribus* 83.3.

13. *César descreve as duas campanhas*. César, *Guerra Civil* 3.5.3, 3.101.

14. *"Morrerei de ansiedade"*. Cícero, *Cartas aos Amigos* 15.19.4.

15. *até mesmo a mera concentração de poder*. Cícero, *Filípicas* 2.26.

16. *contra a concessão de uma longa lista de honrarias especiais a César*. Cassius Dio, *História Romana* 44.8.1.

17. *Cassius seria um candidato mais forte*. Plutarco, *Brutus* 7.1–5, *César* 62.4–5; Apiano, *Guerras Civis* 2.112; Velleius Paterculus, *História de Roma* 2.56.3; Cícero, *Filípicas* 8.27. Baseei-me principalmente no comentário de Pelling e em Plutarco, *César*, 460–61.

18. *uma história da qual Cícero fizera motivo de piadas*. Suetônio, *Júlio César* 50.2.

19. *os leões de Megara*. Plutarco, *Brutus* 8.6–7; *César* 43.1–2, 62.8.

20. *a mentalidade extremamente concentrada de um gladiador*. Apiano, *Guerras Civis* 4.133.

21. *durante toda a sua vida Cassius bebeu apenas água*. Sêneca, *Cartas para Lucilius* 83.12.

22. *Brutus fizera cunhar moedas*. Veja-se "*Libertas*: As Moedas de Brutus", em http://www.humanities.mq.edu.au/acans/César/CivilWars_Libertas.htm, accessed July 27, 2014; M. H. Crawford, *Cunhagem na Roma Republicana*, vol. 1, 455–56, n.º 433.

23. *se pronunciou contra uma proposta de concessão de uma ditadura a Pompeu*. Quintiliano, *Institutos* 9.3.95.

24. *um homem que cometesse um assassinato pelo bem da República deveria ser considerado inocente.* Quintiliano, *Institutos* 3.6.93.

25. *"Marcus Brutus [...] foi respeitado".* Nicolaus de Damasco, *Vida de César Augusto* 26a.100, tradução modificada de Bellemore.

26. *Brutus aprendera a reconhecer a tirania, a desprezá-la e a levantar-se contra ela. Ele for a um membro da Academia, ou seja, uma escola Platônica.*

27. *"O que, então? Vocês não acham que Brutus esperará por este pedaço de carne?"* Plutarco, *Brutus* 8.3, *César* 62.6.

28. *Plutarco acrescenta que Brutus podia contar.* Plutarco, *Brutus* 8.4.

29. *"Se ao menos agora você agisse como Brutus", "Se ao menos Brutus estivesse vivo", "Brutus, desperte!" e "Você não é realmente Brutus!"* Plutarco, *Brutus* 9.5–9; Apiano, *Guerras Civis* 2.112; Cassius Dio, *História Romana* 44.12.3.

30. *"aquela República na qual você poderá não apenas renovar..."* Cícero, *Brutus* 331.

31. *Aqueles homens não desejavam que Brutus morresse, disse Cassius.* Plutarco, *Brutus* 10.1–7.

32. *se diga que Pórcia tenha sido a única mulher.* Cassius Dio, *História Romana* 44.13.1.

33. *Mesmo assim, as fontes indagam o que qualquer um poderia pensar.* Apiano, *Guerras Civis* 2.112.

34. *Brutus, que escrevera sobre o tema dos deveres para com a própria família.* Sêneca, *Letters to Lucilius* 95.45.

35. *Brutus e Cassius agora recrutavam Decimus para a conspiração.* Plutarco, *Brutus* 12.5–6.

36. *"um amigo íntimo de César".* Nicolaus de Damasco, *Vida de César Augusto* 23.84; Velleius Paterculus, *História de Roma* 2.64.2; Plutarco, *Brutus* 13; Apiano, *Guerras Civis* 2.111; Cassius Dio, *História Romana* 44.18.1.

37. *Nicolaus, na verdade, cita o nome de Decimus primeiro.* Nicolaus de Damasco, *Vida de César Augusto* 19.59.

38. *Apiano o coloca em seguida aos nomes de Brutus e Cassius.* Apiano, *Guerras Civis* 2.111.

39. *Velleius Paterculus, um soldado e homem de Estado romano.* Velleius Paterculus, *História de Roma* 2.58.1–2.

40. *Outras fontes citam Decimus.* Cassius Dio, *História Romana* 44.13.3–4; Eutropius, *Resumo da História Romana* 6.7.497; Suetônio, *Júlio César* 80.4.

41. *"nem ativo, nem desafiador"*. Plutarco, *Brutus* 12.5.

42. *um dos confidentes de César*. Apiano, *Guerras Civis* 2.111; Velleius Paterculus, *História de Roma* 64.2.

43. *César, em seu testamento, o havia nomeado como seu herdeiro em segundo grau*. Plutarco, *César* 64.1; Suetônio, *Júlio César* 83.2.

44. *Inadvertidamente, César nomeou outros conspiradores como guardiões*. Suetônio, *Júlio César* 83.2; Cassius Dio, *História Romana* 44.35.2; Plutarco, *César* 64.1; Apiano, *Guerras Civis* 2.143.

45. *Cícero o retratou como parte de uma causa*. Cícero, *Cartas aos Amigos* 11.7.3.

46. *afirmava descender do fundador da República*. Cícero, *Filípicas* 2.26.

47. *Tanto o pai quanto o avô de Decimus*. Orosius, *História Contra os Pagãos* 5.12; Cícero, *Cartas para Atticus* 12.22.2.

48. *Nas onze cartas de sua autoria que sobreviveram*. São elas, todas constantes de Cícero, *Cartas aos Amigos*: 10.13, 11.1, 11.4, 11.7, 11.9, 11.10, 11.13, 11.13b, 11.20, 11.23, 11.26. Parte de uma carta escrita conjuntamente por Decimus e Plancus aos Magistrates, ao Senate e ao Povo ainda existe; ela contém uma referência à República (11.13a.2).

49. *"libertar a República"*. Cícero, *Cartas aos Amigos* 11.10.5.

50. *admiravelmente conciso enquanto escritor*. Cícero, *Cartas aos Amigos* 11.25.1–2.

51. *treze cartas de Cícero para Decimus sobreviventes*. Cícero, *Cartas aos Amigos* 11.5, 11.6, 11.6a, 11.7, 11.8, 11.12, 11.14, 11.15, 11.16, 11.21, 11.22, 11.24, 11.25.

52. *encontram-se em cinco delas menções a liberdade, tirania, ao assassinato de César ou à República*. 11.5.2–3, 11.7.2, 11.6a.1, 11.8.1–2, 11.12.1–2.

53. *Decimus — um homem ambicioso, competitivo, orgulhoso e violento*. Nicolaus de Damasco, *Vida de César Augusto* 26a.98.

54. *dignitas — um tema que aparece muito frequentemente em sua correspondência*. Cícero, *Cartas aos Amigos* 11.4.2, 11.6a.1–2, 11.8.1.

55. *Decimus almejava fama e grandeza*. Cícero, *Cartas aos Amigos* 11.4.3.

56. *Decimus era um homem muito corajoso*. Cícero, *Cartas para Atticus* 11.22.1. Note-se ainda o orgulho de Decimus em ser destemido: Cícero, *Cartas aos Amigos* 11.20.1.

57. *Decimus poderia desdenhar Otávio*. Suetônio, *Augusto* 2.3.

58. *Gaius Fuficius Fango*. Cassius Dio, *História Romana* 48.22.3; Cícero, *Cartas para Atticus* 14.10.2.

59. *Paula Valeria*. Sobre o irmão dela, Gaius Valerius Triarius, veja-se Bondurant, *Decimus* 29 and n. 77; Franklin H. Potter, "Aliança Política pelo Casamento", *Mundo Clássico* 29.9 (1934): 673–74; Karl-Ludwig Elvers (Bochum), "Valerius, [I 53–54]," *Nova Pauly, de Brill*, volumes sobre a Antiguidade editados por Hubert Cancik e Helmuth Schneider; Brill Online, acessado em 20 de abril de 2014.

## CAPÍTULO 6 – PRECISA-SE DE ASSASSINOS

1. *mais amigos de César do que seus inimigos*. Seneca, *Sobre a Ira* 3.30.4.

2. *Tal política pode haver-lhe rendido alguma gratidão, mas também acirrou alguns ânimos*. Nicolaus de Damasco, *Vida de César Augusto* 19.61–63.

3. *Nicolaus aponta a política de clemência de César como a causa central do descontentamento*. Nicolaus de Damasco, *Vida de César Augusto* 19.62–63.

4. *o que incomodava aos antigos apoiadores de Pompeu*. Nicolaus de Damasco, *Vida de César Augusto* 19.62.

5. *Catão objetava a arrogância de César*. Plutarco, *Catão, o Jovem* 66.2.

6. *"Seu próprio poder para conceder favores."* Florus, *Epítome da História Romana* 2.13.92; cf. Nicolaus de Damasco, *Vida de César Augusto* 19.63; Velleius Paterculus, *História de Roma* 2.57.1.

7. *a conspiração devia-se mais a intrigas palacianas*. Nicolaus de Damasco, *Vida de César Augusto* 19.58–65, esp. 60.

8. *ciúmes mesquinhos*. Several ancient sources cite jealousy of César as a factor in the conspirators' motivation: Apiano, *Guerras Civis* 2.111.1; Cassius Dio, *História Romana* 44.1.1; Vellerius Paterculus, *História de Roma* 2.60.01.

9. *teria começado a insistir que César o tratasse como a um igual*. César, *Guerra Gaulesa* 8.52.2; Cícero, *Cartas para Atticus* 7.7.6, 7.13.1; Cassius Dio, *História Romana* 41.4.3.

10. *"um ardoroso patriota"*. Cícero, *Cartas aos Amigos* 10.28.1.

11. *"um pequeno presente"*. Cícero, *Cartas aos Amigos* 12.16.3.

12. *Cícero disse que a República tinha uma dívida de gratidão para com Trebonius*. Cícero, *Filípicas* 2.27.

13. *Trebonius foi o homem que, segundo Cícero*. Cícero, *Filípicas* 2.34; Plutarco, *Antônio* 13.

14. *ele expressaria orgulho pelo papel que desempenhara nos Idos*. Cícero, *Cartas para Atticus* 12.16.3–4.

15. *Não podemos ter certeza quanto às motivações de ambos os irmãos.* Apiano, *Guerras Civis* 2.113 (que confunde os irmãos), 115; Plutarco, *Brutus* 15; Cícero, *Filípicas* 2.27, cf. Suetônio, *Júlio César* 82; Plutarco, *César* 66; Plutarco, *Brutus* 17.45; Cassius Dio, *História Romana* 44.52.2, 46.49.1

16. *tal como afirma César em seus* Comentários. César, *Guerras Gaulesas* 3.1–6.

17. *suficiente, segundo uma antiga teoria, para levar Galba.* Suetônio, *Galba* 3.2.

18. *Galba objetou a isso em público.* Suetônio, *Galba* 3.2; Valerius Maximus, *Feitos e Ditos Memoráveis* 6.2.11; Cícero, *Cartas para Atticus* 6.18.3.

19. *sua única carta que sobreviveu.* Cícero, *Cartas aos Amigos* 10.30.

20. *seu grande momento na Floresta das Ardenas.* César, *Guerras Gaulesas* 6.29–30

21. *talvez se tratasse do mesmo homem.* Orosius, *História Contra os Pagãos* 6.15.8.

22. *pagando-lhe uma indenização em dinheiro.* Cassius Dio, *História Romana* 43.47.5.

23. *Foi isso, segundo somos informados, que fez com que ele se juntasse.* Apiano, *Guerras Civis* 2.113; Cícero, *Cartas aos Amigos* 6.15; Cassius Dio, *História Romana* 43.47.5.

24. *refere-se a Cimber como um dos "soldados companheiros".* Cícero, *Cartas para Atticus* 6.12.2; Seneca, *Sobre a Ira* 3.30.5; Apiano, *Guerras Civis* 3.2; Plutarco, *Brutus* 19.2.

25. *Cícero posteriormente diria que Cimber.* Cícero, *Filípicas* 2.27.

26. *"Poderia eu, que sequer consigo tolerar meu vinho".* Sêneca, *Cartas para Lucilius* 83.12.

27. *as fontes fazem referência a um total de mais de sessenta, ou mesmo mais de oitenta.* Suetônio, *Júlio César* 80.4; Orosius, *História Contra os Pagãos* 6.17.2; Eutropius, *Resumo da História Romana* 6.25, 80; Nicolaus de Damasco, *Vida de César Augusto* 19.59.

28. *"muitas pessoas estavam furiosas com ele porque haviam sido salvas por ele."* Nicolaus de Damasco, *Vida de César Augusto* 19.62.

29. *Cícero tivesse sucesso ao apelar por seu caso.* Cícero, *Para Ligarius.*

30. *Embora César pessoalmente não gostasse de Ligarius.* Plutarco, *Cícero* 39.6.

31. *conselhos para que agisse com cautela quanto a quem perdoava.* Cícero, *Para Ligarius* 16.

32. *Ligarius estava tão sedento de vingança.* Plutarco, *Brutus* 11.

33. *isto representava, potencialmente, uma enorme transferência de riqueza.* Cassius Dio, *História Romana*, 42.51.2. Sobre os confiscos de propriedades por César, veja-se Gelzer, *César*, 283–84, n. 1; Zvi Yavetz, *Júlio César e sua Imagem Pública* (Ithaca, NY: Cornell University Press, 1983), 140–41; Elizabeth Rawson, "César: Guerra Civil e Ditadura", em J. A. Crook, Andrew Lintott e Elizabeth Rawson (editores), *A História Antiga de Cambridge*, 2.ª edição, vol. 9, *A Última Era da República Romana, 146–43 b.c.* (Cambridge: Cambridge University Press, 1994), 449–50.

34. *Brutus, mais tarde, se queixaria amargamente.* Apiano, *Guerras Civis* 2.139–41.

35. *Os outros apoiadores de Pompeu a figurarem entre os conspiradores.* Rubrius Ruga pode, possivelmente, ser o Lucius Rubrius que foi Tribuno do Povo em 49 a.C.; mas também é possível que se trate do Marcus Rubrius que estivera com Catão em Utica. Dois outros senadores eram Cæcilius Bucilianus e seu irmão (cujo nome é desconhecido). Então, houve dois homens que poderiam ser senadores ou cavaleiros: Sextius Naso and Marcus Spurius.

36. *Entre esses nomes incluem-se os de Gaius Cassius de Parma.* Outro conspirador que não pode ser designado a nenhum grupo é um certo Petronius — apenas um nome, para nós.

37. *Agora ele dizia a Brutus que pensava ser uma guerra civil ainda pior.* Plutarco, *Brutus* 12.3, tradução de D. Sedley, "A Ética de Brutus e Cassius," *Jornal de Estudos Romanos* 87 (1997): 44.

38. *Durante a mesma conversa, Brutus dirigiu-se a um certo Statilius.* Plutarco, *Brutus* 12.3–4; tradução de Sedley, "Ética de Brutus e Cassius," 44, modificado.

39. *Ele refutou a acusação.* Cícero, *Filípicas* 2.25.

40. *César não o temia.* Cícero, *Cartas para Atticus* 13.37.2.

41. *por confiança e boa-fé, tanto por Brutus quanto por Cassius.* Plutarco, *Brutus* 12.1.

42. *No julgamento de ambos, a Cícero faltava ousadia.* Plutarco, *Brutus* 12.2.

43. *Antônio, disseram eles, era um apoiador da monarquia.* Plutarco, *Antônio* 13.1, *Brutus* 18.3; Apiano, *Guerras Civis* 2.114.

44. *jamais faziam juramentos.* Plutarco, *Brutus* 12.8; Apiano, *Guerras Civis* 2.114, 139; Nicolaus de Damasco, *Vida de César Augusto* 23.81.

45. *cada conspirador revelava seus próprios ressentimentos.* Nicolaus de Damasco, *Vida de César Augusto* 19.65–66.

46. *Brutus esperava que uma mudança ocorresse no coração de Antônio.* Plutarco, *Antônio* 13.2, *Brutus* 18.4–5; Apiano, *Guerras Civis* 2.113.

47. *Assim, ele sozinho entre todos os conspiradores se opôs ao assassinato de Antônio.* Plutarco, *Brutus* 18.3–6.

48. *Lucius Junius Brutus fizera mais do que livrar-se do rei.* Lívio, *História de Roma* 1.59–60.

49. *"Nenhum amigo jamais me fez algum bem e nenhum inimigo jamais me fez algum mal".* Plutarco, *Sila* 38.4.

50. *Eles consideraram outros lugares para o assassinato.* Nicolaus de Damasco, *Vida de César Augusto* 80.4; Suetônio, *Júlio César* 80.4.

51. *César dispensara formalmente o corpo de guarda-costas espanhóis.* Suetônio, *Júlio César* 86.1; Apiano, *Guerras Civis* 2.107 and 114; Cassius Dio, *História Romana* 44.7.4.

52. *senadores e cavaleiros.* Apiano, *Guerras Civis* 2.107, 109; Suetônio, *Júlio César* 86.1; Plutarco, *César* 57.3; Cassius Dio, *História Romana* 44.7.4, 44.15.2; Velleius Paterculus, *História de Roma* 2.57.1.

53. *Cícero manifestou publicamente sua preocupação sobre complôs de assassinato contra César.* Cícero, *Para Marcellus* 21.

54. *César demonstrou clemência ao poupar Filemon da tortura.* Suetônio, *Júlio César* 74.1.

55. *Cícero, que defendeu Deiotarus.* O discurso ainda existe: Cícero, *Em Nome do Rei Deiotarus*.

56. *Aulus Cæcina publicou um panfleto.* Suetônio, *Júlio César* 75.4–5.

57. *Fontes de César em Roma denunciavam conspirações.* Plutarco, *César* 62.6; Suetônio, *Júlio César* 75.5.

58. *César se recusava a ouvir informações sobre conspirações.* Cassius Dio, *História Romana* 44.15.1.

59. *às vezes ele assim agia na ausência de um serviço de inteligência confiável.* Por exemplo, quando César invadiu a Britânia, César, *Guerra Gaulesa* 6.20–21.

60. *"Eu não temo muito a esses sujeitos gordos, de cabelos compridos".* Plutarco, *César* 62.9; cf. Plutarco, *Brutus* 8.2; *Antônio* 11.3; *Sayings of Kings and Generals* ("Ditos de Reis e Generais") 206e.

61. *Ele depositava muita confiança no caráter de Brutus.* Plutarco, *Brutus* 8.1.

62. *César queixava-se de Cassius aos seus amigos.* Plutarco, *César* 62.69.

63. *Quanto aos acusadores de Brutus, eles os considerava como piadistas.* Plutarco, *César* 62.6; Plutarco, *Brutus* 8.3.

64. *Ele depositava demasiada confiança nesse juramento.* Suetônio, *Júlio César* 86.1.

65. *não era tanto de seu próprio interesse quanto do interesse da República*. Suetônio, *Júlio César* 86.2.

66. *"o prazer do engano"*. Roberta Wohlstetter, "Slow Pearl Harbours and the Pleasures of Deception," ("Lentos Pearl Harbours e os Prazeres do Engano") em Robert L. Pfaltzgraff Jr., Uri Ra'anan, and Warren Milberg (editores), *Intelligence Policy and National Security*. (Política de Inteligência e Segurança Nacional) Hamden, CT: Archon Books, 1981, 23–34.

67. *César se encontraria tão deprimido*. Suetônio, *Júlio César* 86.1.

68. *esperava-se que um senador romano fosse alguém de quem todos pudessem se aproximar facilmente*. Cícero, *Sobre o Comando de Cnæus Pompeu* 41; Tácito, *Anais* 2.2.4.

69. *haver sido atacado em Roma por homens que portavam adagas ocultas*. Apiano, *Guerras Civis* 1.55–56; Plutarco, *Sila* 8–9, *Marius* 35.

70. *abriu mão de seus guarda-costas enquanto ainda era ditador*. Apiano, *Guerras Civis* 1.3, 103–4.

71. *"direto por natureza"*. Nicolaus de Damasco, *Vida de César Augusto* 67; a tradução é minha, com auxílio de Toher.

72. *Mas quando eles, por sua vez, pediram-lhe que restabelecesse seu corpo de guarda-costas*. Apiano, *Guerras Civis* 2.107, 109; Suetônio, *Júlio César* 86.1; Plutarco, *César* 57.3; Cassius Dio, *História Romana* 44.7.4, 44.15.2; Velleius Paterculus, *A História de Roma* 2.57.1.

73. *"apesar dele não ter guarda-costas"*. Cassius Dio, *História Romana* 44.15.2.

74. *jantar em companhia de seu Mestre de Cavalaria*. Suetônio, *Júlio César* 87; Plutarco, *César* 63.4; Apiano, *Guerras Civis* 2.115. Sobre os costumes em jantares de Roma, veja-se M. B. Roller, *Dining Posture in Ancient Rome: Bodies, Values and Status* ("Postura ao Alimentar-se na Roma Antiga: Corpos, Valores e Status"), Princeton, NJ: Princeton University Press, 2006.

75. *Recostado, César acrescentava saudações pessoais*. Plutarco, *César* 63.4; Suetônio, *Augusto* 45.12.

76. *A resposta de César, segundo Plutarco, seria uma morte inesperada*. Plutarco, *César* 63.7.

77. *Uma morte súbita, diz Apiano*. Apiano, *Guerras Civis* 2.115.

78. *Súbita e inesperada, diz Suetônio*. Suetônio, *Júlio César*, 87.

79. *Suetônio acrescenta que César já teria discutido sobre o assunto*. Suetônio, *Júlio César* 87.

## CAPÍTULO 7 – CÉSAR DEIXA SUA CASA

1. *Não muito depois das cinco horas da manhã.* Baseado em cálculos para o dia 15 de março de 2014; http://www.timeanddate.com/worldclock/astronomy.html?n=215&month=3&year=2014&obj=sun&afl=-13&day=1, acessado em 18 de abril de 2014.

2. *todas as portas e janelas.* Talvez tenham sido apenas as portas, ou somente Calpúrnia tenha sido despertada — as fontes são discordantes. Plutarco, *César* 63.8; Suetônio, *Júlio César* 81.3; Cassius Dio, *História Romana* 44.17.2; Júlio Obsequens, *Livro dos Prodígios* (baseado em Lívio) 67.

3. *ela sonhou que amparava a César assassinado em seus braços.* Plutarco, *César* 63.9.

4. *o desabamento do frontão da casa em que viviam.* Plutarco, *César* 63.9.

5. *Em uma das versões, do corpo dele manava sangue.* Apiano, *Guerras Civis* 2.115.

6. *O Senado havia concedido a César o direito de instalar o frontão.* Plutarco, *César* 63.8-9; Valerius Maximus, *Feitos e Ditos Memoráveis* 1.7.2; Suetônio, *Júlio César* 81.3; Cassius Dio, *História Romana* 44.17.1.

7. *Até mesmo os cavalos que César utilizara para cruzar o Rubicão.* Cassius Dio, *História Romana* 44.17.2; Plutarco, *César* 63.1-3; Suetônio, *Júlio César* 81.1-2.

8. *Spurinna tentava aconselhar a César para que não fosse longe demais.* Cícero, *Sobre a Adivinhação* 1.119.

9. *Spurinna preveniu César de que sua vida estaria em perigo.* Valerius Maximus, *Feitos e Ditos Memoráveis* 8.11.2; Suetônio, *Júlio César* 81.2; Plutarco, *César* 63.5.

10. *"Tem cuidado com os Idos de Março."* Shakespeare, *Júlio César* 1.2.18.

11. *ela implorou para que César não fosse à reunião no Senado.* Plutarco, *César* 63.10.

12. *Quanto a César, uma fonte afirma que ele também tivera um sonho ruim.* Suetônio, *Júlio César* 81.3.

13. *a refeição não lhe caíra bem e ele sentira o corpo entorpecido.* Apiano, *Guerras Civis* 2.115.

14. *Na manhã seguinte, ele sentiu-se mal.* Suetônio, *Júlio César* 8.4.

15. *diz-se, particularmente, que ele sofrera de vertigens.* Nicolaus de Damasco, *Vida de César Augusto* 23.83.

16. *sintomas de um ataque epiléptico não-detectado.* Esta e as seguintes especulações médicas advêm de uma comunicação pessoal com o Dr. Carl Bazil, médico, Ph.D., diretor da Divisão de Epilepsia e Sono da Columbia University.

17. *Uma fonte atesta que César se tornara propenso a desmaios e terrores noturnos.* Suetônio, *Júlio César* 45.1.

18. *Algumas vozes do mundo antigo diziam que César estaria apenas fingindo.* Plutarco, *Brutus* 16.1.

19. *a apenas cerca de trezentos metros.* Andrea Carandini e Paolo Carafa (editores), *Atlante di Roma antica: biografia e ritratti della città* ("Atlantes da Roma Antiga: Biografia e Retratos da Cidade"); Milano: Electa, 2012, I:290.

20. *o célebre diálogo.* Valerius Maximus, *Feitos e Ditos Memoráveis* 8.11.2; Apiano, *Guerras Civis* 2.149; Plutarco, *César* 63.5-6; Suetônio, *Júlio César* 81.4; J. T. Ramsey, "A que Horas os Assassinos de Júlio César se Reuniram nos Idos de Março em 44 a.C.?" em Stephan Heilen e outros, *In Pursuit of Wissenschaft: Festschrift für William M. Calder III zum 75. Geburtstag* ("Perseguindo a Curiosidade: Publicação Comemorativa pelo 75.º Aniversário de William M. Calder III"); Hildesheim e Zurique, Suíça: Olms, 2008, 353.

21. *"Os Idos de Março chegaram".* Shakespeare, *Júlio César* 3.1-2; Plutarco, *César* 63.6; Suetônio, *Júlio César* 81.4; Apiano, *Guerras Civis* 2.149; Cassius Dio, *História Romana* 44.18.4; Florus, *Epítome da História Romana* 2.13.94; Valerius Maximus, *Feitos e Ditos Memoráveis* 8.11.2.

22. *De acordo com algumas fontes, ele ordenou novos sacrifícios.* Plutarco, *César* 63.7, *Brutus* 16.1; Apiano, *Guerras Civis* 2.115; Cassius Dio, *História Romana* 44.17.3.

23. *César decidiu enviar o cônsul, Antônio, para que dispensasse o Senado.* Plutarco, *César* 63.12; Apiano, *Guerras Civis* 2.115.

24. *César teria faltado à reunião previamente marcada no Senado.* Suetônio, *Júlio César* 81.4; Florus, *Epítome da História Romana* 2.13.94.

25. *"Mãe de Æneas".* Lucrécio, *Sobre a Natureza das Coisas*, I.1-2, 10-16.

26. *ainda estava escuro lá fora.* Cícero, *Para Murena* 69.

27. *em meados de março, a temperatura costuma variar entre 6º e 16ºC.* http://weatherspark.com/averages/32307/3/Rome-Lazio-Italy, acessado em 1.º de agosto de 2014.

28. *possivelmente portando adagas e punhais sob suas togas.* Nicolaus de Damasco, *Vida de César Augusto* 23.81; cf. Suetônio, *Júlio César*; Cassius Dio, *História Romana* 44.16.1.

29. *Foi ali, no lugar onde transcorreria a reunião do Senado* Cassius Dio, *História Romana* 44.16.2.

30. *Livros Sibilinos.* Cícero, *Sobre a Adivinhação* 2.110; Suetônio, *Júlio César* 79.4–

80.1; Plutarco, *César* 60.2, *Brutus* 10.2; Cassius Dio, *História Romana* 44.15.3; Apiano, *Guerras Civis* 2.110.

31. *Shakespeare escreve que César foi assassinado.* Shakespeare, *Júlio César* 3.1.12.

32. *Havia jogos de gladiadores no Teatro de Pompeu transcorrendo naquele dia.* Apiano, *Guerras Civis* 2.115.

33. *"Parecia que um deus estivesse conduzindo o homem à justiça de Pompeu".* Plutarco, *Brutus*, 14.3.

34. *"Eles pensavam que o ato..."* Apiano, *Guerras Civis* 2.114.

35. *Era crença generalizada que senadores tivessem assassinado o legendário Rômulo.* Plutarco *Pompeu* 25.4; Apiano, *Guerras Civis* 2.114; cf. Cassius Dio, *História Romana* 43.45.3.

36. *Plutarco cita a história de que Rômulo fora assassinado em uma reunião do Senado.* Plutarco, *Rômulo* 5.

37. *De acordo com Apiano, os conspiradores de 44 a.C.* Apiano, *Guerras Civis* 2.114.

38. *Supostamente, tal assembleia teria tido lugar — como a reunião do Senado.* Plutarco, *Rômulo* 27.6–8.

39. *era uma dádiva divina.* Plutarco, *Brutus* 14.2.

40. *não do tipo de "posudos".* "Dedit gladiatores sestertiarios iam decrepitos, quos si sufflasses, cecidissent," Petronius, *Satiricon* 45.

41. *a versão da história contada unicamente por Nicolaus de Damasco.* Nicolaus de Damasco, *Vida de César Augusto* 26a.98.

42. *Outros dizem que os gladiadores ali se encontravam para participar dos jogos.* Apiano, *Guerras Civis* 2.118; Cassius Dio, *História Romana* 44.16.

43. *Muitos membros da elite romana — cujos nomes compõem uma "lista de chamada" da glória republicana.* Sobre esses casos, veja-se A. W. Lintott, *Violence in Republican Rome* ("Violência na República Romana"), 2.ª edição, Oxford: Oxford University Press, 1999, 83–85. Outro exemplo é o general de Pompeu Gaius Considius Longus: César, *Guerra Civil* 2.23; Pseudo-César, *Guerra Africana* 76, 9.

44. *Birria.* Asconius, *Comentário sobre "Para Milo", de Cícero* 32c.

45. *rhomphaia.* Asconius, *Comentário sobre "Para Milo", de Cícero* 32C. Veja-se Chris Christoff, *"Gladiators Outside of the Arena: The Use of Gladiators as Bodyguards and Soldiers ca. 100 BCE–100 CE"* ("Gladiadores Fora da Arena: O Emprego de Gladiadores como Guarda-Costas e Soldados, *circa* 100 a.C.–100 d.C."). Tese Senior com Honras, Departamento de História, Cornell University, 14 de abril de 2014, 12–14.

46. *Não sabemos com quantos gladiadores Decimus podia contar.* Nicolaus de Damasco, *Vida de César Augusto* 25.94, 26a.98; Plutarco, *Brutus* 12. 5.

47. *O próprio César teria presenteado a Decimus com alguns desses gladiadores.* Pseudo-Cícero, *Carta para Otávio* 9; Apiano, *Guerras Civis* 2.122; citado em Lintott, *Violence*, 84 e n.º 4.

48. *"leviandades popularescas".* Cícero, *Filípicas* 5.49.

49. *ele passara muitas horas assistindo ao treinamento de gladiadores.* Plutarco, *César* 32.4.

50. *aquisição de numerosos gladiadores em Cápua.* Cícero, *Cartas para Atticus* 7.14.2, com discussão em K.-W. Welwei, *Unfreie im antiken Kriegsdienst* ("Servos no Serviço Militar na Antiguidade") vol. 3, *Rom* ("Roma"); Wiesbaden, Germany: Steiner, 1988, 137. Eu segui a tradução de D. R. Shackleton Bailey, *Cícero, Cartas para Atticus*, vol. 4 49 a.C. 133–210 (Livros 7.10–10), (Cambridge: University Press, 1968) 19, 308–9.

51. *realizando manobras pelos subúrbios de Roma naquela manhã.* Cassius Dio, *História Romana* 44.19.2; Zonaras, *Epítome das Histórias* 10.12.

52. *não muito maior do que um quarteirão de uma grande cidade atual.* 270 metros de comprimento por 67 metros de largura.

53. *cerca de quinze mil haviam sido assentados em terras da Itália.* L. J. F. Keppie, *Colonisation and Veteran Settlement in Italy, 47–14 b.c.* ("Colonização e Assentamento de Veteranos na Itália"; Londres: British School at Rome, 1983), 50.

54. *tal como os homens acampados na Ilha Tibre, estavam armados.* Apiano, *Guerras Civis* 2.133.

55. *"gente camponesa, mas homens muito valentes e excelentes cidadãos."* Cícero, *Cartas aos Amigos* 11.7.2.

56. *um voto não pudesse ser considerado válido antes do nascer do sol em um novo dia.* Isto é, às 06:23h. Na verdade, esta era apenas uma aurora aparente, ocorrida alguns minutos antes do nascer do sol: http://www.esrl.noaa.gov/gmd/grad/solcalc/, acessado em 14 de julho de 2014. J. T. Ramsey, "Beware the Ides of March!: An Astrological Prediction?" ("Cuidado com os Idos de Março! Uma Predição Astrológica?") *Classical Quarterly*, nova série 50.2 (2000): 444, assinala o nascer do sol em 15 de março de 44 a.C. às 06:17h GMT.

57. *nem mesmo César poderia impedi-lo de agir de acordo com as leis.* Plutarco, *Brutus* 14.7.

58. *Brutus também passara por algumas noites de insônia.* Plutarco, *Brutus* 13.2.

59. *Casca ficou desnecessariamente alarmado.* Plutarco, *Brutus* 15.2-3; Apiano, *Guerras Civis* 2.115.

60. *Popilius Lænas.* Plutarco, *Brutus* 15.4; Apiano, *Guerras Civis* 2.115.

61. *perseverou em seu intento.* Plutarco, *Brutus* 15.5-9.

62. *isso também pareceu ser uma má profecia.* Cassius Dio, *História Romana* 44.17.3.

63. *eles decidiram enviar Decimus à casa de César.* Cassius Dio, *História Romana* 44.18.1.

64. *uma vez que ele fosse um amigo tão próximo.* Nicolaus de Damasco, *Vida de César Augusto* 23.84; Velleius Paterculus, *História de Roma* 2.64.2; Plutarco, *Brutus* 13; Cassius Dio, *História Romana* 44.18.1.

65. *"Tal mãe, tal filho."* Evidentemente, a excentricidade era um traço de família. O irmão de Semprônia era um personagem peculiar, que costumava subir à plataforma dos oradores, no Fórum Romano, vestido com roupas teatrais e calçando botas, e atirar dinheiro às pessoas que por ali passassem. Cícero, *Filípicas* 3.16.

66. *"audácia masculina".* Salustiano, *Catilina* 25.1.

67. *ela abriu as portas de sua casa para os aliados gauleses de Catilina — os Allobroges.* Salustiano, *Catilina* 40.5.

68. *parecer insultá-lo.* Nicolaus de Damasco, *Vida de César Augusto* 23.84.

69. *ou menosprezá-lo.* Plutarco, *César* 64.2.

70. *O próprio César havia convocado aquela reunião.* Suetônio, *Júlio César* 81.4; Nicolaus de Damasco, *Vida de César Augusto* 23.84; Plutarco, *César* 64.3.

71. *os senadores o considerariam um tirano.* Plutarco, *César* 64.4.

72. *Decimus ridicularizara os videntes.* Nicolaus de Damasco, *Vida de César Augusto* 23.84.

73. *para que César fosse declarado rei fora dos limites da Itália.* Plutarco, *César* 64.3; Suetônio, *Júlio César* 79.4; Apiano, *Guerras Civis* 2.110. Cícero — que deveria saber, afirma que isto não passava de um boato —, *Sobre a Adivinhação* 2.110.

74. *"O que você me diz, César?"* Nicolaus de Damasco, *Vida de César Augusto* 23.84.

75. *Ele poderia postergar a reunião para um outro dia.* Nicolaus de Damasco, *Vida de César Augusto* 24.87; Plutarco, *Brutus* 16.1.

76. *Decimus conduziu César para fora pela mão.* Plutarco, *César* 64.6; Nicolaus de Damasco, *Vida de César Augusto* 24.87.

77. *um César volúvel.* Nicolaus de Damasco, *Vida de César Augusto* 23.84, 24.87.

78. *um César passivo.* Plutarco, *César* 64.6.

79. *um César que dá muita importância às aparências.* Apiano, *Guerras Civis* 2.116.

80. *um César que é arrogante.* Suetônio, *Júlio César* 81.4, or Cassius Dio, *História Romana* 44.18.4.

81. *havia um outro César: um homem que a assumia riscos.* Apiano, *Guerras Civis* 2.115.

82. *A quinta hora quase findava.* Suetônio, *Júlio César* 81.4.

83. *Uma liteira transportada por escravos.* Plutarco, *Brutus* 16.1–2; Apiano, *Guerras Civis* 2.116.

84. *César era acompanhado ao longo de todo o caminho.* Apiano, *Guerras Civis* 2.118.

85. *Artemidorus of Cnidus.* Plutarco, *César* 65; Apiano, *Guerras Civis* 2.116; Suetônio, *Júlio César* 81.4; Cassius Dio, *História Romana* 44.18.3.

86. *"um grande amigo do deificado César, e um homem de grande influência junto a ele."* Strabo 14.2.15, Loeb, http://penelope.uchicago.edu/Thayer/E/Roman/Texts/Strabo/14B*.html.

87. *Plutarco diz que ele era um professor de filosofia grega.* Plutarco, *Brutus* 65.1. Veja-se Christopher Pelling, *Plutarco César*, traduzido, com uma introdução e comentário; Oxford: Oxford University Press, 2011. Comentário na mesma fonte, 476, e seguintes; 48.1, 377.

88. *Popilius Lænas apressou-se para falar com ele.* Plutarco, *Brutus* 16.2–4; Apiano, *Guerras Civis* 2.116.

89. *Nicolaus pinta um quadro sombrio.* Nicolaus de Damasco, *Vida de César Augusto* 24.86.

90. *"Faça de sua própria máscula excelência uma profecia auspiciosa."* Nicolaus de Damasco, *Vida de César Augusto* 24.87.

91. *As outras fontes não se ocupam de Decimus e enfatizam o excessivo orgulho e a presunção de César.* Apiano, *Guerras Civis* 2.116; Suetônio 81.4, Cassius Dio, *História Romana* 44.18.4.

92. *Apiano diz que César fez recordar aos videntes.* Apiano, *Guerras Civis* 2.116.

93. *os capsæ, recipientes que continham rolos de pergaminho.* Based on Cassius Dio, *História Romana* 44.16.1, onde ele emprega a palavra Κιβώτια, que eu transliterei como *capsæ*.

94. *Era por volta do meio-dia.* veja-se Christopher Pelling, *Plutarco César*, traduzido, com uma introdução e comentário (Oxford: Oxford University Press, 2011), 477.

## CAPÍTULO 8 – ASSASSINATO

1. *ele riu.* Suetônio, *Júlio César* 81. 4; Apiano, *Guerras Civis* 2.116.

2. *Quando se trata dos detalhes da Casa do Senado de Pompeu.* Carandini e Carafa (editores). *Atlante di Roma antica* ("Atlantes da Roma Antiga") oferece uma reconstrução hipotética, vol. 2: quadro 220, seção c–c1.

3. *Esta, segundo o acadêmico romano Plínio, o Velho, era uma questão em aberto.* Plínio, *História Natural* 35.59. Carandini e Carafa (editores). *Atlante di Roma antica* ("Atlantes da Roma Antiga"), vol. 1:505, afirma que a pintura originalmente se encontrava no interior da Casa do Senado, mas foi dali removida por Augusto.

4. *um tanto menor do que a Casa do Senado de César.* M. Bonnefond-Coudry, *Le Senat de la République Romaine* (Rome: Ecole Française de Rome, 1989), 183, estima que o interior da Casa do Senado de Pompeu medisse cerca de 374 m², ou algo como 22 m de comprimento por 17 m de largura, medidos sobre suas linhas internas. Em outra estimativa mais recente, a Casa do Senado de César teria uma superfície interior de 494 m², enquanto a de Pompeu mediria somente 303 m², fazendo-a equivaler a apenas 61% das dimensões da Casa do Senado de César. Segundo esta mesma estimativa, o interior da Casa do Senado de Pompeu cobriria somente 298 m², com linhas internas de 17,8 m de comprimento por 17 m de largura. A edificação tinha 17,4 m de altura. Em comunicação pessoal, o arqueólogo especialista em Antiguidade Romana James E. Packer, afirmou haver-se baseado em plantas que serão publicadas em seu livro a ser lançado sobre o Teatro de Pompeu.

5. *cujo teto se elevava à altura.* http://dlib.etc.ucla.edu/projects/Forum/reconstructions/CuriaIulia_1, acessado em 1.º de agosto de 2014.

6. *uma plataforma elevada engastada em uma área rebaixada do piso.* O tribunal na Casa do Senado de César, por exemplo, elevava-se a 40 cm de altura.

7. *a "última moda" para a representação de generais.* Veja-se as estátuas de Casinum (a moderna Cassino) and Foruli (a moderna Scoppito), ambas na Itália. Veja-se Eugenio La Rocca, Claudio Parisi Presicce e Annalisia Lo Monaco (editores), *I giorni di Roma: l'età della conquista* ("Os Dias de Roma: A Era da Conquista"; Milão: Skira, 2010), 291–92, ilutrações II.23 e II.24. A colossal estátua no Palazzo Spada, em Roma, que, às vezes, é identificada como uma representação de Pompeu, mais provavelmente represente um dos imperadores romanos. Veja-se Wolfgang Helbig, *Führer durch die Öffentlichen Sammlungen klassicher Altertümer in Rom* ("Líder por Aclamação em Reuniões Públicas na Antiguidade Clássica em Roma"), 4.ª edição, vol. 2 (Tübingen: E. Wasmuth, 1963) 768–69, n.º 2008.

8. *um quorum era requerido.* Francis X. Ryan, *Rank and Participation in the Republican Senate* ("Hierarquia e Participação no Senado Republicano"; Stuttgart, Alemanha: Franz Steiner, 1998), 14, 26.

9. *Na ocasião em que se encontraram sob o Pórtico.* Cassius Dio, *História Romana* 44.19.1–3; Cícero, *Filípicas* 2.34. Para diferentes versões veja-se Plutarco, *Antônio* 13.2 (no qual ele diz que "alguns" detiveram Antônio) e *César* 66.4 (no qual ele erroneamente aponta Decimus em vez de Trebonius).

10. *Quando César adentrou o recinto, os senadores puseram-se em pé.* Plutarco, *César* 66.5, *Brutus* 17.1–2; Nicolaus de Damasco, *Vida de César Augusto* 24.88.

11. *O grande orador planejava atacar Antônio.* Cícero, *Filípicas* 2.88.

12. *empregaram adagas, não espadas.* Suetônio refere-se apenas ao *pugio* (adaga). As fontes gregas referem-se tanto a *egkheiridia* (adagas) quanto a *ksiphea* (uma palavra que tanto pode significar "espada" quanto "adaga"). Adagas: Nicolaus de Damasco, *Vida de César Augusto,* 23.81, 24.88; Suetônio, *Júlio César* 82.2; Plutarco, *César* 69.3; *Brutus* 14.4; Apiano, *Guerras Civis* 2.117. Espadas: Nicolaus de Damasco, *Vida de César Augusto,* 24.89; Plutarco, *César* 66. 10, 67.3; *Brutus* 17.4–7; Apiano, *Guerras Civis* 2.117; Cassius Dio, *História Romana* 44.16.1. A mesma arma é chamada tanto de "adaga" como de "espada": Plutarco, *César* 66.7.

13. *Um artista marcial que trabalha com réplicas de armas romanas.* Comunicação pessoal com Dwight McElmore.

14. *Uma moeda feita cunhar por Brutus.* Cassius Dio, *História Romana* 25.3; M. H. Crawford, *Roman Republican Coinage* ("Cunhagem na Roma Republicana"; Londres e Nova York: Cambridge University Press, 2001) 1: 518, no. 508/3; cf. 100; 2:741.

15. *supostamente, lançou um olhar para a estátua de Pompeu.* Plutarco, *César* 66.2.

16. *As cinco principais fontes antigas concordam, de maneira geral.* Eu coletei e selecionei detalhes das fontes antigas. Embora esta técnica não seja isenta de problemas, seu emprego é justificado neste caso, pois os relatos das cinco fontes são muito similares. Diferenças menores forma anotadas.

17. *planejamento antecipado.* Citado explicitamente em Nicolaus de Damasco, *Vida de César Augusto* 26a.99.

18. *Centuriões.* Cícero, *Sobre a Adivinhação* 2.23.

19. *tomando entre as suas as mãos de César e beijando-lhe o peito e a cabeça.* Plutarco, *Brutus* 17.3.

20. *tentativa de assassinato ocorrida anteriormente, em 47 a.C.* Pseudo-César, *Guerra Alexandrina* 48–55, esp. 52.2; Valerius Maximus, *Feitos e Ditos Memoráveis* 9.4.2.

21. *Cimber desrespeitou César.* Nicolaus de Damasco, *Vida de César Augusto* 24.88, cf. T. P. Wiseman, *Remembering the Roman People: Essays on Late Republican Politics and Literature* ("Recordando o Povo Romano: Ensaios sobre a Política e a Literatura na República Tardia; Oxford: Oxford University Press, 2009), 211 e n.1.

22. *César ficou furioso.* Nicolaus de Damasco, *Vida de César Augusto* 24.88.

23. *"Ora, isto é violência!"* Suetônio, *Júlio César* 82.1.

24. *puxar a toga de César era o sinal para que fosse iniciado o ataque.* Cassius Dio, *História Romana* 44.19.4.

25. *Nicolaus, Plutarco e Apiano dizem que Casca portava uma espada.* Nicolaus de Damasco, *Vida de César Augusto* 24.89; Apiano, *Guerras Civis* 2.117; Plutarco, *Brutus* 17.4. Plutarco, *César* 66.7, que se refere à arma como *ksiphos* e como *egkheiridion*.

26. *Nicolaus afirma que Casca estaria nervoso.* Nicolaus de Damasco, *Vida de César Augusto* 24.89.

27. *Dio afirma que os agressores de César seriam muitos.* Cassius Dio, *História Romana* 44.19.5.

28. *Nicolaus diz apenas que César levantou-se para se defender.* Nicolaus de Damasco, *Vida de César Augusto* 24.89.

29. *Plutarco diz que César voltou-se e agarrou a adaga de Casca.* Plutarco, *César* 66.7; empunhadura: Plutarco, *Brutus* 17.5.

30. *Apiano acrescenta que ele teria impelido Casca para longe, muito violentamente.* Apiano, *Guerras Civis* 2.117.

31. *Suetônio diz que César agarrou o braço de Casca e o golpeou com seu* stylus. Suetônio, *Júlio César* 82.2.

32. *"fúria e gritos".* Apiano, *Guerras Civis* 2.117.

33. *"Ímpio Casca!"* — ou, em outra versão, *"Amaldiçoado Casca! O que você está fazendo?"* Plutarco, *César* 66.8; Cassius Dio, *História Romana* 44.19.5.

34. *Suetônio afirma que César apenas gemeu.* Suetônio, *Júlio César* 82.2.

35. *Dio diz que César estaria incapacitado de dizer qualquer coisa.* Cassius Dio, *História Romana* 44.19.5.

36. *Plutarco e Nicolaus afirmam que Casca gritava em grego.* Plutarco, *César* 66.8, *Brutus* 17.5; Nicolaus de Damasco, *Vida de César Augusto* 24.89.

37. *Segundo Nicolaus, Gaius Casca.* Nicolaus de Damasco, *Vida de César Augusto* 24.89.

38. *em um círculo*. Plutarco, *César* 66.10.

39. *A descrição de Plutarco de César haver sido atirado*. Plutarco, *César* 66.10.

40. *Duas fontes antigas empregam figuras de linguagem associadas a um sacrifício*. Plutarco, *César* 66.11, cf. *Brutus* 10.1; Florus, *Epítome da História Romana* 2.13.92.

41. *Nicolaus menciona três, além de Casca*. Nicolaus de Damasco, *Vida de César Augusto* 24.89.

42. *Nicolaus também diz que Cassius tentou aplicar um segundo golpe*. Nicolaus de Damasco, *Vida de César Augusto* 24.89.

43. *Apiano concorda que Cassius tenha atingido César no rosto*. Apiano, *Guerras Civis* 2.117.

44. *Plutarco diz que Brutus atingiu César na virilha*. Plutarco, *César* 66.11.

45. *"Et tu, Brute?", ou "Até tu, Brutus?"* Shakespeare, *Júlio César* 3.1.77.

46. *"kai su, teknon", que significa "tu também, filho"*. Suetônio, *Júlio César* 82.2; Cassius Dio, *História Romana* 44.19.5.

47. *ele poderia estar citando a César*. Pelling, *Plutarco César* 482–83.

48. *de modéstia*. Valerius Maximus, *Feitos e Ditos Memoráveis* 4.5.6.

49. *Suetônio afirma, e Dio faz pressupor*. Suetônio, *Júlio César* 82.2; Cassius Dio, *História Romana* 44.19.5.

50. *De acordo com Plutarco, foi apenas quando viu Brutus aproximar-se dele*. Plutarco, *César* 66.12, *Brutus* 17.6.

51. *Menos provavelmente, Apiano diz que César fez isso depois de haver sido golpeado por Brutus*. Apiano, *Guerras Civis* 2.117.

52. *Suetônio acrescenta que César também puxou sua toga sobre as pernas*. Suetônio, *Júlio César* 82.2; Cassius Dio, *História Romana* 44.19.5.

53. *Valerius Maximus, um autor romano do primeiro século d.C.* Valerius Maximus, *Feitos e Ditos Memoráveis* 4.5.6.

54. *Brutus, por exemplo, teve sua mão ferida*. Nicolaus de Damasco, *Vida de César Augusto* 24.89.

55. *Não menos do que oito fontes antigas afirmam isto*. Lívio, *Periochæ* 116; Plutarco, *César* 66.7; Suetônio, *Júlio César* 82.3; Apiano, *Guerras Civis* 2.117 and 147; Valerius Maximus, *Feitos e Ditos Memoráveis* 4.5.6; Florus, *Epítome da História Romana* 2.13.95; Eutropius, *Resumo da História Romana* 6.25; Zonaras, *Epítome das Histórias* 10.11.

56. *Nicolaus diz explicitamente outra coisa.* Nicolaus de Damasco, *Vida de César Augusto* 24.90.

57. *Ele também afirma — solitariamente, dentre todas as fontes — que César recebeu trinta e cinco ferimentos.* Nicolaus de Damasco, *Vida de César Augusto* 24.90.

58. *havia mais de oitenta conspiradores, no total.* Nicolaus de Damasco, *Vida de César Augusto* 19.59.

59. *mas soa mais como um toque poético, que ecoa o vilipêndio do cadáver de Heitor.* Homero, *Ilíada* 22.371, Toher, comentário na fonte.

60. *grande alegria ao testemunhar, com seus próprios olhos, a morte justa de um tirano.* Cícero, *Cartas para Atticus* 14.14.4.

61. *por que Censorinus aceitou desempenhar o indesejável papel de vendedor de propriedades públicas.* J. T. Ramsey, "Did Julius Caesar Temporarily Banish Mark Antony from His Inner Circle?" ("Teria Júlio César Banido Temporariamente Marco Antônio de seu Círculo Mais Íntimo?"), *Classical Quarterly* 54. 1 (2004): 168–69.

62. *demasiadamente chocados e horrorizados.* Plutarco, *César* 66.9.

63. *Nicolaus nos diz que os conspiradores caíram sobre eles.* Nicolaus de Damasco, *Vida de César Augusto* 26.96.

64. *Antistius.* Suetônio, *Júlio César* 82.2.

65. *Presumindo que este tenha sido o ferimento infligido por Gaius Casca.* Wolfgang Klemm, *César, Biografia*, vol. 2 (Vienna and Munich: Neckenmarkt, 2009), 185, 209.

66. *"Assim, ele que enchera o mundo todo com o sangue".* Florus, *Epítome da História Romana* 2.13.95.

67. *César tombou aos pés da estátua.* O Professor Antonio Monterroso, da Universidade de Córdoba e do Conselho Nacional Espanhol de Pesquisa (CSIC), o arqueólogo que tornou a supervisionar as ruínas da Casa do Senado de Pompeu, anunciou, em 2012, haver encontrado evidências da existência de um monumento que assinalaria precisamente o local onde César teria caído, na extremidade leste da edificação, onde se localizaria o tribunal. Porém, outros acadêmicos reagiram com ceticismo a esta afirmação, fazendo com que o debate continue. Veja-se "Pesquisadores espanhóis encontram o lugar exato em que César foi apunhalado", em *ScienceDaily* www.sciencedaily.com/releases/2012/10/121010102158.htm (acessado em 2 de fevereiro de 2014).

68. *O sangue fluiu de suas encharcadas vestimentas de lã para a base da estátua.* Plutarco, *César* 66.13.

69. *"Naquele Senado, cuja a maior parte dos membros havia sido escolhida por ele".* Cícero, *Sobre a Adivinhação* 2.23. Cícero exagera. Em uma estimativa mais sóbria, César teria indicado pessoalmente mais de um terço dos membros do Senado Romano. Martin Jehne, *Der Staat des Dictators César* ("O Estado do Ditador César"; Colônia, Alemanha: Bohlau, 1987), 393, 404; Ronald Syme, *Roman Papers* ("Relatórios Romanos"); vol. 1, editado por E. Badian. Oxford: Clarendon Press, Nova York: Oxford University Press, 1979, 98–99.

## CAPÍTULO 9 – UMA REPÚBLICA NA BALANÇA

1. *Eles jogavam suas togas sobre os braços esquerdos como se fossem de escudos.* Apiano, *Guerras Civis* 2.119; Plutarco, *Tiberius Gracchus* 19.4.

2. *arqueiros cretenses.* Plutarco, *Gaius Gracchus* 16.3.

3. *vingança dos soldados de César.* Apiano, *Guerras Civis* 2.119; Florus, *Epítome da História Romana* 2.17.2.

4. *"o espírito másculo de um homem adulto, mas com o senso de julgamento de uma criança."* Cícero, *Cartas para Atticus* 14.21.3.

5. *A história de que ele teria trocado sua toga de cônsul por vestimentas de escravo.* Plutarco, *Antônio* 14.1.

6. *Contudo, alguns romanos de fato esconderam-se em suas casas.* Nicolaus de Damasco, *Vida de César Augusto* 26.95; Plutarco, *César* 67.1–2, *Brutus* 18.3, *Antônio* 19.1. Apiano, *Guerras Civis* 2.118; Cassius Dio, *História Romana* 44.22.2; Cícero, *Filípicas* 2.88.

7. *Alguns dizem que, antes, ele havia tentado dirigir-se aos senadores.* Plutarco, *César* 67.1, *Brutus* 18.1; Apiano, *Guerras Civis* 2.119.

8. *Apiano diz que os conspiradores esperavam que outros senadores.* Apiano, *Guerras Civis* 2.115.

9. *"Isto não foi assassinato", disse Brutus.* Nicolaus de Damasco, *Vida de César Augusto* 25.92.

10. *Eles haviam planejado essa movimentação previamente.* Nicolaus de Damasco, *Vida de César Augusto* 25.94.

11. *Cassius, Brutus e Decimus os lideravam, sendo acompanhados pelos gladiadores de Decimus.* Velleius Paterculus, *História Romana* 2.58.1–2.

12. *adagas desembainhadas — ou "nuas", de acordo com uma expressão antiga.* Nicolaus de Damasco, *Vida de César Augusto* 25.94, cf. 25.91; Plutarco, *Brutus* 18.3.

13. *Nicolaus diz que eles corriam em fuga, mas Plutarco afirma.* Nicolaus de Damasco, *Vida de César Augusto* 25.94; Plutarco, *César* 67.3, cf. *Brutus* 18.7.

14. *Ambos concordam que os homens gritavam.* Nicolaus de Damasco, *Vida de César Augusto* 25.94; Plutarco, *César* 67.3, cf. *Brutus* 18.7.

15. *Apiano atesta que um dos assassinos exibia um barrete de feltro, como os dos escravos emancipados.* Apiano, *Guerras Civis* 2.119.

16. *Cícero afirma que alguns deles gritavam seu nome.* Cícero, *Filípicas* 2.28 and 30; Cassius Dio, *História Romana* 44.20.4.

17. *Entre estes, Apiano e Plutarco citam os nomes de uma meia dúzia de homens.* Plutarco, *César* 67.4; Apiano, *Guerras Civis* 2.119.

18. *Lentulus Spinther.* Cícero, *Cartas aos Amigos* 12.14.

19. *Gaius Octavius.* T. P. Wiseman, "Some Republican Senators and their Tribes" ("Alguns Senadores Republicanos e Suas Tribos"), *Classical Quarterly* 14 (1964): 124.

20. *Marcus Aquinus.* Sobre Marcus Aquinus, Patiscus, L. Staius Murcus e Dolabella, veja-se o comentário de Pelling sobre *Plutarco César* 67.4, 487–88.

21. *Não obstante, fontes relatam a ocorrência de saques, pessoas amedrontadas.* Apiano, *Guerras Civis* 2.118; Cassius Dio, *História Romana* 44.20.2–3.

22. *ela não era muito maior do que a atual Praça de São Pedro.* A praça mede cerca de oito hectares. O ponto mais alto da Colina Capitolina eleva-se a cerca de 49 m acima do nível do mar.

23. *the conspirators divided the terrain into sectors* Nicolaus de Damasco, *Vida de César Augusto* 25.94.

24. *"ocupado o Capitólio".* Velleius Paterculus, *História de Roma* 2.58.2, cf. Lívio, *Periochæ* 116.

25. *Alguns achavam que o assassinato de César havia sido o mais justo dos atos.* Tácito, *Anais* 1.8; Nicolaus de Damasco, *Vida de César Augusto* 26a.99.

26. *"justamente assassinado"* — *ou iure cæsus.* Suetônio, *Júlio César* 76.1; Cícero, *Filípicas* 13.2.

27. *"o homem mais pérfido a ter sido jamais assassinado".* Cícero, *Cartas para Atticus* 12.2, traduzido por D. R. Shackleton Bailey, *Cícero: Epistulae ad Familiares: vol. 2, 47–43 bc* (Cambridge e Nova York: Cambridge University Press, 1977), 481.

28. *Para Cícero, os conspiradores eram libertadores.* Cícero, *Cartas aos Amigos* 11.27.8.

29. *Para o fiel amigo de César Gaius Matius, César fora um grande homem.* Cícero, *Cartas para Atticus* 11.28.

30. *Tal como os amigos de César viam as coisas.* Velleius Paterculus, *História de Roma* 2.57.1; cf. Cícero, *Cartas para Atticus* 14.22.2.

31. *"ciúmes de sua fortuna e seu poder".* Apiano, *Guerras Civis* 2.111.1; Cassius Dio, *História Romana* 44.1.1; Florus, *Epítome da História Romana* 2.13.92 .

32. *"Congratulações!"* Cícero, *Cartas aos Amigos* 6.15.

33. *Para Decimus, ele se referiu ao ato como o maior feito da História.* Cícero, *Cartas aos Amigos* 11.5.1.

34. *"Algo tão grandioso jamais foi realizado, pelo sagrado Júpiter".* Cícero, *Filípicas* 2.32.

35. *Quando Brutus dirigiu-se aos seus visitantes.* Plutarco, *Brutus* 18.9–11.

36. *Nicolaus de Damasco afirma que gladiadores e escravos os protegiam.* Nicolaus de Damasco, *Vida de César Augusto* 26a.99.

37. *Nicolaus ironiza a "suposta razoabilidade"* Nicolaus de Damasco, *Vida de César Augusto* 26a.99.

38. *Plutarco, que via Brutus como um herói.* Plutarco, *Brutus* 18.11.

39. *Apenas um mês antes, César se sentara sobre aquela mesma plataforma.* Nicolaus de Damasco, *Vida de César Augusto* 26a.99; Plutarco, *Brutus* 18.11, *César* 61.4.

40. *sua mão ainda estava ferida.* Apiano, *Guerras Civis* 2.122.

41. *À medida que ele prosseguia.* Plutarco, *Brutus* 18.12; Nicolaus de Damasco, *Vida de César Augusto* 26a.100; Apiano, *Guerras Civis* 2.122.

42. *possuir o que os romanos chamavam de* gravitas. Tácito, *Diálogo sobre a Oratória* 25.5.

43. *tediosos e vagos.* Tácito, *Diálogo sobre a Oratória* 18.5.

44. *desinteressantes e frios.* Tácito, *Diálogo sobre a Oratória* 21.5, referindo-se ao discurso de Brutus para o Rei Deiotarus.

45. *os acusa de fanfarronice e autocongratulação.* Apiano, *Guerras Civis* 2.122, cf. Cassius Dio, *História Romana* 44.21.

46. *Nicolaus provavelmente se refere a Cassius.* Nicolaus de Damasco, *Vida de César Augusto* 26a.99.

47. *"fervilhando de entusiasmo" por Brutus e Cassius.* Cícero, *Cartas para Atticus* 15.11.2.

48. *Nicolaus diz que muita gente foi juntar-se aos homens na Capitolina.* Nicolaus de Damasco, *Vida de César Augusto* 17.49.

49. *Apiano afirma exatamente o contrário: que o povo odiava os assassinos.* Apiano, *Guerras Civis* 2.122.

50. *Plutarco diz que a multidão permanecia em silêncio.* Plutarco, *César* 67.7, *Brutus* 13.

51. *Nicolaus diz que o povo estava confuso e ansioso.* Nicolaus de Damasco, *Vida de César Augusto* 27.100.

52. *suas metas eram a liberdade e a paz.* Cícero, *Cartas aos Amigos* 11.2.2.

53. *Plutarco diz que isto demonstrou quanto o povo objetava.* Plutarco, *Brutus* 18.12-13, cf. Apiano, *Guerras Civis* 2.121, 126.

54. *uma relação de parentesco pelo casamento.* Para um exemplo, veja-se Eutropius, *Resumo da História Romana* 10.5 — O ataque de Constantino a Licinius, o marido de sua irmã, como exemplo de mau uso das relações de parentesco.

55. *Algumas fontes atestam que Dolabella.* Tal como relatado por Apiano, em *Guerras Civis* 2.122.

56. *a opinião pública ainda estava para ser conquistada.* O livro de Robert Morstein-Marx, *Mass Oratory and Political Power in the Late Roman Republic* ("Oratória de Massas e Poder Político na República Romana Tardia"; Cambridge e Nova York: Cambridge University Press, 2004), 150-58, esp. 157, é uma obra pioneira neste assunto.

57. *Cícero, que relata as notícias.* Cícero, *Filípicas* 2.89.

58. *"primeiro dia sobre a Capitolina".* Cícero, *Cartas para Atticus* 14.10.1.

59. *"Pelos deuses imortais".* Cícero, *Cartas para Atticus* 14.10.1.

60. *"dois Brutus (ou seja, Brutus e Decimus) e de Cassius".* Cornelius Nepos, *Vida de Atticus* 8.1. Veja-se also Tácito, *Anais* 1.10. Sobre Nepos e sua política, veja-se Cynthia Damon, *Nepos, Life of Atticus* ("A Vida de Atticus, de Nepos"; Bryn Mawr, PA: Thomas Library, Bryn Mawr College, 1993), 1-2.

61. *"todo o Estado passou para o lado deles".* Cornelius Nepos, *Vida de Atticus* 8.1.

62. *Se Apiano estiver certo, a maioria dos senadores simpatizava.* Apiano, *Guerras Civis* 2.127.

63. *"Basta de servir a um tirano!"* Nicolaus de Damasco, *Vida de César Augusto* 26.95.

64. *Esses três escravos comuns carregaram a liteira de César de volta para casa.* Suetônio, *Júlio César* 82.3, 47.

65. *Uma vez que fossem necessários quatro escravos para transportar uma liteira.* Suetônio, *Júlio César* 82.3; Apiano, *Guerras Civis* 2.118.

66. *As cortinas da liteira estavam erguidas e as pessoas podiam ver.* Suetônio, *Júlio César* 82.3; Apiano, *Guerras Civis* 2.118.

67. *De acordo com Nicolaus, elas choravam diante desta visão.* Nicolaus de Damasco, *Vida de César Augusto* 26.97.

68. *Lembrando-se do aviso daquela manhã, ela chamou César pelo nome.* Nicolaus de Damasco, *Vida de César Augusto* 26.97.

69. *Suetônio diz que os conspiradores haviam planejado arrastar o corpo de César.* Suetônio, *Júlio César* 82.4.

70. *Em algum momento, antes que o dia findasse, uma tempestade abateu-se sobre Roma.* Cassius Dio, *História Romana* 44.52.1. Pseudo-Aurelius Victor, em *De viris illustribus* ("Sobre Homens Ilustres") 78.10, diz que, no dia do funeral de César, "o sol ocultou seu orbe".

71. *Quando o sol se pôs.* Na verdade, um aparente crepúsculo (que ocorre um pouco antes do crepúsculo real). Veja-se http://www.esrl.noaa.gov/gmd/grad/solcalc/; Nicolaus de Damasco, *Vida de César Augusto* 27.101-2.

72. *um paradoxo.* Elizabeth Rawson, em "The Aftermath of the Ides" ("As Consequências dos Idos"), em J. A. Crook, Andrew Lintott, e Elizabeth Rawson (editores), *The Cambridge Ancient History* ("A História da Antiguidade de Cambridge"), 2.ª edição, vol. 9, *The Last Age of the Roman Republic* ("A Última Era da República Romana"; Cambridge: Cambridge University Press, 1994), 468.

73. *Os homens que tomaram e defenderam a Colina Capitolina.* Nicolaus de Damasco, *Vida de César Augusto* 25.94; Florus, *Epítome da História Romana* 2.17.2.

74. *Lepidus moveu seus soldados.* Nicolaus de Damasco, *Vida de César Augusto* 27.106; Zonaras, *Epítome das Histórias* 10.12 (492C).

75. *Lepidus convocou uma Reunião Popular e fez um discurso.* Cassius Dio, *História Romana* 44.22.2.

76. *Lepidus estava pronto.* Nicolaus de Damasco, *Vida de César Augusto* 27.103, 106.

77. *uma reunião dos mais íntimos apoiadores de César, na casa de Marco Antônio.* Nicolaus de Damasco, *Vida de César Augusto* 26.106.

78. Carinæ — *"carenas" ou "quilhas".* Localizadas a nordeste do Fórum, na depressão do terreno entre as Colinas Opiana e Veliana, as Carinæ situam-se aproximadamente entre as modernas estações do metrô de Colosseo ("Coliseu") e da igreja de San Pietro in Vincoli.

79. *porque certas construções*. Ou possivelmente porque o relevo do terreno se assemelhasse a uma fileira de barcos com os cascos virados e voltados para cima. Veja-se Lawrence Richardson, *A Nova Topographical Dictionary of Ancient Rome* ("Dicionário Nova de Topografia da Roma Antiga"; Baltimore: Johns Hopkins University Press, 1992), 71.

80. *A reunião prosseguiu até a noite*. Apiano, *Guerras Civis* 2.124. Sobre detalhes da reunião, veja-se também Nicolaus de Damasco, *Vida de César Augusto* 27.106.

81. *Gaius Matius temia uma sublevação na Gália Belga*. Cícero, *Cartas para Atticus* 14.1.1, 14.9.3.

82. *Sextus Pompeu*. Cícero, *Cartas para Atticus* 16.4.2.

83. *Antônio não possuía tropas próprias*. Cassius Dio, *História Romana* 44.34.5–6.

84. *Os conferencistas na casa de Antônio decidiram-se por uma negociação*. Apiano, *Guerras Civis* 2.124.

85. *O que se seguiu a isso foi uma longa noite em Roma*. Apiano, *Guerras Civis* 2.125, 134.

86. *Antônio obteve o controle tanto sobre a fortuna pessoal de César, quanto a posse de seus títulos estatais de propriedade*. Apiano, *Guerras Civis* 2.125.

87. *De acordo com Plutarco, a fortuna pessoal de César remontava a 4.000 talentos*. Plutarco, *Antônio* 15; provavelmente equivalente a 25 milhões de *denarii*, ou 100 milhões de sestércios. Veja-se Plutarco, *Cícero* 43.8; Apiano, *Guerras Civis* 3.17; Christopher Pelling, *Vida de Antônio/Plutarco* (Cambridge e Nova York: Cambridge University Press, 1988), comentário na fonte, 155.

88. *Cina apareceu para participar da reunião*. Apiano, *Guerras Civis* 2.126; Cícero, *Cartas para Atticus* 14.14.2, *Filípicas* 2.89.

89. *Àquela altura, no dia 17 de março, mais veteranos de César começavam a chegar*. Nicolaus de Damasco, *Vida de César Augusto* 17.49, 27.103.

90. *Nicolaus afirma que a maioria dos apoiadores dos conspiradores "derreteu"*. Nicolaus de Damasco, *Vida de César Augusto* 17.49.

91. *líder da Antiga República*. Spurius Cassius Vicellinus, executado em 485 a.C.

92. *mapa da Itália*. Ou possivelmente uma representação alegórica. Varro, *Sobre a Agricultura* 1.2.1; Lawrence Richardson, *A Nova Topographical Dictionary of Ancient Rome* ("Dicionário Nova de Topografia da Roma Antiga"; Baltimore: Johns Hopkins University Press, 1992), 379.

93. *Os detalhes do debate provêm, em grande parte, de Apiano e Cassius Dio*. Para os pontos nos parágrafos seguintes veja-se Apiano, *Guerras Civis* 2.126–35; Cassius Dio, *História Romana* 44.22–34.

94. *Gália Transalpina*. Diferentemente da situação anterior, a província agora abrangia o centro e o norte da França, bem como a Bélgica; mas não a Provença e Marselha, que eram separadas.

95. *mais tarde ele teria um filho que viria a tornar-se o Imperador Tiberius*. Suetônio, *Tiberius* 4.1.

96. *"Paz!", gritavam alguns; e "vingança!", bradavam outros*. Apiano, *Guerras Civis* 2.131.

97. *Cícero fez um longo discurso*. Cícero, *Filípicas* 1.1; Cassius Dio, *História Romana* 44.22–34; Plutarco, *Cícero* 42.3; Lívio, *Periochæ* 116.4.

98. *Cícero privadamente chamava a César de rei*. Cícero, *Cartas para Atticus* 13.37.2.

99. *"desde que isso seja vantajoso para o Estado."* Apiano, *Guerras Civis* 2.135.

100. *Antônio propôs sua moção pela abolição da ditadura*. Cícero, *Filípicas* 1.3, 2.91.

101. *considerava a tudo aquilo como um mero recuo tático*. Cícero, *Filípicas* 2.90–92.

102. *Mais tarde, Cícero diria, privadamente*. Cícero, *Cartas para Atticus* 14.10.1, 14.14.2; *Filípicas* 1.1.

103. *Templo de Júpiter*. Apiano, *Guerras Civis* 2.141.

104. *Apiano relata o que Brutus supostamente disse*. Apiano, *Guerras Civis* 2.137–42.

105 *Cícero ansiava por "raios e trovões"*. Cícero, *Cartas para Atticus* 15.1a.2.

106. *Ele compreendia a ansiedade deles*. Cassius Dio, *História Romana* 44.34.5.

107. *Além de Antônio e Dolabella, Cícero também falou*. Apiano, *Guerras Civis* 2.142.

108. *Dio diz que os conspiradores haviam enviado uma carta, desde o alto da colina*. Cassius Dio, *História Romana* 44.34.3.

109. *até mesmo — diz Dio — fizeram os mais solenes julgamentos*. Cassius Dio, *História Romana* 44.34.3.

110. *reféns*. Apiano, *Guerras Civis* 2.142; Joel Allen, *Hostages and Hostage-Taking in the Roman Empire* ("Reféns e a Tomada de Reféns no Império Romano"; Cambridge: Cambridge University Press, 2006), 47–48.

111. *Talvez, como diz Apiano, Antônio e Dolabella tenham constatado ansiosamente*. Apiano, *Guerras Civis* 2.142.

112. *Para alguns, parecia que a maioria dos romanos estava feliz*. Cassius Dio, *História Romana* 44.35.1; Lívio, *Periochae* 116.4.

113. *Ele perguntou a Cassius se este trazia uma adaga sob a axila*. Cassius Dio, *História Romana* 44.34.7.

# CAPÍTULO 10 – UM FUNERAL PARA SER LEMBRADO

1. *O Senado estava novamente reunido.* Plutarco, *Brutus* 20.1; Apiano, *Guerras Civis* 2.135-36; Suetônio, *Júlio César* 83.1.

2. *O mesmo fazia Atticus, o amigo de Cícero, privadamente.* Cícero, *Cartas para Atticus* 14.10.1, 14.14.3.

3. *tal como Apiano faz Antônio dizer, os soldados de César jamais tolerariam.* Apiano, *Guerras Civis* 2.134.

4. *testamento de César.* Suetônio, *Júlio César* 83.2; Nicolaus de Damasco, *Vida de César Augusto* 17.48; Apiano, *Guerras Civis* 2.143; Cassius Dio, *História Romana* 44.35.2.

5. *"em vastas quantidades".* Nicolaus de Damasco, *Vida de César Augusto* 17.49.

6. *Antônio era, agora, o líder natural de uma grande força.* Nicolaus de Damasco, *Vida de César Augusto* 17.50.

7. *chefe tribal gaulês.* César, *Guerra Gaulesa* 6.19.4.

8. *César deixara instruções para a realização de seu funeral com sua sobrinha, Átia.* Nicolaus de Damasco, *Vida de César Augusto* 17.48.

9. *o funeral público de Sila, o Dictator.* Apiano, *Guerras Civis* 1.105-6; Plutarco, *Sila* 36-38. Osobre o funeral de Sila, veja-se Arthur Keaveney, *Sila: the Last Republican* ("Sila, o Último Republicano"; 2.ª edição, Londres e Nova York: Routledge, 2005), 174-76; sobre Sila enquanto um "Cadáver Perfumado", veja-se Adrienne Mayor, *The Poison King: The Life and Legend of Mithradates, Rome's Deadliest Enemy* ("O Rei-Veneno: A Vida e a Lenda de Mitrádates, o Inimigo Mais Mortífero de Roma"; Princeton, NJ: Princeton University Press, 2010), 256.

10. *funeral para sua tia Julia.* Suetônio, *Júlio César* 6.

11. *funeral de Clodius, em 52 a.C.* Cícero, *For Milo* 33, 90; Asconius, *Comentário Sobre "Para Milo", de Cícero,* 33, 42C; Cassius Dio, *História Romana* 40.49.3; Geoffrey S. Sumi, "Power and Ritual: The Crowd at Clodius' Funeral" ("Poder e Ritual: A Coroa no Funeral de Clodius"; *Historia: Zeitschrift für Alte Geschichte* 46.1 (1997): 80-102; W. Jeffrey Tatum, *The Patrician Tribune: Publius Clodius Pulcher* ("O Tribuno Patrício: Publius Clodius Pulcher"; Chapel Hill: University of North Carolina Press, 1999), 241.

12. *Experimentos modernos com máscaras mortuárias feitas com cera de abelha.* Veja-se http://www.archaeology.org/Novas/1694-140106-roman-wax-masks-funeral, e http://Novas.yahoo.com/uncannily-lifelike-roman-masks-recreated-wax-180427165.html.

13. *acorreu para escoltá-lo, como uma espécie de guarda de segurança.* Apiano, *Guerras Civis* 2.143.

14. *Se Apiano estiver correto, os homens armados começavam a lamentar.* Apiano, *Guerras Civis* 2.143.

15. *Cícero, Apiano, Plutarco e Dio.* Cícero, *Filípicas* 2.91; Apiano, *Guerras Civis* 2.143–46; Plutarco, *Antônio* 13.3; Cassius Dio, *História Romana* 44.35.4–50.

16. *Suetônio diz que Antônio não fez uma oração fúnebre adequada, de modo algum.* Suetônio, *Júlio César* 84.2.

17. *Apiano nos proporciona um relato, de modo geral, mais plausível — ainda que exageradamente dramático.* Apiano, *Guerras Civis* 2.143–46.

18. *A plateia entoava uma canção ao som de uma flauta.* Apiano, *Guerras Civis* 2.146; H. I. Flower, *Ancestor Masks and Aristocratic Power in Roman Culture* ("Máscaras de Ancestrais e Poder Aristocrático na Cultura Romana"; Oxford: Oxford University Press, 2000), 125–26.

19. *"Eu os criei apenas para que eles pudessem destruir-me?"* Suetônio, *Júlio César* 84.2.

20. *"homens honrados".* Shakespeare, *Júlio César* 3.28.83, 124, 151, 153.

21. *Dio diz que os soldados de Lepidus as impediram.* Cassius Dio, *História Romana* 44.50.2–3; Apiano, em *Guerras Civis* 2.148, diz que foram os sacerdotes de Júpiter que os detiveram.

22. *dois "seres" brandindo espadas.* Suetônio, *Júlio César* 84.3.

23. *Cícero diz que os agitadores se consistiam de escravos e gente pobre.* Cícero, *Cartas para Atticus* 14.10.2.

24. *"rufiões, majoritariamente escravos".* Cícero, *Filípicas* 2.91.5.

25. *The crowd surged to the homes of Brutus and Cassius* Plutarco, *César* 68.2–3, *Brutus* 20.5–6; Suetônio, *Júlio César* 85; Cassius Dio, *História Romana* 44.50.4; Apiano, *Guerras Civis* 2.147; Valerius Maximus, *Feitos e Ditos Memoráveis* 9.9.1.

26. *Publius Servilius Casca — era fortemente protegido.* Cassius Dio, *História Romana* 44.52.3.

27. *Cícero afirma que os mesmos archotes.* Cícero, *Filípicas* 2.91.4.

28. *"A bela oração funeral foi sua".* Cícero, *Filípicas* 2.91.2.

29. cui bono? Cícero, *Para Sextus Roscius Amerinus* 84; *Para Milo* 32.

30. *"especialmente os judeus".* Suetônio, *Júlio César* 84.5, following the translation into Italian and commentary by Carlotta Scantamburlo, *Suetonio, Vita di Cesare, Introduzione, traduzione e commento* ("A Vida de César, de Suetônio; Introdução, Tradução e Comentário"; Pisa: Edizioni Plus, Pisa University Press, 2011).

31. *Ao final do episódio, os cônsules decretaram.* Cassius Dio, *História Romana* 44.51.1.

32. *chamou Decimus de "envenenador".* Cícero, *Filípicas* 13.11.25.

33. "Et tu, Decime?" Apiano, *Guerras Civis* 2.143, 146.

34. *Uma notável carta, de Decimus para Brutus e Cassius, sobreviveu.* Cícero, *Cartas aos Amigos* 11.1.

35. *"impulso moderado na* dignitas*"?* Cícero, *Cartas aos Amigos* 11.1.1.

36. *"devemos nos abandonar à sorte."* Cícero, *Cartas aos Amigos* 11.1.3.

37. *Agora ele dissera a Hirtius que desejava permanecer em Roma.* Cícero, *Cartas aos Amigos* 11.1.6.

38. *Em várias cartas escritas ao longo do ano seguinte.* Cícero, *Cartas aos Amigos* 11.10.1, 11.11.2, 11.14.2 (onde Cícero cita uma referência em uma das cartas de Decimus aos seus detratores); cf. 11.4.1.

39. *"mais perversa conspiração".* Cícero, *Cartas aos Amigos* 11.13a.2.

40. *Uma revolução — como disse Mao — não é um jantar festivo.* Mao Zedong, "Report on an Investigation of the Peasant Movement in Hunan" ("Relatório sobre uma Investigação do Movimento Camponês em Hunan"; March 1927), in *Selected Readings from the Works of Mao Tse-tung* ("Leituras Selecionadas das Obras de Mao Tse-tung"; Pequim, China: Foreign Languages Press, 1967), 22.

41. *Emerson disse que quando se golpeia um rei, é preciso matá-lo.* Veja-se Liva Baker, *The Justice from Beacon Hill: The Life and Times of Oliver Wendell Holmes* ("A Justiça de Beacon Hill: A Vida e a Época de Oliver Wendell Holmes"; Nova York: HarperCollins, 1991), 90–91.

## CAPÍTULO 11 – A LUTA PELA ITÁLIA

1. *Quando, afinal, chegou a Apollonia.* Sobre o deslocamento de Otávio de Apollonia para Brundisium, veja-se Nicolaus de Damasco, *Vida de César Augusto* 16.38–18.57.

2. *Sendo o futuro incerto, Átia recomendava.* Nicolaus de Damasco, *Vida de César Augusto* 16.38–39.

3. *Ali se encontravam seis legiões.* Apiano, *Guerras Civis* 3.24.

4. *Nesse ínterim, alguns oficiais vieram a Otávio.* Nicolaus de Damasco, *Vida de César Augusto* 16.41, 17.46; Velleius Paterculus, *História de Roma* 2.59.5.

5. *Quanto aos soldados, contudo, ele não tinha dúvidas.* Nicolaus de Damasco, *Vida de César Augusto* 16.42.

6. *Otávio chorou.* Nicolaus de Damasco, *Vida de César Augusto* 18.51.

7. *Cícero sempre acreditou que os assassinos tivessem cometido um erro.* Cícero, *Cartas para Atticus* 15.11.2; *Filípicas* 2.34.

8. *Antônio fez com que sua filha se casasse com o filho de Lepidus.* Parece improvável que o casamento jamais tenha acontecido. Veja-se Richard D. Weigel, *Lepidus: The Tarnished Triumvir* ("Lepidus: O Triúnviro Ofuscado"; Londres: Routledge, 1992), 47–48.

9. *homens manifestaram sua intenção de consagrar o lugar.* Sobre a coluna e o altar, eu segui os argumentos de Geoffrey S. Sumi, "Topography and Ideology: César's Monument and the Ædes Divi Iulii in Augustan Rome" ("Topografia e Ideologia: O Monumento de César e o Ædes Divi Iulii na Roma Augustina; *Classical Quarterly* 61.1 (2011): 205–19. As principais fontes antigas são: Cassius Dio, *História Romana* 44.55.1; Suetônio, *Júlio César* 84.5, 85; Cícero, *Filípicas* 1.5.

10. *Cícero passou a nutrir sentimentos confusos.* Cícero, *Cartas para Atticus* 16.8.1, 16.14.1, 16.15.3.

11. *Mais tarde, Otávio afirmaria que as plebes urbanas.* Nicolaus de Damasco, *Vida de Augusto* 28.108, cf. Apiano, *Guerras Civis* 3.28; Cassius Dio, *História Romana* 45.6.5.

12. *para onde Brutus e Cassius haviam-se retirado após terem deixado a capital.* Plutarco, *Brutus* 21.1.

13. *"um lugar agradabilíssimo, bem de frente para o mar."* Cícero, *Cartas para Atticus* 12.19.

14. *Em vez de arriscar a sorte, Atticus declinara.* Nepos, *Atticus* 8.1–3.

15. *disseram haver dispensado seus amigos das cidades italianas.* Cícero, *Cartas para Atticus* 11.2.1, fins de maio.

16. *episódio que foi posteriormente descrito por Cícero em uma carta a Atticus.* Cícero, *Cartas para Atticus* 15.11; veja-se também 15.12.

17. *Eles imputaram a maior parte da culpa a Decimus.* Cícero, *Cartas para Atticus* 15.16.

18. *"Realmente, eu jamais ouvi quem quer que fosse dizer isso!"* Cícero, *Cartas para Atticus* 15.11.2.

19. *Cícero diz que Brutus sentia-se deprimido.* For example, Cícero, *Cartas para Atticus* 15.10–12.

20. *Brutus e Cícero encontraram-se com um enviado muito importante*. Cícero, *Cartas para Atticus* 16.4.1-2.

21. *Em 4 de agosto, Brutus e Cassius escreveram uma carta*. Cícero, *Cartas aos Amigos* 11.3.1.

22. *Astuciosamente, eles acrescentaram que se sentiam perplexos*. Cícero, *Cartas aos Amigos* 11.3.2.

23. *"Tenha em mente não apenas quão longamente César viveu"*. Cícero, *Cartas aos Amigos* 11.3.4.

24. *ele e Cassius publicaram editais*. Velleius Paterculus, *História de Roma* 2.62.3.

25. *Ele e Pórcia deram-se um lacrimoso adeus*. Plutarco, *Brutus* 23.

26. *Decimus contava com duas legiões*. Apiano, *Guerras Civis* 3.49; Cícero, *Cartas aos Amigos* 10.24.3, na qual ele descreve a segunda legião como contando com dois anos de experiência, em 43 a.C.

27. *Ele afirmava haver combatido*. Cícero, *Cartas aos Amigos* 11.4.

28. *Decimus escreveu a Cícero*. Cícero, *Cartas aos Amigos* 11.4, 6.

29. *Cícero prometeu zelar pela* dignitas *de Decimus*. Cícero, *Cartas aos Amigos* 11.6.

30. *Em outras cartas, ele também fez referências à* dignitas *de Decimus*. Cícero, *Cartas aos Amigos* 11.6a.1-2, 11.8.1.

31. *quanto ele era amado pelo povo romano*. Cícero, *Cartas aos Amigos* 11.8.1.

32. *o maior e mais famoso homem dentre todos*. Cícero, *Cartas aos Amigos* 11.4.3.

33. *Myrtilus*. Cícero, *Cartas para Atticus* 15.13.2, 16.11.5.

34. *Ele saudava a Decimus como um defensor da República*. Cícero, *Filípicas* 4.8-9.

35. *"Aos dezenove anos de idade"*. Res gestæ divi Augusti (As Explorações do Deificado Augusto) 1.1.

36. *Prontamente, ele pagou a cada homem 500* denarii, *e prometeu-lhes*. Apiano, *Guerras Civis* 3.48.

37. *Tanto Antônio quanto Otávio sabiam disto*. Cassius Dio, *História Romana*, 45.14-15.

38. *ele temia a Otávio*. Cícero, *Cartas para Brutus* 1.4a.2-3.

39. *os apelos de Cícero para que acorresse em auxílio de Decimus*. Cícero, *Cartas para Brutus* 1.10.1,5; 1.12.2; 1.14.2.

40. *não pretendia "ofender" aos veteranos de César.* Cícero, *Filípicas* 13.13.

41. *"um grande número de gladiadores".* Apiano, *Guerras Civis* 3.49; Jurgen Malitz, *Nikolaos von Damaskus, Leben des Kaisers Augustus* ("Nicolaus de Damasco, a Vida do Imperador Augusto"; editado, traduzido e com um comentário (Darmstadt, Alemanha: Wissenschaftliche Buchgesellschaft, 2003) 172, n. 327.

42. *Valeria Paula.* Cícero, *Cartas aos Amigos* 11.8.

43. *Ele sabia que o Senado o estava usando.* Apiano, *Guerras Civis* 3.64.

44. *Trebonius dissera a Cícero que se orgulhava.* Cícero, *Cartas aos Amigos* 12.16.4.

45. *Ele e seus aliados perpetraram vários gestos grandiosos.* Cassius Dio, *História Romana* 46.36.1–5, 37.3–5; cf. Cícero, *Filípicas* 8.7.20; Frontinus, *Estrategemas* 3.13.7–8; Plinio, *História Natural* 10.110.

46. *conseguido fazer flutuar, rio abaixo, uma provisão de sal e algumas ovelhas.* Frontinus, *Estrategemas* 3.14.3–4.

47. *De modo geral, as condições em Mutina eram deploráveis.* Cícero, *Cartas para Brutus* 2.1; *Cartas aos Amigos* 12.6.2.

48. *batalha de Forum Gallorum.* The sources for the battle are Cícero, *Cartas aos Amigos* 10.30; Apiano, *Guerras Civis* 3.66–70; Cassius Dio, *História Romana* 46.37.1–7.

49. *Se a descrição da batalha feita por Apiano for correta, os veteranos.* Apiano, *Guerras Civis* 3.68.

50. *Galba enviou a Cícero um relato memorável.* Cícero, *Cartas aos Amigos* 10.30.

51. *crônica minuciosa das trapalhadas militares de Galba na Gália.* César, *Guerra Gaulesa* 3.1–6.

52. *uma segunda batalha teve lugar fora das muralhas de Mutina.* As fontes sobre a batalha são: Apiano, *Guerras Civis* 3.71–72; Cassius Dio, *História Romana* 46.38; Suetônio, *Augusto* 10.4; Plutarco, *Antônio* 17.1.

53. *Antônio afirmou que Otávio.* Suetônio, *Augusto* 10.4.

54. Otávio César foi um herói em Mutina: Suetônio, *Augusto* 10.4.

55. *uma estátua fosse erigida em honra de Pontius.* Cícero, *Cartas para Brutus* 1.15.8.

56. *Segundo Apiano, Decimus tentou suavizar a aproximação.* Apiano, *Guerras Civis* 3.73.

57. *Em uma carta para Cícero, em 9 de maio de 43 a.C.* Cícero, *Cartas aos Amigos* 11.13.1.

58. *Decimus disse a Otávio*. Cícero, *Cartas aos Amigos* 11.10.4.

59. *isto servia ao propósito de Otávio de ferir a Antônio*. Cassius Dio, *História Romana*, 45.14–15.

60. *"Caso César [Otávio] tivesse me ouvido"*. Cícero, *Cartas aos Amigos* 11.10.4.

61. *"o jovem deveria ser cumprimentado"*. "laudandum adulescentem, ornandum, tollendum," Cícero, *Cartas aos Amigos* 11.20.1.

62. *para alimentar suas tropas ele não apenas gastara sua própria fortuna*. Cícero, *Cartas aos Amigos* 11.10.5. Veja-se Crawford, "Cunhagem na Roma Republicana", vol. 2: 697.

63. *Ele criticara Decimus por falhar*. Cícero, *Cartas para Brutus* 1.10.2.

64. *não poder contar com Lepidus*. Cícero, *Cartas aos Amigos* 11.9.1.

65. *Decimus mantinha-se em contato com os alobrógios*. Cícero, *Cartas aos Amigos* 11.11.2.

66. *Cícero pediu a Brutus e a Cassius para que enviassem auxílio*. Cícero, *Cartas para Brutus* 1.14.2; Cassius, *Cartas aos Amigos* 12.9.2.

## CAPÍTULO 12 – VINGANÇA

1. *"vilania e loucura"*. Cícero, *Cartas para Atticus* 15.13.4.

2. *"Eu apenas queria que você pudesse ver quanto eu o temo!"* Cícero, *Cartas para Brutus* 1.4a.3.

3. *Pórcia morreu, após uma convalescença*. A versão de Plutarco, em *Brutus* 53.5–7, é preferível aos lúgubres relatos sobre o suicídio feitos por Valerius Maximus, em *Feitos e Ditos Memoráveis* 4.6.5 e por Apiano, em *Guerras Civis* 4.136.

4. *"Não apenas o seu exército, mas todos os cidadãos"*. Cícero, *Cartas para Brutus* 1.9.2.

5. *Servília perguntou-lhes se deveria chamar Brutus de volta imediatamente*. Cícero, *Cartas para Brutus* 1.18.1–2.

6. *Agora que Lepidus havia passado para o lado de Antônio, Brutus preocupava-se*. Cícero, *Cartas para Brutus* 1.13.1.

7. *"Isto fará dele um cônsul, se vocês não o fizerem."* Suetônio, *Augusto* 26.1, cf. Cassius Dio, *História Romana* 46.43.4.

8. *o juiz que votara pela absolvição de Brutus.* He was Silicius Corona: Cassius Dio, *História Romana* 46.49.5; Apiano, *Guerras Civis* 3.95.

9. *ela encontrou asilo junto a Atticus.* Cícero, *Cartas para Atticus* 15.11.2; Nepos, *Atticus* 11.

10. *Uma fonte atesta que a esposa de Antônio, Fúlvia.* Cassius Dio, *História Romana* 47.8.4.

11. *Censorinus* Velleius Paterculus, *História de Roma* 2.14.3.

12. *elas discordam quanto à maneira como Decimus morreu.* Apiano, *Guerras Civis* 3.98; Lívio, *Periochæ* 120; Velleius Paterculus, *História de Roma* 2.64.1; Valerius Maximus, *Feitos e Ditos Memoráveis* 4.7.6, 9.13.3; Cassius Dio, *História Romana* 46.53.3, cf. Sêneca, *Cartas para Lucilius* 82.12.

13. *"o alicerce da guerra".* Cícero, *Filípicas* 5.5; Apiano afirma que Cassius fez eco a este comentário, em Apiano, *Guerras Civis* 4.99.

14. *Eles haviam se comprometido a lutar pela liberdade.* Cassius Dio, *História Romana* 47.32.2.

15. *este último por ser seu parente, disse Brutus.* Plutarco, *Brutus* 28.1.

16. *ele dizia sentir mais vergonha.* Plutarco, *Brutus* 28.2.

17. *De sua parte, Brutus tomou de assalto as cidades da Lícia.* The relato de Apiano, em *Guerras Civis* 4.76–82, é mais persuasivo do que a versão para "relações públicas" pró-Brutus de Plutarco, em *Brutus* 30–32.

18. *uma imensa quantidade de legionários.* Apiano, *Guerras Civis* 4.88, 108; veja-se a discussão encenada por Adrian Goldsworthy, em *Antony and Cleopatra* (New Haven, CT: Yale University Press, 2010), 252.

19. *De acordo com Apiano, a esta altura Cassius dirigiu um discurso.* Apiano, *Guerras Civis* 4.98.

20. *Cada legionário recebeu 1.500 denarii.* Apiano, *Guerras Civis* 4.100.

21. *não eram páreo para o montante que Antônio e Otávio.* Cassius Dio, *História Romana* 47.42.5.

22. *eles ainda não teriam o dinheiro.* Apiano, *Guerras Civis* 4.99.

23. *segundo Apiano, Cassius enfatizou.* Apiano, *Guerras Civis* 4.99.

24. *A esplêndida gama de diferentes moedas.* Veja-se M. H. Crawford, *Roman Republican Coinage* ("Cunhagem na Roma Republicana"; Londres e Nova York: Cambridge University Press, 2001), vol. 1: 513–18, nos. 498–508; cf. 100; vol. 2: 741.

25. *Uma moeda, feita cunhar por Brutus e Casca*. Crawford, *Roman Republican Coinage* ("Cunhagem na Roma Republicana"), vol. 1: 518, n.º 507/2; cf. 100; vol. 2: 741.

26. *Uma moeda, no entanto, se sobressai em meio às outras*. Crawford, *Roman Republican Coinage* ("Cunhagem na Roma Republicana"), vol. 1: 518, n.º 508/3; cf.100; vol. 2: 741.

27. *"Além dessas atividades"*. Cassius Dio, *História Romana* 47.25.3, tradução de Loeb.

28. *os amigos de César passaram a afirmar*. Cícero, *Filípicas* 13.23; 2.31; sobre os *sicarii*, veja-se também Suetônio, *Júlio César* 72.

29. *"Você me verá em Philippi."* Plutarco, *Brutus* 36 e, sobre o avistamento da segunda aparição, 48.1. Shakespeare, em *Júlio César* 4.2.325–36, faz com que Brutus veja o fantasma de César na noite anterior à batalha, mas as fontes contam a história de maneira diferente.

30. *Cassius teria avistado o fantasma de César*. Valerius Maximus, *Feitos e Ditos Memoráveis* 1.8.8.

31. *Brutus escreveu a Atticus, com coragem e aceitação*. Plutarco, *Brutus* 29.9.

32. *As chances eram boas para Brutus e Cassius, em Philippi*. As fontes sobre a batalha são: Apiano, *Guerras Civis* 4.109–31; Cassius Dio, *História Romana* 47.42.1–49.4; Plutarco, *Brutus* 40 52.

33. *uma verdadeira "lista de chamada" de nobres romanos*. Velleius Paterculus, *História de Roma* 2.71.1–2.

34. *Depois do desfecho, relatos dão-lhe crédito por haver prestado cuidadosa atenção*. Cassius Dio, *História Romana* 47.41.3.

35. *Alguns escritores da Antiguidade dizem*. Sobre a morte de Cassius, veja-se: Plutarco, *Brutus* 43; Apiano, *Guerras Civis* 4.113–14; Cassius Dio, *História Romana* 47.46.2–5.

36. *o dia do aniversário de Cassius*. Embora a data da primeira batalha em Philippi seja discutível, as fontes afirmam que era o dia de seu aniversário. Plutarco, *Brutus* 40.4; Apiano, *Guerras Civis* 4.113.

37. *"o último dos romanos"*. Apiano, *Guerras Civis* 4.114.

38. *Brutus não era um general*. Plutarco, *Comparação de Dion e Brutus* 3.1–2; Velleius Paterculus, *História de Roma* 2.72.2.

39. *Ainda que por uma única vez, a versão de Plutarco é mais crível*. Plutarco, *Brutus* 50–52; Apiano, *Guerras Civis* 4.131; Cassius Dio, *História Romana*, 47.49.1–2; veja-se Clarke, *The Noblest Roman* ("O Mais Nobre Romano"), 70–72.

40. *Outros nobres também integraram as fileiras dos caídos*. Velleius Paterculus, *História de Roma*, 2.71.1–2.

41. *"quando a virtude se quebrou"*. Horácio, *Odes* 7.2.11. Para uma visão mais genérica de "virtude" em Horácio e Brutus, veja-se John Moles, "Politics, Philosophy, and Friendship in Horace: Odes 2, 7" ("Política, Filosofia e Amizade em Horácio: Odes 2, 7"), em William S. Anderson (editor), *Why Horace? A Collection of Interpretations* ("Por que Horácio? Uma Coletânea de Interpretações"; Wauconda, IL: Bolchazy Carducci, 1999), 130–42.

42. *Tal como diz Plutarco, mesmo aqueles que o odiavam por haver matado a César*. Plutarco, *Brutus* 1.2–3.

43. *a história em que Antônio ao encontrar o corpo de Brutus*. Plutarco, *Brutus* 53.4.

44. *tudo quanto restara de seu corpo, exceto pela cabeça*. Apiano, *Guerras Civis* 4.135; Suetônio, *Augusto* 13.1; Cassius Dio, *História Romana* 47.49.2.

45. *"Este foi o mais nobre romano de todos"*. Shakespeare, *Júlio César* 5.5.69.

46. *sentimentos quanto a Brutus que Plutarco lhe atribui*. Plutarco, *Brutus* 29.7.

47. *Brutus dissera que Antônio pagaria*. Plutarco, *Brutus* 29.10–11.

48. *Lápides militares [...] a poesia contemporânea*. Veja-se Josiah Osgood, *César's Legacy: Civil War and the Emergence of the Roman Empire* ("O Legado de César: Guerra Civil e a Emnergência do Império Romano"; Cambridge and Nova York: Cambridge University Press), 108–51.

49. *massacrado a um grande número de senadores inimigos*. Suetônio, *Augusto* 15.

50. *Suetônio escreve que, dentro de três anos*. Suetônio, *Júlio César* 89.

51. *Decimus Turullius* Cassius Dio, *História Romana* 51.8.2–3; Valerius Maximus, *Feitos e Ditos Memoráveis* 1.1.19.

52. *um colega de Turullius, Cassius de Parma*. Velleius Paterculus, *História de Roma* 2.87.3; Valerius Maximus, *Feitos e Ditos Memoráveis* 1.7.7.

53. *"pequenas obras"*. Horácio, *Epístolas* 1.4.3.

54. *Cassius de Parma escreveu uma sátira*. Suetônio, *Augusto* 4.2; Kenneth Scott, "The Political Propaganda of 44–30 b.c."; *Memoirs of the American Academy in Rome* ("A Propaganda Política em 44–30 a.C.; Memórias da Academia Americana em Roma"), 11 (1933): 13–16.

55. *Cassius de Parma foi o último dos assassinos de César a morrer*. Velleius Paterculus, *História de Roma* 2.87.3.

## CAPÍTULO 13 – AUGUSTO

1. *Otávio comemorou um triplo triunfo.* Cassius Dio, *História Romana* 51.21.

2. *dois dos filhos que tivera com Antônio.* Cleópatra Selene and Alexandre Hélios. O terceiro filho, Ptolemeu Filadelfo, não é mencionado, e presumivelmente já tivesse morrido. Cassius Dio, *História Romana* 51.21.8.

3. *"Césares demais não são uma boa coisa".* Arius, em Plutarco, *Antônio* 81.2.

4. *No décimo-oitavo dia do mês Sextilis.* Cassius Dio, *História Romana* 51.22; Augusto, *Res Gestæ* 19.

5. *O aniversário de César.* Cassius Dio, *História Romana* 47.18.6. Na verdade, César teria nascido no dia 13 de julho, mas esta data conflitava com o festival anual em homenagem a Apolo.

6. *depois da morte de Antonio.* Cassius Dio, História Romana 51.19.3. Veja-se Jerzy Linderski, "The Augural Law" ("A Lei Augural") in Hildegarde Temporini, ed., *Aufstieg und Niedergang der römischen Welt* ("Ascensão e Decadência do Mundo Romano") 2.16 (1986): 2187-88.

7. *Dia do Parricídio.* Suetônio, *Júlio César* 88; Cassius Dio, *História Romana* 47.19.1.

8. *Casa do Senado de Pompeu.* Suetônio, *Júlio César* 88, *Augusto* 31; Cassius Dio, *História Romana* 47.19; Eva Margareta Steinby, ed., *Lexicon Topographicum Urbis Romæ* (("Léxico Topográfico da Cidade de Roma"; Roma: Edizioni Quasar, 1993), vol. 1: 334-35.

9. *"O mal que os homens fazem".* Shakespeare, *Júlio César*, 3.2.75-76.

10. *"Se quisermos que tudo permaneça igual".* "Se vogliamo che tutto rimanga come è, bisogna che tutto cambi," Giuseppe Tomasi di Lampedusa, *Il Gattopardo*, 1.ª edição, em "Le comete".

11. *Augusto retratou Decimus como um arquivilão.* Assim podemos julgar, pela proeminência de Decimus em Nicolaus de Damasco, que foi influenciado pelas memórias de Augusto.

12. *"Eu farei isso, mas somente se viver, depois.",* Sêneca, *Cartas para Lucilius* 10.82.12.

13. *Ao menos três ou quatro amigos de Brutus.* Publius Volumnius, Empilus, Asinius Pollio, Lucius Sestius e Bibulus. Veja-se Ramsay MacMullen, *Enemies of the Roman Order* ("Inimigos da Ordem Romana"), 18; e em on Bibulus, Plutarco, *Brutus* 13.

14. *Em uma história, ao deparar-se com uma estátua de Brutus.* Plutarco, *Comparação de Dion e Brutus* 5.

15. *um magnífico funeral.* Tácito, *Anais* 3.76.

16. *vivera até além dos oitenta anos de idade.* Sobre a idade dela, veja-se L. Hayne, "M. Lepidus and His Wife" ("M. Lepidus e Sua Esposa"), *Latomus* 33 (1974): 76 e n.º 4.

Conheça outros títulos da editora em:
**www.editoraseoman.com.br**